40 leçons pour parler portugais

Langues pour tous
Collection dirigée par Jean-Pierre Berman, Michel Marcheteau et Michel Savio

---

PORTUGAIS

❑ Pour débuter ou tout revoir :
- **40 leçons (Portugal/Brésil)** (CD)

❑ Pour se débrouiller rapidement :
- **Le portugais tout de suite !** (CD)
- **Le brésilien (portugais du Brésil) tout de suite !** (CD)

❑ Pour prendre contact avec des œuvres en version originale :
- **Série bilingue :**

Contes et chroniques d'expression portugaise (Portugal-Brésil-Afrique)

Autres langues disponibles dans les séries de la collection
Langues pour tous

ANGLAIS/AMÉRICAIN · ALLEMAND · ARABE · CHINOIS · ESPAGNOL · FRANÇAIS
GREC MODERNE · HÉBREU · ITALIEN · JAPONAIS · LATIN · NÉERLANDAIS
OCCITAN · POLONAIS · RUSSE · TCHÈQUE · TURC · VIETNAMIEN

ISBN : 978-2-266-18908-8

40 leçons pour parler portugais

par

† **Solange Parvaux**
Inspectrice générale honoraire de l'Éducation nationale

et

Jorge Dias da Silva
Ex. Assistant à l'université de Paris III

Ⓒⓓ Version sonore

POCKET

Sommaire

Avant-propos

40 leçons pour parler portugais est un outil d'auto-apprentissage complet appelé « tout-en-un » car il propose à son utilisateur :

- **une présentation méthodique, déjà mise au point avec succès dans sa précédente version, pour acquérir les bases de la langue, accompagnée d'une série d'exercices calibrés avec corrigés destinés à ancrer solidement les connaissances** ;
- **une batterie de tests permettant de mesurer les acquisitions** ;
- **un ensemble de repères géographiques, historiques et culturels pour mieux connaître et comprendre le Portugal, le Brésil et les pays d'Afrique d'expression OFFICIELLE portugaise et donc mieux communiquer avec les lusophones** ;
- **des dialogues vivants pour l'entraînement à la compréhension** ;
- **un guide pratique pour la vie de tous les jours** ;
- **une grammaire est un lexique bilingue**.

À qui s'adresse cet ouvrage ?

- à ceux, en premier lieu, qui **commencent à zéro** l'étude du portugais, et qui pourront progresser à leur rythme, avec une totale autonomie ;
- à ceux qui n'ont pu accorder à l'étude du portugais, le temps nécessaire, avec, pour conséquence, *un manque de structuration de leur apprentissage* ;
- enfin à ceux qui ont étudié le portugais dans de bonnes conditions *mais n'ont pu le pratiquer* pendant des années et ont besoin de rafraîchir leurs connaissances.

Les auteurs ont donc choisi :

- d'assurer *la connaissance claire et nette des bases principales* de la langue, en veillant à ce que tous les éléments présents soient définitivement assimilés ;
- d'illustrer les mécanismes décrits par des *formules de grande fréquence* et d'une utilisation courante ;
- d'éveiller *l'intérêt pour la langue et le pays* de ceux qui la parlent.

Ces caractéristiques font également de **40 leçons pour parler portugais** *un ouvrage de complément*, tant pour les élèves et les étudiants que pour les participants aux sessions de formation continue.

La description et les conseils qui suivent vont vous permettre d'utiliser cette méthode et d'organiser votre travail de façon efficace.

0 Présentation et conseils

Plan des leçons

Vous retrouverez dans toutes les leçons une **organisation identique** destinée à faciliter l'auto-apprentissage ; elles comportent 4 parties :

A, B, C et **D**, de 2 pages chacune.

Ainsi vous pourrez travailler **au rythme qui vous conviendra**. Même si vous n'avez pas le temps d'apprendre l'ensemble d'une leçon, vous pourrez l'aborder et en **étudier une partie seulement**, sans perdre pied ni avoir le sentiment de vous disperser.

→ **A** et **B** présentent les éléments de base.

→ **C** propose des exercices avec corrigés et des points de civilisation et de vie pratique.

→ **D** offre des dialogues en situation et des points de civilisation et de vie pratique.

■ **Parties A et B :**
elles se subdivisent en 4 sections :

A 1 et **B 1** – PRÉSENTATION

Cette 1ère section vous apporte les matériaux de base nouveaux (*grammaire, vocabulaire, prononciation*) qu'il vous faudra connaître et savoir utiliser pour construire des phrases.

A 2 et **B 2** – APPLICATION

A partir des éléments présentés en **A 1** et **B 1** vous est proposée *une série de phrases modèles* (qu'il faudra par la suite vous entraîner à reconstruire par vous-même).

A 3 et **B 3** – REMARQUES

Diverses *remarques* portant sur les phrases de **A 2** et **B 2** précisent tel ou tel point de grammaire, vocabulaire ou prononciation.

A 4 et **B 4** – TRADUCTION

Cette dernière section apporte la *traduction intégrale* de **A 2** et **B 2**.

■ **Parties C :**
elle est également subdivisée en 4 sections :

C 1 – EXERCICES

Ils servent à contrôler l'acquisition des mécanismes appris en **A** et **B**.

C 3 – CORRIGÉ

On y trouve la solution complète des exercices de **C 1**, ce qui permet une auto-correction.

C 2 et **C 4** – INFORMATIONS PRATIQUES ET CIVILISATION

Phrases usuelles de la vie quotidienne et informations complémentaires sur la langue portugaise et sur la vie et la culture du Portugal et du Brésil.

■ **Parties D :**
également subdivisée en 4 sections :

D 1 : propose un *dialogue vivant* reprenant le vocabulaire acquis en A 1 et B 1.

D 3 : traduction du dialogue D 1.

D 2 et **D 4** : proposent des éléments de civilisation ou de vie pratique.

→ **Les dialogues ne débutent qu'à partir de la leçon 6**.

■ **Leçons 10 bis, 20 bis, 30 bis, 40 bis**

- Effectuez chaque série de 10 tests *sans vous reporter aux leçons* en moins de cinq minutes.
- Reportez-vous au corrigé et étudiez les points sur lesquels vous vous êtes trompés.

→ Si vous n'êtes pas débutant faites l'ensemble des 40 tests, *sans vous reporter au livre* en 10 à 15 minutes et établissez votre diagnostic.

■ **Précis grammatical et lexique bilingue**

- Le **précis** vous donne un résumé d'ensemble des problèmes grammaticaux de base.
- Le **lexique bilingue** reprend le vocabulaire rencontré en A, B, C et D.

Conseils généraux

- **Travaillez régulièrement-:** étudier 20 à 30 minutes par jour sur une leçon est plsu profitable que de survoler plusieurs leçons 3 heures tous les 10 jours.
- **Programmez l'effort-:** ne passez pas en **B** sans avoir bien retenu **A**.
- **Revenir en arrière-:** n'hésitez pas à refaire plusieurs fois les exercices-:
  → pour les parties **A** et **B**-: après avoir pris connaissance de **A-1** ou **B-1**, bien lu **A-2** ou **B-2**, reportez-vous aux remarques **A-3** ou **B-3**. Essayez de reconstituer les phrases **A-2** ou **B-2** en partant de **A-4** ou **B-4**.
- **Partie C-4** (CIVILISATION) et **D-2** et **D-4** (VIE PRATIQUE)-: vous pouvez la lire au fur et à mesure ou au hasard si cela peut stimuler votre intérêt.
- **Partie C** (EXERCICES)-: faites les exercices par écrit avant de regarder le corriger (10 minutes par leçon).
- **Partie D** (DIALOGUE)-: voir **Version sonore**.

Version sonore

■ Le coffret **40 leçons** comporte un enregistrement réalisé en son numérique (CD)

■ Vous y trouverez-: l'intégralité des parties **A-2**, **B-2**, et pour **D-1** des leçons 6 à 40, ainsi que certains exercices portant le symbole-:(CD)

■ L'enregistrement sur CD vous offre un grand confort d'écoute et l'indexation facilite la recherche des leçons et l'accès rapide à ce que vous souhaitez réécouter. Il ne comporte pas de blancs pour la répétition mais en utilisant la touche «-pose-» vous pourrez également vous entaîner à répéter.

■ Cette **version sonore** vous permettra de travailler chez vous, mais aussi en déplacement (voiture, métro, train, etc.). Les dialogues sont repris deux fois (des leçons 6 à 26) pour faciliter votre entraînement à l'expression.

■ **Conseils-:**

- Dans un premier temps suivez l'enregistrement en vous aidant de votre livre.
- Puis, petit à petit, efforcez-vous de répéter et de comprendre sans votre livre-!

1 Chamo-me…

A 1 PRÉSENTATION

■ **o** final indique qu'un **verbe** est à la première personne du singulier du présent de l'indicatif. Il n'est pas nécessaire d'exprimer le pronom sujet.

chamo, *j'appelle.*

■ **o** final indique qu'un **nom** est masculin : **Nuno** (prénom d'homme).

■ **a** final indique qu'un nom est féminin : **Rosa** (prénom de femme).

chamo	[**chå**mou]	*j'appelle*
me	[**meu**]	*m', me*
Nuno	[**nou**nou]	*Nuno* (prénom qui n'existe pas en français)
Hugo	[**ou**gou]	*Hugues*
Bruno	[**brou**nou]	*Bruno*
Rodolfo	[Rou**dôl**fou]	*Rodolphe*
Rosa	[**Rò**zå]	*Rose*

■ **Remarque :** Toutes les syllabes d'un mot n'ont pas la même valeur : l'une d'entre elles est toujours plus intensément accusée, plus longue.
Cette syllabe accentuée est appelée syllabe tonique, car elle porte l'accent tonique. Cet **accent tonique** n'est, normalement, **pas écrit.**
Il est très important de savoir reconnaître la syllabe accentuée, les voyelles ne se prononçant pas de la même façon suivant qu'elles sont dans la syllabe tonique ou non.

■ Pour vous habituer à la reconnaître, nous l'écrirons toujours en caractères gras dans la transcription phonétique.

A 2 APPLICATION

1. — Chamo-me Nuno.
2. — Chamo-me Rosa.
3. — Chamo-me Hugo.
4. — Chamo-me Rodolfo.
5. — Chamo-me Bruno.

1 Je m'appelle...

A 3 REMARQUES

- L'**avant-dernière syllabe** d'un mot est plus accentuée, lorsque le mot se termine par **o** ou **a**. C'est une syllabe tonique.
  chamo **Ro**sa **Nu**no Ro**dol**fo Ro**ber**to
- La voyelle **u** se prononce toujours *ou*, comme dans *cou*.
  Nuno [**nou**nou] **Hu**go [**ou**gou] **Bru**no [**brou**nou]
- Le **e** [eu] de **me** se prononce comme le *eu* de *peu*.
- La prononciation des autres voyelles change suivant que celles-ci se trouvent dans la syllabe accentuée ou **tonique**, ou la syllabe non accentuée ou **atone**.
- Prononciation de **o** :
  — dans la syllabe tonique, **o** peut se prononcer *o* comme dans *note* : **Ro**sa [**Rò**zå] (transcrit [ò]) ;
  — **o** suivi de **l** se prononce comme dans *Paule* : Ro**dôl**fo [Rou**dôl**fou] (transcrit [ô]) ;
  — dans la syllabe atone, **o** se prononce toujours *ou*.
  ex. : **Nuno** [**nou**nou], **Rodolfo** [Rou**dôl**fou].
- Prononciation de **a** :
  — dans une syllabe atone, **a** se prononce comme le *e* de *fleur*, c'est-à-dire entre *a* et *e* ; nous le transcrivons [å] : **Rosa** [**Rò**zå] ;
  — de même le **a** tonique suivi de **m** : [**châ**mou].
- Les **consonnes** présentes dans le texte se prononcent toutes comme en français, sauf le **r** initial. Il se prononce en faisant vibrer la pointe de la langue derrière les dents au niveau de la racine. Il ressemble à un *r* roulé ; nous le transcrivons par un R majuscule [R] : **Rodolfo** [Rou**dôl**fou], **Rosa** [**Rò**zå].
- Le pronom personnel complément **me** se place toujours après le verbe (et il est rattaché par un trait d'union) dans une prop. principale ou indépendante affirmative : **chamo-me**, *je m'appelle*.

A 4 TRADUCTION

1. — Je m'appelle Nuno.
2. — Je m'appelle Rosa.
3. — Je m'appelle Hugues.
4. — Je m'appelle Rodolphe.
5. — Je m'appelle Bruno.

1 Não me chamo...

B 1 PRÉSENTATION

- **não** : cette **négation** (= *ne... pas*) se place devant le verbe, dans une phrase négative.
Remarquer bien que le *pas* ne se traduit pas.
não me chamo, *je ne m'appelle pas...*

- La place du pronom personnel complément (**me**) :
— dans les prop. principales ou indépendantes affirmatives, il se place après le verbe, rattaché par un trait d'union ;
chamo-me Ana, *je m'appelle Anne.*
— dans les phrases négatives, il se place devant le verbe (entre la négation et le verbe).
não me chamo Ana, *je ne m'appelle pas Anne.*

não	[n**ão**u :]	*ne... pas*	**Marta**	[**mar**tå]	*Marthe*
João	[jou**ã**ou :]	*Jean*	**Ana**	[**å**nå]	*Anne*
Clara	[**kla**rå]	*Claire*	**Joana**	[jou**å**nå]	*Jeanne*

- **La langue portugaise** se caractérise phonétiquement par la présence d'un fort accent tonique, par une modulation subtile des voyelles dont la prononciation change, suivant qu'elles se trouvent dans la syllabe tonique ou dans la syllabe atone, par la prononciation chuintée du **s** final (prononcé comme *ch* de *chou*), du moins au Portugal, et par une très forte nasalité. Elle présente aussi un certain nombre de formes grammaticales originales, qu'on ne trouve dans aucune autre langue romane. Nous les étudierons ultérieurement.

B 2 APPLICATION (CD)

1. — Não me chamo João.
2. — Chamo-me Bruno.
3. — Não me chamo Clara.
4. — Chamo-me Marta.
5. — Não me chamo Ana.
6. — Chamo-me Joana.

B 3 REMARQUES

Prononciation

- La voyelle **a,** dans la syllabe tonique :
  — **a** se prononce ouvert comme le *a* de *chat* : **Cla**ra [**kla**rå], **Mar**ta [**mar**tå] ;
  — **a** (surtout suivi de **m** ou **n**) se prononce comme le **a** d'une syllabe atone, c'est-à-dire comme le *e* de *fleur*, entre *a* et *e* (nous le transcrivons [å]).
  Ana [**å**nå] *Anne*, **Joana** [jou**å**nå] *Jeanne*.
- (~), ce signe, appelé **til** en portugais, se place sur une voyelle pour indiquer que cette voyelle est **nasale**, c'est-à-dire prononcée du nez (nous l'emploierons pour indiquer une prononciation nasale).
- Le groupe **ão** se prononce comme le *aon* du français *paon* ; nous le transcrivons [ãou :]. C'est une diphtongue nasale, parce que l'une des deux voyelles qui la composent est une voyelle nasalisée [ã] : **não** [**nãou:**], **João** [jou**ãou:**] *Jean*.
- Le **j** se prononce dans tous les cas comme en français (ex. : *je*), **João** [jou**ãou:**].
- Le **r** entre deux voyelles, ou entre une voyelle et une consonne, se prononce en faisant vibrer légèrement la pointe de la langue derrière les dents, près de la racine. Il vibre beaucoup moins que le **r** initial ou que **rr**. Nous le transcrivons [r] : **Clara** [**Kla**rå], **Marta** [**mar**tå].
- L'accent tonique (suite) : **La dernière syllabe** est accentuée, si le mot se termine par **ão** : **João** [jou**ãou :**].

B 4 TRADUCTION

1. — Je ne m'appelle pas Jean.
2. — Je m'appelle Bruno.
3. — Je ne m'appelle pas Claire.
4. — Je m'appelle Marthe.
5. — Je ne m'appelle pas Anne.
6. — Je m'appelle Jeanne.

1 Exercices et Civilisation

C 1 EXERCICES

1. Traduire :

a) chamo-me Joana.
b) não me chamo Clara.

2. Mettre à la forme négative :

chamo-me Rodolfo

3. Souligner la syllabe tonique :

a) Rodolfo
b) Joana
c) João
d) Bruno
e) chamo

C 2 CIVILISATION

L'expansion de la langue portugaise

L'expansion de la langue portugaise dans le monde remonte aux XV-XVIe siècles, la période des Grandes Découvertes qui commence, pour les Portugais, en 1415 avec la conquête de Ceuta (Maroc) et qui se prolonge jusqu'en 1542 avec leur arrivée au Japon.
Les Portugais se sont installés dans la plupart des pays découverts et y sont restés assez longtemps pour que la langue s'y implante (Brésil et pays d'Afrique). Le cas du Japon avec lequel ils ont eu des relations commerciales durant cent ans est intéressant puisque le japonais possède plus de 200 mots d'origine portugaise :

jap. :	**tempurá**	*beignet de crevettes*	**botam**	*bouton*
port. :	**tempero**	*assaisonnement*	**botão**	*bouton*

Le portugais, lui aussi, emprunte aussi des mots :

paravent **biombo** *tasse* **chávena**

Les étapes de l'expansion portugaise

Les Portugais ont mené avec opiniâtreté un programme d'expéditions maritimes, moins pour aller répandre la foi que pour chercher la route maritimes des épices, c'est-à-dire la route de l'Inde. Jusqu'en 1487, date à laquelle Bartolomeu Dias dépasse le dangereux Cap de Tempêtes, au sud de l'Afrique, appelé depuis le Cap de Bonne Espérance, ils mettent au point de nouvelles règles de

C 3 CORRIGÉ

1.

a) je m'appelle Jeanne.
b) je ne m'appelle pas Claire.

2.

não me chamo Rodolfo.

3.

a) Ro**dol**fo
b) Jo**a**na
c) Jo**ão**
d) **Bru**no
e) **cha**mo

C 4 CIVILISATION

navigation pour naviguer le long des côtes d'Afrique. Les découvertes à l'ouest ont été l'effet du hasard.

1418 Découverte de Madère ou Madeira (**a madeira**, *le bois*).
1427 Découverte des Açores (**açores**, *vautours, éperviers, faucons*).
1441 Gil Eanes dépasse le Cap Bojador au sud du Maroc, appelé Cap Non car les marins n'avaient jamais pu le dépasser jusque là.
1460 (→ 1462) Découverte des îles du Cap Vert.
1483 Diogo Cão découvre l'embouchure du Congo et l'Angola (nord).
1487 Bartolomeu Dias dépasse le Cap de Bonne Espérance.
1498 Vasco da Gama arrive au Mozambique et aux Indes (Calicut).
1500 Pedro Alvares Cabral découvre le Brésil, nom donné à cause des arbres à bois rouge qu'ils y ont trouvés (**pau brasil**, *bois de braise*), comme il l'avait fait à Madeira, aux Açores ou au Cameroun (de **camarão**, *crevette*).
1510 Conquête de Goa en Indes par Afonso de Albuquerque. Les Portugais n'en partiront qu'en 1961.
1514 Arrivée des Portugais à Trinor (Océanie)
1542 Arrivée des Portugais au sud du Japon. Les Jésuites portugais et les Portugais en seront expulsés en 1649.
1553 Les Chinois concluent un accord commercial avec les Portugais et leur donnent le droit de s'installer à Macau. Le terriroire de Macau, depuis sous administration portugaise, a été rendu à la Chine en 1999.

D 1 CARTE – **LE PORTUGAIS DANS LE MONDE**

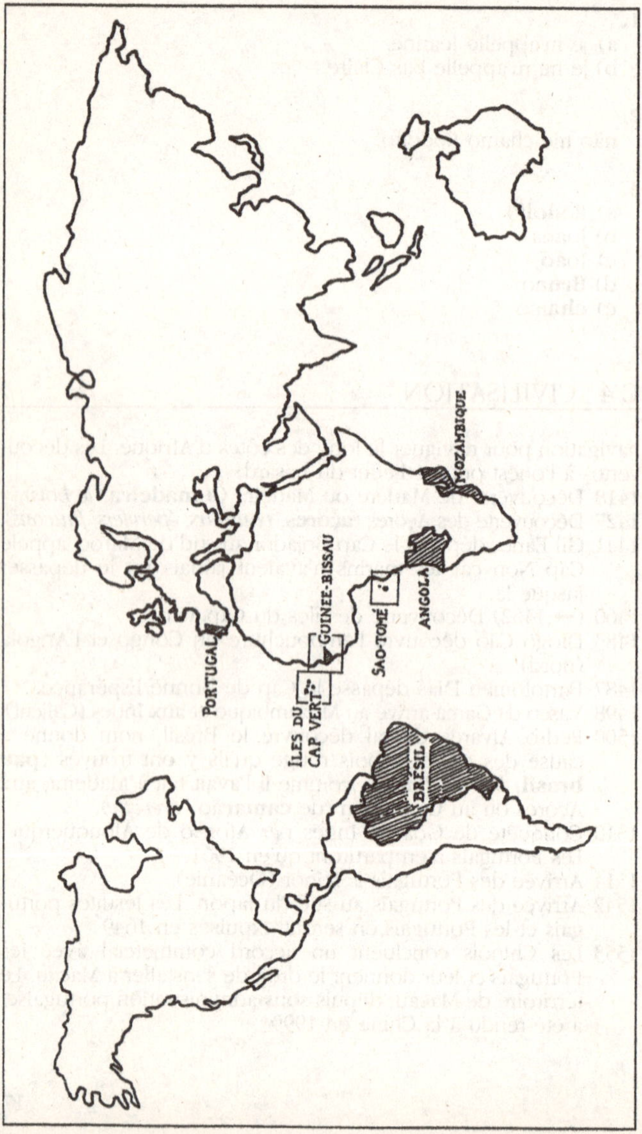

D 2 CIVILISATION

Le portugais dans le monde

Le portugais est aujourd'hui la langue maternelle ou officielle de plus de 210 millions de personnes (3e langue d'Europe la plus diffusée, après l'anglais et l'espagnol).

On la trouve sur les cinq continents : le Portugal (10 millions) en Europe*, le Brésil (173 millions) en Amérique du sud, cinq pays en Afrique, indépendants depuis 1975 (12,9 millions en Angola, 0,4 million au Cap Vert, 1,1 million en Guinée Bissau, 18,4 millions au Mozambique, 0,14 million à São Tomé et Principe) et 0,8 millions à Timor et elle est toujours vivante en Asie (à Macau en Chine ; à Goa en Indes...).

L'origine du portugais

Le portugais est issu du latin comme l'espagnol, le français, l'italien et le roumain** :

	latin	*italien*	*portugais*	*espagnol*	*français*	*roumain*
huit	octo	otto	oito	ocho	huit	opt
nuit	noctem	notte	noite	noche	nuit	noapte
lait	lactem	latte	leite	leche	lait	lapte

Il compte aussi un grand nombre de mots arabes, intégrés lors de l'occupation arabe (de 711 à 1147 à Lisbonne et 1249 en Algarve) :

olive	ar. **zeitun**	port. **azeitona**
douane	ar. **alfunduk**	port. **alfândega**

Le pays ayant acquis son indépendance au XIIe siècle et ses frontières actuelles au XIIIe, la langue a peu évolué depuis. Les premiers textes écrits apparaissent au XIIIe. Elle s'enrichira à nouveau de mots latins (mots savants) au XVIe, pendant la Renaissance, comme beaucoup de langues européennes.

Les variantes

Le portugais du Brésil présente des variantes nombreuses, mais elles n'empêchent pas la communication.

* Atlas eco 2000
** Paul Teyssier, *Histoire de la Langue portugaise*, Que sais-je, n° 1864.

2 Chamas-te Rosa?

A 1 PRÉSENTATION

■ **s** final : la deuxième personne du singulier du présent de l'indicatif du **verbe** se termine par **s.** Il n'est pas nécessaire d'exprimer le pronom sujet.

chamas, *tu appelles.*

■ **as** : le **a** indique que ce verbe appartient au **premier groupe**, dont l'infinitif est en **–ar** : **chamas** (inf. **chamar** : *appeler*) (le **r** se prononce comme celui de Clara).

■ **e** à la fin d'un nom correspond à un mot féminin ou masculin. **Filipe** (nom de garçon) **Clarisse** (nom de fille)

chamas	[ch**å**m**å**ch]	*tu appelles*
te	[teu]	*t', te*
Pedro	[p**ê**drou]	*Pierre*
Filipe	[feul**i**peu]	*Philippe*
Clarisse	[klår**i**sseu]	*Clarisse*
Sebastião	[seubåchty**ãou**:]	*Sébastien*

■ **Remarques :**

1. Le **tutoiement** s'emploie entre amis intimes ou en famille ; il est plus fréquent chez les jeunes.
2. La forme **interrogative** se marque :
— à l'écrit, par un point d'interrogation ;
— à l'oral, par une intonation différente de la phrase : le ton monte en fin de phrase, alors qu'il descend en fin de phrase non interrogative ;

chamas-te, *tu t'appelles* ↘ **chamas-te ?** *t'appelles-tu ?*↗

A 2 APPLICATION (CD)

1. — **Chamas-te Rosa ?**
2. — **Não me chamo Rosa.**
3. — **Chamo-me Clarisse.**
4. — **Chamas-te Pedro ?**
5. — **Não me chamo Pedro.**
6. — **Chamo-me João.**
7. — **Chamas-te João ?**

A 3 REMARQUES

- L'avant-dernière syllabe du mot est accentuée lorsque celui-ci se termine par la syllabe **e** (comme pour **o** et **a**) éventuellement suivi de la consonne **s**.
  Pedro **Rosa** **Filipe** **cha**mas

- Prononciation de la voyelle **e** :
  — dans la syllabe tonique, **e** se prononce généralement *é* comme dans *été* (nous le transcrirons [ê]) : **Pedro** [**pê**drou] ;
  — Rappel : Dans la syllabe atone, en début de mot ou en fin de mot, **e** se prononce comme le *e* du français *peu* (nous le transcrivons *eu*).
  Filipe [feu**li**peu], **Sebastião** [seubâcht**yãou:**]

- Prononciation de la voyelle **i** :
  — en syllabe accentuée ou non accentuée, **i** se prononce toujours comme en français ;
  — **i** devant syllabe accentuée contenant un **i**, se prononce [eu].
  Filipe [feu**li**peu]

- La consonne **s**, située entre deux voyelles, se prononce comme dans le français *Zoé*. Nous la transcrivons [z] :
  Rosa [**Rò**zà]
  — **Mais** si **s** est en fin de mot, ou bien en fin de syllabe suivie d'une consonne, il se prononce comme le français *ch* de *chat*, et nous le transcrivons [ch] : **chaulas** [**châ**mâch], **Sebastião** [seubacht**yãou:**].

- Le double s se prononce comme le *s* du français *son*, et nous le transcrivons [ss] : **Clarisse** [klå**ri**sseu].

- **ti** se prononce toujours comme dans le mot français *titre*.

A 4 TRADUCTION

1. — T'appelles-tu Rose ?
2. — Je ne m'appelle pas Rose.
3. — Je m'appelle Clarisse.
4. — T'appelles-tu Pierre ?
5. — Je ne m'appelle pas Pierre.
6. — Je m'appelle Jean.
7. — Tu t'appelles Jean ?

2 Como te chamas?

B 1 PRÉSENTATION

■ **Place des pronoms personnels compléments (me, te) :**
Dans une phrase interrogative, le pronom personnel complément se place :
— après le verbe (en étant uni par un trait d'union) s'il n'y a pas de mot interrogatif pour poser la question.
chamas-te Maria ?, *t'appelles-tu Maria ?*
— devant le verbe si la question est posée par un mot interrogatif.
como te chamas ?, *comment t'appelles-tu ?*

como ?	[kômou]	*comment ?*
Carlos	[kårlouch]	*Charles*
Joaquim	[joåkĩ]	*Joachim*
Manuel	[månouèL]	*Emmanuel*
Manuela	[månouèlå]	*Emmanuelle*
Cristina	[krichtinå]	*Christine*
Maria	[måriå]	*Marie*

B 2 APPLICATION (CD)

1. — Como te chamas ?
2. — Chamo-me Carlos.
3. — Chamas-te Joaquim ?
4. — Não me chamo Joaquim.
5. — Chamo-me Manuel.
6. — Chamas-te Cristina.
7. — Chamo-me Maria.

B 3 REMARQUES

Prononciation

- Lorsqu'un mot se termine par **i** ou **im**, ou toute consonne autre que **s** et **m**, il est accentué sur la dernière syllabe.
- Dans une syllabe tonique, le **o** peut se prononcer :
  — comme le *o* du français *note* : **Rosa** (**Ròzå**) (nous le transcrivons [ò]).
  — comme le *o* de *côte*, surtout s'il est suivi de **m** ou **n** : **como** [**kô**mou] (nous le transcrivons [ô]).
- Ne prononcez pas le **m** de **Joaquim** ; le **i** se prononce du nez, c'est un *i* nasalisé (nous le transcrirons [ĩ]).
- Toutes les voyelles peuvent être nasalisées en portugais si elles sont suivies de **m** ou de **n**. La consonne **m** ou **n** ne se prononce pas et la voyelle se prononce du nez.
- **L** se prononce comme en français, sauf à la fin d'un mot où il est plus développé (nous le transcrirons [L]). Le **e** qui précède se prononce comme le *è* de *mère* (nous le transcrirons [è]) : **Manuel** [månou**èL**], **Manuela** [månou**è**lå].
  — On n'emploie jamais le **l** doublé en portugais.
  Manuela, *Emmanuelle*.

B 4 TRADUCTION

1. — Comment t'appelles-tu ?
2. — Je m'appelle Charles.
3. — T'appelles-tu Joachim ?
4. — Je ne m'appelle pas Joachim.
5. — Je m'appelle Manuel.
6. — Tu t'appelles Christine.
7. — Je m'appelle Marie.

C 1 EXERCICES

1. Traduire :
a) como te chamas ?
b) chamo-me Clarisse.
c) não me chamo Manuela.
d) chamas-te Joaquim ?

2. Mettre les phrases à la forme affirmative :
a) não me chamo Manuel.
b) chamas-te Manuel ?

3. Poser la ou les questions qui permettent d'obtenir la réponse suivante :
chamo-me Carlos.

4. Souligner la syllabe tonique de chaque mot :
a) Manuel
b) Clarisse
c) Rodolfo
d) Joaquim
e) Cristina
f) Filipe
g) Sebastião

C 2 PRONONCIATION ET RENSEIGNEMENTS UTILES

Joaquim	[jouå**kĩ**]
Sebastião	[seubåch**tyãou:**]
Filipe	[feu**li**peu]
como te chamas ?	[**kô**mou teu **chå**måch]
chamo-me Joana	[**chå**mou-meu jou**ânå**]
chamas-te João	[**chå**måch-teu jou**ãou** ↘]
chamas-te João ?	(**chå**måch-teu jou**ãou** ↗ ?]

■ Les prénoms Joaquim, Pedro, Manuel et Manuela sont des prénoms très traditionnels au Portugal. L'un des rois portugais les plus célèbres de la Renaissance (mort en 1521) s'appelle Dom Manuel.
On désigne de son nom l'art qui s'est développé pendant cette période très prospère : l'art manuélin.

2 Corrigé et Civilisation

C 3 CORRIGÉ

1.

a) Comment t'appelles-tu ?
b) Je m'appelle Clarisse.
c) Je ne m'appelle pas Emmanuelle.
d) T'appelles-tu Joachim ?

2.

a) chamo-me Manuel.
b) chamas-te Manuel.

3.

como te chamas ? ou : chamas-te Carlos ?

4.

a) Manu**el**
b) Cla**ri**sse
c) Ro**dol**fo
d) Joa**quim**
e) Cris**ti**na
f) Fi**li**pe
g) Sebas**tião**

C 4 LE PORTUGAIS DU BRÉSIL

■ Le portugais parlé au Brésil présente des différences de prononciation. Deux d'entre elles sont très caractéristiques :

— le **s** à la fin d'un mot (ou à la fin d'une syllabe et suivi d'une consonne) ne se prononce pas *ch* ; il se prononce comme s'il y avait *ss* :

Portugal : **chamas** ; [**chå**mâch].
Carlos ; [**kar**louch].
Sebastião ; [seubâch**tyãou :**].

Brésil : **chamas** ; [**chå**måss].
Carlos ; [**kar**louss].
Sebastião ; [sébåss**tjyãou :**].

— le **r** final peut ne pas être prononcé : **chamar** [chå**ma**]
— le **t** suivi de **e** ou **i** se prononce *tj* : **Sebastião** [sébass**tjyãou :**]
— le **e**, dans la syllabe atone placée en fin de mot se prononce *i*.

Portugal : **Clarisse** ; [kl**å**risseu].
Filipe ; [feu**li**peu].

Brésil : **Clarisse** ; [klå**ri**ssi].
Filipe ; [fi**li**pi].

D 1 CARTE – LE PORTUGAL

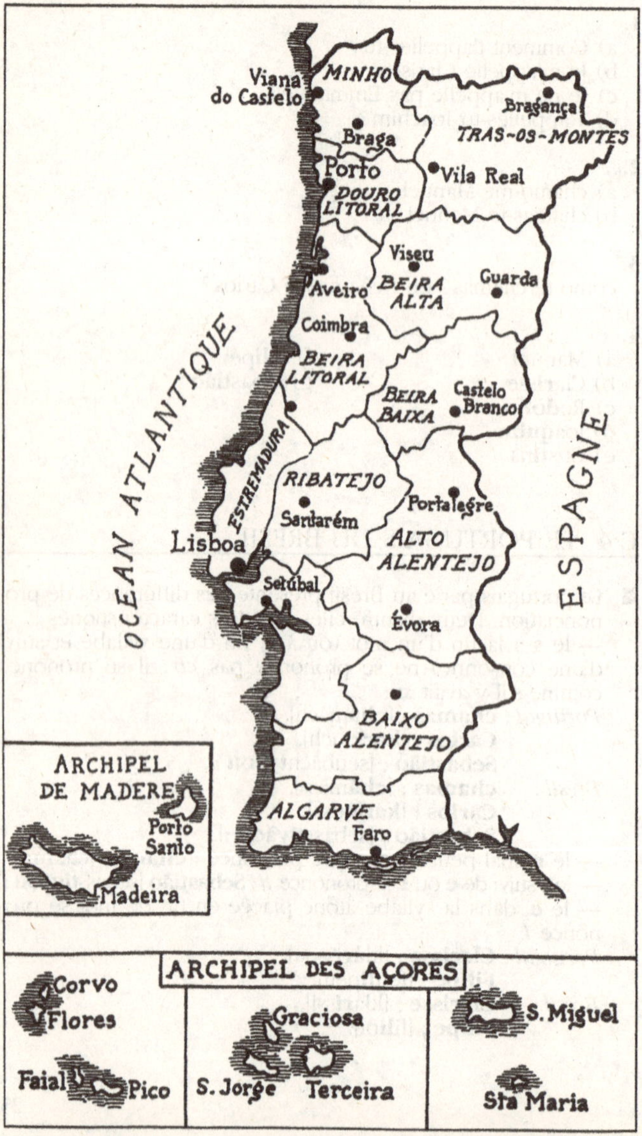

D 2 CIVILISATION – LE PORTUGAL

Le Portugal et les îles adjacentes des Açores et de Madère constituent l'un des plus anciens pays européens dans ses frontières actuelles ; il compte 10 millions d'habitants.

Le Portugal continental, à l'extrême sud de l'Europe, s'ouvre largement sur l'Atlantique (600 km de long et 220 de large). Il occupe le versant ouest du plateau central de la Péninsule Ibérique ; le relief est accidenté mais peu élevé, surtout au nord du Tage, et les plaines, rares et souvent étroites, suivent les fleuves ou la côte. Au sud, l'Alentejo est un haut plateau ondulé.

Trois grands fleuves le traversent d'est en ouest : dans le nord, le **Douro**, très encaissé, à l'embouchure duquel se trouve **Porto** qui a donné son nom au pays ; plus au sud, le **Tage** qui dans une large et riche vallée et s'étale devant Lisbonne, la capitale du pays. Le troisième fleuve, le **Mondego** ; né au Portugal dans la **Serra d'Estrela** (qui culmine à 1 993 m), arrose le centre et passe au pied de la ville de **Coimbra**. Dans le sud, le **Guadiana**, coulant nord-sud, sert de frontière entre l'Espagne et le Portugal.

Ce pays encore très agricole, possède deux grandes zones industrielles, autour de deux ports actifs : l'une, dans le nord, à **Porto** et ses envrions, l'autre dans le sud, autour de **Lisbonne**.

La ville de **Coimbra** est surtout célèbre pour son Université, l'une des plus anciennes d'Europe (1304), avec la Sorbonne, Bologne en Italie et Salamanque en Espagne.

Dans le sud, l'**Algarve**, au climat méditerranéen, est une zone touristique très fréquentée.

Les **Açores** et **Madère** constituent des régions autonomes depuis 1975, date de la *Révolution des Œillets* (**Revolução dos cravos**) qui a instauré un régime démocratique et permis la décolonisation des pays d'Afrique.

L'archipel des **Açores** comprend neuf îles (1 300 et 1 900 km à l'ouest de Lisbonne) : le groupe oriental avec **Santa Maria** et **São Miguel** où se trouve la capitale **Ponta Delgada** ; le groupe central avec **Terceira**, **Graciosa**, **São Jorge**, **Pico** (point culminant du Portugal – 2 829 m) et **Faial** ; le groupe occidental avec **Flores** et **Corvo**. Ces îles couvertes de fleurs, au climat tempéré et très humide, se consacrent à l'agriculture, à l'élevage (produits laitiers) et à la pêche. Le volcanisme y est encore très actif, surtout à São Miguel, l'île la plus grande (750 km^2, 60 km de long et 15 de large) et la plus peuplée.

Les deux îles de **Madère** (**Madère** et **Porto Santo**) sont à 1 000 km au sud de Lisbonne, à plus de 500 km des côtes marocaines. Madère, l'île la plus importante (750 km^2), très accidentée et très fleurie, a un climat tempéré, agréable, et constant (16°-22° en été et hiver). Elle se consacre au tourisme, et ceci depuis le XIXe siècle où elle était très recherchée par les Anglais.

3 Sou um homem.

A 1 PRÉSENTATION

- **Sou** est la première personne du singulier du présent de l'indicatif du verbe être **(Ser)**, *je suis* (exceptionnellement ce verbe ne se termine pas par **o** à la 1re personne du singulier).
- **Um** est l'**article indéfini** masculin singulier.
- **Uma** est l'**article indéfini** féminin singulier.

um homem *un homme* ; **uma mulher** *une femme*

sou	[**sô**]	*je suis*
eu	[**êou**]	*je ; moi*
um	[**õu**]	*un*
uma	[**õu**må]	*une*
homem	[**ò**mãy]	*homme*
mulher	[mou**lyèr**]	*femme*
português	[pourtou**guêch**]	*portugais*
francês	[frã**ssêch**]	*français*
portuguesa	[pourtou**guê**zå]	*portugaise*
francesa	[frã**ssê**zå]	*française*

- **Attention :** Le pronom sujet ne s'emploie généralement pas.

chamo-me João, *je m'appelle Jean.*
sou português, *je suis portugais.*

- Il est utilisé seulement pour marquer une insistance :

eu sou português, *moi, je suis portugais.*

A 2 APPLICATION (CD)

1. — **Sou um homem**.
2. — **Eu sou português**.
3. — **Sou uma mulher**.
4. — **Eu sou portuguesa**.
5. — **Sou francês**.
6. — **Eu não sou francesa ; sou portuguesa**.

3 Je suis un homme.

A 3 REMARQUES

Prononciation

- Lorsque la syllabe accentuée ne correspond pas aux règles que nous avons définies dans les leçons précédentes, elle porte un **accent écrit**. Cet accent peut être circonflexe (^). L'accent circonflexe indique un déplacement de l'accent tonique et, à l'inverse du français, ferme la voyelle qui se prononce comme le *é* de *été*. Nous le transcrivons [ê] : **francês** [frã**ssêch**].
- Les voyelles suivies de **m** ou **n** (+ consonne) sont des voyelles nasales ; elles se prononcent du nez et le *m* ou le *n* ne sont pas articulés. Nous transcrivons cette prononciation nasale par le signe ~ : **um [õu], an [ã]**.
  — **em** final se prononce comme le *ain* de *main*. Nous le transcrivons [ãy] : **o homem** [ou **ò**mãy].
- **ou** se prononce comme le *o* de *côte*. Nous transcrirons cette diphtongue [ô]. **sou** [sô] *je suis.*
- La consonne **c** se prononce comme en français *k* (transcrit [k]), s'il est suivi de *o, a, u* et *ss* (transcrit [ss]), s'il est suivi de *e* et *i*.
- **La consonne h** :
  — elle ne se prononce pas en début de mot : **homem** [**ò**mãy] ;
  — **lh** se prononce comme le français « *lieu* ». Nous transcrirons [ly] : **mulher** [mou**lyèr**].
- Remarquez la disparition de l'accent circonflexe écrit lorsque l'adjectif masculin terminé par **ês** prend la marque du féminin.

português	[pourtou**guêch**]	*portugais*
portuguesa	[pourtou**guê**zå]	*portugaise*

A 4 TRADUCTION

1. — Je suis un homme.
2. — Moi, je suis portugais.
3. — Je suis une femme.
4. — Moi, je suis portugaise.
5. — Je suis français.
6. — Moi, je ne suis pas française ; je suis portugaise.

3 És um rapaz.

B 1 PRÉSENTATION

- **és** : deuxième personne du singulier du présent de l'indicatif du verbe être (**Ser**). On retrouve le s qui caractérise toujours la deuxième personne du singulier des verbes.
- **o** indique qu'un **adjectif** ou un **nom** est **masculin.**
- **a** indique qu'un **adjectif** ou un **nom** est **féminin.**
  — Les adjectifs qui se terminent par **o** au masculin, changent le **o** en **a** au féminin : **bonito** (masc.) *beau*, **bonita** (fém.) *belle* ;
  — les adjectifs qui se terminent par **és** ou **or** ajoutent un **a** pour le féminin.
  português, *portugais* ; **trabalhador**, *travailleur.*
  portuguesa, *portugaise* ; **trabalhadora**, *travailleuse.*

és	[**èch**]	*tu es*
tu	[**tou**]	*tu ; toi*
rapaz	[Råpa**ch**]	*garçon, jeune homme*
rapariga	[Råpå**ri**gå]	*fille, jeune fille*
brasileiro	[bråzil**êï**rou]	*brésilien*
baixo	[**baï**chou]	*petit, bas*
alto	[**aL**tou]	*grand, haut*
bonito	[bou**ni**tou]	*beau*
bonita	[bou**ni**tå]	*belle*
simpático	[sĩ**pa**tikou]	*sympathique* (masculin)
simpática	[sĩ**pa**tikå]	*sympathique* (féminin)
trabalhador	[tråbålyå**dôr**]	*travailleur*
trabalhadora	[tråbålyå**dôra**]	*travailleuse*

B 2 APPLICATION (CD)

1. — tu és trabalhador.
2. — és um rapaz simpático.
3. — tu és portuguesa.
4. — és uma rapariga trabalhadora.
5. — eu sou português ; tu és brasileiro.
6. — és bonito.
7. — tu és uma rapariga bonita.
8. — eu sou alto ; não sou baixo.

B 3 REMARQUES

- Lorsque l'accent tonique ne se place pas sur la syllabe normale, il porte un accent écrit. Cet accent peut être un accent circonflexe (^) ou un accent aigu (´).
- **L'accent aigu** indique donc un déplacement de l'accent tonique normal dans un mot de plusieurs syllabes; par ailleurs, contrairement à ce qui se passe en français, il ouvre la voyelle. Le **é** ne se prononce pas comme le *é* de *été*, mais comme le *è* de *mère*. Nous le transcrirons donc [è].
— Remarque : les accents écrits, aigus et circonflexes, peuvent se trouver sur toutes les voyelles, et pas seulement sur **e**.
- **ai** et **ci** se prononcent respectivement *aille* et *eille*, comme dans *travaille* et *treille*. Nous les transcrirons [aï] et [eï].
- Attention : il faut faire une liaison lorsque **s** se trouve à la fin d'un mot, suivi d'un autre mot commençant par une voyelle. Il ne faut plus le prononcer *ch* mais *z* (comme dans *zoé*) : **és um rapaz** [èz õu Ràpach].
— **s** ne se prononce pas *ch* mais *z* (nous le transcrivons [z]).
- Le **z** placé à la fin d'un mot se prononce normalement *ch*, comme le **s**. N'oubliez pas que tout mot terminé par une consonne autre que s est accentué sur la dernière syllabe : **rapaz** [Râpach].
Le **x**, entre deux voyelles, se prononce le plus souvent *ch* : **baixo** [baïchou].
- Le **l** en fin de syllabe, suivi d'une consonne, se prononce comme le **l** final; il est plus développé comme le *l* double du français « *elles* » : **alto** [aLtou]; **Manuel** [mânouèL].

B 4 TRADUCTION

— toi, tu es travailleur.
— tu es un jeune homme sympathique.
— toi, tu es portugaise.
— tu es une jeune fille travailleuse.
— moi, je suis portugais; toi, tu es brésilien.
— tu es beau.
— toi, tu es une belle jeune fille.
— moi, je suis grand; je ne suis pas petit.

3 Exercices et Prononciation

C 1 EXERCICES

1. Traduire : (CD)
a) sou um homem ; eu sou brasileiro.
b) tu és uma mulher bonita.
c) és um rapaz simpático.

2. Traduire :
a) je suis une femme ; moi, je suis Portugaise.
b) tu es petit ; moi je suis grande.

3. Mettre au féminin :
a) sou um rapaz alto.
b) és um homem baixo.
c) tu és francês ; eu sou brasileiro.

C 2 PRONONCIATION – LE PORTUGAIS DU BRÉSIL

1. **Prononcer :**
a) **Rosa, és** uma mulher bonita [**Ròzå**, **èz oumå** mou**lyèr** bou**nitå**]
b) **Pedro**, **és baixo** [**pê**drou **èss baï**chou]
c) como se chama o homem ? [**kô**mou seu **châ**må ou **ô**mãy]
d) **és** portugu**esa** ? [**èss** pourtou**guê**zå ↗]
e) **és** portugu**ês**. [**èss** pourtou**guê**ss ↘]
f) **és** uma rapariga simpática [**èz ou**må Råpå**ri**gå sì**pa**tikå]

2. Certaines **différences de vocabulaire** entre le **Portugal** et le **Brésil**, pourraient entraîner des quiproquos. **Attention** au mot **rapariga** :
— au Portugal, **rapariga** signifie *jeune fille*
— au Brésil, **rapariga** désigne une *fille de mauvaise vie.* Jeune fille s'y traduit par **moça**.

3 Corrigé et Civilisation

C 3 CORRIGÉ

1.

a) je suis un homme ; moi, je suis Brésilien.
b) toi, tu es une jolie femme.
c) tu es un garçon sympathique.

2.

a) sou uma mulher ; eu sou portuguesa.
b) és baixo ; eu sou alta.

3.

a) sou uma rapariga alta.
b) és uma mulher baixa.
c) tu és francesa ; eu sou brasileira.

C 4 LE PORTUGAIS DU BRÉSIL – RÉCAPITULATION

■ **Le portugais au Brésil** :
— le pronom sujet est d'un emploi beaucoup plus courant au Brésil ; *Je m'appelle* : *Portugal* : **chamo-me**.
Brésil : **eu me chamo**.
— **N.B.** : la 2e pers. est inusitée au Brésil sauf dans le Sud.

■ **Récapitulation** : **prononciation des voyelles (a, o, i, u)**
La **prononciation des voyelles** est délicate, elle change suivant qu'elles se trouvent dans la syllabe accentuée ou tonique, ou dans la syllabe non accentuée ou atone :
— **u** se prononce toujours **ou**, dans toutes les syllabes ;
— **i** se prononce comme en français, sauf dans une syllabe atone suivie d'un autre **i** (ex. : **Filipe** (feulipeu]) ;
— **a** peut se prononcer :
comme le *a* de *chat* en syllabe tonique [a] : **Clara** [**kla**rå] ;
comme le *e* de *fleur*, dans la syllabe tonique si le **a** est suivi de **m** ou **n**, ou dans toutes les syllabes atones [å] : **Ana** [**å**nå], **chamas** [**châ**mâch] ;
— **o** peut se prononcer : dans une syllabe tonique,
– comme le o de *note* [ò] : **Rosa** [**Rò**zå] ;
– comme le o de *côte* [ô] : **como** [**kô**mou] ;
— dans une syllabe atone, il se prononce *ou* comme dans *tout* [ou] : [**kô**mou].

D 1 CARTE – **LE BRÉSIL**

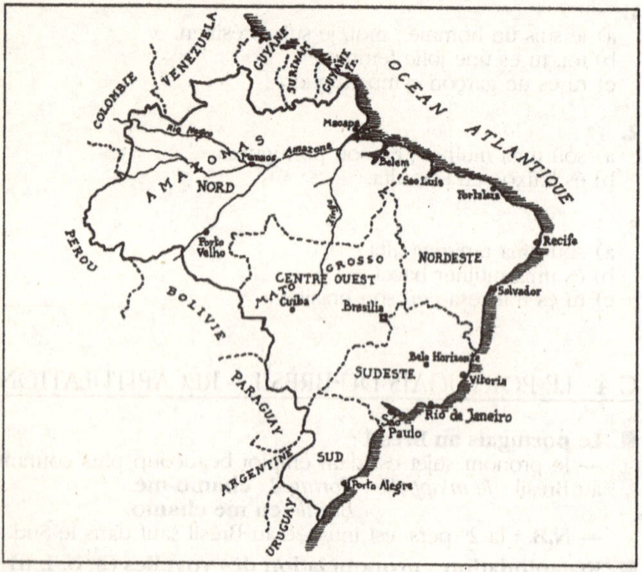

D 3 CIVILISATION – LE BRÉSIL

Classement de la population brésilienne par états en 1996*

État	(code)	population**	Ville (capitale)	population**
São Paulo	(SP)	34.055	São Paulo	9.811
Minas Gerais	(MG)	16.660	Belo Horizonte	2.092
Rio de Janeiro	(RJ)	13.316	Rio de Janeiro	5.553
Bahia	(BA)	12.532	Salvador da Bahia	2.209
Rio Grande do Sul	(RGS)	9.623	Porto Alegre	1.286
Paraná	(PR)	8.986	Curitiba	1.466
Pernambuco	(PE)	7.405	Recife	1.343
Ceará	(CE)	6.804	Fortaleza	1.967
Pará	(PA)	5.523	Belém	1.113
São Luís do Maranhão		5.218	São Luís	781
Brasília	(DF)	1.817	Brasília	1.817

**In* I.B.G.E., mars 1996. ** En millions d'habitants.

D 2 CIVILISATION – LE BRÉSIL

Le Brésil, un pays immense de 8.511.965 km^2, compte 173 M. d'habitants en 1998. À lui seul, il représente plus de 43 % de la surface et de la population de l'Amérique du Sud et 17 fois la superficie de la France. Il s'étend de l'Équateur (5,16° de latitude nord) à 33,45° de latitude sud, ce qui explique des climats très variés, équatorial en Amazonie, climat tropical humide de la côte du **Nordeste**, chaud et sec de l'intérieur, climat tempéré de l'état du **Rio Grande do Sul** (latitude d'Alger) qui peut descendre à 0° en hiver.

Un immense plateau de 300 à 1 000 mètres d'altitude occupe le centre du Brésil ; il est bordé, au nord, par la vaste dépression de l'Amazone, couverte de forêts vierges (environ 17 % du territoire brésilien), et, sur la côte Atlantique, par un bourrelet montagneux où le **Pic da Neblina** culmine à 3 014 mètre dans la **Serra da Mantiqueira (État da Bahia)**. Il est parcouru par des fleuves imposants, comme le **São Francisco**, le **Paraná** et l'**Amazone**, le plus grand fleuve du monde (6 500 km).

Les villes gigantesques sont nombreuses : 11 d'entre elles dépassent 1 M. d'habitants et **São Paulo** atteint plus 16 M. d'habitants. À l'exception de **Belo Horizonte** et de **Brasília** (la troisième capitale du pays, inaugurée en 1960), elles se trouvent toutes sur la côte ; c'est le cas, entre autres, pour les deux premières capitales : **Salvador** (capitale de 1549 à 1763), puis **Rio de Janeiro** (de 1763 à 1960).

L'histoire de ce pays explique à la fois son peuplement mélangé (indien, noir, blanc et métisse) et son développement économique en cycles successifs. Les Portugais qui y ont débarqué en 1500 au sud de **Salvador** ont développé aux XVIe et XVIIe siècles, la culture de la canne à sucre sur la côte, de **Recife** dans le **Nordeste** d'abord puis jusqu'à **São Paulo**. Cette culture, de type patriarcal, a chassé ces indiens vers l'intérieur et eut recours à l'importation massive d'esclaves noirs, venus d'Afrique, surtout d'*Angola* (abolition de l'esclavage en 1888).

C'est à la fin du XVIIe et au XVIIIe siècles, que la découverte de l'or modifiera la société et l'économie du pays et sera à l'origine du peuplement de l'intérieur (**Minas Gerais**). C'est d'ailleurs toujours pour soutenir le développement de l'intérieur du pays que sera décidée la création de **Belo Horizonte** (1897) et de **Brasília** (1960).

Le café a fait son apparition, dans le sud du pays, dès le XVIIIe siècle, mais sa culture se développe dans la deuxième moitié du XIXe et au début du XXe. Elle attire de nombreux immigrés européens allemands et surtout italiens, puis japonais, et fait la fortune de la région de São Paulo.

Riche en minerais (surtout en fer), le Brésil s'industrialise rapidement au XXe siècle, surtout dans la région centre (**São Paulo** et **Rio-Volta Redonda**) et de **Minas** (**Belo Horizonte**).

4 Ele chama-se…

A 1 PRÉSENTATION

■ La 3e personne du singulier du présent de l'indicatif des verbes du premier groupe se termine par **a**.

chama, *il appelle* (de l'infinitif **chamar**, *appeler*).

■ **é** est la 3e pers. sing. du prés. de l'ind. de *être* (**ser**).

■ **o** est **l'article défini** masculin sing. : **o homem**, *l'homme.*

■ **a** est **l'article défini** féminin sing. : **a mulher**, *la femme.*

■ Un adjectif terminé, au sing., par **e**, ou par la plupart des consonnes, a une seule forme au féminin et au masculin.

o homem pobre e amável, *l'homme pauvre et aimable.*

a mulher pobre e amável, *la femme pauvre et aimable.*

e	[i]	*et*	**é**	[è]	*est*
o	[ou]	le	**a**	[à]	*la*
ele	[êleu]	*il, lui*	**ela**	[èlå]	*elle*
se	[seu]	*se*			
senhor	[seugnôr]	*monsieur*	**chama**	[chåma]	*appelle*
senhora	[seugnôrå]	*madame*			

Inês Silva Bastos	[inêch siLvå bachtouch]	
José Alves	[jouzè aLveuch]	*Joseph Alves*
Silva	[siLvå]	*Silva* (nom de famille)
Bastos	[bachtouch]	*Bastos* (nom de famille)
inteligente	[iteuligêteu]	*intelligent*
amável	[åmavèL]	*aimable*

rico	[Rikou]	*riche*	**pobre**	[pòbreu]	*pauvre*
sim	[sĩ]	*oui*	**não**	[nãou:]	*non, ne... pas*

■ Attention : ne pas confondre **é**, signifiant *il est* (**verbe**), et **e**, signifiant *et* (**coordination**).

A 2 APPLICATION (CD)

1. — Chama-se José Bastos Alves..

2. — Ela chama-se Inês Bastos Alves ?

3. — Não, ela não se chama Inês Bastos Alves.

4. — Ele chama-se José ? Sim, chama-se José.

5. — José é inteligente a Inês é amável.

6. — A senhora Alves é rica e o senhor Silva é pobre.

A 3 REMARQUES

Prononciation

- Remarquer le rôle des accents écrits (aigu et circonflexe) dans les mots suivants : **José** [jou**zè**] ; **Inês** [in**éch**].
  — Ces accents écrits signalent un déplacement de l'accent tonique normal et modifient la prononciation de **e** : **é** se prononce comme le *è* de *mère* ; **ê** comme le *é* de *été*.

- **nh** se prononce comme le *gn* de *digne*. Transcrit [gn].
  senhor [seugnôr] : **senhora** [seugnôrå]

- Noter que l'article défini **o** se prononce toujours *ou*, et l'article défini **a** se prononce toujours [å] (comme le *e* de *fleur*).
  o senhor [ou seugnôr] ; **a senhora** [å seugnôrå]

- De même, noter la différence de prononciation des pronoms personnels : **ele** [êleu] *il* ; **ela** [èlå] *elle*.

Grammaire

- L'accord des adjectifs au féminin :
  — un adjectif terminé par **o** atone change le **o** en **a** :
  o rapaz rico, *le garçon riche.*
  a rapariga rica, *la jeune fille riche.*
  — un adjectif terminé par **ês** ou **or** ajoute un **a** :
  um rapaz francês trabalhador,
  un garçon français travailleur.
  uma rapariga francesa trabalhadora,
  une jeune fille française travailleuse.
  — un adjectif terminé par **e** ou une consonne (sauf **ês** et **or**) ne change pas :
  um rapaz (ou **uma rapariga**) **inteligente e amável**,
  un garçon (ou *une jeune fille*) *intelligent et aimable.*

A 4 TRADUCTION

1. — Il s'appelle José Bastos Alves.
2. — Elle, s'appelle-t-elle Inés Bastos Alves ?
3. — Non, elle ne s'appelle pas Inés Bastos Alves.
4. — Lui, s'appelle-t-il Joseph ? Oui, il s'appelle Joseph.
5. — Joseph est intelligent et Inés est aimable.
6. — Madame Alves est riche et Monsieur Silva est pauvre.

4 Eles são portugueses e falam…

B 1 PRÉSENTATION

- La 3e personne du pluriel d'un verbe se termine par **m**.
  chaimam, *ils appellent* ; **falam**, *ils parlent*.

- **São** est la troisième personne du pluriel du présent de l'indicatif du verbe *être* (**ser**, verbe irrégulier).
  são, *ils sont*.

- **s** indique normalement le pluriel d'un **nom** ou d'un **adjectif** :

falar	[fålar]	*parler*
falam	[falãoul	*ils parlent*
eles	[êleuch]	*ils ; eux, ils*
elas	[èlåch]	*elles ; elles, elles*
os	[ouch]	*les* (masc.)
as	[åch]	*les* (fém.)
o turista	[ou tou**rich**tå]	*le touriste*
inglês	[ĩ**glêch**]	*anglais*
ingleses	[ĩ**glê**zeuch]	*anglais* (pl.)
árabe(s)	[a**rå**beu(ch)]	*arabe(s)*
italiano(s)	[itåli**å**nou(ch)]	*italien(s)*
trabalhadores	[tråbålyå**dô**reuch]	*travailleurs*
muito	[**mõu**ïtou]	*très*

- **Attention** : **muito** est invariable devant un adjectif.
  muito ricos, *très riches*.

B 2 APPLICATION (CD)

1. — **Eles são portugueses e falam francês.**
2. — **Os turistas ingleses falam inglês.**
3. — **As turistas inglesas não falam português.**
4. — **Os turistas são italianos.**
5. — **Os turistas árabes são ricos.**
6. — **Como se chamam ?**
7. — **Chamam-se Durand. São franceses.**
8. — **Eles são muito trabalhadores.**

B 3 REMARQUES

- L'**avant-dernière syllabe** d'un mot est accentuée lorsque le mot se termine par **am**, **em** ou par **s**.
  chamam **ho**mem **ri**cos **ri**cas inteli**gen**tes **ho**mens
- **ui** se prononce *ouille* légèrement nasalisé (nous le transcrirons (õuï]) dans **muito** [m**õuï**tou] *très*.
- Ne pas oublier les liaisons lorsque l'article défini pluriel (**os**, masculin pluriel ; **as**, féminin pluriel) est suivi d'un nom commençant par une voyelle.
- **os árabes** [ouz **a**råbeuch] *les Arabes*.
- **Le pluriel des noms et des adjectifs** se forme (Précis, p. 343) :
  — en rajoutant **s**, si le mot est terminé par une voyelle.
  os ricos **os árabes** **os turistas**
  — en rajoutant **es**, si le mot est terminé par une consonne autre que *m* et *l*.
  sg. **mulher** : *femme* pl. **mulheres**
  inglês : *anglais* **ingleses**
  rapaz : *jeune homme* **rapazes**
- **Attention** : si un mot est terminé par **ês** au sing., le circonflexe disparaît au pluriel et au féminin : **inglesa**, *anglaise*.
- Quelques noms ont la même forme au masculin et au féminin (ne pas oublier de faire l'accord de l'adjectif).
  o turista italiano é amável, *le touriste italien est aimable.*
  a turista italiana é amável, *la touriste italienne est aimable.*

B 4 TRADUCTION

1. — Eux, ils sont Portugais et ils parlent français.
2. — Les touristes anglais parlent anglais.
3. — Les touristes anglaises ne parlent pas portugais.
4. — Les touristes sont italiens.
5. — Les touristes arabes sont riches.
6. — Comment s'appellent-ils ?
7. — Ils s'appellent Durand. Ils sont Français.
8. — Ils sont très travailleurs.

4 Exercices et Prononciation

C 1 EXERCICES

1. Traduire :
a) elas falam português.
b) os turistas são brasileiros ; não são portugueses.
c) as turistas são ricas e amáveis.

2. Mettre au féminin :
a) ele é um turista árabe muito rico.
b) ele é um rapaz inteligente e amável.
c) o homem é trabalhador.
d) o turista francês fala inglês.

3. Mettre au pluriel :
a) ele é português, não é brasileiro.
b) o turista é inglês.
c) a mulher é inteligente.
d) o rapaz é trabalhador.

4. Souligner la syllabe tonique :
a) turista
b) inteligente
c) homens
d) amável
e) trabalhador
f) falam
g) brasileiros

C 2 PRONONCIATION ET VOCABULAIRE

— **os brasileiros são muito simpáticos**
[ouch brâzi**leï**rouch sãou **mõuï**tou sĩ**pa**tikouch]
— **eles são turistas amáveis ; elas são ricas**
[**ê**leuch sãou tou**richt**âz â**ma**veich ; **è**lâch sãou **Ri**kâch]
— **a rapariga é inteligente e bonita**
[â Râpâ**ri**gâ è ĩteuli**gẽ**teu i bou**ni**tâ]

Portugal : *le prénom :* **o nome próprio.**
le nom de famille : **o apelido.**
la carte d'identité : **o bilhete de identidade.**
Brésil : *le prénom :* **o prenome, o nome (de batismo).**
le nom de famille : **o nome de familia**, ou **o sobre-nome.**
la carte d'identité : **a carteirinha de identidade** *ou* **R.G.**
(abréviation de **Registo geral** = *registre général*).

C 3 CORRIGÉ

1.

a) elles, elles parlent portugais.
b) les touristes sont brésiliens : ils ne sont pas portugais.
c) les touristes sont riches et aimables (il s'agit de femmes).

2.

a) ela é uma turista árabe muito rica.
b) ela é uma rapariga inteligente e amável.
c) a mulher é trabalhadora.
d) a turista francesa fala inglês.

3.

a) eles são portugueses, não são brasileiros.
b) os turistas são ingleses.
c) as mulheres são inteligentes.
d) os rapazes são trabalhadores.

4.

a) tu**ris**ta
b) inteli**gen**te
c) **ho**mens
d) a**má**vel
e) trabalha**dor**
f) **fa**lam
g) brasi**lei**ros

C 4 RENSEIGNEMENTS PRATIQUES – LE PORTUGAIS AU BRÉSIL

Les noms de famille au Portugal et au Brésil

■ Le nom de famille est souvent double : **José Bastos Alves**.
— le 1er nom est le nom de jeune fille de la mère : **Bastos** ;
— le 2e nom est celui du père : **Alves**.
Si **José** se marie avec **Maria Silva Lopes, Silva** étant le nom de la mère de **Maria**, et **Lopes** le nom de son père, son épouse deviendra **Maria Silva Lopes Alves**, c'est-à-dire qu'elle ajoutera à son propre nom le deuxième nom du mari.
Leurs enfants s'appelleront : **João** ou **Ana Lopes Alves**.
Ils ne garderont que les noms des grands-pères paternels.
Dans une même famille les cartes d'identité porteront :
Père : **José Bastos Alves**
Mère : **Maria Silva Lopes Alves**.
Enfants : **Ana** et **João Lopes Alves**.

■ **Remarque** : Au Brésil **« senhor »** se prononce **[seugnõ]**.

D 1 CARTES – L'AFRIQUE LUSOPHONE

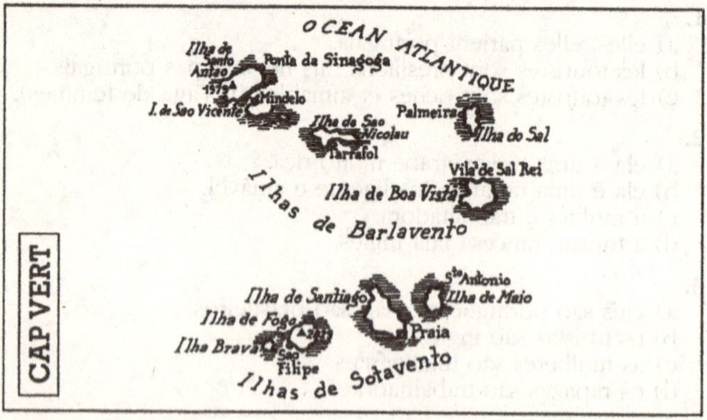

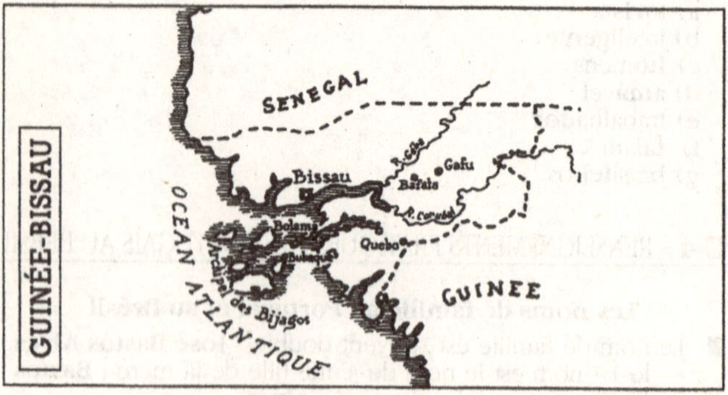

D2 CIVILISATION – L'AFRIQUE LUSOPHONE

Le Cap Vert (*434 263 hab.*) : archipel composé de dix îles distribuées en deux groupes : les îles sous le vent ou **ilhas de Sotavento** (**Santiago**, **Fogo**, **Brava** et **Maio**) et les îles au vent ou **ilhas de bar lavento** (**Santo Antão**, **São Vicente**, **Santa Luzia**, non habitée, **São Nicolau**, **Sal** et **Boavista**).

Découvert de 1460 à 1462, devenu indépendant le 05.07.1975. Le portugais est la langue officielle, à côté d'un créole très vivace.

Situé à 500 km en face de Dakar, en pleine zone du Sahel, ce qui explique la rareté de ses pluies et sa grande aridité. Le volcanisme y est encore actif, notamment dans l'île de Fogo où le volcan qui culmine à 2 829 m connaît des éruptions assez fréquentes (la dernière, le 2 avril 1995).

L'île de Santiago, la plus grande des îles (56 km de long et 27 de large) découverte la première (1460) a été pendant longtemps une escale stratégique pour les expéditions qui allaient du Portugal au Brésil et vers le sud de l'Afrique. Elle abrite aujourd'hui **Praia**, la capitale.

Le Cap Vert dont les ressources sont limitées à cause de longues périodes de sécheresse vit de la pêche et de l'agriculture. De nombreux Cap verdiens (plus des 2/3 de la population) ont dû partir à l'étranger, en Afrique, en Europe ou aux États-Unis.

La Guinée Bissau : (capitale **Bissau**) est située entre le Sénégal et la République de Guinée. Elle est la première des anciennes colonies portugaises à avoir obtenu son indépendance, le 10 septembre 1974. Elle a gardé le portugais comme langue officielle, à côté d'un créole très vivant.

36 000 km^2 1,3 million hab. relief particulièrement plat. Elle se compose d'une partie continentale, d'un cordon d'îles côtières (une quarantaine dont une vingtaine habitées) et de l'archipel des **Bijagós**, découvert en 1446. Son climat tropical a une saison sèche (novembre à mars) et une saison des pluies (d'avril à octobre). C'est un pays exclusivement agricole (riz, de l'huile de palme et des cacahuètes).

L'archipel de São Tomé e Principe (165 000 habitants) : situé dans le golfe de Guinée, à 900 km au large du Gabon. Découvert entre 1469 et 1471 ; accède à l'indépendance le 02.07.1975 ; se compose de deux îles volcaniques : **São** et **Tomé**.

Tomé avec la capitale **São Tomé** (culmine à 2 000 m) et l'île **Principe**. Agriculture riche : cacao, café, huile de palme, coprah, canne à sucre, manioc, cannelle, vanille, haricots, patates douces, ananas et fruits tropiquex variés...

On y étudie le développement du tourisme et l'exploitation du pétrole, découvert en mer.

5 Onde trabalha o senhor?

A 1 PRÉSENTATION

- Vous s'adressant à une personne se traduit par **o senhor, a senhora** ou **você** : le verbe est à la 3e pers. du sing.

trabalha	[tråbalyå]	*travaille, vous travaillez*
você	[vòssê]	*vous*
o professor	[ou proufeu**ssôr**]	*le professeur* (m.)
a professora	[å proufeu**ssôr**å]	*le professeur* (f.)
Paris	[på**rich**]	*Paris*
espanhol	['chpå**gnòL**]	*espagnol*
em	[ãy]	*à, dans*
Magalhães Simões	[mågå**lyãych** si**mõych**]	nom de famille

- **Le vouvoiement**, courant au Portugal, est d'un emploi délicat car les formules de traitement sont très nuancées.

- **o senhor** (pour un homme), **o senhora** (pour une femme). Pour marquer une certaine déférence : **o senhor fala português?** *vous parlez portugais?* (Ce traitement, très courant, correspond à la formule française, plus rare : *Monsieur parle-t-il portugais?*)

- **você** (homme ou femme) lorsque l'on s'adresse à des gens que l'on connaît bien, voire à des personnes d'un rang inférieur : **você fala português**, *vous parlez portugais.*

- Au Brésil, **você** est couramment employé (pas seulement à l'égard d'inférieurs). Il remplace le tutoiement.

A 2 APPLICATION CD

1. — **Onde trabalha o senhor ? Trabalho em Paris.**
2. — **O João não trabalha em Paris.**
3. — **Como se chama o senhor ? É espanhol ?**
4. — **Chamo-me João Magalhães Sirnôes. Sou português.**
5. — **Fala português ? É espanhola ?**
6. — **Sim, falo português, não sou espanhola ; sou brasilleira.**
7. — **O senhor é professor ?**
8. — **A senhora é professora ?**
9. — **Você trabalha muito ?**
10. — **Você é muito trabalhador (muito trabalhadora).**

A 3 REMARQUES

Prononciation

- Remarquer la prononciation de **você** [vò**ssê**] : le **o** de la syllabe atone est prononcé *ò* et non pas *ou*.
- **ão** n'est pas la seule **diphtongue nasale** du portugais ; il en existe deux autres : **õe(s)** et **ãe(s).** Ces diphtongues sont très nasalisées ; nous les transcrirons ainsi : **ões** [õych] et **ães** [ãych].
- Un mot terminé par **i** ou **u**, suivi ou non de **s** ou de **m**, est accentué sur la dernière syllabe : Joa**quim**, Pa**ris.**
- **e** dans une syllabe atone, en début de mot et suivie d'une autre consonne, ne se prononce pas : **espanhol** ['chpå**gnoL**].

Grammaire

- Les adjectifs terminés par **l** sont invariables au féminin, sauf ceux indiquant une nationalité : **amável** (masc. et fém.) ; **espanhol** (masc.) ; **espanhola** (fém.).
  — La forme interrogative n'exige pas l'inversion du sujet.
  o senhor fala português ? *parlez-vous portugais ?*
  — L'inversion se fait couramment, si la question est posée au moyen d'un mot interrogatif.
  como se chama o senhor ? *comment vous appelez-vous ?*

A 4 TRADUCTION

1. — Où travaillez-vous ? Je travaille à Paris.
2. — Jean ne travaille pas à Paris.
3. — Comment vous appelez-vous ? Êtes-vous espagnol ?
4. — Je m'appelle Jean Magalhães Simões. Je suis portugais.
5. — Parlez-vous portugais ? Êtes-vous espagnole ?
6. — Oui, je parle portugais ; je ne suis pas espagnole ; je suis brésilienne.
7. — Êtes-vous professeur ? (en s'adressant à un homme).
8. — Êtes-vous professeur ? (en s'adressant à une femme).
9. — Travaillez-vous beaucoup ? (à un homme ou à une femme).
10. — Vous êtes très travailleur (très travailleuse).

5 Os senhores são estudantes ?

B 1 PRÉSENTATION

- *Vous*, s'adressant à plusieurs personnes, se traduit par **os senhores, as senhoras, vocês.**
- Le verbe est à la troisième personne du pluriel.
- **L'accord au pluriel** : le nom ou l'adjectif prend la marque du masculin pluriel, s'il se rapporte à un groupe composé de noms, masculin(s) ou féminin(s).
  ela e o João são médicos, *elle et Jean sont médecins.*

estudar	[ʻchtoudar]	*étudier*
estudamos	[ʻchtoudåmouch]	*nous étudions*
somos	[sômouch]	*nous sommes*
o estudante	[ou ʻchtoudãteu]	*l'étudiant*
a estudante	[å ʻchtoudãteu]	*l'étudiante*
o médico	[ou mèdikou]	*le médecin* (homme)
a médica	[å mèdikå]	*le médecin* (femme)
o empregado	[ou ẽpreugadou]	*l'employé*
a empregada	[å ẽpreugadå]	*l'employée*
o animal	[ou ånimaL]	*l'animal*
útil	[outiL]	*utile*
Maria	[måri/å]	*Marie*
Amália	[åmalyå]	*Amalia*
mas	[måch]	*mais*
também	[tãbãy]	*aussi, également*

B 2 APPLICATION (CD)

1. — **Os senhores são estudantes ?**
2. — **Não, não somos estudantes.**
3. — **Como se chamam ? São muito amáveis.**
4. — **Ela chama-se Maria, e eu Amália ; somos estudantes.**
5. — **Vocês são empregados ?**
6. — **Sim, eu sou empregado, mas ela é médica.**
7. — **Os homens trabalham muito.**
8. — **Os animais são muito úteis ; também trabalham.**
9. — **Eu sou médico ; ela também é médica.**

5 Êtes-vous étudiants ?

B 3 REMARQUES

- Prononciation de **ia** : **Maria** [må**ri**/å], et **Amália** [å**ma**lyå] :
— Lorsqu'il n'y a pas d'accent écrit, l'accent tonique se place sur le **i** (**i** et **a** se prononcent séparément).
Lorsqu'un accent écrit se trouve sur la syllabe qui précède le groupe **ia**, celui-ci se prononce [**ya**], sans séparer les voyelles.
- Attention à la prononciation des groupes **an**, **am** et **ão** :
— **am** et **an** dans le mot avant une consonne : **a** étant nasalisé, nous les transcrivons [ã] : **também** [tã**båy**] *aussi*, **estudante** ['chtou**dã**teu], *étudiant ;*
— **ão** et **am** dans les terminaisons de la 3e pers. plur. se prononcent *aon* (français *paon*) très fortement nasalisé ;
— si le groupe est tonique (c'est le cas de **ão**), nous le transcrivons [ãou:] : **João** [jou**ãou:**] ;
— si le groupe est atone (c'est le cas de **am** en fin de verbe) nous le transcrivons [å̃ou] : **falam** [**fa**lå̃õu] *ils parlent*.
- **La formation du pluriel** des mots terminés par **m** ou **l** :
— **m** est remplacé par **ns** : **o homem**, **os homens** (*les hommes*).
— **l** par **is** : **el → eis, al → ais, ol → ois, il** atone **→ eis**.
o espanhol amável, os espanhóis amáveis ;
o animal útil, os animais úteis.

B 4 TRADUCTION

1. — Vous êtes étudiants ? (hommes, femmes ou les deux).
2. — Non, nous ne sommes pas étudiants.
3. — Comment vous appelez-vous ? Vous êtes très sympathiques.
4. — Elle, elle s'appelle Marie, et moi Amalia ; nous sommes étudiantes.
5. — Êtes-vous employés ? (à des hommes, ou à des hommes et des femmes).
6. — Oui, moi, je suis employé, mais elle est médecin.
7. — Les hommes travaillent beaucoup.
8. — Les animaux sont très utiles ; ils travaillent aussi.
9. — Moi, je suis médecin, elle, elle est aussi médecin.

5 Exercices et Civilisation

C 1 EXERCICES

1. Traduire :
a) como se chama a senhora ?
b) como se chama ele ?
c) são professores ? Sim, somos professores.
d) são estudantes ? Não, eles não são estudantes.
e) falam português ? Sim, falamos português.

2. Traduire :
a) comment vous appelez-vous ? (à des messieurs inconnus)
b) êtes-vous médecin ?
c) êtes-vous étudiants ? (à des amis)
d) ils ne sont pas professeurs.
e) ils s'appellent Silva.

3. Mettre au pluriel :
a) o capital é muito útil.
b) o homem fala português ; a mulher fala francês.
c) o trabalhador espanhol é simpático.

4. Mettre au féminin :
a) o estudante espanhol é amável.

5. Prononcer :
a) a mulher chama-se Maria. Não se chama Amália.
b) o senhor João Simões Magalhães é médico.

C 2 RENSEIGNEMENTS PRATIQUES

■ **Les formules de politesse** : par déférence, lorsqu'on s'adresse à une personne que l'on ne connaît pas bien, mais dont on sait la profession, en mentionnant son titre :
un ingénieur, **senhor engenheiro.**
un architecte, **senhor arquitecto.**
un professeur, un médecin, un avocat, ou toute personne qui a une licence d'université : **senhor doutor.**
— Ces mêmes indications font partie de l'adresse qui figure sur une enveloppe, ou dans l'en-tête de tout document écrit :
Sr. Dr. José Bastos Alves.

■ **N.B.** : Sur une enveloppe on utilise la formule :
Excelentissincto Senhor Doutor, abrégé en **Exmo. Sr. Dr. ...**

5 Corrigé et Récapitulation

C 3 CORRIGÉ

1.
a) comment vous appelez-vous ?
b) comment s'appelle-t-il ?
c) êtes-vous professeurs. Oui (nous sommes professeurs).
d) sont-ils étudiants ? Non, eux ne sont pas étudiants.
e) parlez-vous portugais ? Oui (nous parlons portugais).

2.
a) como se chamam os senhores ?
b) o senhor é médico ?
c) vocês são estudantes ?
d) eles não são professores.
e) eles chamam-se Silva.

3.
a) os capitais são muito úteis.
b) os homens falam português ; as mulheres falam francês.
c) os trabalhadores espanhóis são simpáticos.

4.
a) a estudante espanhola é amável.

5.
a) å mou**lyèr** **chå**må-seu må**ri**/å. **Nãou :** seu **chå**må å**ma**lyå.
b) ou seu**gnôr** jou**ãou:** si**mõych** mågå**lyãych** è **mè**dikou.

C 4 RÉCAPITULATION

■ **Comment reconnaître la syllabe tonique**. C'est :
— **L'avant-dernière syllabe**, si le mot est terminé par **a**, **e**, **o**, suivis ou non de **s** ou de **m** (**as**, **es**, **os** ; **am**, **em**, **om**).
Nuno **An**a estu**dan**te **Al**ves empre**ga**dos empre**ga**das **fa**lam
— La **dernière syllabe**, si le mot se termine par :
les voyelles **i** et **u**, suivies ou non de **s** ou **m**
a**li** (*là-bas*) Pa**ris** Joa**quim**
une diphtongue, nasale ou non : ex. : **ão**, **ões**, **ães**.
Sebas**tião** Sim**ões** Maga**lhães**
une consonne, autre que **s** ou **m**, après un **a**, **e**, **o**.
Man**uel** mu**lher** ra**paz**

■ Lorsque la syllabe accentuée ne correspond pas à ces règles, elle porte un accent écrit, aigu (') ou circonflexe (^) :
Jo**sé** portu**guês** a**má**vel **mé**dico

D 1 CARTE – **ANGOLA**

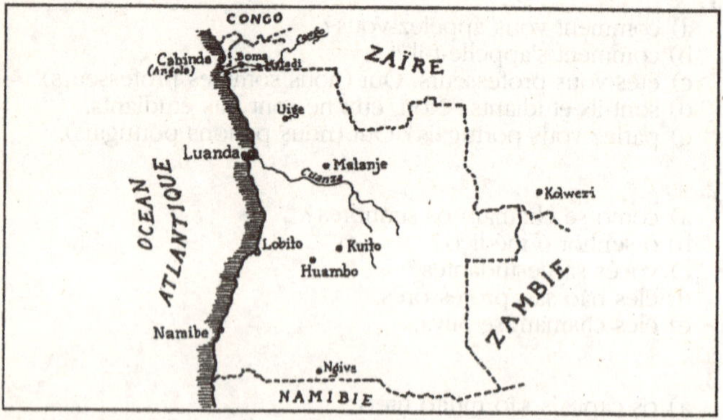

D 2 CARTE – **MOZAMBIQUE**

D 3 L'ANGOLA – LE MOZAMBIQUE

L'Angola et son enclave de Cabinda, à l'embouchure du fleuve Congo ou Zaïre est un pays de 1 247 000 km² (plus de 2 fois la France), 12 900 00 d'habitants, en majorité d'origine **bantoue** ou **bochimane** dans le sud-est.

L'Angola, découvert par **Diogo Cão** en 1483, fixe ses frontières entre 1886 et 1891 à la signature d'accords avec l'Allemagne puis l'Angleterre. C'est de l'Angola que part, en 1961, l'insurrection contre le Portugal qui mènera à l'indépendance (11.1.1975). Le portugais y reste la langue officielle, en plus de nombreuses langues maternelles : **quimbundu** et **quicongo** (N.-O.) ou l'**umbundu** (E.).

C'est un haut plateau d'environ 1 200 mètres (2 620 m. à **Bié**) qui domine une plaine littorale de 1 650 km, basse et marécageuse (100 km de large au nord et 35 km au sud). On y trouve les villes importantes, sauf **Lubango** et **Huambo** (seconde ville du pays, 500 000 h.) : **Luanda**, la capitale du pays (plus de 1 M. d'hab.), **Lobito** et **Benguela**, villes voisines avec 400 000 personnes et **Moçamedes** dans le sud, devenue **Namibe** en 1980.

Situé dans l'hémisphère sud, au sud de l'embouchure du Congo, il a un climat tropical, humide au nord, tempéré au centre et sec dans le sud et plus continental à l'intérieure des terres.

L'Angola a de nombreuses ressources : agriculture (sisal, café, coton), élevage, pêche et mines (diamants, argent, fer, uranium et le pétrole trouvé à **Cabinda** en 1961).

Le **Mozambique** (805 000 km², soit 1,5 fois la France) a une population de 19,5 M. d'hab., essentiellement **bantoue**, mais aussi indienne, arabe et européenne. Situé dans l'hémisphère sud, le long de l'océan Indien, c'est une vaste plaine côtière de 2 600 km qui s'élève vers l'ouest et forme un haut plateau de 300 à 1 000 m. couvert de savanes puis un massif montagneux culminant à 2 453 m. Climat tropical avec pluies en saison chaude (octobre à mars) ; la température se rafraîchit vers le sud.

De grands fleuves lui assurent un véritable potentiel hydraulique : le **Limpopo** (1 600 km) et le fleuve **Zambèze** (2 650 km de long) sur lequel les Portugais ont construit l'un des plus importants barrages du monde (**Cabora Bassa**). Ressources : agricoles (thé, coton, canne à sucre, noix de cajou, café, riz, coprah, bois précieux) et minières (charbon, or et pierre précieuse).

Les villes importantes, sur la côte, et leur port, retrouvent lentement leur activité : **Maputo** dans le sud, capitale du pays (plus d'1 M. d'hab.) et **Beira** (250 000 hab., la seconde ville du pays), et entre elles, **Inhambane**, **Quelimane** (70 000 hab.) et **Nampula** (120 000 hab.).

6 Somos de Lisboa.

A 1 PRÉSENTATION

■ **mos** à la fin d'un verbe indique que celui-ci est à la 1re personne du pluriel.

■ **nós** : pronom personnel de la 1re pers. du pluriel (sujet).

nôs	[nòch]	*nous ; nous, nous*
de, do, da	[deu], [dou], [då]	*de, du, de la*
o Porto	[ou **pôr**tou]	*Porto*
Lisboa	[lij**bôå**]	*Lisbonne*
o Rio de Janeiro	[ou **Ri**/ou de jå**nêï**rou]	*Rio de Janeiro*
Brasília	[brå**zi**liå]	*Brasilia*
o Brasil	[ou brå**ziL**]	*le Brésil*
Portugal	[pourtou**gaL**]	*le Portugal*
António	[ã**tò**nyoul]	*Antoine*
o rio	[ou **Ri**/ou]	*le fleuve*
o porto	[ou **pôr**tou]	*le port*
o Tejo	[ou **tè**jou]	*le Tage*
a cidade	[å ci**da**deu]	*la ville*
a capital	[å cåpi**taL**]	*la capitale*
o amigo	[ou å**mi**gou]	*l'ami*
a amiga	[å å**mi**gå]	*l'amie*
importante	[îpour**tã**teu]	*important*
belo	[**bè**lou]	*beau*
mesmo	[**mêj**mou]	*même*

A 2 APPLICATION (CD)

1. — Nós somos de Lisboa, tu és de Paris.
2. — Lisboa é a capital de Portugal.
3. — O Rio de Janeiro não é a capital do Brasil.
4. — Brasília é a capital do Brasil.
5. — Somos do Porto.
6. — O porto da cidade do Porto é importante.
7. — O Tejo é um belo rio.
8. — O Rio de Janeiro é uma cidade bela e importante.
9. — Sou amigo do António, tu és amiga da Maria.
10. — Somos amigos, mas não somos da mesma cidade.

6 Somos de Lisboa.

A 3 REMARQUES

- Les groupes **io**, **ia**, se prononcent de la même façon ; les deux voyelles se prononcent séparément et distinctement (le **i** est tonique) : **o rio** [ou **Ri**/ou] *fleuve*, **Maria** [må**ri**/à] *Maria*. **Sauf** si un accent est écrit sur la voyelle antérieure ; le **i** est atone et se prononce [y] : **António** [ã**tò**nyou], **Brasília [bråzilyå]**.
- **s** en fin de syllabe et suivi de **b** ou **m** se prononce *je*. **Lisboa** [lij**bô**à] *Lisbonne*, **mesmo** [**mêj**mou] *même*
- L'article défini se contracte avec certaines prépositions.

  de + o = do, *du*   **de + os = dos**, *des*
  de + a = da, de la   **de + as = das**, *des*
- Les emplois de l'article défini (**o** = *le* ; **a** = *la*) :
  — devant les prénoms : ex. : **a Maria** (rappel) ;
  — devant les noms de villes qui sont un nom commun.

  O porto, *le port*, **o Porto**, *Porto.*
  O rio, *le fleuve*, **o Rio de Janeiro**, *Rio de Janeiro.*

  L'article défini est omis devant certains noms de pays, en particulier le Portugal, l'Angola, la Guinée, le Mozambique.

  Lisboa é a capital de Portugal.
  Lisbonne est la capitale du Portugal.
- Conjugaison du présent de l'indicatif de **ser** : **sou, és, é, somos, sois** (peu usité), **são**.

A 4 TRADUCTION

1. — Nous, nous sommes de Lisbonne ; toi, tu es de Paris.
2. — Lisbonne est la capitale du Portugal.
3. — Rio de Janeiro n'est pas la capitale du Brésil.
4. — Brasilia est la capitale du Brésil.
5. — Nous sommes de Porto.
6. — Le port de la ville de Porto est important.
7. — Le Tage est un beau fleuve.
8. — Rio de Janeiro est une ville, belle et importante.
9. — Je suis l'ami d'Antoine ; toi, tu es l'amie de Maria.
10. — Nous sommes amis, mais nous ne sommes pas de la même ville.

6 Gostamôs de viajar

B 1 PRÉSENTATION

- **amos** : cette terminaison indique que le verbe est à la 1re pers. du pluriel pour un verbe du 1er groupe (infinitif **ar**).
- L'article défini se contracte avec certaines prépositions.
  em + o = no (*dans le*) **em + os = nos** (*dans les*)
  em + a = na (*dans la*) **em + as = nas** (*dans les*)

gostamos de	[gouchtåmouch deu]	*nous aimons*
viajar	[viåjar]	*voyager*
passear	[passiar]	*se promener*
ficar	[fikar]	*rester*
ler	[lêr]	*lire*
escrever	['chkreuvêr]	*écrire*
sair	[såir]	*sortir*
estar em casa	['chtar ãy kazå]	*être à la maison*
a viagem	[viåjãy]	*le voyage*
o romance	[ou Roumãsseu]	*le roman*
o campo	[ou kãpou]	*la campagne*
até	[åtè]	*jusqu'à*
em	[åy]	*a, dans, sue ; en*
cedo	[cêdou]	*tôt*

- Le verbe **gostar** est toujours suivi de la préposition **de.**
  gosto de viajar, *j'aime voyager.*
- **em** indique toujours le lieu où l'on est, quelle que soit la préposition correspondante française : **estar em Paris**, *être à Paris.*

B 2 APPLICATION (CD)

1. — **Gostamos de falar português.**
2. — **Gostamos de viajar. Não gosto de ficar em casa.**
3. — **Gostamos de estar em casa.**
4. — **Gostamos de ler um romance em casa.**
5. — **Gostas de escrever em casa.**
6. — **Gosto de sair cedo. O senhor gosta de sair tarde.**
7. — **Ela gosta de passear no campo.**
8. — **Eles gostam de estar na cidade.**
9. — **Eu gosto de estar em Paris, mas sou de Lisboa.**
10. — **A viagem até Lisboa é longa.**

B 3 REMARQUES

■ Dans le groupe **ea**, le **e** se prononce **i** : **passear** [pâssiar], *se promener*.

■ Le **g** suivi de **e** ou **i**, se prononce *je* comme en français (nous le transcrivons [j]) : **a viagem** [á viâjãy], *le voyage*.
— Il se prononce **gu** devant **a**, **o** (nous le transcrirons [g]) :
o amigo [ou âmigou], *l'ami*, **a amiga** [â âmigâ] *l'amie*.
— Pour maintenir le son devant **a** et **o**, **u**, on écrit **j** et non **g** : **a viagem** mais **viajar**.

■ Les noms terminés par **agem** (français *age*) sont toujours féminins. L'adjectif doit s'accorder en genre et en nombre avec lui : **a viagem longa**, *le long voyage*.

■ Il existe deux verbes être en portugais : **ser** et **estar**. Comparez : **sou de Lisboa**, *je suis (originaire) de Lisbonne* et **gosto de estar em Paris**, *j'aime être (me trouver) à Paris*. Le verbe **estar** traduit le verbe *être* lorsque celui-ci indique le lieu où l'on se trouve.
estar em Paris, *être à Paris*, **estar em casa**, *être à la maison*.

■ Il existe trois conjugaisons régulières dont l'infinitif se termine par : **ar** (1er groupe) : **falar** (*parler*) ; **er** (2e gr.) : **escrever** (*écrire*.) ; **ir** (3e gr.) : **sair** (*sortir*).

■ Présent de l'indicatif des verbes du 1er groupe : **falar** : fal-**o**, fal-**as**, fal-**a**, fal-**amos**, fal-**ais** (peu usité), fal-**am**.

B 4 TRADUCTION

1. — Nous aimons parler portugais.
2. — Nous aimons voyager. Je n'aime pas rester à la maison.
3. — Nous aimons être à la maison.
4. — Nous aimons lire un roman à la maison.
5. — Tu aimes écrire à la maison.
6. — J'aime sortir tôt. Vous, vous aimez sortir tard.
7. — Elle aime se promener à la campagne.
8. — Ils aiment être dans la ville (en ville).
9. — Moi, j'aime être à Paris, mais je suis de Lisbonne.
10. — Le voyage jusqu'à Lisbonne est long.

6 Exercices et Prononciation

C 1 EXERCICES

1. Traduire :
a) vocês gostam de viajar ; nós gostamos de ficar em casa.
b) gosto de estar em Lisboa, mas sou do Porto.
c) gostas de passear no campo.
d) nós somos da mesma cidade.

2. Compléter avec EM, NO, NA, DE, DO, DA :
a) gostas ... estar ... casa.
b) passeamos ... cidade ... Porto.
c) gostamos ... cidade ... Lisboa.
d) gosto ... estar ... Porto.

C 2 PRONONCIATION

■ Prononcez :

- Eu sou de Lisboa, mas gosto de passear em Paris.
  [êou sô deu **lij**bôå, måch **goch**tou deu påssi**a**r ãy på**rich**]
- Somos da mesma cidade.
  [**sô**mouch då **mêj**må cida**d**eu]

■ Attention à la prononciation du verbe **gostar** au présent de l'indicatif.

gosto de	[**gôch**tou deu]
gostas de	[**gôch**tåch deu]
gosta de	[**gôch**ta deu]
gostamos de	[gouchtåmouch deu]
gostais de	[gouchtaich deu]
gostam de	[**gôch**tãou deu]

C 3 CORRIGÉ

1.

a) vous, vous aimez voyager ; nous, nous aimons rester à la maison.
b) j'aime être à Lisbonne, mais je suis de Porto.
c) tu aimes te promener à la campagne.
d) nous, nous sommes de la même ville.

2.

a) gostas DE estar EM casa.
b) passeamos NA cidade DO Porto.
c) gostamos DA cidade DE Lisboa.
d) gosto DE estar NO Porto.

C 4 RENSEIGNEMENTS PRATIQUES

■ **Quelques termes de vocabulaire :**

la population	**a população**	*les habitants*	**os habitantes**
le peuple	**o povo**	*le peuplement*	**o povoamento**
peupler	**povoar**	*lieu habité, agglomération*	**a povoação**

■ Attention, il existe plusieurs termes au Portugal pour désigner des agglomérations, en fonction de leur taille et de leur régime administratif.

Par ordre décroissant de taille :

a cidade	*ville*
a vila	*petite ville, bourgade*
a aldeia	*le village*

■ Au Brésil : le terme **cidade** désigne *ville, petite ville* et *bourgade* et *le village* est désigné par le terme **a povoação**.

6 Dialogue et Civilisation

D 1 DIALOGUE (CD)

Donde é o senhor ?

Jean — **O senhor é de Lisboa ?**
Francisco — **Não, não sou de Lisboa. Sou do Porto.**
— **E o senhor ? É brasileiro ?**
Jean — **Eu ? Brasileiro ? Não ! Sou francês, sou de Paris.**
Francisco — **Mas fala português como um brasileiro.**
Jean — **O meu professor de português é do Rio de Janeiro.**

D 2 CIVILISATION

■ **Lisbonne**, capitale du pays depuis 1256, a été fondée au bord du **Tage**, par les Phéniciens qui en avaient fait un comptoir commercial. Elle été occupée successivement par les romains, par les barbares (406 – 711), puis par les arabes qui y sont resté jusqu'en 1147. Son port qui se trouve dans une rade très sûre a, de tous temps, été un important centre d'échanges commerciaux, particulièrement prospère à partir de la période des Découvertes (du XVe au XIXe siècle). Aujourd'hui la ville compte plus de 700 000 habitants ; elle est le centre d'une agglomération très active de 2,1 M. (1/5 de la population).

■ **Brasília**, inaugurée en 1960, est la troisième capitale du Brésil. Elle a été construite pour accélérer le développement de l'intérieur du Brésil. Elle compte aujourd'hui plus d'un 2,4 M. d'habitants.
Les capitales antérieures se trouvaient sur la côte où se concentre la population du pays : **Salvador da Bahia** (1536 – 1793) et **Rio de Janeiro** (1793-1906). Toutes deux sont aujourd'hui d'immenses villes, très actives : Rio de Janeiro, la deuxième ville du pays compte près de 6 M. d'habitants et Salvador da Bahia, plus de 2,4 millions.

D 3 DIALOGUE

D'où êtes-vous ?

Jean — Vous êtes de Lisbonne ?
Francisco — Non, je ne suis pas de Lisbonne. Je suis de Porto.
— Et vous ? Vous êtes brésilien ?
Jean — Moi ? Brésilien ? Non ! Je suis français, je suis de Paris.
Francisco — Mais vous parlez le portugais comme un Brésilien.
Jean — Mon professeur de portugais est de Rio de Janeiro.

D 4 RENSEIGNEMENTS PRATIQUES

■ Le **Portugal** est divisé en 18 « districts » (**distritos**) et deux régions autonomes, **Madère** et les **Açores**. Ces « districts » sont administrés par un *Gouverneur civil* (**Governador civil**), nommé par le Gouvernement; celui-ci réside dans *le chef-lieu de district*, (**a capital do distrito**). Voici la liste des chefs-lieux qui désignent les districts : **Aveiro**, **Beja**, **Braga**, **Bragança**, **Castelo Branco**, **Coimbra**, **Évora**, **Faro**, **Guarda**, **Leiria**, **Lisboa**, **Portalegre**, **Porto**, **Santarém**, **Setúbal**, **Viana do Castelo**, **Vila Real**, **Viseu**.

■ Le Brésil est un État Fédéral, dirigé par le Président de la République élu au suffrage universel, entouré de ministres fédéraux. Il se compose de 26 *États* (**Estados**) dont chacun (voir carte p. 34) est dirigé par un Gouverneur élu au suffrage universel et un gouvernement local composé de Secrétaires d'États.

7 Onde é que fica?

A 1 PRÉSENTATION

■ **é que** est une locution **invariable** qui renforce tous les mots interrogatifs. Son emploi est très fréquent dans la langue parlée. Cette formule correspond à la formule française : *Est-ce que?*

onde é que	[õdeu è **keu**]	*où est-ce que ?*
está	['ch**ta**]	*est*
fica	[**fi**kå]	*est (où se trouve, reste)*
a estação	[å 'chtå**ssãou**:]	*la gare*
o escritório	[ou 'chri**tò**ryou]	*le bureau*
a faculdade	[å fåkoul**da**deu]	*la faculté*
o correio	[ou kou**Rê**you]	*la poste*
o café	[ou kå**fè**]	*le café*
o cinema	[ou ci**nê**må]	*le cinéma*
o autocarro	[ou åouto**ca**Rou]	*l'autobus*
a paragem	[å på**ra**jãy]	*l'arrêt*
a França	[å **frã**ssa]	*la France*
o Sena	[ou **sê**nå]	*la Seine*
o número	[ou **nou**meurou]	*le nombre*
sete	[**sè**teu]	*sept*
longe de	[**lõ**jeu deu]	*loin de*
perto de	[**pè**rtou deu]	*près de*

■ Rappel : le verbe *être* a deux traductions : **ser** et **estar**.
— **estar** est employé dans le sens de *se trouver* ;
— on peut utiliser aussi **ficar** dans le sens de *rester*.

A 2 APPLICATION (CD)

1. — **Onde é que fica Lisboa ? Lisboa fica em Portugal.**
2. — **Onde é que fica Paris ? Paris fica em França.**
3. — **Onde é que fica o Rio ? O Rio fica no Brasil.**
4. — **Onde é que está a Maria ? A Maria está na faculdade.**
5. — **Onde é que está o Pedro ? O Pedro está no escritório.**
6. — **O escritório não fica (*ou* não é) longe da estação.**
7. — **Onde é que fica a paragem do autocarro ?**
8. — **A paragem do autocarro fica (*ou* é) perto do Sena.**
9. — **É a paragem que fica perto do correio ?**
10. — **Como é que se chama o café, perto do cinema ?**

7 Où est-ce que se trouve ?

A 3 REMARQUES

■ Prononciation de **au** : il faut prononcer presque distinctement **a** et **u** ; on prononce donc [**aou**] nous transcrivons [åou] : **autocarro** [åoutò**ca**Rou].

■ La prononciation de **rr** ressemble à celle du **r** initial. Les deux **rr** sont roulés (nous les transcrivons [R] : **Rosa** [**Rò**zå], **correio** [kou**Rêy**ou].

Comment reconnaître le genre des noms ? (Précis, p. 342.)

■ **Par la terminaison :**
— Un mot terminé par **o** atone (c'est-à-dire non accentué) est généralement du **masculin** : **o escritório**, *le bureau.*
— Un mot terminé par **a** atone est généralement **féminin**.
a casa, *la maison.*
— Nombreuses exceptions : **o turista, o dia, o cinema**.
— Des mots terminés par **ade** ou **gem** sont toujours féminins.
a faculdade, *la faculté*, **a viagem**, *le voyage.*
— Seul l'usage permet de connaître le genre des noms qui ont une autre terminaison : **o café**, *le café*, **a estação**, *la gare.*

■ **Par la nature :**
— Les êtres vivants sont masc. ou fém. suivant le sexe :
o estudante, a estudante ; *l'étudiant, l'étudiante :*
o turista, a turista : le touriste, la touriste.
— Les noms de fleuve sont masculins : **o Sena**, *la Seine.*

A 4 TRADUCTION

1. — Où est-ce que se trouve Lisbonne ? Lisbonne est au Portugal.
2. — Où est-ce que se trouve Paris ? Paris est en France.
3. — Où est Rio ? Rio est au Brésil.
4. — Où donc est Marie ? Marie est à la faculté.
5. — Où donc est Pierre ? Pierre est au bureau.
6. — Le bureau n'est pas loin de la gare.
7. — Où est-ce que se trouve (ou où est) l'arrêt de l'autobus ?
8. — L'arrêt de l'autobus est près de la Seine.
9. — Est-ce que c'est l'arrêt, près de la poste ?
10. — Comment s'appelle le café près du cinéma ?

7 Onde (é que) está?

B 1 PRÉSENTATION

- **quem**, interrogatif, s'emploie pour des personnes (*qui?*).

estão	['chtãou:]	*ils, elles sont, vous êtes*
estas	['chtach]	*tu es*
estou	['chtô]	*je suis*
a mãe	[å mâi]	*la mère*
o pai	[ou påï]	*le père*
irmão	[ou irmãou:]	*le frère*
a irmã	[å irmã]	*la sœur*
a escola	[å 'chkòlå]	*l'école*
a reunião	[å Réougnãou:]	*la réunion*
a fábrica	[å fabrikà]	*l'usine*
o cão	[ou kãou:]	*le chien*
a loja	[å **lòjà**]	*le magasin*
a rua	[å **Rouà**]	*la rue*
dois, duas	[dôïch, **douàch**]	*deux* (**masc. et fém.**)
com	[kõ]	*avec*

- Attention : *un* (**um, uma**) et *deux* (**dois, duas**) s'accordent avec le nom : **um amigo, uma amiga** : *un ami, une amie*; **dois amigos, duas amigas** : *deux amis, deux amies.*

B 2 APPLICATION (CD)

1. — **Onde (é que) esta a mãe da Maria ?**
2. — **A mãe da Maria não está em casa.**
3. — **Onde (é que) estão o irmão e a irmã da Maria ?**
4. — **Eles estão na escola.**
5. — **Onde (é que) está o cão ? Não está em casa ?**
6. — **Não, o cão não está em casa ; está na rua.**
7. — **Onde (é que) fica a loja do pai do João ?**
8. — **A loja fica perto da estação.**
9. — **Com quem (é que) estas no restaurante ?**
10. — **Eu estou com dois amigos e duas amigas.**
11. — **O senhor Diretor está ?**
12. — **Sim, o senhor Diretor está ; está em reunião na fábrica.**
13. — **O senhor Alves está ?**
14. — **Não, o senhor Alves não está.**

B 3 REMARQUES

- **ã**, fortement nasalisé, se prononce comme **am** et **an** + consonne (leçon V B 3 – 3) ; nous le transcrivons [ã].
- **ãe** se prononce comme un **ã**, plus fortement nasalisé (comme si l'on était enrhumé) ; nous le représenterons par [ãy], comme **em** en fin de mot (leçon V B 3-2).
  Un mot terminé par **ã** ou **ãe** (suivi ou non de **s**) est accentué sur la dernière syllabe : a ir**mã**, *la sœur* ; Maga**lhães**.
- Dans le groupe **ct**, le **c** ne s'entend pas et le **e** reste ouvert, même en syllabe atone.
- Certains mots terminés par **ão** ont un féminin en **ã** : **o irmão**, *le frère* ; **a irmã**, *la sœur*
- **estar** est irrégulier, entre autres au présent de l'indicatif : **estou** ['chtô], **estas** ['chtach], **está** ['chta], **estamos** ['chtâmouch], **estais** (*inusité*), **estão** ['chtãou:].
- Après **sim** ou **não**, il faut reprendre le verbe de la question.
  O senhor director está ? Não, (o senhor diretor) não está.
  Sim, (o senhor diretor) está.

B 4 TRADUCTION

1. — Où (est-ce qu') est la mère de Marie ?
2. — La mère de Marie n'est pas à la maison.
3. — Où (est-ce que) sont le frère et la sœur de Marie ?
4. — Ils sont à l'école.
5. — Où (est-ce qu') est le chien ? N'est-il pas à la maison ?
6. — Non, (le chien n'est pas à la maison) ; il est dans la rue.
7. — Où est le magasin du père de Jean ?
8. — Le magasin est près de la gare.
9. — Avec qui (donc) es-tu au restaurant ?
10. — Moi, je suis avec deux amis et deux amies.
11. — Monsieur le directeur est-il là ?
12. — Oui (Monsieur le directeur est là). Il est en réunion à l'usine.
13. — Monsieur Alves est là ?
14. — Non, Monsieur Alves n'est pas là (Monsieur Alves est absent).

7 Exercices et Civilisation

C 1 EXERCICES

1. Accorder l'adjectif comme il convient :
a) (longo) a viagem até Paris é......
b) (belo) o Sena é......

2. Employer ficar, ser **ou** estar, **suivant le cas :**
a) onde é que...... o João?
b) o João...... no restaurante.
c) o restaurante...... perto de rio.

3. Traduire :
a) où est-ce que vous êtes? Je suis en France.
b) je suis de Rio ; Rio est une belle ville.
c) elle est à Porto.

C 2 RENSEIGNEMENTS PRATIQUES

■ contamos de **um** até **dez**, *nous comptons de un à dix* :

0 zero [**zè**rou]
1 um/uma [**õu/ou**må)
2 dois/duas [dô**ïch/dou**åch]
3 três [**trêch**]
4 quatro [**koua**trou]
5 cinco [**cĩ**kou]
6 seis [**sê**ich]
7 sete [**sè**teu]
8 oito [**ôï**tou]
9 nove [**nò**veu]
10 **dez** [dèch]

■ *Quand on donne son numéro de téléphone* (**o telefone**) *on donne le numéro, chiffre par chiffre (Portugal et Brésil) :* **Telefone : 586 – 72-01 : cinco, oito, seis, sete, dois, zero, um.**

Au Brésil, lorsque l'on téléphone, *six* se traduit par *meia* [**mê**yå] qui signifie « *demie* ». C'est l'abréviation de **meia dúzia** [**mê**yå **dou**zyå] « *demie douzaine* ». Le numéro 586 – 72-01 s'énoncera : **cinco, oito, meia, sete, dois, zero, um**.

■ **Au Portugal**, on n'emploie pas *allô*. Celui qui décroche dit à son interlocuteur : **está** ? *(êtes-vous là ?)*.
L'interlocuteur répond : **estou** *(je suis là)*.

C 3 CORRIGÉ

1.

a) a viagem até Paris é **longa.**
b) o Sena é **belo.**

2.

a) onde é que **está** o João ?
b) o João **está** no restaurante.
c) o restaurante **fica** (ou **é**) perto do rio.

3.

a) onde é que esta ? Estou em França.
b) sou do Rio ; o Rio é uma bela cidade.
c) ela está no Porto.

C 4 LE PORTUGAIS DU BRÉSIL

■ **Certaines habitudes** de la vie courante peuvent varier. Ainsi, contrairement à ce qui se passe au Portugal, on emploie normalement *allô*, lorsque l'on téléphone. On dit **alô** [alô].

7 Dialogue et Vie pratique

D 1 DIALOGUE (CD)

Onde fica ?

Ana — Onde fica o Correio ?
José — O Correio fica perto da estação.
Ana — E é longe ?
José — Não. São duas paragens de autocarro.
Ana — E onde é a paragem do autocarro ?
José — Mas tu estas na paragem do autocarro.

D 2 RENSEIGNEMENTS PRATIQUES

Comment circuler à Lisbonne ?

Il existe trois moyens de transports publics : *tramways* (**eléctrico**) et *autobus* (**autocarros**) qui dépendent de la Compagnie connue sous le nom de **Carris**, et le métro dont l'introduction est plus récente (vers 1960).

Le tramway est le moyen de transport le plus ancien ; son réseau, maintenant limité, permet de visiter agréablement la ville car, soit il longe le Tage, soit il grimpe sur quelques-unes des sept collines de Lisbonne. Les autobus, de couleur orange, sont nombreux, mais toutefois insuffisants ; ils sont moins réguliers et plus chers que le métro dont le réseau est limité, même s'il s'est beaucoup développé ces dernières années. Plusieurs stations de métro méritent une visite, car, décorées par des grands artistes portugais (**Vieira da Silva**, **Cargaleiro**, **Júlio Pomar**...), elles sont de véritables musées vivants.

Des *ascenseurs publics* (**elevadores**) mènent rapidement aux points élevés de la ville (celui de **Santa Justa** a été construit par un ingénieur français, élève d'Eiffel) et les *bateaux réguliers* qui traversent le Tage offrent de belles promenades à bon marché.

D 3 DIALOGUE

Où se trouve ?

Ana — Où se trouve la Poste ?
José — La Poste se trouve près de la gare.
Ana — C'est loin ?
José — Non. C'est à deux stations de bus.
Ana — Et où est l'arrêt du bus ?
José — Mais tu te trouves à l'arrêt du bus.

D 4 RENSEIGNEMENTS PRATIQUES

Aller d'une ville à l'autre au Portugal ou au Brésil ?

Les distances sont généralement courtes au **Portugal**, les déplacements se font le plus fréquemment en *autocars* (**camioneta**) ou en *train* (**comboio**).

Les services routiers sont très développés et les autocars, généralement confortables, sont fréquents, ponctuels et relativement bon marché. Les *autouroutes* (**auto-estradas**) sont récentes mais peu nombreuses et les *routes nationales* (**estradas nacionais**) sont assez bonnes. Le *chemin de fer* (**caminhos de ferro portugueses** ou **CP**), plus cher, s'est beaucoup amélioré depuis quelques années, sur les grandes lignes (Lisbonne et Porto, via Coimbra, les lignes du sud vers l'Algarve et les lignes internationales Lisbonne-Paris ou Lisbonne-Madrid).

Au **Brésil**, les distances à parcourir sont immenses (5 000 km Nord-Sud ou Est-Ouest !). Le *réseau ferroviaire* (**estrada de ferro**) est peu développé et les *trains de voyageurs* rares (**trens**), les déplacements se font essentiellement en *autocar* (**ônibus**), ou en avion.

Les autobus sont confortables, surtout les *autocars lits* (**carroleito**), mais il faut plus de vingt-quatre heures de car pour aller de Rio à Salvador ! Pour les longs parcours, on a recours à l'avion. Il existe plusieurs compagnies (VARIG et TAM pour les vols internationaux ; VASP et GOL pour les vols nationaux) et des transports aériens privés. Mais le prix des voyages est très élevé, sauf pour les touristes qui ont pris la précaution d'acheter un ***Air Pass*** avant de quitter leur pays.

8 Como está?

A 1 PRÉSENTATION

- Remarquer l'emploi de l'article défini **o**, **a**, devant les possessifs.
  o meu pai, *mon père.*

- **como está? Estar** employé avec **como**, permet d'interroger sur la santé. L'expression signifie *comment êtes-vous*? c'est-à-dire *comment allez-vous*?

o meu	[ou mêou]	*mon*	**a minha**	[å mignå]	*ma*
o teu	[ou têou]	*ton*	**a tua**	[å touå]	*ta*
o seu	[ou sêou]	*son, votre* (m.)	**a sua**	[å souå]	*sa, votre* (f.)
os seus	[ouch sêouch]	*vos* (m.) *ses*	**as suas**	[åch souâch]	*vos* (f.) *ses*
o dia	[ou di/å]	*le jour*	**a noite**	[å nôïteu]	*la nuit*
a tarde	[å tardeu]	*l'après-midi*			
bom, boa	[bõ, bõå]	*bonne*			
bem	[bãy]	*bien*			
obrigado	[oubrigadou]	*merci (obligé)*			
obrigada	[oubrigadå]	*merci (obligée)*			

- *merci* est invariable en français. La réponse change en portugais, suivant qu'il s'agit d'un homme qui parle ou d'une femme. **obrigado**, pour un homme ; **obrigada**, pour une femme.

- *bonsoir*, **boa tarde**, **boa noite** (*s'il fait nuit*).
  boa tarde signifie donc : *bon après-midi* ou *bonsoir.*
  boa noite signifie donc : *bonne nuit* ou *bonsoir.*

A 2 APPLICATION (CD)

1. — Bom dia, como está a Ana ? Estou bem, obrigada.
2. — Boa tarde, como está o senhor ? Estou bem, muito obrigado.
3. — Boa noite, como estás a Helena ? Estou bem, muito obrigada.
4. — Como está o teu pai ? O meu pai não está muito bem.
5. — Como está a tua mãe ? A minha mãe está bem.
6. — Como está o seu irmão, senhor Alves ?
7. — Como está a sua irmã ?
8. — Como estão os seus irmãos e as suas irmãs ?
9. — Estão bem, obrigado.

A3 REMARQUES

- Le **e** atone en début de mot se prononce :
  — [i] s'il est suivi d'une seule consonne : **Helena** [ilênå]
  — il peut ne pas être prononcé s'il est suivi de deux consonnes : **estar** ['chtar] ; **estação** ['chtåssãou:].
- **oi** se prononce comme dans l'anglais *boy* (nous le transcrivons [ôï]) : **a noite** [å nôïteu] (dans ce mot, le **o** est fermé).
- Le pluriel se forme en rajoutant **s** aux mots terminés par **a**, **ã** et certains mots en **ão** : **amiga** (pl. **amigas**), **irmã** (pl. **irmãs**), **irmão** (pl. **irmãos**).
- Les adjectifs possessifs sont généralement accompagnés de l'article défini : **o meu pai**, *mon père* ; **a minha mãe**, *ma mère* ; **os meus irmãos**, *mes frères*.

MASCULIN		FÉMININ	
o(s) meu(s)	*mon (mes)*	**a(s) minha(s)**	*ma (mes)*
o(s) teu(s)	*ton (tes)*	**a(s) tua(s)**	*ta (tes)*
o(s) seu(s)	*son (ses)*	**a(s) sua(s)**	*ma (mes)*
	votre (vos)		*votre (vos)*

- Adj. poss. : accord en genre et en nombre avec le nom. Le pluriel se forme en ajoutant **s** à l'article et au possessif.
  Remarquer l'emploi du possessif de la troisième personne (*son*, *sa*, *ses*) pour traduire *votre* et *vos*.
  A sua casa é grande. *Votre maison est grande.*
  ou *Sa maison est grande*

A4 TRADUCTION

1. — Bonjour, comment allez-vous, Anne ? Bien, merci.
2. — Bon après-midi, comment allez-vous ? (en s'adressant à un homme). Je vais bien, merci beaucoup.
3. — Bonsoir (ou bonne nuit), comment vas-tu Hélène ? Je vais bien, merci beaucoup.
4. — Comment va ton père ? Mon père ne va pas très bien.
5. — Comment va ta mère ? Ma mère va bien.
6. — Comment va votre frère, Monsieur Alves ?
7. — Comment va votre sœur ?
8. — Comment vont vos frères et vos sœurs ?
9. — Ils vont bien, merci.

8 Quem é... ? É...

B 1 PRÉSENTATION

- *C'est* se traduit par **é**, si le nom qui suit est au singulier.
- *Ce sont* se traduit par **são** (le nom qui suit est au pluriel).
- Remarquer que le démonstratif *c'* ou *ce* n'est pas traduit.

contar	[kõtar]	*raconter*	**ou**	[ô]	*ou*, ou *bien*
a família	[å fâmilyå]	*la famille*	**o tio**	[ou ti/ou]	*l'oncle*
o filho	[ou filyou]	*le fils*	**a tia**	[å ti/å]	*la tante*
a filha	[å filya]	*la fille*			

o avô	[ou åvô]	*le grand-père*
a avó	[å åvò]	*la grand-mère*
os filhos	[ouch filyouch]	*les enfants*
os pais	[ouch påïch]	*les parents* (père et mère)
os avós	louch avòch]	*les grands-parents*
os cães	[ouch cãych]	*les chiens*
as reuniões	[åch rêounyõych]	*les réunions*
a história	[åichtòryå]	*l'histoire*

novo	[nôvou]	*jeune*	**nova**	[nòvå]	*jeune*
grande	[grãdeu]	*grand*	**pequeno**	[peukênou]	*petit*
alegre	[ålègreu]	*joyeux, joyeuse*			
quai	[koual]	*quel*	**quais**	[kouaïch]	*quels*

B 2 APPLICATION (CD)

1. — **Quem é o pai do António ? É o João ou o Nuno ?**
2. — **Quem é o filho do João ? É o Pedro.**
3. — **Quem é o avô do Pedro ? É o António.**
4. — **Quem são os pais do Manuel ?**
5. — **Quem são o Filipe e o João ?**
6. — **São os irmãos do meu pai ; são os meus tios.**
7. — **Qual das duas é a tia do Pedro ?**
8. — **A minha tia, a mulher do Manuel, é muito nova.**
9. — **Gosto dos cães dos meus avós.**
10. — **A minha avô é velha e alegre. Conta histórias bonitas.**
11. — **A minha família é grande ; a tua família é pequena.**
12. — **Com quem estás ? Quais são os teus tios ?**
13. — **Os portugueses e os brasileiros gostam de grandes reuniões de família.**

B 3 REMARQUES

- Attention : **o avô** (*ô* de *côte*) ; **a avó** (*ò* de *note*).
- Le **o** tonique de certains adjectifs se prononce différemment au masculin et au féminin : **novo** [nôvou], **nova** [nòvå].
- **qu** + **e** ou **i** se prononce **k** (nous transcrivons [ke, ki]). **qu** + **a** se prononce **koua** (nous transcrivons [koua]).
  quem [kãy], *qui*, **qual** [koual], *quel*.
- Pluriel de l'article indéfini **um, uma** :
  a avó conta uma história, *la grand-mère raconte une histoire.*
  a avó conta histórias, *la grand-mère raconte des histoires.*
  Seul le nom prend la marque du pluriel ; l'article indéfini ne se traduit pas.
- Le pluriel des mots terminés par **ão** est complexe :
  — certains prennent un **s : o irmão**, pl. **os irmãos**, *le frère, les frères* ;
  — pour les plus nombreux, on remplace **ão par ões :**
  a reunião, as reuniões : *la réunion, les réunions.*
  — enfin chez quelques-uns, plus rares, **ão** devient **ães :**
  o cão, os cães ; *le chien, les chiens.*

B 4 TRADUCTION

1. — Qui est le père d'Antoine ? C'est Jean ou Nuno ?
2. — Qui est le fils de Jean ? C'est Pierre.
3. — Qui est le grand-père de Pierre ? C'est Antoine.
4. — Qui sont les parents de Manuel ?
5. — Qui sont Philippe et Jean ?
6. — Ce sont les frères de mon père ; ce sont mes oncles.
7. — Laquelle des deux est la tante de Pierre ?
8. — Ma tante, la femme de Manuel, est très jeune.
9. — J'aime les chiens de mes grands-parents.
10. — Ma grand-mère est vieille et joyeuse. Elle raconte de belles histoires.
11. — Ma famille est grande ; ta famille est petite.
12. — Avec qui es-tu ? Qui sont tes oncles ?
13. — Les Portugais et les Brésiliens aiment les grandes réunions de famille.

8 Exercices et Vocabulaire

C 1 EXERCICES

1. Traduire :
a) como está o senhor ? Estou muito bem, obrigado.
b) como está ? Estou bem, muito obrigado.
c) como está ela ? Está bem, obrigado.

2. Mettre ou féminin :
a) o meu pai é novo.
b) o meu irmão é inteligente.
c) o teu avô é velho.

3. Mettre au pluriel :
a) o meu irmão está na escola.
b) a minha irmã é amável.
c) o rapaz português fala francês.
d) o teu cão é velho.
e) a estação é nova.
f) a minha tia conta uma história bonita.

4. Prononcer :
o meu irmão é novo ; a minha irmã e a minha mãe são novas.

C 2 VOCABULAIRE ET RENSEIGNEMENTS PRATIQUES

■ Vocabulaire : **a família** (*la famille*)

os pais	*les parents* (père et mère)		
os parentes	*les parents* (famille élargie)		
o genro	*le gendre*	**a nora**	*la belle fille, la bru*
o primo	*le cousin*	**a prima**	*la cousine*
os primos	*les cousins*		
o sobrinho	*le neveu*	**a sobrinha**	*la nièce*
os sobrinhos	*les neveux*		
o neto	*le petit-fils*	**a neta**	*la petite-fille*
os netos	*les petits-enfants*		

■ **Continuamos a contar (de dez até vinte)**, *nous continuons à compter de dix à vingt.*

10 **dez** [dèch]	14 **catorze** [katôrzeu]	18 **dezoito** [deuzòïtou]
11 **onze** [ôzeu]	15 **quinze** [kĩzeu]	19 **dezanove** [deuzànòveu]
12 **doze** [dôzeu]	16 **dezasseis** [deuzåssêìch]	20 **vinte** [vĩteu]
13 **treze** [trêzeu]	17 **dezassete** [deuzåssèteu]	

C 3 CORRIGÉ

1.

a) comment allez-vous ? Je vais très bien, merci.
b) comment allez-vous ? Je vais bien, merci beaucoup.
c) comment va-t-elle ? Elle va bien, merci.

2.

a) a minha mãe é nova.
b) a minha irmã é inteligente.
c) a tua avó é velha.

3.

a) os meus irmãos estão na escola.
b) as minhas irmãs são amáveis.
c) os rapazes portugueses falam francês.
d) os teus cães são velhos.
e) as estações são novas.
f) as minhas tias contam histórias bonitas.

4. [ou **mêou** irm**ãou**: è n**ô**vou ; å mign**å** irmå i å **mignå** mãy sãou n**ò**våch].

C 4 RÉCAPITULATION

■ Les **différentes prononciations** de la voyelle **e** (la voyelle la plus modulée).

■ **Dans la syllabe tonique :**

— le **e** est ouvert (*e* de *mère*), transcrit [è] : **café** [kàfè] ;
— le **e** est fermé (*e* de *été*), transcrit [ê] ; c'est le cas d'un **e** suivi de **m** ou **n** + voyelle, ou de **ê**.
pequeno [peukênou] **cinema** [cinêmå] **francês** [fràzêch]
Parfois le **e** se prononce différemment au masculin et au féminin : masc. **ele(s)** [êleu(ch)] ; fém. **ela(s)** [èlâ(ch)].

■ **Dans la syllabe atone :**

— Dans la **syllabe atone finale,** ou **dans le mot** (avant ou après la syllabe accentuée), **e** se prononce comme le *eu* de *peu :* transcrit [eu] : **cidade** [cidadeu] **número** [noumeurou] **professor** [proufeu**ssô**r]

— **Dans la syllabe atone, en début de mot :**
se prononce [i] s'il est suivi d'une consonne : **Helena** [ilênå] ; disparaît s'il est suivi de **s** + consonne : **estar** ['chtar].

8 Dialogue et Vie pratique

D 1 DIALOGUE (CD)

Esta ? Quem fala ?

Senhor Sampaio — **Está ?**
Maria — **Estou. Quem fala ?**
Sr. Sampaio — **Muito boa tarde. É do 213254768 ?**
Maria — **É. Com quem deseja falar ?**
Sr. Sampaio — **Com o senhor Lopes. Sou um amigo dele e chamo-me Sampaio. Ele está em casa ?**
Maria — **Não, o meu pai não está em casa.**
Sr. Sampaio — **Então, telefono mais tarde. Adeus.**
Maria — **Boa tarde, senhor Sampaio.**

D 2 RENSEIGNEMENTS PRATIQUES

cumprimentar alguém	*saluer quelqu'un*
saudar alguém	*saluer quelqu'un*
Apresento-te o meu marido.	*Je vous présente mon mari*
Apresento-lhe a minha mulher.	*Je vous présente ma femme.*
Encantado/Encantada.	*Enchanté(e).*
Muito prazer em conhecer.	*Très heureux de faire votre connaissance.*
Muito gosto em conhecer.	*Très heureux de faire votre connaissance.*
Está bom, Está boa ?	*Vous allez bien ?*
Como vai a família ?	*Comment va votre famille ?*
Como estão os seus Miros ?	*Comment vont vos enfants ?*
Como vão os seus filhos ?	*Comment vont vos enfants ?*
Muito bem, obrigado (obrigada).	*Très bien, merci.*

Uma carta pode terminar por :
com os meus cumprimentos,
com os meus melhores cumprimentos,
com os meus respeitosos cumprimentos.

D 3 DIALOGUE

Allô ? Qui est à l'appareil ?

Monsieur Sampaio	— Allô ?
Maria	— Allô. Qui parle ?
M. Sampaio	— Bon après-midi. C'est le 213254768 ?
Maria	— Oui, oui. À qui voulez-vous parler ?
Mr Sampaio	— À Monsieur Lopes. Je suis un de ses amis et je m'appelle Sampaio. Est-il à la maison ?
Maria	— Non, mon père n'est pas à la maison.
Mr Sampaio	— Alors, je rappellerai plus tard. Au revoir.
Maria	— Bonne après-midi, Monsieur Sampaio.

D 4 RENSEIGNEMENTS PRATIQUES

Despedir-se de alguém.	*Prendre congé de quelqu'un.*
Desculpe. Vou sair (vou partir).	*Excusez-moi. Je vais partir.*
Vou despedir-me.	*Je vais prendre congé.*
Já !	*Déjà !*
Adeus.	*Au revoir.*
Até logo. Até já.	*À tout à l'heure. À tout de suite.*
Até breve.	*À bientôt.*
Até amanhã.	*À demain.*
Até para semana.	*À la semaine prochaine.*
Até qualquer dia.	*À un de ces jours.*
Volto jà.	*Je reviens tout de suite.*

Os meus cumprimentos à sua esposa.
Mes compliments à votre épouse.

Une lettre peut se terminer par :
avec mes compliments
avec mes meilleurs compliments
avec mes respectueux compliments.

9 Há muitos carros na rua.

A 1 PRÉSENTATION

- *Il y a* se traduit par **há** [a], la 3e pers. du sing. du verbe **haver**, *avoir*, utilisé surtout dans cette forme impersonnelle.

- **Muito** suivi d'un nom s'accorde en genre et en nombre avec le nom : *beaucoup* de, le *de* ne se traduit pas.

conheço	[kougnêssou]	*je connais*
muito (m.)	[mõuĩtou]	*beaucoup de*
o carro	[ou kaRou]	*la voiture*
o táxi	[ou taksi]	*le taxi*
o movimento	[ou mouvimẽtou]	*la circulation, le mouvement*
o trânsito	[ou trãzitou]	*la circulation*
o gente	[å gẽteu]	*les gens*
o pessoa	[å peussôå]	*la personne*
o trabalho	[ou trábalyou]	*le travail*
o barulho	[ou bàroulyou]	*le bruit*
o peão (ões)	[ou piãou:]	*le piéton*
a lição (ões)	[a lissãou:]	*la leçon*
o exemplo	[ou izẽplou]	*l'exemple*

dum	[dõu]	*d'un*	**duma**	[doumå]	*d'une*
num	[nôu]	*dans un*	**numa**	[noumà]	*dans une*
sem	[sãy]	*sans*	**sempre**	[sẽpreu]	*toujours*

- Expressions :
estou à tua espera ['chtõ a touá 'chpèrå], *je t'attends.*
estás à minha espera ['chtaz a mignà 'chpèrå], *tu m'attends.*

A 2 APPLICATION (CD)

1. — Há muitos carros nas ruas duma cidade.
2. — Há muito movimento numa cidade.
3. — Há sempre muito trânsito numa cidade.
4. — Não há muitos peões nas ruas.
5. — Há muitas pessoas sem trabalho.
6. — A minha casa fica numa rua onde há muito barulho.
7. — Há muitos exemplos na lição.
8. — Conheço muita gente na reunião.
9. — O táxi está à tua espera há muito tempo.

A 3 REMARQUES

■ La cédille s'emploie comme en français :
— **ç** devant **o** et **a**, lorsque **c** se prononce *ss* (transcrit [ss]) : **conheço** [kougnêssou], **lição** [lissãou].

■ Différentes prononciations possibles de **x** :
— entre deux voyelles, peut se prononcer *ch* (leçon III, B 3) : **baixo** [baïchou]
— **ex** en début de mot, suivi d'une voyelle, se prononce *z* : **exemplo** [izẽplou]
— il se prononce plus rarement *kg* : **táxi** [taksi]

■ L'article indéfini **um, uma** se contracte avec **de, em** :

de + um = dum (*d'un*) **de + uma = duma**
em + um = num (*dans un*) **em + uma = numa**

■ — **Muito** est invariable lorsqu'il est employé avec un verbe ou devant un adjectif (sens de *très* ou *beaucoup)* (rappel) :

falas muito, *tu parles beaucoup*.
ela é muito bonita, *elle est très belle*.

— **Muito** suivi d'un nom s'accorde en genre et en nombre avec le nom qui suit et se traduit par *beaucoup de*.

há muita gente na rua	*il y a beaucoup de gens dans la rue*
há muito movimento	*il y a beaucoup de circulation*
há muitas casas	*il y a beaucoup de maisons*
há muitos carros	*il y a beaucoup de voitures*

A 4 TRADUCTION

1. — Il y a beaucoup de voitures dans les rues d'une ville.
2. — Il y a beaucoup de circulation dans une ville.
3. — Il y a toujours beaucoup de circulation dans une ville.
4. — Il n'y a pas beaucoup de piétons dans les rues.
5. — Il y a beaucoup de personnes sans travail.
6. — Ma maison est dans une rue où il y a beaucoup de bruit.
7. — Il y a beaucoup d'exemples dans la leçon.
8. — Je connais beaucoup de gens dans la réunion.
9. — Le taxi t'attend depuis longtemps.

9 Tenho pouco trabalho.

B 1 PRÉSENTATION

■ **ter** signifie aussi *avoir, posséder* ; il est très utilisé.

costumar	[kouch**tou**mar]	*avoir l'habitude de*
tenho	[**tå**gnou]	*j'ai*
tens	[**tãych**]	*tu as*
tem	[**tãy**]	*il a, vous avez*
têm	[tãyãy]	*ils ont, vous avez*

pouco (m.), **pouca** (f.)	[**pô**kou], [**pô**kå]	*peu, peu de*
poucos (m.), **poucas** (f.)	[**pô**kouch],	*peu, peu de*
o jardim	[ou jår**dĩ**]	*le jardin*
a avenida	[å åveu**ni**då]	*l'avenue*
a largo	[ou **lar**gou]	*la place*
o sul	[ou **souL**]	*le sud*
a porta	[å**pòr**tå]	*la porte*
a janela	[å ja**nè**lå]	*la fenêtre*
o cliente	[ou **kliẽ**teu]	*le client*
a luz	[å **louch**]	*la lumière*
industrial	[Idouchtri**aL**]	*industrielle*
antigo	[**ãti**gou]	*ancien, vieux*
caro	[**ka**ou]	*cher*
iluminadas	[iloumi**na**dåch]	*éclairées*
brancas	[**brã**kåch]	*blanches*
hoje	[**ô**jeu]	*aujourd'hui*

■ **Attention** à la construction de **costumar** + infinitif.
costumas falar pouco, *tu as l'habitude de parler peu.*

B 2 APPLICATION (CD)

1. — **Trabalho numa cidade do sul de Portugal.**
2. — **Hoje não tenho trabalho.**
3. — **A cidade é antiga ; tem poucas avenidas.**
4. — **As ruas têm pouco movimento e são pouco iluminadas.**
5. — **Não gosto das cidades industriais ; têm poucos jardins.**
6. — **As casas não brancas ; têm uma porta e poucas janelas.**
7. — **As casas não têm luz.**
8. — **Tu tens uma loja no largo.**
9. — **A tua loja tem poucos clientes.**
10. — **Não costumamos sair da cidade.**
11. — **Não temos carro ; são muito caros.**

9 J'ai peu de travail.

B 3 REMARQUES

■ Faire attention à la différence de prononciation entre :
— **tem** [tãy] *il a* (3e pers. sing.), cette forme est nasalisée ;
— **têm** [tãyãy] *ils ont* (y pers. plur.), cette forme est très fortement nasalisée et se prolonge.

■ **Pouco**, *peu, peu de* s'emploie comme **muito** :
— invariable avec un verbe ou devant un adjectif
— s'accorde en genre et en nombre avec le nom qui suit.

pouco movimento	*peu de circulation*
pouca luz	*peu de lumière*
poucos carros	*peu de voitures*
poucas casas	*peu de maisons*

■ L'article partitif *du, de la* ne se traduit pas :

tenho trabalho	*j'ai du travail*
a casa tem luz	*la maison a de la lumière*

■ **ter**, *avoir* ou *posséder :* irrégulier au présent de l'indicatif :

(eu)	**tenho**	[tågnou]	(nôs)	**temos**	[temouch]
(tu)	**tens**	[tãych]	(vós)	**tendes**	(inusité)
(ele, você)	**tem**	[tãy]	(eles, vocês)	**têm**	[tãyãy]

■ Remarquer la différence d'emploi des deux verbes *avoir.*
há trabalho, *il y a du travail*; **tem trabalho**, *il a du travail.*

B 4 TRADUCTION

1. — Je travaille dans une ville du sud du Portugal.
2. — Aujourd'hui je n'ai pas de travail.
3. — La ville est ancienne ; elle a peu d'avenues.
4. — Les rues ont peu de circulation et elles sont peu éclairées.
5. — Je n'aime pas les villes industrielles ; elles ont peu de jardins.
6. — Les maisons sont blanches; elles ont une porte et peu de fenêtres.
7. — Les maisons n'ont pas de lumière.
8. — Toi, tu as une boutique sur la place.
9. — Ta boutique a peu de clients.
10. — Nous n'avons pas l'habitude de sortir de la ville.
11. — Nous n'avons pas de voiture ; elles sont très chères.

C 1 EXERCICES

1. Traduire :
a) na minha rua, há muita gente e muitos carros.

2. Employer haver **ou** ter, **à la forme qui convient :**
a) na rua ... pouca gente.
b) o meu tio ... muitos filhos.

3. Employer suivant les cas : muito, muitos, muitas, pouco, pouca, poucos, poucas :
a) gosto ... de viajar.
b) há ... carros na rua.
c) as casas são ... caras.
d) os carros são ... bonitos.

4. Traduire :
a) il n'y a pas beaucoup de lumière dans la rue.
b) j'ai du travail.

C 2 VOCABULAIRE ET RENSEIGNEMENTS PRATIQUES

■ **Expressions :**
— **uma vez,** *une fois* ;
— **muitas vezes,** *souvent* ; **poucas vezes,** *pas souvent* ;
— **há muito tempo,** *il y a longtemps, depuis longtemps* ;
— **há pouco tempo,** *il y a peu de temps, depuis peu.*

■ **Continuamos a contar de vinte até trinta,** *nous continuons à compter de 20 à 30*
— à partir de vingt, employez e entre la dizaine et l'unité.

21, **vinte e um**	24, **vinte e quatro**	27, **vinte e sete**	
22, **vinte e dois**	25, **vinte e cinco**	28, **vinte e oito**	
23, **vinte e três**	26, **vinte e seis**	29 **vinte e nove**	30, **trinta**

■ Le Sud du Portugal comprend deux provinces relativement peu peuplées :
— **L'Alentejo** m. à m. au-delà du Tage (**além,** *au-delà* et **Tejo,** *Tage).*
— **L'Algarve** : ce nom d'origine arabe (« **al-gharb** » signifiant *le ponant,* c'est-à-dire *le pays de l'ouest),* rappelle que les Arabes sont restés longtemps dans cette partie sud du pays (711–1243). Si l'**Alentejo** est une terre à blé et à chênes-lièges, l'**Algarve** tournée vers la mer est une région de primeurs devenue très touristique depuis 1970.

9 Corrigé et Récapitulation

C 3 CORRIGÉ

1.

a) dans ma rue, il y a beaucoup de gens et beaucoup de voitures.

2.

a) na rua **há** pouca gente.
b) o meu tio **tem** muitos filhos.

3.

a) gosto **muito** (ou **pouco**) de viajar.
b) há **muitos** (ou **poucos**) carros na rua.
c) as casas são **muito** caras.
d) os carros são **muito** bonitos

4.

a) não há muita luz na rua.
b) tenho trabalho.

C 4 LE PORTUGAIS DU BRÉSIL

■ **Ter** remplace souvent **haver**, pour traduire *il y a*.

Il y a beaucoup de monde	*Portugal* : **há muita gente**
	Brésil : **tem muita gente**

■ Il existe par ailleurs des différences de prononciation des formes de ce verbe au présent de l'indicatif :

	PORTUGAL	*BRÉSIL*
tenho	[**tå**gnou]	[**tê**gnou]
tens	[**tãych**]	[**tẽyss**]
tem	[**tãy**]	[**tẽy**]
temos	[**tê**mouch]	[**tè**mouss]
têm	[**tã**yãy]	[**tẽy**]

Les formes portugaises sont plus nasalisées, surtout la 3e personne du pluriel. On marque moins la différence entre la 3e personne du singulier et du pluriel au Brésil.

9 Dialogue et Vie pratique

D 1 DIALOGUE (CD)

Qual deles ?

Ana — O João está à tua espera no café.
Rui — O João ? Qual João ? Conheço dois ou três.
Ana — O João Ferreira da Costa.
Rui — Quem ?
Ana — É um rapaz alto muito simpático.
Rui — Hoje não saio. É tarde.
Ana — Ficas em casa ?
Rui — Fico. Tenho muito trabalho.
Ana — Mas tu costumas sair sempre à noite.

D 2 RENSEIGNEMENTS PRATIQUES

En taxi

Au Portugal, les taxis sont de couleur beige ou, pour les anciens, noirs et verts. On peut les prendre à une *station de taxi* (**praça de táxis**), les *appeler par téléphone* (**chamar telefonando**) ou les arrêter dans la rue. Les taxis portent une indication *taxi* sur le toit avant : le taxi est *libre* (**livre**) si cette indication est allumée en vert ; il est *occupé* (**ocupado**) si elle est remplacée par une petite lumière jaune (un chiffre en jaune (1,2,3) indique le tarif appliqué). Il est coutume de laisser *un pourboire* (**uma gorjeta**) au *chauffeur de taxi* (**motorista de táxi**).

Está livre ?
Para o aeroporto, por favor.
Para a estação, por favor.
Quanto tempo leva para ir até ao centro da cidade ?
Quanto demorar para chegar ao hotel ?
Por onde quer ir ?
Pelo caminho mais rápido.
Estou com pressa.
Quanto marca o taxímetro ?
Há um suplemento para a bagagem.
Quero um recibo, uma factura.
Não tenho troco.
Um carro de aluguer.

Au Brésil : P. **a praça de táxis** = B. **o ponto de táxis**
P. **o recibo, a factura** = B. **o recibo**

D 3 DIALOGUE

Lequel ?

Ana — Jean t'attend au café.
Rui — Jean ? Quel Jean ? J'en connais deux ou trois.
Ana — Jean Ferreira da Costa.
Rui — Qui ?
Ana — C'est un garçon, grand, très sympathique.
Rui — Aujourd'hui, je ne sors pas. Il est tard.
Ana — Tu restes à la maison ?
Rui — Oui. J'ai beaucoup de travail.
Ana — Mais toi, tu as l'habitude de sortir tous les soirs.

D 4 RENSEIGNEMENTS PRATIQUES

Vous êtes libre ?
A l'aéroport, s'il vous plaît.
À la gare, s'il vous plaît.
Combien de temps faut-il pour aller au centre de la ville ?
Combien de temps faut-il pour arriver à l'hôtel ?
Par où voulez-vous passer ?
Par le chemin le plus rapide.
Je suis pressé.
Combien marque le taximètre ?
Il y a un supplément pour les bagages.
Je veux un reçu.
Je n'ai pas de monnaie. Une voiture de louage.

10 Que meio de transporte ?

A 1 PRÉSENTATION

■ **que** [keu] interrogatif invariable permet d'identifier une chose ou un acte : *que, quel, quels, quelle, quelles.*

o meio	[ou **mê**you]	*le moyen*
o transporte	ou [trãch**por**teu]	*le transport*
dever	[deu**vêr**]	*devoir*
ir	[**ir**]	*aller*
andar	[ã**dar**]	*marcher, aller*
tomar	[tou**mar**]	*prendre*
o banco	[ou **bã**kou]	*la banque*
o museu	[ou mou**zê**ou]	*le musée*
a agência (de viagens)	[å å**gē**ssyå]	*l'agence*
a camioneta	[a Kåmyou**nè**tå]	*l'autocar*
o eléctrico	[ou ilè**tri**kou]	*le tramway*
livre	[**li**vreu]	*libre*
ocupado	[òkou**pa**dou]	*occupé*
completo	[kō**plè**tou]	*complet*
possível	[pou**ssi**vèL]	*possible*
a pé	[å **pè**]	*à pied*
para	[**på**rå]	*pour*
pára (parar)	[**pa**rå på**rar**]	*il arrête, arrêter*

■ **N.B.** : ne pas traduire *de*, dans les expressions impersonnelles : (*être* + adj. + *de*) : **é possível IR**, *il est possible d'aller.*

A 2 APPLICATION (CD)

1. **— Que meio de transporte devo tomar para ir ao Museu ?**
2. **— O senhor deve ir de eléctrico.**
3. **— A senhora deve ir de autocarro. Pára no Museu.**
4. **— É muito longe para ir a pé.**
5. **— Qual é o autocarro para ir ao banco ?**
6. **— Qual é a camioneta para Lisboa ?**
7. **— Qual é o autocarro para ir à faculdade ?**
8. **— Não gosto de andar a pé ; ando sempre de carro.**
9. **— Deves chamar um táxi ; o táxi não é caro.**
10. **— O táxi não está livre. Está ocupado.**
11. **— É possível ir ao Correio de eléctrico ? Sim, é.**

10 Quel moyen de transport ?

A 3 REMARQUES

- Ne pas prononcer le **c** devant **t** (rappel), **eléctrico**.
- Attention à la différence de prononciation de :
  — **a** (préposition à) prononcé *a* fermé [å] ;
  — **à** (contraction de la préposition **a** et de l'article **a**), prononcé *a* ouvert [a].
- L'article défini se contracte avec **de, em** et **a** :

Masc.	**a + o = ao** (*au*)	Fém.	**a + a = à** (*à la*)
	a + os = aos (*aux*)		**a + as = as** (*à les*)

- Remarquer la valeur de la préposition **para** :
  — Suivie d'un infinitif, elle indique le but (*pour*).
  tomo o carro para ir, *je prends la voiture pour aller.*
  — Suivie d'un nom, elle indique le but, la direction.
  o autocarro para a estação, *l'autobus pour la gare.*
- **N.B.** : ne pas confondre la préposition **para** (*pour, vers*) et **pára** (*il s'arrête*), la prononciation est différente.
- Conjugaison du présent de l'indicatif des verbes du 2e groupe en **er**, ex. : **dever**.

eu	**DEV-o**	nós	**DEV-emos**
tu	**DEV-es**	vós	**DEV-eis** (inusité)
ele, você	**DEV-e**	eles, vocês	**DEV-em**

A 4 TRADUCTION

1. — Quel moyen de transport dois-je prendre pour aller au musée ?
2. — Vous devez aller en tramway.
3. — Vous devez aller en autobus. Il s'arrête au musée.
4. — C'est très loin (pour aller) à pied.
5. — Quel est l'autobus pour aller à la banque ?
6. — Quel est l'autobus pour Lisbonne ?
7. — Quel est l'autobus pour aller à la faculté ?
8. — Je n'aime pas marcher à pied ; je vais toujours en voiture.
9. — Tu dois appeler un taxi : le taxi n'est pas cher.
10. — Le taxi n'est pas libre ; il est occupé.
11. — Est-il possible d'aller à la poste en tramway ? Oui.

10 Qual é o preço... ?

B 1 PRÉSENTATION

- **que**, interrogatif ou pronom relatif (*que, qui*).
  o autocarro que tomo, *l'autobus que je prends.*
- **qual**, s'accorde avec le nom auquel il se rapporte.

depende (depender)	[deu**pê**deu]	*dépend*
começa (começar)	[kou**mè**sså]	*il commence*
passar	[på**ssar**]	*passer*
mudar	[mou**dar**]	*changer*
acaba (acabar)	[å**ka**bå]	*il finit*
acabar de	[åkå**bar** deu]	*venir de*
chegar	[cheu**gar**]	*arriver*
é preciso	[è preu**ssi**zou]	*il est nécessaire*
o bilhete	[ou bi**lyê**teu]	*le billet, le ticket*
o preço	[ou **prê**ssou]	*le prix*
o itinerário	[ou itineu**ra**ryou]	*l'itinéraire*
a passagem	[åpå**ssa**jäy]	*le passage*
a distância	[ådich**tã**ssyå]	*la distance*
a zona	[å**zô**nå]	*la zone, la section*
a linha	[å**li**gnå]	*la ligne*
o passageiro	[ou pâssâ**jeï**rou]	*le passager*
a Baixa	[å**baï**chå]	*Baixa*
amanhã	[amå**gnã**]	*demain*

B 2 APPLICATION (CD)

1. **— Qual é o preço do bilhete para a Baixa ?**
2. **— Qual é o preço da passagem ?**
3. **— O preço depende da distância ; é por zonas.**
4. **— Quais são os passageiros que tomam o mesmo autocarro ?**
5. **— Qual é o itinerário da linha 27 ?**
6. **— A linha 27 começa no aeroporto e acaba na estação.**
7. **— Pára no Correio ? É directa ?**
8. **— Não, não pára ; para ir ao Correio é preciso mudar.**
9. **— Há muito tempo que a senhora está à espera do 27 ?**
10. **— Não, acabo de chegar e o autocarro acaba de passar.**
11. **— Cuidado : amanhã, há greve dos transportes.**
12. **— Amanhã, fico em casa ; não gosto de passear nos dias de greve.**

B 3 REMARQUES

- Remarquer la différence de prononciation de certaines voyelles des formes verbales, suivant la place de l'accent tonique.

passar	[pås**sar**]	*passer*	**dever**	[deu**vêr**]	*devoir*
passa	[**pass**å]	*il passe*	**deve**	[**dè**veu]	*il doit*

- L'emploi des interrogatifs : **quem, que** et **qual** :
  — **quem** et **que** sont invariables ; **quem** interroge sur l'identité d'une personne ; **que**, sur une chose ou un acte ;
  — **qual** (même sens) s'accorde en nombre avec le nom :
  qual é o preço ? *quel est le prix ?*
  quais são os passageiros ? *quels sont les passagers ?*
- **que** (relatif) s'emploie pour des personnes ou des choses.
  o homem que toma o carro, *l'homme qui prend la voiture.*
  o carro que devo tomar, *la voiture que je dois prendre.*
- Le futur : se traduit souvent par le présent de l'indicatif, accompagné d'un adverbe de temps.
  amanhã, há greve, *demain, il y aura grève.*
- **Baixa** : ville basse, centre commercial de Lisbonne.

B 4 TRADUCTION

1. — Quel est le prix du billet pour (aller à) la Baixa ?
2. — Quel est le prix du voyage (passage) ?
3. — Le prix dépend de la distance ; c'est par zone.
4. — Quels sont les passagers qui prennent le même autobus ?
5. — Quel est l'itinéraire de la ligne 27 ?
6. — La ligne 27 commence à l'aéroport et termine à la gare.
7. — Passe-t-elle par la poste ? Est-elle directe ?
8. — Non ; pour aller à la poste, il faut changer.
9. — Y a-t-il longtemps que vous attendez le 27 ?
10. — Non, je viens d'arriver, et le bus vient de passer.
11. — Attention : demain, il y aura grève des transports.
12. — Demain, je resterai à la maison ; je n'aime pas me promener les jours de grève.

10 Exercices et Vocabulaire

C 1 EXERCICES

1. Traduire :
a) que meio de transporte devo tomar para ir ao correio?

2. Donner l'infinitif des verbes suivants :
a) depende
b) passo

3. Employer a, ao, à :
a) devo ir...... museu ; não vou..... faculdade.
b) devo ir...... Lisboa. Não devo ir...... Porto.

4. Employer em, de, **à la forme qui convient :**
a) há muita gente.... paragem do autocarro.
b) o preço..... bilhetes não é caro.

5. Traduire :
a) il vient d'arriver.
b) il est difficile de prendre un taxi.
c) demain, je ne prendrai pas l'autobus.

C 2 VOCABULAIRE ET EXPRESSIONS

- **Vocabulaire :**

o bilhete simples	*un billet (ou ticket) aller*
o bilhete de ida e volta	*le billet aller et retour*
a bilheteira	*le guichet*
o condutor	*le contrôleur, receveur*
o motorista	*le chauffeur*

- **Expressions :**
ir de carro, andar de carro *aller en voiture*

- Les deux formes ne sont pas complètement synonymes :
— **ir de**, indique seulement un mode de transport ;
— **andar de**, indique une habitude.

- **Attention** à **chegar** dans une phrase exclamative, il a le sens de « *ça suffit* », et non pas « *d'arriver* ». Le ton change.
Chega, meu amigo! *ça suffit, mon ami* (silence après « **chega** »).
Chega o meu amigo, mon ami *arrive* (phr. continue).

C3 CORRIGÉ

1.
a) quel moyen de transport dois-je prendre pour aller à la poste ?

2.
a) depender
b) passar

3.
a) devo ir **ao** museu ; não vou **à** faculdade.
b) devo ir **a** Lisboa. Não devo ir **ao** Porto.

4.
a) há muita gente **na** paragem do autocarro.
b) o preço **dos** bilhetes não é caro.

5.
a) acaba de chegar.
b) é difícil tomar um táxi.
c) amanhã, não tomo o ônibus.

C4 LE PORTUGAIS DU BRÉSIL

■ **Différences de prononciation :**

— Le **E** initial atone ne se prononce pas [i].
Portugal : [ilètri**kou**]. *Brésil* : [élètrikou]
— Le **E** initial atone suivi de 2 consonnes se prononce [i].
estar *Portugal* : ['chtar]. *Brésil* : [isstar]

■ **Différence de vocabulaire :**

	PORTUGAL	BRÉSIL
autobus ou *l'autocar*	**o autocarro** / **a camioneta**	**o ônibus**
le tramway	**o elétrico**	**o bonde**
l'arrêt	**a paragem**	**a parada, o ponto do ônibus**
changer d'autobus	**mudar de autocarro**	**trocar de ônibus**
complet	**cheio, completo**	**lotado** ou **superlotado**

10 Dialogue et Vie pratique

D 1 DIALOGUE (CD)

Vamos de metro ou vamos a pé ?

Francisco	—	**É possível ir ao Museu Gulbenkian de bonde ?**
Luís	—	**Não. Não é. Há o metro e o autocarro.**
Francisco	—	**Não gosto de andar de metro.**
Luís	—	**Vai de autocarro. O autocarro para mesmo em frente do Museu.**
Francisco	—	**Também não gosto de andar de ônibus.**
Luís	—	**Vai de táxi.**
Francisco	—	**De táxi ? Não ! É muito taro.**
Luís	—	**Então, vai a pé !**
Francisco	—	**Para conhecer bem a cidade, não é ?**

D 2 CIVILISATION – RENSEIGNEMENTS PRATIQUES

Les musées

Il y a de nombreux musées à Lisbonne ; nous n'en retiendrons que quelques-uns, situés dans des endroits très différents de la ville.

Le *Musée National d'Art Ancien* ou **Museu Nacional de Arte Antiga**, ou **Museu das Janelas Verdes** (*le Musée aux Fenêtres Vertes*), est installé dans un palais du XVIe siècle surplombant le Tage et le port (zone occidentale). Il possède de riches collections des) (Ive au) (vine siècle et mérite la visite pour les tableaux de **Hyéronomus H. Bosch** ou de **Albrecht Dürer**, le triptyque de *L'Adoration de Saint Vincent* de **Nuno Gonçalves**, très célèbre peintre portugais du XVe siècle et les paravents japonais du XVIe siècle racontant l'arrivée des Portugais au Japon (1543).

Deux musées présentent de riches collections de *carreaux de faïence* (**azulejos**), si caractéristiques de l'Art Portugais du XVIe siècle à nos jours : le Musée national de l'**azulejo** dans le beau couvent manuélin de **Madre de Deus** (1509), non loin du Tage (zone orientale) et le *Musée de la Ville* (**Museu da Cidade**) à Campo Grande (partie nord de la ville).

Citons encore, à l'Ouest, près du Tage, dans le quartier de **Belém**, proches des célèbres monuments manuélins de la **Tour de Belém** de 1521 et de l'**Église des Jerónimos**, le *Musée national des carrosses* (**Museu Nacional dos Coches**) et *le Musée de la marine* (**o Museu da Marinha**). Signalons enfin, dans le Centre de la ville, le joli Musée du **Chiado**, consacré à l'art contemporain.

D 3 DIALOGUE

Nous partons en métro ou à pied ?

Francisco — Est-il possible d'aller au Musée Gulbenkian en tramway ?
Luís — Non. Ce n'est pas possible. Il faut prendre le métro et le bus.
Francisco — Je n'aime pas prendre le métro.
Luís — Vas-y en bus. Le bus s'arrête juste devant le Musée.
Francisco — Je n'aime pas non plus prendre le bus.
Luís — Vas-y en taxi.
Francisco — En taxi ? Non ! C'est très cher.
Luís — Alors, vas-y à pied !
Francisco — Pour bien connaître la ville, n'est-ce pas ?

D 4 CIVILISATION – RENSEIGNEMENTS PRATIQUES

Le **Musée Calouste Gulbenkian**, situé au nord de Lisbonne, dans la partie moderne de la ville, est un Musée privé. Il appartient à la Fondation du même nom, créée en 1955, à la mort de Calouste Gulbenkian, magnat arménien du pétrole, avec les fonds qu'ils a légués au Portugal. Ce Musée, inauguré en 1969, est remarquable, autant par sa conception et son insertion dans un superbe parc, que par la richesse et la qualité de ses collections, allant de l'art Egyptien à l'Art Nouveau, en passant par l'art arabe ancien. Il a été complété récemment par un deuxième bâtiment qui abrite *le Centre d'Art Moderne* (**o Centro de arte moderna**).

Les **Musées brésiliens** sont très nombreux. Nous citerons parmi les plus beaux et les plus riches le *Musée d'Art Sacré* (**Museu de Arte Sacra**) de **Salvador da Bahia**, les *Musées d'Art Moderne* (**Museus de Arte Moderna**) de Rio de Janeiro et de São Paulo (**MASP**) qui présentent de nombreuses oeuvres de **Cândido Portinari** (1903-1962), l'un des peintres les plus connus du Brésil. Il ne faut pas oublier, à Brasília, le **Memorial de J. K.** (**Juscelino Kubitchk de Oliveira**, Président de la République, fondateur de l'actuelle capitale).

Les nombreuses églises baroques du Nordeste du Brésil ou de l'Etat de Minas (**Ouro Preto, Diamantina, Mariana**...), sont autant d'intéressants Musées du XVIIIe siècle.

10 bis Tests de contrôle – Leçons 1 à 10

■ **Complétez avec a, b, c, ou d**
(il n'y a qu'une bonne réponse par question)

1. Ela não ...... Maria, ... Helena.

a) chama-se	chama-se
b) chama	se chama
c) se chama	chama-se
d) se chama	se chama

2. ...... português, ... em França.

a) Estou	sou
b) Sou	estou
c) Estou	estou
d) Sou	sou

3. Ela ...... francesa, mas ...... português.

a) está	fala
b) és	falas
c) é	fala
d) estás	falas

4. ...... turistas portuguesas ...... no hotel.

a) As	são
b) Os	estão
c) As	está
d) As	estão

5. .... o pai do João ?

a) Onde	é
b) Donde	está
c) Onde	está
d) Donde	és

Voir corrigé, p. 340.

6. Eu ...... estar em Lisboa, mas ...... do Porto.

a) gosto	sou
b) gosto de	sou
c) gosto	estou
d) gosta de	é

7. A paragem do autocarro ...... perto da ...... casa.

a) está	minha
b) fica	meu
c) é	meu
d) fica	minha

8. ...... das ...... é a mãe da Maria ? É a Helena ou a Teresa ?

a) Que	dois
b) Quem	duas
c) Qual	duas
d) Quem	dois

9. Ela não ...... lugar porque ...... muita gente.

a) há	há
b) tem	tem
c) há	tem
d) tem	há

10. ...... são os passageiros que ...... em Lisboa ?

a) Que	ficam
b) Quais	ficam
c) Qual	fica
d) Quais	são

Voir corrigé, p. 340.

11 Que horas são ?

A 1 PRÉSENTATION

a hora	[å òrå]	*l'heure*
faltar	[faLtar]	*manquer*
marcar	[mårkar]	*marquer, indiquer*
atrasar	[åtråzar]	*retarder*
adiantar	[ådiãtar]	*avancer*
o relógio	[Reulojyou]	*la montre, l'horloge*
o minuto	[minoutou]	*la minute*
o segundo	[seugõudou]	*la seconde*
atrasado (m.)	[åtråzadou]	*en retard*
"atrasada" (f.)	[åtråzadå]	*en retard*
meio-dia	[méyou dia]	*midi*
meia-noite	[méyâ nôïteu]	*minuit*
certo	[cértou]	*précis, juste, certain*
algum	[aLgõu]	*quelque* (masc.)
em ponto	[ãy põtou]	*juste (l'heure juste)*
menos	[ménouch]	*moins*
nem… nem	[nãy… nãy]	*ni… ni*

■ Attention aux verbes **atrasar** (*retarder de*) et **adiantar** (*avancer de*) *:* le *de* ne se traduit pas. **o meu relógio atrasa dez minutos** (ou **adianta dois segundos**), *ma montre retarde de dix minutes* (*ou avance de deux secondes*).

A 2 APPLICATION (CD)

1. — **Que horas são ? É uma hora.**
2. — **E meio dia ; saímos da fábrica ao meio dia.**
3. — **É meia noite ; saio do cinema à meia noite.**
4. — **São duas horas e um quarto. Estou atrasada. O trabalho começa às duas em ponto.**
5. — **São seis horas e meia ; as lojas fecham às seis e meia.**
6. — **São sete horas menos vinte (ou faltam vinte para as sete) ; chego a casa às sete menos vinte.**
7. — **São oito horas menos um quarto (falta um quarto para as oito) ; o meu pai chega às oito menos um quarto.**
8. — **Hoje estou atrasada alguns minutos.**
9. — **O meu relógio marca as horas e até os segundos.**
10. — **Está sempre certo, nem adianta, nem atrasa.**

A 3 REMARQUES

- Observer l'accord de **algum**, (adjectif indéfini) ***quelque.*** **algum tempo**, *quelque temps* ; **alguns minutos**, *quelques minutes* ; **algumas horas**, *quelques heures.*
- Emploi de **estar** dans les expressions de temps.
  estou adiantada (atrasada), *je suis en avance (en retard).*
- Le verbe **ser**, s'emploie pour exprimer l'heure :
  — Il est au singulier avec *une heure, midi, minuit* :
  é uma hora : é meio dia : é meia noite.
  — Il est au pluriel à partir de *deux heures* :
  são duas horas, *il est deux heures.*
- Le mot **horas** peut être sous-entendu :
  são três horas e um quarto ou **são três e um quarto**.
  são quatro e meia, *il est quatre heures et demie.*
  saio às seis (horas), *je sors à six heures.*
- Entre l'*heure* et la **demie**, il faut employer **e** :
  são dez horas e vinte e cinco, *il est dix heures vingt-cinq.*
  — Entre la *demie* et l'*heure suivante*, expressions possibles (avec **menos** ou avec le verbe **faltar**, *manquer*) :
  são dez menos vinte, *il est dix heures moins vingt.*
  faltam vinte para as dez, *il est dix heures moins vingt.*

A 4 TRADUCTION

1. — Quelle heure est-il ? Il est une heure.
2. — Il est midi ; nous sortons de l'usine à midi.
3. — Il est minuit ; je sors du cinéma à minuit.
4. — Il est deux heures et quart ; je suis en retard. Le travail commence à deux heures juste.
5. — Il est six heures et demie ; les magasins ferment à six heures et demie.
6. — Il est sept heures moins vingt ; j'arrive chez moi à sept heures moins vingt.
7. — Il est huit heures moins le quart ; mon père arrive à huit heures moins le quart.
8. — Aujourd'hui j'ai quelques minutes de retard.
9. — Ma montre indique les heures et même les secondes.
10. — Elle est juste, elle n'avance ni ne retarde.

11 A que horas... ?

B 1 PRÉSENTATION

parte (partir)	[parteu, pårtir]	*part (partir)*
partimos	[pårtimouch]	*nous partons*
sai	[saï]	*il soit*
sais	[saïch]	*tu sors*
saem	[saïãy]	*ils sortent*
abrir	[åbrir]	*ouvrir*
abre	[abreu]	*il ouvre*
a parada	[å pårtidå]	*le départ*
a saída	[å såidå]	*le départ, la sortie*
a chegada	[å cheugadå]	*l'arrivée*
o comboio	[ou kõboyou]	*le train*
o avião (ões)	[ou åviaõu:]	*l'avion*
o banco	[ou barkou]	*le bateau*
próximo	[prossimou]	*prochain*
antes	[ãteuch]	*avant*
depois	[deupôïch]	*après*
agora	[ågorå]	*maintenant*
quase	[kouazeu]	*presque*
à hora	[å orå]	*à l'heure*
às vezes	[ache vézeuch]	*parfois*

B 2 APPLICATION (CD)

1. — A que horas parte o próximo comboio para o Porto ?
2. — Parte às quinze (horas) ; acaba de partir agora mesmo ; sai sempre à hora.
3. — A que horas é a chegada do avião do Rio ?
4. — O avião chega à meia noite ; acaba de chegar.
5. — Os aviões chegam quase sempre à hora.
6. — Às vezes os aviões chegam antes da hora. Chegam adiantados.
7. — A que horas chega o barco do Brasil ?
8. — O barco está atrasado.
9. — A que horas é a partida da camioneta ? Está atrasada.
10. — A que horas abrem e fecham as lojas ?
11. — A que horas é a saída dos trabalhadores ?
12. — Saem depois da cinco ; estão atrasados.

B 3 REMARQUES

- Prononciation de **x** (suite et fin, voir leçon IX A 3). Dans quelques mots, le **x** peut se prononcer **ss : próximo** [pròs**si**mou] *proche.*
- **Atrasado**, *en retard* et **adiantado**, *en avance*, employé avec **estar**, s'accorde avec le sujet du verbe :
  o avião está adiantado ; a camioneta está adiantada.
  os aviões estão atrasados ; as camionetas estão atrasadas.
- **Partir** (3e groupe), présent de l'indicatif :

eu	**PART-o**	nós	**PART-imos**
tu	**PART-e**	vós	**PART-is** (inusité)
ele, você	**PART-e**	eles, vocês	**PART-em**

- **N.B.** : les verbes des 2e et 3e groupes se ressemblent au présent de l'indicatif, sauf à la 1re pers. du pluriel.
  dever **devemos** **partir** **partimos**
- **Sair** (3e groupe), présent de l'indicatif irrégulier (X) : **eu saio** (X), **tu sais**, **ele sai** (X), **nós saímos** (X), **vós saís** (inusité) (X), **eles saem**.

B 4 TRADUCTION

1. — À quelle heure part le prochain train pour Porto ?
2. — Il part à quinze heures, il vient de partir à l'instant ; il part toujours à l'heure.
3. — À quelle heure est l'arrivée de l'avion de Rio ?
4. — L'avion arrive à minuit ; il vient d'arriver.
5. — Les avions arrivent presque toujours à l'heure.
6. — Parfois, les avions arrivent avant l'heure. Ils sont en avance.
7. — À quelle heure arrive le bateau du Brésil ?
8. — Le bateau est en retard.
9. — À quelle heure est le départ de l'autocar ? Il est en retard.
10. — À quelle heure ouvrent et ferment les magasins ?
11. — À quelle heure est la sortie des travailleurs ?
12. — Ils sortent après 5 heures. Ils sont en retard.

11 Exercices et Vocabulaire

C 1 EXERCICES

1. Traduire :
a) que horas são ?
b) faltam três para as quatro.
c) a que horas sai o comboio ?

2. Donner l'infinitif des verbes suivants :
a) saem
b) chegamos

3. Donner l'expression synonyme :
a) são cinco horas menos um quarto.

4. Traduire : (CD)
a) j'arrive à huit heures moins cinq.
b) il est une heure cinq.
c) il est deux heures moins le quart.
d) le train part à quatre heures et quart.
e) le bateau vient de partir.
f) nous sommes en retard.
g) ma montre avance de douze minutes.

C 2 VOCABULAIRE

■ **na estação** ou **no aeroporto** :

o comboio rápido	*le rapide*	
o expresso	*l'express*	['ch**prè**ssou]
a sala de espera	*la salle d'attente*	['ch**pè**rå]
o carregador	*le porteur*	
a bagagem	*les bagages*	
despachar a mala	*enregistrer la valise*	

■ **é preciso continuar a contar ; hoje, as dezenas**
il faut continuer à compter ; aujourd'hui, les dizaines :

20 vinte	50 cinquenta	80 oitenta
30 trinta	60 sessenta	90 noventa
40 quarenta	70 setenta	100 cem

■ Remarquer la prononciation de **quarenta** [kouå**rẽ**tå], **cinquenta** [cĩ**kouẽ**tå], **cem [sãy]**.

■ **Attention :** les dizaines sont invariables.

C 3 CORRIGÉ

1.

a) quelle heure est-il ?
b) il est quatre heures moins trois.
c) à quelle heure part le train ?

2.

a) sair
b) chegar

3.

a) falta um quarto para as cinco.

4.

a) chego às oito horas menos cinco.
b) é uma hora e cinco.
c) são duas horas menos um quarto.
d) o comboio parte às quatro horas e um quarto.
e) o barco acaba de partir.
f) estamos atrasados (hommes) ou estamos atrasadas (femmes).
g) o meu relógio adianta doze minutos.

C 4 LE PORTUGAIS DU BRÉSIL

■ **Vocabulaire** (CD)

le train	B. **o trem** (ou **trey**)	P. **comboio**
l'autocar	B. **o ônibus** (**o ônibouss**)	P. **a camioneta**
l'autobus	B. *idem*	P. **o autocarro**
le chemin de fer	B. **a estrada de ferro**	P. **o caminho de ferro**
l'autoroute	B. **a autopista**	P. **a autoestrada**

■ **Prononciation :**

–em (final ou dans un mot d'une syllabe) se prononce différemment :

ex. : **bem** B. [bey] P. [bãy]
está B. [issta] P. ['chta]

11 Dialogue et Vie pratique

D 1 DIALOGUE (CD)

Que horas são ?

Joana— A que horas chega o teu irmão ?
João — Deve chegar às quatro e um quarto.
Joana— O comboio deve estar atrasado. São cinco menos um quarto.
João — O comboio costuma chegar sempre à hora.
Joana— Então é o Pedro que está atrasado.
João — O teu relógio não está certo. Está muito adiantado.
Joana— Muito adiantado ? Que horas são ?
João — São quatro horas certas. E da estação até cá a casa é quase meia hora de carro.
Joana— Deve chegar antes das cinco.

D 2 RENSEIGNEMENTS PRATIQUES

■ Le *décalage horaire* : **diferenças horárias** :

le Mozambique : aucun
le Portugal, Madère et l'Angola : une heure en moins
la Guinée Bissau, São Tomé e Príncipe et les Açores : deux heures en moins
le Cap Vert : trois heures en moins
le Brésil (entre Paris, Rio, São Paulo et Salvador), suivant les saisons : hiver, trois heures en moins été, cinq heures en moins

■ *L'heure légale* officielle au Brésil (**hora legal**) est celle de Brasília (c'est celle de tous les états de la côte Sud-Est, et Nord-Est).
Le Brésil s'étend sur quatre *fuseaux horaires* (**fusos horários**). Il y a donc des heures de décalage entre les villes du pays :
— **une heure de moins** par rapport à Brasília, dans les une partie du Pará, une partie de l'Amazonie, Roraima, Rondónia, Mato Grosso, e Mato Grosso do Sul.
— **deux heures de moins** par rapport à Brasília dans la partie extrême Ouest de l'Amazonie et l'Acre.
— **une de plus** par rapport à Brasília dans l'île de Fernando Noronha e Trinité.

D 3 DIALOGUE

Quelle heure est-il ?

Joana — À quelle heure arrive ton frère ?
João — Il doit arriver à quatre heures un quart.
Joana — Le train doit être en retard. Il est cinq heures mois le quart.
João — Le train a l'habitude d'arriver toujours à l'heure.
Joana — Alors, c'est Pierre qui est en retard.
João — Ta montre n'est pas à l'heure. Elle avance beaucoup.
Joana — Elle avance beaucoup ? Quelle heure est-il ?
João — Il est quatre heures justes. Et de la gare à la maison, il faut presque une demi heure en voiture.
Joana — Il va sûrement arriver avant cinq heures.

D 4 RENSEIGNEMENTS PRATIQUES

Quelques expressions de temps

Inscrições das 14 às 18 (horas).
Inscriptions de 14 heures à 18 heures.

Ficamos aqui das 4 até às 7 (horas).
Nous restons ici de 4 heures jusqu'à 7 heures.

Há muito tempo que não vou ao teatro.
Il y a longtemps que nous n'allons pas au théâtre.

Cerca das 8 horas...	*Près de huit heures...*
Por volta da meia noite...	*Aux environs de minuit...*
Pelas duas e meia...	*Vers deux heures et demie...*
A certa altura...	*À un certain moment...*
Em qualquer momento...	*À n'importe quel moment...*
Em qualquer altura...	*À n'importe quel moment...*
Daqui a pouco...	*Dans un petit moment...*
Daqui a bocado...	*Dans un moment...*
Daqui a bocadinho...	*Dans un petit moment...*
A seguir... depois de...	*Après...*
Ao mesmo tempo (que)...	*En même temps (que)...*
De vez em quando...	*De temps en temps...*
Quase sempre..., nunca...	*Presque toujours..., jamais...*
Antes da hora...	*Avant l'heure...*
Depois da hora...	*Après l'heure...*
Fora de horas...	*Tard... À des heures impossibles...*

12 Queria saber o caminho para...

A 1 PRÉSENTATION

■ **queria** et **quero** : **queria** *(je voudrais)*. Emploi courant, forme courtoise. **Quero,** *je veux*, plus autoritaire.

queria	[keu**ri**/å]	*je voudrais*
quero	[**kẽ**rou]	*je veux*
saber	[så**bér**]	*savoir*
sei	[**séi**]	*je sais*
seguir	[seu**guir**]	*continuer, aller, suivre*
embarcar	[ebå**rkar**]	*embarquer*
voltar	[vò**Ltar**]	*tourner*
estar com pressa	['ch**tar prè**ssȧ]	*être pressé*
a praça	[å **pra**ssȧ]	*la place (grande)*
a cais	[å **Kaïch**]	*le quai*
o caminho	[ou Kå**mi**gnou]	*le chemin*
curto	[**Kour**tou]	*court*
longo	[**lõ**gou]	*long*
em frente	[ày **frẽ**teu]	*en face*
à direita	[a di**reï**tå]	*à droite*
à esquerda	[a 'ch**quér**då]	*à gauche*
a direito	[å di**reï**tou]	*tout droit*

uns	[ouch]	*quelques* (masc.)	**outro**	[ôrrou]	*autre* (m.)
mais	[maïch]	*plus*	**se**	[seu]	*si*

A 2 APPLICATION (CD)

1. — **Queria saber o caminho para o cais.**
2. — **Quero embarcar às duas horas.**
3. — **O senhor está com pressa ?**
4. — **Estou ; queria saber qual é o caminho mais curto.**
5. — **Volto à direita, ou volto à esquerda ?**
6. — **O senhor deve seguir em frente.**
7. — **Ando uns metros e depois volto à direita ?**
8. — **Não, sempre a direito.**
9. — **Não sei se é o caminho mais curto.**
10. — **Conheço outro caminho, mas é mais longo.**
11. — **Queria também ir ao banco. É longe ?**
12. — **É à direita da praça. Tem um autocarro directo.**
13. — **Há muita gente nos cais do porto.**

A 3 REMARQUES

- **Ne pas confondre :**
  mas [**mâ**ch] *mais* et **mais** [ma**ïch**] *plus*
  direito [di**reï**tou] *droit* et *directo* [di**rè**tou] *direct*
- Formation du **pluriel** (suite) : certains mots terminés par **s** restent invariables, quand le **s** est dans la syllabe atone.
  o cais é longo **os cais são longos**

  — Ils forment le pluriel avec **es**, quand **s** est dans la syllabe tonique : **português portugueses**
- **uns, umas**, ne sont pas le pluriel de **um** et **uma** : comme **alguns** ou **algumas**, ils signifient : *quelques.*
  há umas casas, *il y a quelques maisons ;* **há uma casa,** *il y a une maison ;* **há casas,** *il y a des maisons.*
- Les verbes **querer**, *vouloir* et **saber**, *savoir* présentent une irrégularité au présent de l'indicatif (indiquée par x).

quero	**queremos**	**sei** x	**sabemos**
queres	**quereis**	**sabes**	**sabeis**
quer x	**querem**	**sabe**	**sabem**

A 4 TRADUCTION

1. — Je voudrais savoir le chemin pour aller au quai.
2. — Je veux embarquer à deux heures.
3. — Vous êtes pressé ?
4. — Oui ; je voudrais savoir quel est le chemin le plus court.
5. — Est-ce que je tourne à droite, ou à gauche ?
6. — Vous devez aller en face.
7. — Je fais quelques mètres, et puis je tourne à droite ?
8. — Non, toujours tout droit.
9. — Je ne sais pas si c'est le chemin le plus court.
10. — Je connais un autre chemin, mais il est plus long.
11. — Je voudrais aller aussi à la banque. Est-ce loin ?
12. — C'est à droite de la place. Vous avez un bus direct.
13. — Il y a beaucoup de gens sur les quais du port.

12 Por onde posso passar para ir...?

B 1 PRÉSENTATION

posso	[pòssou]	*je peux*
pode	[pòdeu]	*il peut, vous pouvez*
poder	[poudêr]	*pouvoir*
podemos	[poudêmouch]	*nous pouvons*
atravessar	[åtråveussar]	*traverser*
por	[pour]	*par, vers, pour*
garagem	[gårajåy]	*le garage*
jardim	[jårdĩ]	*le jardin*
a ponte	[å põteu]	*le pont*
proibido	[prouibidou]	*interdit*
impossível	[ioussivêL]	*impossible*
depressa	[deuprêsså]	*vite*
devagar	[deuvågar]	*lentement*
por volta de	[pour vòLtå deu]	*vers*

■ Attention : ne pas confondre :
o pé, *le pied* ; **a pé**, *à pied* ; **ao pé de**, *près de*.

B 2 APPLICATION (CD)

1. — **Por onde posso passar para ir à garagem ?**
2. — **Não pode passar pela avenida ; o trânsito é proibido.**
3. — **É proibido passar pelo centro.**
4. — **Pode ir mais depressa pela rua que começa em frente do café.**
5. — **Por onde passam os carros para atravessar o rio ?**
6. — **Os carros podem passar pela ponte ; os peões passam de barco.**
7. — **Muitos carros passam pela minha rua.**
8. — **Muita gente anda a pé pela cidade.**
9. — **Gosto de passear pelo jardim ao pé da avenida.**
10. — **Eu volto para casa pelas seis horas.**
11. — **É impossível passar pelo centro pelas nove da manhã.**
12. — **Estou à tua espera por volta das cinco horas (pelas cinco).**

B 3 REMARQUES

- L'article défini **o(s), a(s)** se contracte avec **de, em, a** et aussi **por : por + o = pelo** *(par le)* **por + os = pela. por 1 os = pelos** *(par les)* **por + as = pelas.**
- La traduction de **por**, varie suivant l'emploi (Précis, pp. 266-267) :
  — **Por** s'emploie pour indiquer le lieu où l'on passe *(par).*
  passo por Portugal e pela Espanha,
  je passe par le Portugal et par l'Espagne.
  — **Por** indique un mouvement dans un même lieu (se traduit par *en, dans, à, par*).
  viajo por Portugal — **ando pela cidade**
  je voyage au Portugal — *je marche dans la ville*
- **Poder** [pou**dêr**] est irrégulier. Présent de l'indicatif.

eu	**posso**	[**pò**ssou]	nós	**podemos**	[pou**dê**mouch]
tu	**podes**	[**pò**deuch]	vós	**podeis**	(inusité)
ele	**pode**	[**pò**deu]	eles	**podem**	[**pò**dãy]

B 4 TRADUCTION

1. — Par où puis-je passer pour aller au garage ?
2. — Vous ne pouvez pas passer par l'avenue ; la circulation est interdite.
3. — Il est interdit de passer par le centre.
4. — Vous pouvez aller plus vite par la rue qui commence en face du café.
5. — Où passent les voitures pour traverser le fleuve ?
6. — Les voitures peuvent passer par le pont ; les piétons passent en bateau.
7. — Beaucoup de voitures passent par ma rue.
8. — Beaucoup de gens marchent à pied dans la ville.
9. — J'aime me promener dans le jardin près de l'avenue.
10. — Moi, je reviens à la maison vers six heures.
11. — Il est impossible de passer par le centre vers neuf heures du matin.
12. — Je t'attendrai vers cinq heures.

12 Exercices et Civilisation

C 1 EXERCICES

1. **Traduire :**
   a) o autocarro volta à garagem pelas oito.

2. **Employer** por **ou** em, **à la forme qui convient :**
   a) o peão gosta de passear devagar… jardim.
   b) o carro está… minha rua.

3. **Mettre le verbe à la première personne du singulier :**
   a) não podemos voltar à direita.
   b) saímos do trabalho pelas seis.

4. **Traduire :**
   a) tu peux passer par le pont qui est près des quais.
   b) les gens aiment se promener dans la ville.
   c) c'est interdit de tourner à gauche.
   d) je ne sais pas si les magasins français ferment à sept heures.

C 2 RENSEIGNEMENTS PRATIQUES

■ **Continuamos a contar de cem até duzentos**, *nous continuons à compter de cent à deux cents* :

— 100, **cem** ou **cento**

Cent multiple, se traduit par **cem** *: cem metros (cent mètres), Cent plus un chiffre de dizaine ou unité se traduit* **cento** : **cento e um** *(cent un)*, **cento e vinte** *(cent vingt)* ;

— 200, **duzentos** (et toutes les *centaines*) s'accorde en genre avec le nom qu'il multiplie : **duzentas casas** *(deux cents maisons)*, **duzentos metros** *(deux cents mètres)*.

■ **La rade de Lisbonne** est très vaste et sûre ; elle sert d'escale à de nombreux navires. Son port est très actif ; les chantiers navals de la Lisnave accueillent les bateaux de fort tonnage. Le pont du 25 avril, inauguré en 1966, facilite les communications avec la zone industrielle située sur la rive gauche et favorise le développement du sud ainsi que le pont **Vasco de Gama** (plus de 17 km), inauguré en 1998.

La baie de Rio, d'une beauté et d'une ampleur incomparables, est également un havre d'une grande sûreté, très recherché. Un pont de 14 km l'enjambe et relie **Rio à Niterói** depuis 1973.

C 3 CORRIGÉ

1.

a) l'autobus revient au garage vers huit heures.

2.

a) o peão gosta de passear devagar **pelo** jardim.
b) o carro está **na** minha rua.

3.

a) não **posso** voltar à direita.
b) **saio** do trabalho pelas seis.

4.

a) podes passar pela ponte que fica ao pé do cais.
b) as pessoas gostam de passear pela cidade.
c) é proibido virar à esquerda.
d) não sei se as lojas francesas fecham às sete.

C 4 VOCABULAIRE ET RÉCRÉATION

■ **Adverbes de lieu** :

dentro, *dedans* ; **atrás**, *derrière*.
fora, *dehors* ; **atrás** ou **detrás de**, *derrière* (suivi du nom).
em frente, à frente ou **diante**, *devant*.
em frente, à frente ou **diante de**, *devant* (suivi du nom).

■ **Essayer de comprendre cette histoire sans regarder la traduction** :

o senhor não se importa de sair da minha frente ?	*cela ne vous fait rien de vous retirer de devant moi ?*
não posso.	*je ne peux pas.*
não pode, porquê ?	*vous ne pouvez pas, pourquoi ?*
o senhor está na minha frente. pode sair por detrás	*vous êtes devant moi, vous. vous pouvez sortir par-derrière...*

in Pão com Manteiga, I
Lisbonne, 1980

12 Dialogue et Civilisation

D 1 DIALOGUE (CD)

É muito longe ?

Pedro — Queria ir para o centro da cidade. É muito longe ?
Rita — Depende. Há dois caminhos. Um mais longo e outro mais curto.
Pedro — Qual é o caminho mais curto ?
Rita — Mas o caminho mais curto é o mais longo.
Pedro — Não percebo.
Rita — É fácil. Há sempre muito mais trânsito. E se quer chegar depressa...
Pedro — Se quero chegar depressa, vou pelo caminho mais longo.
Rita — Pode seguir sempre em frente e, depois de passar pelo jardim, virar à direita. Depois tem de voltar à esquerda e atravessar a ponte. À saída da ponte há duas avenidas...
Pedro — Vou a pé, vou chegar mais depressa.

D 2 CIVILISATION

Le nouveau pont Vasco de Gama qui traverse la Mer de Paille (la partie plus large du Tage) a été construit pour désengorger le pont du 25 Avril, situé à l'Ouest près de l'embouchure (inauguré en 1966), pour faciliter la circulation dans Lisbonne et pour développer les relations économiques entre le Nord et le Sud du pays. Avec ses 17 km, il est le plus long d'Europe.

Il commence dans la partie orientale de la ville, à proximité de l'espace aménagé spécialement pour recevoir la dernière exposition mondiale du siècle (22 mai-30 septembre 1998), consacrée aux Océans. Cette exposition, intitulée **Les Océans, patrimoine pour le Futur**, qui regroupe plus de 130 pays est le point culminant d'une vaste sensibilisation de l'opinion publique internationale pour la préservation et gestion des Océans pendant l'année consacrée à ce thème par l'ONU.

Cette exposition qui consacre le passé maritime du Portugal, laisse à Lisbonne des traces durables. Non seulement elle ajoute aux sites touristiques de la ville, déjà nombreux, un centre d'intérêt nouveau avec le Pavillon des Océans qui est le plus grand Aquarium d'Europe et le 2e du monde, mais elle a été aussi l'occasion de réorganiser la partie orientale de la ville quelque peu délaissée (constructions d'immeubles d'habitation, d'une ligne de métro, d'accès routiers divers…).

D 3 DIALOGUE

C'est loin ?

Pedro — Je voudrais aller en ville. C'est loin ?
Rita — Ça dépend. Il y a deux chemins. Un long et l'autre plus court.
Pedro — Quel est le chemin le plus court ?
Rita — Mais le chemin le plus court est le plus long.
Pedro — Je ne comprends pas.
Rita — C'est facile, Il y a toujours beaucoup plus de circulation. Et si vous voulez arriver vite…
Pedro — Si je veux arriver plus vite, je prends le chemin le plus long.
Rita — Vous pouvez aller tout droit et, après avoir traversé le jardin, vous pouvez tourner à droite. Ensuite vous devez tourner à gauche et traverser le pont. À la sortie du pont, il y a deux avenues…
Pedro — J'y vais à pied, j'arriverai plus vite.

D 4 VOCABULAIRE

ir de carro *aller en voiture*
ir de comboio *aller en train*
ir de barco *aller en bateau*
ir táxi *aller en taxi*
costumar andar de carro *avoir l'habitude d'aller en voiture*
andar sempre de táxi *se déplacer toujours en taxi*
costumar ir de comboio *avoir l'habitude de voyager en train*
andar sempre de autocarro *se déplacer toujours en bus*
ir a pé *aller à pied*
ir de pé, ir em pé *voyager debout*
andar depressa *marcher vite*
andar a pé *aller à pied*
ir ao cinema *aller au cinéma*
ir à cidade *aller en ville*
ir ao café *aller au café*
ir para o café *aller (s'installer) au café*
ir a Portugal *aller au Portugal*
ir para Portugal *aller (s'installer) au Portugal*
ir com alguém *aller avec quelqu'un*
ir por Santarém *aller par Santarém*
ir pelo caminho mais curto *aller par le chemin le plus court*

13 Vou viajar. Vou ao banco.

A 1 PRÉSENTATION

■ Le verbe ir, aller, très irrégulier, a deux constructions :
— il est suivi directement d'un verbe à l'infinitif : **vou viajar.**
— il entraîne l'emploi de a devant un nom : **vou ao banco.**

vou [vô] *je vais*	**vamos** [våmouch]	*nous allons*
levantar dinheiro	[leuvãtar dignéïrou]	*retirer de l'argent*
cambiar	[kãbyar]	*changer (de l'argent)*
dar um passeio	[dar õu pås**seyou**]	*faire une promenade*
dar uma volta	[dar oumå voLtà]	*faire un tour*
visitar	[vzitar]	*visiter*
marcar	[mårkar]	*réserver*
pagar	[pågar]	*payer*
fazer compras	[fazér kõpråch]	*faire des achats*
comprar	[kõprar]	*acheter*
a agência	[å åjẽssya]	*l'agence*
o lugar	[ou lougar]	*la place, le lieu*
o armazém	[ou årmàzãy]	*le grand magasin*
o ministério	[ou m'nichtêryou]	*le ministère*
o escudo	[ou chkoudou]	*l'écu*
o euro	[o éourou]	*l'euro*

A 2 APPLICATION (CD)

1. — Vou viajar. Vou ao banco.
2. — Não vou trabalhar ; não vou ao Ministério.
3. — Vou levantar dinheiro e cambiar dólares em euros.
4. — Ele vai dar um passeio ; vai dar uma volte pela cidade.
5. — Eles vão visitar os amigos antes de partir.
6. — Vou à agência de viagens para marcar lugares.
7. — Eu vou fazer as compras, pago com uni cheque cruzado.
8. — vou a casa ; depois vou à loja que fica ao pé de casa.
9. — Não posso ir ao armazém ; fica muito longe.
10. — Vamos para casa, é tarde.
11. — Ele vai para Portugal.
12. — Vamos fazer uma viagem a Portugal.

13 Je vais voyager. Je vais à la banque.

A 3 REMARQUES

- En syllabe atone initiale, la voyelle **i**, suivie de **i** :
  — se prononce [eu] : **filipe** [feu**li**peu], **visitar** [veuzi**tar**] ;
  — disparaît, surtout entre **m** et **n** : **ministério** [m'nich**tè**ryou].
- **ir** est suivi de **a** si le complément est un **nom** :
  vou ao café, vou à loja, vou a casa.
- **vou a casa** : **casa** n'admettant par l'article **a** dans le compl. de lieu, la préposition **a** ne peut se contracter.
- **ir a** ou **ir para.** Il y a une différence de sens :
  ir para Portugal (retour définitif)
  ir a Portugal (retour temporaire).
- Présent de l'indicatif de **ir** :

eu	**vou**	[**vô**]	nós	**vamos**	[**vå**mouch]
tu	**vais**	[**vaïch**]	vós	**ides**	(inusité)
ele	**vai**	[**vaï**]	eles	**vão**	[**vãou :**]

A 4 TRADUCTION

1. — Je vais voyager ; je vais à la banque.
2. — Je ne vais pas travailler ; je ne vais pas au Ministère.
3. — Je vais retirer de l'argent et changer des dollars en euros.
4. — Il va se promener ; il va faire un tour dans la ville.
5. — Ils vont rendre visite à leurs amis, avant de partir.
6. — Je vais à l'agence de voyage réserver des places.
7. — Moi, je vais faire des achats ; je paierai avec un chèque barré.
8. — Je vais à la maison ; puis, j'irai au magasin près de la maison.
9. — Je ne peux pas aller au grand magasin ; c'est très loin.
10. — Nous allons à la maison. Il est tard.
11. — Il va au Portugal (pour y rester).
12. — Nous allons faire un voyage au Portugal.

13 Lá em cima... Cá em baixo...

B 1 PRÉSENTATION

- *En haut* : **em cima** [ãy **ci**må], **acima** [å**ssi**må], **por cima** [pour **ci**ma] ; *en bas* : **em baixo** [ãy **baï**chou], **abaixo** [å**baï**chou], **por baixo** [pour **baï**chou].
- La forme **debaixo de** s'emploie pour introduire un complément de lieu : **está debaixo da mesa**, *il est sous la table.*
- Il faut remarquer la présence des prépositions de lieu **em, a** et **por**, devant **cima** (haut) et **baixo** (*bas*).
- Pour choisir ces différentes locutions, ne pas oublier que : **em** = *lieu où l'on est* ; **a** = *changement de lieu* ; **por** = *mouvement dans un même lieu.*
- **Aqui** [å**ki**] et **cá** [**ka**] *(ici)* ; **ali** [å**li**] et **lá** [**la**] *(là-bas)* ; **aí** [å/**i**] *(là).*

livro de cheques	[**li**vrou/**chè**keuch]	*carnet de chèques*
preenchido	[priẽ**chi**dou]	*rempli*
assinado	[åssi**na**dou]	*signé*
a caixa	[å **kaï**chå]	*la caisse*
o câmbio	[ou **kã**byou]	*le change*
o castelo	[ou kach**tè**lou]	*le château (fort)*
já	[**ja**]	déjà

B 2 APPLICATION (CD)

1. — O empregado : tem aí o seu livro de cheques ?
2. — A cliente : aqui tem o cheque já preenchido e assinado.
3. — O empregado : pode ir levantar o dinheiro ali na caixa.
4. — A cliente : queria cambiar dólares.
5. — O empregado : para o câmbio, é lá em cima.
6. — Aqui em baixo, são os depósitos e o pagamento de cheques.
7. — A mulher : espero-te ali no café ; depois vamos lá acima ao Castelo.
8. — A cliente : que barulho !
9. — O empregado : quando não são os aviões que passam por cima de Lisboa, é o metro que passa por baixo da cidade !

B 3 REMARQUES

■ Les **adverbes de lieu** sont au nombre de **trois :**
— **aqui** (où je suis) = *ici*, **ex.** : **aqui onde estou** ;
— **aí** (où un interlocuteur se trouve) = *là*, ex. : **aí onde estás ; aí onde você está** ;
— **ali** (où se trouvent d'autres personnes, loin) = *là-bas*, ex. : **ali onde ele está.**
Ces adverbes sont associés aux trois personnes des verbes et des possessifs. Ainsi on dira :
— **aqui, na minha casa** et **aí, na tua casa,** ou **ali na sua casa,** *là*, dans ta maison, dans votre maison.

■ **cá** et **lá** divisent l'**espace** en **deux parties** :
— **cá**, l'espace où se trouve celui qui parle = *ici* ;
— **lá**, l'espace où se trouvent les autres = *là, là-bas.*

■ **cá** et **lá** renforcent souvent un autre adverbe de lieu :
— **está cá em baixo** (où se trouve celui qui parle) ;
— **vamos lá acima** (souligne l'éloignement de l'endroit où se trouve celui qui parle).

■ **cá** et **lá** renforcent aussi les possessifs :
— **cá** (1re personne), **cá na minha casa,** *dans ma maison* ;
— **lá** (2e ou 3e personne), **lá na tua casa,** *dans ta maison.*

■ **Que** (invariable) peut avoir une **valeur exclamative**.
Que barulho ! *quel bruit !*

B 4 TRADUCTION

1. — L'employé : avez-vous votre carnet de chèques ?
2. — La cliente : voici le chèque déjà rempli et signé.
3. — L'employé : vous allez retirer l'argent, là-bas à la caisse.
4. — La cliente : je voudrais changer des dollars.
5. — L'employé : pour le change, c'est là-haut.
6. — Ici en bas, c'est le dépôt et paiement des chèques.
7. — La femme : je t'attends là-bas au café ; ensuite nous allons au château.
8. — La cliente : quel bruit !
9. — L'employé : quand ce ne sont pas les avions qui passent au-dessus de Lisbonne, c'est le métro qui passe sous la ville !

13 Exercices et Renseignements utiles

C 1 EXERCICES

1. Traduire :
a) somos cá de Lisboa.
b) eu vou ali à estação.

2. Utiliser la forme qui convient : acima, por cima, em baixo, por baixo :
a) a ponte passa...... do rio.
b) estamos cá....... na rua.
c) vou là...... ao quarto.
d) o metro passa...... de Paris.

3. Compléter la phrase en employant a ou para :
a) (**jardim**) não vou...... com a minha amiga.
b) (**casa**) volto...... depois do trabalho.

4. Traduire :
a) je vais changer de l'argent à la banque.
b) je vais aller en bas avec ma mère.
c) je vais au Portugal, puis je reviendrai à Paris.

C 2 RENSEIGNEMENTS UTILES

■ **hoje, vamos acabar de aprender a contar**
aujourd'hui, nous allons finir d'apprendre à compter :

as centenas

100 cem		700 setecentos
200 duzentos		800 oitocentos
300 trezentos	[treu**zẽ**touch]	900 novecentos
400 quatrocentos	[kouatrou**ssẽ**touch]	1 000 mil [mill]
500 quinhentos	[ki**gnẽ**touch]	1 000 000 um milhão (~ões)
600 seiscentos	[seych**ssẽ**touch]	ou [mi**lyãou:**]

■ **Attention :** pour les centaines n'oubliez pas l'accord :
568 heures **quinhentas e sessenta e oito horas**

■ **A moeda** [å mou**è**då] *la monnaie*
Portugal : **o Euro** Brésil : *o real*

C 3 CORRIGÉ

1.

a) nous sommes de Lisbonne (prouve que celui qui parle y vit).
b) moi, je vais là-bas à la gare.

2.

a) a ponte passa **por cima** do rio.
b) estamos cá **em baixo** na rua.
c) vou lá **acima** ao quarto.
d) o metro passa **por baixo** de Paris.

3.

a) não vou **ao jardim** com a minha amiga.
b) volto **para casa** depois do trabalho.

4.

a) vou cambiar dinheiro ao banco.
b) vou lá abaixo com a minha mãe.
c) vou a Portugal, mas volto a Paris.

C 4 LE PORTUGAIS DU BRÉSIL – VOCABULAIRE

- **cá** et **lá** au Brésil : **cá** (renforcement est rarement employé).
- **o porta-moedas** *la porte-monnaie*
  a moeda *la pièce de monnaie*
  a carteira *le portefeuille*
  o troco *la monnaie (petites pièces)*
  a nota *le billet de banque*
- **Adverbes de lieu (suite) :**
  ao pé de et **ao lado de** *à côté*
  perto (de) *près (de)* **longe (de)** *loin (de)*
  no meio (de) *au milieu de* **dentro de** *à l'intérieur*
- Remarquer les emplois particuliers de **acima** :
  acima de tudo *par-dessus tout*
  acima de mil francos... *au-dessus de mille francs...*
  ir rua acima (abaixo) *remonter* (ou *descendre) la rue*

13 Dialogue et Vie pratique

D 1 DIALOGUE (CD)

Queria ir ao banco

Jean — Você sabe se há algum banco aqui perto ?
Francisco — Porquê ?
Jean — Queria trocar dinheiro.
Francisco — Queria trocar dinheiro ? A moeda é a mesma na União Europeia.
Jean — Eu sei, mas só tenho cheques de viagem. O dinheiro que tenho não chega para pagar o hotel,..
Francisco — Ali em baixo há um banco e o problema vai ficar resolvido. Mas também pode pagar com o cartão visa, ou levantar dinheiro numa caixa multibanco.
Jean — Infelizmente esqueci-me dele em casa.

D 2 RENSEIGNEMENTS PRATIQUES

À la Banque : quelques monnaies
No banco : algumas moedas

L'euro est la monnaie en usage au Portugal, membre de l'Union européenne (1986) depuis 2000.Toutefois, il n'est pas rare, dans la rue et au marché d'entendre parler de l'ancienne monnaie. On trouve aussi des références dans la littérature avant l'entrée en vigueur de l'euro : o escudo, o conto (mille escudos), o centavo (centime)

Brésil : Depuis l'élection de Fernando Henrique Cardoso, Président de la République du Brésil en 1994, le Brésil jouit d'une monnaie stable, **o real** ou *réal* qui va1ait 2,94 dollars en 2004 soit environ 3,55 euros.

Angola : le nouveau kwanza
Mozambique : le **métical**
Cap Vert : l'escudo
Guinée Bissau : le **franc CFA**
São Tomé e Príncipe : la **dobra**

D 3 DIALOGUE

Je voudrais aller à la banque

Jean — Savez-vous s'il y a une banque à proximité ?
Francisco — Pourquoi ?
Jean — Je voudrais changer de l'argent.
Francisco — Changer de l'argent ? La monnaie est la même dans l'Union européenne.
Jean — Je sais, mais je n'ai que des chèques de voyage. L'argent que j'ai ne suffit pas pour payer l'hôtel.
Francisco — En bas il y a une banque et le problème sera résolu. Mais tu peux aussi payer avec la carte visa, ou prendre de l'argent au distributeur automatique.
Jean — Malheureusement je l'ai oubliée à la maison.

D 4 VOCABULAIRE

Orientation

para (o) norte..., (o) sul... — *vers le Nord, vers le Sud...*
para (o) este, para (o) oeste... — *vers l'Est, vers l'Ouest...*

Attention :
a Europa de leste, o leste do país — *l'Europe de l'Est, l'Est du pays*
para a esquerda, mais à esquerda — *vers la gauche, à gauche, sur la gauche*
para a direita, mais à direita — *vers la droite, à droite, sur la droite*
para cima (de) — *vers le haut (de)*
em cima de — *au-dessus de*
o céu, por cima dos telhados — *le ciel, par dessus les toits*
Gosto de passear pela cidade. — *J'aime me promener dans la ville.*
Vou lá acima, ao terraço. — *Je vais là haut sur la terrasse.*
para baixo (de) — *vers le bas*
Estão em baixo. — *Ils sont en bas.*
O gato está debaixo da mesa... — *Le chat est sous la table...*
Os barcos passam por debaixo da ponte. — *Les bateaux passent sous le pont.*
O barco vai (pelo) rio acima. — *Le bateau remonte le fleuve.*
O barco vai (pelo) rio abaixo. — *Le bateau descend le fleuve.*
João corre (pela) rua abaixo. — *Jean descend la rue en courant.*

14 Quantos dias... ? Quantas estações... ?

A 1 PRÉSENTATION

■ **Quantos, -as**, *combien de*, s'accorde avec le nom qui suit.

quantos	[**kouã**touch]	*combien de* (+ masc.)
o ano	[ou **å**nou]	*l'année*
a estação (ões)	[å 'chtå**ssaãou:**]	*la saison*
o dia	[ou **di**/å]	*le jour*
a semana	[å seu**må**nå]	*la semaine*
o fim	[ou **fī**]	*la fin*
a manhã	[å må**gnã**]	*le matin*
a feira	[å **fêï**rå]	*la foire*
a segunda-feira	[å seu**goũ**då **feï**rå]	*lundi*
domingo	[dou**mĩ**gou]	*dimanche*
sábado	[**sa**bådou]	*samedi*
primeiro	[pri**mêï**rou]	*premier*
segundo	[seu**gõu**dou]	*deuxième*
terça	[**têr**sså]	*troisième*
último	[**ouL**timou]	*dernier*

■ **Attention : a manhã** [åmå**gnã**] *le matin*, **amanhã** [åmå**gnã**] *demain*, **amanhã de manhã**, *demain matin*.

A 2 APPLICATION (CD)

1. — **Quantos dias há numa semana ?**
2. — **Há sete dias numa semana.**
3. — **Quantas estações há num ano ?**
4. — **Há quatro estações num ano.**
5. — **Quantos anos tem o seu filho ?**
6. — **Há quanto tempo está à minha espera ?**
7. — **Não há muito tempo ; acabo de chegar.**
8. — **Que dia é hoje ?**
9. — **Hoje é segunda-feira ; amanhã é terça-feira.**
10. — **Segunda-feira é o primeiro dia da semana ; domingo, o último.**
11. — **Ao fim de semana não trabalhamos.**
12. — **Ao sábado, à tarde, vou sempre à Feira Popular.**

14 Combien de jours...? Combien de saisons...?

A 3 REMARQUES

■ Le genre des noms (suite) :
— Les noms terminés par **ã** sont toujours **féminins.**
a manhã, *le matin* ; **a irmã**, la *sœur :*
— Les mots terminés par **ção** sont généralement **féminins.**
a lição ; a estação.

■ Remarquer l'emploi de **a** devant certains compléments de temps. Cette formule indique la **répétition.**
ao domingo, não trabalho, *le dimanche, je ne travaille pas.*
à tarde, vou passear, *l'après-midi, je vais me promener.*
à noite, vou a casa, *le soir, je vais à la maison.*

■ Par contre, on emploie **de** devant **manhã**, pour éviter la confusion avec amanhà, *demain matin :* **de manhã, vou fazer compras**, *le matin, je vais faire des achats.*

■ **De** devant **tarde** et **noite** insiste sur la durée.
de tarde, o tempo passa depressa, *pendant l'après-midi, le temps passe vite.*

■ Rappel : le futur s'exprime le plus souvent par le présent de l'indicatif, surtout s'il est accompagné d'un adverbe de temps : **amanhã é terça-feira**, *demain, ce sera mardi.*

A 4 TRADUCTION

1. — Combien de jours y a-t-il dans une semaine ?
2. — Il y a sept jours dans une semaine.
3. — Combien de saisons y a-t-il dans une année ?
4. — Il y a quatre saisons dans une année.
5. — Quel âge a votre fils (combien d'années a votre fils) ?
6. — Y a-t-il longtemps que vous m'attendez ?
7. — Il n'y a pas longtemps; je viens d'arriver.
8. — Quel jour est-ce aujourd'hui ?
9. — Aujourd'hui c'est lundi; demain ce sera mardi.
10. — Lundi est le premier jour de la semaine; dimanche, le dernier.
11. — En fin de semaine, nous ne travaillons pas.
12. — Le samedi après-midi, je vais toujours à la Foire Populaire.

14 Quando é que tem férias?

B 1 PRÉSENTATION

■ **quando** (renforcé ou non de **é que**) interroge sur la date ; il introduit aussi des propositions subordonnées de temps.

teremos	[teu**ré**mouch]	*nous aurons*
haverá	[åveu**ra**]	*il y aura*
vivo (viver)	[**vi**vou]	*je vis*
chove (choyer)	[**cho**veu]	*il pleut*
as férias	[**fê**ryâch]	*vacances*
o feriado	[ou feu**rya**dou]	*jour férié*
o outono	[ou ô**tô**nou]	*l'automne*
outubro	[ô**tou**brou]	*octobre*
o inverno	[ou i**vè**nou]	*l'hiver*
maio	[**ma**you]	*mai*
janeiro	[jå**nêï**rou]	*janvier*
o Natal	[ou nå**taL**]	*Noël*
o mês	[ou mêch]	*le mois*

quente	[kẽteu]	*chaud*	**frio**	[**fri**/ou]	*froid*
ainda	[åĩdà]	*encore*	**só**	[só]	*seulement*

■ Attention : **sei lá** = *je n'en sais rien*. (**Lá** a un emploi emphatique ; il marque l'incertitude.)

■ **os pais** [païch] *les parents*, **o país** [peich] *le pays.*

B 2 APPLICATION (CD)

1. — **Quando é que tem férias ? Em que mês ?**
2. — **Tenho férias, no outono, em outubro.**
3. — **Eu tenho férias só no inverno.**
4. — **Quando é que será o próximo feriado ?**
5. — **O próximo feriado é no 1o de maio.**
6. — **Haverá ponte de três dias ? Ainda não sei.**
7. — **Quando é que é o Natal ? O Natal é a 25 de dezembro.**
8. — **O verão é uma estação agradável quando não chove.**
9. — **Vivo num pais frio ; vou de férias a países quentes.**
10. — **Teremos um Inverno frio ? Sei lá...**
11. — **Qual é a data de hoje ?**
12. — **Hoje é segunda-feira, dois de janeiro de mil novecentos e noventa e oito (1998).**

B 3 REMARQUES

- Ne pas confondre : **sou** [sô] (*o* de *pot)* et **só** [sò] (*o* de *note).*
- Dans les compléments de temps introduits par **em**, l'article défini (**a**, **o**) s'emploie devant les saisons, pas devant les mois.
  tenho férias, no outono, em outubro.
  j'ai des vacances en automne, en octobre.
- Le futur de l'indicatif s'emploie surtout dans les interrogatives. Il exprime aussi le doute, l'hypothèse.
  quando é que terá férias ? *quand aurez-vous des vacances ?*
  tenho férias em maio, *j'aurai des vacances en mai.*
  teremos um inverno frio ? Não sei (hypothèse).
  que horas serão ? *quelle heure peut-il être ?*
- Le futur dont la réalisation est certaine se traduit normalement par le présent dans les propositions affirmatives.
  amanhã, não trabalho, *demain, je ne travaillerai pas.*
- Formation du futur de l'indicatif. Il se forme sur l'**infinitif** auquel on rajoute les terminaisons propres à ce temps ; **falar** : FALAR-**ei**, FALAR-**ás**, FALAR-**á**, FALAR-**emos**, FALAR-**eis**, FALAR-**ão**.

B 4 TRADUCTION

1. — Quand avez-vous des vacances ? Quel mois ?
2. — J'ai des vacances en automne, en octobre.
3. — Moi, j'ai des vacances seulement en hiver.
4. — Quand y aura-t-il le prochain jour férié ?
5. — Le prochain jour férié est le premier mai.
6. — Y aura-t-il un pont de trois jours ? Je ne sais pas.
7. — Quand est-ce Noël ? Noël est le 25 décembre.
8. — L'été est une saison agréable quand il ne pleut pas.
9. — Je vis dans un pays froid ; je vais en vacances dans des pays chauds.
10. — Aurons-nous un hiver froid ? Je n'en sais rien.
11. — Quelle est la date d'aujourd'hui ?
12. — Aujourd'hui, c'est lundi 2 janvier 1998.

C 1 EXERCICES

1. Traduire :
a) ao domingo, vamos dar um passeio.
b) o Verão é uma estação agradável.
c) Lisboa tem uma estação agradável.
d) no próximo mês, temos férias.

2. Employer em, a, de, por, **suivant le cas, en faisant les contractions nécessaires :**
a) ... estou ... casa ... João.
b) ... o Pedro gosta de passear ... cidade.
c) ... domingo, não trabalhamos.
d) ... para ir ... casa ... minha amiga, passo ... jardim.
e) vamos ... viagem ... Verão, ... Julho.

C 2 VOCABULAIRE

■ **o calendário,** *le calendrier.*

os meses do ano, *les mois de l'année*

janeiro	*janvier*	**maio**	*mai*	**setembro**	*septembre*
fevereiro	*février*	**junho**	*juin*	**outubro**	*octobre*
março	*mars*	**julho**	*juillet*	**novembro**	*novembre*
abril	*avril*	**agosto**	*août*	**dezembro**	*décembre*

os dias da semana, *les jours de la semaine*

segunda-feira	*lundi*	**sexta-feira**	*vendredi*
terça-feira	*mardi*	**sábado**	*samedi*
quarta-feira	*mercredi*	**domingo**	*dimanche*
quinta-feira	*jeudi*		

as estações, *les saisons*

a primavera	*le printemps*	**o outono**	*l'automne*
o verão	*l'été*	**o inverno**	*l'hiver*

■ **os numéros ordinais,** *les nombres ordinaux*

primeiro, *premier*, **segundo**, *deuxième*, **terceiro**, *troisième*, **quarto**, *quatrième*, **quinto**, *cinquième*, **sexto**, *sixième*, **sétimo**, *septième*, **oitavo**, *huitième*, **nono**, *neuvième*, **décimo**, *dixième*.

C 3 CORRIGÉ

1.
a) le dimanche, nous faisons une promenade.
b) l'été est une saison agréable.
c) Lisbonne a une gare agréable.
d) le mois prochain, nous aurons des vacances.

2.
a) estou **em** casa **do** João.
b) o Pedro gosta de passear **pela** cidade.
c) **ao** domingo, não trabalhamos.
d) para ir **a** casa **da** minha amiga, passo **pelo** jardim.
e) vamos **de** viagem **no** Verão, **em** Julho.

C 4 LE PORTUGAIS DU BRÉSIL

■ Les formes du **futur** sont couramment employées.
J'irai demain à la poste.
Port. : **Vou amanhã ao correio.**
Brés. : **Irei amanhã ao correio.** (**Vou** est aussi possible.)

■ Quelques locutions de temps.

até logo	*à bientôt*
até amanhã	*à demain*
depois de amanhã	*après-demain*
anteontem	*avant-hier*
o mês passado	*le mois passé*
o mês próximo	*le mois prochain*
dia sim, dia não	*tous les deux jours*
de amanhã a oito dias	*de demain en huit*
dentro de oito dias	*dans huit jours*
o trimestre	*le trimestre*
dentro de pouco tempo	*dans peu de temps*
o semestre	*le semestre*

■ Remarquer les expressions : **ir de férias**, *aller en vacances* ; **ir de viagem**, *aller en voyage.*

D1 DIALOGUE (CD)

Férias de Natal

Nuno — Quantos dias tens de férias ?
Paula — No verão ?
Nuno — Não. Agora no inverno, em dezembro.
Paula — Pelo Natal, tenho sempre duas semanas de férias.
Nuno — Ficas por cá ?
Paula — Costumo ir passar uns dias com os meus pais. Eles não vivem em Lisboa.
Nuno — Vivem no campo, não vivem ?
Paula — Vivem. E eu passo sempre o Natal com eles.

D2 CIVILISATION

Les jours fériés au Portugal

Les fêtes religieuses (liées à la religion catholique) : *Vendredi Saint* (**Sexta Feira Santa**) et *Dimanche de Pâques* (**domingo de Páscoa**), *La Fête Dieu* (**Corpo de Deus**), le 15 août *(l'Assomption*, **A Assunção**), *la Toussaint* (**o Dia de Todos os Santos**), *Noël* (**Natal**) le 25 décembre.

Certaines localités ont un jour férié le jour du Saint Patron de la ville. À Lisbonne, c'est le 13 juin, jour de la Saint-Antoine.

Les fêtes profanes coutumières : *le jour de l'an* (**o Ano Novo**), *le Mardi Gras de Carnaval* (**Terça-Feira gorda** ou **Terça-Feira de Carnaval**) et le 1er mai, *la Fête du Travail* (**Dia do Trabalho**).

Les fêtes commémoratives liées à l'histoire : le *25 avril* (**25 de Abril**) rappelle la *révolution des Œillets* qui a mis fin à la dictature le 25 avril 1974 ; le 10 juin, la fête Nationale, appelée le *Jour du Portugal* ou le *Jour de Camões* parce qu'elle a l'originalité de commémorer la mort du grand poète **Luis de Camões** (1580) qui a chanté l'aventure des Portugais sur les mers dans son épopée *Les Lusiades* (**os Lusíadas**) ; le 5 octobre qui évoque la proclamation de la République (5 octobre 1910) ; 1er décembre (**1° de dezembro**), *le jour de la Restauration* (**o Dia da Restauração**) qui célèbre le retour de l'indépendance le 1er décembre 1640 après soixante ans de règne espagnol. Ces fêtes varient dans les différents pays de langue portugaise.

D 3 DIALOGUE

Vacances de Noël

Nuno — Combien de jours de vacances as-tu ?
Paula — En été ?
Nuno — Non. Maintenant, en hiver, en décembre.
Paula — A Noël, j'ai toujours deux semaines de vacances.
Nuno — Tu restes ici ?
Paula — J'ai l'habitude d'aller passer quelques jours avec mes parents. Ils ne vivent pas à Lisbonne.
Nuno — Ils vivent à la campagne, n'est-ce pas ?
Paula — Oui. Et moi je passe Noël avec eux.

D 4 RENSEIGNEMENTS PRATIQUES

■ **Remarque :** Au Portugal, comme au Brésil, il faut mettre une majuscule au nom des mois et au nom des saison, contrairement au français : *décembre* (**Dezembro**) ; *hiver* (**Inverno**).

horário de trabalho	*horaire de travail*
faltar ao trabalho	*manquer, être absent au travail*
descansar	*se reposer*
o descanso	*le repos*
o lazer	*le loisir*
o dia de férias	*le jour de vacances*
passar férias	*passer des vacances*
passear	*se promener*
dar um passeio	*se promener*
pedir boleia*	*faire de l'auto-stop*
apanhar boleia*	*réussir à voyager en auto-stop*
viajar à boleia	*voyager en stop*

* *au Brésil :* **pedir carona** *faire de l'auto-stop*

15 A rua é estreita, e está cheia de carros.

A 1 PRÉSENTATION

■ Le verbe être + un adjectif ou un participe passé à valeur d'adjectif : il se traduit par ser, si l'adjectif indique un caractère permanent, et estar, s'il indique une façon d'être passagère. L'adjectif ou le participe passé s'accorde avec le sujet.

a nossa	[å **noi**ssà]	*notre* **(fém. sing.)**
achas	[a**ch**åch]	*tu trouves*
olha	[**o**lyå]	*regarde*
pensar em	[pẽs**sar** ãy]	*penser à*
o bairro	[ou **baï**Rou]	*le quartier*
a entrada	[å ẽ**tra**dà]	*l'entrée*
comprido	[kõ**pri**dou]	*long*
largo	[**lar**gou]	*large*
gordo	[**gôr**dou]	*gros*
cheio	[**ché**you]	*plein*
estreito	['chtr**eï**tou]	*étroit*
o atraso	[ou åt**ra**zou]	*le retard*
contente (com)	[kô**tẽ**teu]	*content*
zangado	[zå**ga**dou]	*fâché*
cansado	[kã**ssa**dou]	*fatigué*
a propósito	[à prou**po**sitou]	**à** *propos*

A 2 APPLICATION (CD)

1. — **Pedro – A nossa cidade é moderna, não achas ?**
2. — **Joana – As ruas são estreitas, mas estão cheias de carros.**
3. — **Pedro – O bairro onde estamos é antigo.**
4. — **Joana – Algumas avenidas são largas e compridas.**
5. — **Pedro – Olha ali, o motorista do autocarro. Que gordo !**
6. — **Joana – O condutor é magro.**
7. — **Pedro – Fazem-me pensar em dois cómicos do cinema americano.**
8. — **Joana – A propósito, o meu irmã o está à nossa espera à entrada do cinema. Deve estar cansado de esperar.**
9. — **Não deve estar contente com o nosso atraso.**
10. — **Pedro – Deve estar mesmo muito zangado.**
11. — **Joana – Paciência !**

A 3 REMARQUES

- Le **participe passé** se forme en mettant **ado** à la place de **ar** (verbes 1er groupe) et **ido** à la place de **er** et **ir** (verbes des 2e et 3e groupes) : **cansar**, *fatiguer* → **cansado**, *fatigué*.

  partir, *partir* → **partido**, *parti*. **ler**, *lire* → **lido**, *lu*.
- **Le complément d'un verbe** peut :
  — être précédé d'une préposition, même s'il n'y en a pas en français : **gosto de passear**, *j'aime me promener* ;
  — ne pas être précédé de préposition, même s'il y en a une en français : **costumo ler**, *j'ai l'habitude de lire* ;
  — la préposition peut être différente en portugais et en français : **penso no meu amigo**, *je pense à mon ami*.
- **passear** : *se promener*. Les verbes en **ear** sont irréguliers au présent de l'indicatif. Ils intercalent un **i** devant la terminaison, si l'accent tonique est sur le radical.
  eu passeio, tu passeias, ele passeia, nós passeamos, vós passeais, eles passeiam.

A 4 TRADUCTION

1. — Pierre – Notre ville est moderne, ne trouves-tu pas ?
2. — Jeanne – Les rues sont étroites, mais elles sont pleines de voitures.
3. — Pierre – Le quartier où nous sommes est ancien.
4. — Jeanne – Quelques avenues sont larges et longues.
5. — Pierre – Regarde, là-bas, le chauffeur de l'autobus. Qu'il est gros !
6. — Jeanne – Le contrôleur est maigre.
7. — Pierre – Ils me font penser à deux comiques du cinéma américain.
8. — Jeanne – À propos, mon frère nous attend à l'entrée du cinéma. Il doit être fatigué d'attendre.
9. — Il ne doit pas être très content de notre retard.
10. — Pierre – Il doit être même très fâché.
11. — Jeanne – Tant pis.

15 Hoje a nossa rua está animada.

B 1 PRÉSENTATION

faltar	[faLtar]	*manquer, faire défaut*
a festa	[å féchtå]	*la fête*
o balle	[ou **baï**leu]	*le bal*
a cor	[å kôr]	*la couleur*
o calor	[ou ka**lôr**]	*la chaleur*
o sol	[ou soL]	*le soleil*
o balão (ões)	[ou bå**lãou:**]	*le ballon*
escuro	['ch**kou**rou]	*sombre, obscure*
feio	[**fé**you]	*laid*
colorido	[koulou**ri**dou]	*après, ensuite, tout à l'heure*
logo	[**lo**gou]	*coloré*
pois não	[pôïch nãou:]	*c'est un fait, en effet*

■ Remarquer les expressions construites avec **estar**.
está calor, *il fait chaud*. **está frio**, *il fait froid*.

■ Attention à la traduction de *faire*!
dar um passeio, *faire une promenade*.

B 2 APPLICATION (CD)

1. — Pedro – Hoje a nossa rua está muito animada.
2. — Ana – Há alguma festa ?
3. — Pedro – Há. Hoje é o dia de Santo António. Há um baile logo à noite.
4. — Ana – Aqui não é como no centro da cidade.
5. — Pedro – Pois não, o centro é sempre animado.
6. — Ana – A tua rua é feia e escura; mas hoje está muito bonita.
7. — Está muito bem decorada; está muito colorida.
8. — Pedro – É verdade; os balões são muito coloridos. Têm cores alegres.
9. — Ana – Hoje há sol e está calor.
10. — Pedro – O verão é sempre quente, mas as noites, às vezes, são frias.
11. — Ana – Com frio ou com calor, eu não falto. Até logo à noite.

15 Aujourd'hui notre rue est animée

B 3 REMARQUES

- Les noms terminés par **or** sont du masculin, quel que soit le genre en français : **o calor**, *la chaleur.*
  Exceptions : **a cor**, *la couleur* ; **a flor**, *la fleur.*
- **Santo** (*Saint*), **Santo António** (*Saint-Antoine*).
  Lorsque le mot *saint* se trouve devant un prénom commençant par une consonne il se traduit à **são** : **São João**, *Saint-Jean.*
- Adjectif (ou participe) employé avec **ser** ou **estar** :
  — Avec **ser**, indique un trait de caractère permanent :
  o centro é sempre animado, *le centre est toujours animé.*
  — Avec **estar**, il indique une manière d'être passagère (on peut rajouter : *est en ce moment)* :
  hoje a rua está animada, *aujourd'hui la rue est animée.*
- Certains adjectifs indiquant un état transitoire ne peuvent s'employer qu'avec **estar** : **contente** (*content*), **zangado** (*fâché*).
- Les possessifs (voir Précis grammatical, p. 347).

B 4 TRADUCTION

1. — Pierre – Aujourd'hui notre rue est très animée.
2. — Anne – Y a-t-il quelque fête ?
3. — Pierre – Oui. Aujourd'hui, c'est la Saint-Antoine. Il y a un bal ce soir.
4. — Anne – Ici, ce n'est pas comme dans le centre de la ville.
5. — Pierre – En effet, le centre est toujours animé.
6. — Anne – Ta rue est laide et sombre ; mais aujourd'hui elle est très belle.
7. — Elle est très bien décorée ; elle est très colorée.
8. — Pierre – C'est vrai : les ballons sont très colorés. Ils ont des couleurs gaies.
9. — Anne – Aujourd'hui il y a du soleil et il faut chaud.
10. — Pierre – L'été est toujours chaud, mais les nuits parfois sont froides.
11. — Anne – Qu'il fasse chaud ou froid, je ne manquerai pas d'y aller. A tout à l'heure ; à ce soir.

15 Exercices et Vocabulaire

C 1 EXERCICES

1. Traduire :
a) a minha mãe está à nossa espera.

2. Donner l'infinitif correspondant au participe passé :
a) colorido b) cansado c) decorado

3. Compléter avec ser ou estar :
a) o jardim...... muito bonito.
b) o meu pai não...... contente com o meu trabalho.
c) hoje, há sol ; o dia...... bonito.

4. Traduire : (CD)
a) ma mère est fâchée. Je ne suis pas contente.
b) aujourd'hui, la rue est très animée.
c) elle est toujours très belle.

C 2 VOCABULAIRE

o baile	*le bal*
o bailado ou **ballet**	*le ballet*
o rancho folclórico	*le groupe folklorique*
dançar	*danser*
o concerto ao ar livre	*concert en plein air*
a ópera	*l'opéra*
a orquestra	*l'orchestre*
a charanga	l*a fanfare*
o balão	*le ballon*
o manjerico	*le basilic*
o arraial	*le campement, la fête* (lieu où elle se déroule dans un village)
os músicos	*les musiciens*
a discoteca	*la discothèque*
a excursão	*l'excursion*
o folheto informativo	*le dépliant d'information*
o prospecto	*le prospectus*
pedir uma visita guiada	*demander une visite guidée*
o programa das festas	*le programme des fêtes*
a duração das férias	*la durée des vacances*
durar	*durer*
passar férias	*passer les vacances*
gozar férias	*prendre ses vacances*
Eu gozo as minhas férias en Maio.	*Je prends mes vacances en mai.*

C 3 CORRIGÉ

1.
a) ma mère nous attend.

2.
a) colorir b) cansar c) decorar

3.
a) o jardim **é** muito bonito.
b) o meu pai não **está** contente com o meu trabalho.
c) hoje, há sol ; o dia **está** bonito.

4.
a) a minha mãe está zangada. Não estou contente.
b) hoje, a rua está muito animada.
c) ela é sempre muito bonita.

C 4 LE PORTUGAIS DU BRÉSIL

■ Grammaire

• **L'emploi des possessifs :** L'article défini est généralement omis devant le possessif :
ma ville : P. **a minha cidade** B. **minha cidade**

• **L'expression du futur**
L'emploi du futur de l'indicatif est plus fréquent au Brésil.
nous partirons demain :
P. **partimos amanhã** B. **partiremos amanhã**

■ Lexique

• **curtir férias** : *prendre les vacances, passer agréablement les vacances.*
• **o samba** : *la samba* (on devrait dire *le samba*).

15 Dialogue et Civilisation

D 1 DIALOGUE (CD)

Noite de festa

Manuel — A propósito, vais logo à noite à festa ?
Maria — Qual festa ?
Manuel — Então não sabes ? É a noite de Santo António e há um baile lá na minha rua.
Maria — Acho que não vou. Não gosto muito de barulho.
Manuel — Os nossos amigos vão ficar zangados.
Maria — Paciência ! Acho que vou ao cinema.
Manuel — Ficamos à tua espera. O baile começa depois da meia-noite.
Maria — Começa muito tarde e eu gosto de ir para casa cedo.

D 2 CIVILISATION

Les fêtes populaires au Portugal

Les fêtes populaires sont très nombreuses : certaines sont profanes et sont des survivances préchrétiennes qui perdurent surtout à la campagne, comme la *fête des masques* (**festas das máscaras**) entre Noël et l'Épiphanie dans le **Trás-os-Montes**, les fêtes très anciennes du Carnaval (Loulé en Algarve) ou celles liées aux rites agraires : les fêtes du Printemps ou **Maias** en Alentejo, celle des moissons (la fêtes des pains à Tomar) ou celles des vendanges (Palmela, près de Setubal).

De très nombreuses fêtes religieuses qui ont lieu surtout en été, à l'occasion de la fête du Saint Patron de la localité, allient les dévotions religieuses (messes, processions, neuvaines) aux réjouissances profanes qui durent parfois plusieurs jours (bal, défilés allégoriques, groupes folkloriques, courses de taureaux, pétards, feux d'artifices, rues décorées de guirlandes multicolores). Ces fêtes appelées **romarias** sont très suivies (**Viana do Castelo** dans le Nord ou **Coruche** dans le **Ribatejo**, toutes deux autour du 15 août).

Les fêtes de *Saint-Antoine* (**Santo António**) de Lisbonne ou celles de *Saint-Jean* (*São João*) à Porto, au mois de juin, sont parmi les plus célèbres et attirent des foules particulièrement importantes.

D 3 DIALOGUE

Nuit de fête

Manuel — À propos, tu vas tout à l'heure à la fête de ce soir ?
Maria — Quelle fête ?
Manuel — Alors, tu ne sais pas ? C'est la fête de la Saint Antoine et il y a un bal dans ma rue.
Maria — Je crois que je n'y vais pas. Je n'aime pas beaucoup le bruit.
Manuel — Nos amis vont être fâchés.
Maria — Tant pis ! Je crois que je vais au cinéma.
Manuel — Nous t'attendrons. Le bal commence après minuit.
Maria — Il commence très tard et, moi, j'aime rentrer tôt à la maison.

D 4 CIVILISATION

Les fêtes populaires au Brésil

Les fêtes brésiliennes populaires ont presque toutes un fond religieux, lié au catholicisme ou aux cultes afro-brésiliens. Le Carnaval, de renommée mondiale, est une fête fastueuse qui paralyse la pays pendant quatre jours. Il se prépare tout au long de l'année dans les quartiers populaires, au sein des *écoles de samba* (**escolas de samba**). C'est une véritable institution nationale. Le Carnaval de Rio est mondialement connu, mais le carnaval est célébré dans toutes les villes, parfois avec plus d'authenticité, surtout dans le Nord (Recife où le **frevo** remplace le **samba**, Salvador da Bahia et São Luís do Maranhão).

Il existe bien d'autres fêtes à caractère régional. Citons la fête de Yémanja, déesse africaine de la mer (31 décembre) à Salvador de Bahia, la fête du **Bumba-meu-boi** dans le Nord-Est et à São Luís do Maranhão, sans oublier les **rodéos** des éleveurs de bétail ou **gauchos**.

Le 7 septembre, jour férié dans tout le pays, est le jour de la fête nationale qui commémore l'indépendance du Brésil, proclamée le 7 septembre 1820, par le Régent **Dom Pedro**, près de São Paulo. C'est le fameux cri d'**Ipiranga** (nom d'une petite rivière) : « l'indépendance ou la mort ».

16 Esse lugar ai está livre?

A 1 PRÉSENTATION

■ Règles d'emploi des démonstratifs :
— **este** (**está**) désigne ce qui est ici (**aqui**), près de moi, ou près de celui qui parle ;
— **esse** (**essa**) désigne ce qui est un peu plus loin (**aí**), près de toi, c'est-à-dire près de l'interlocuteur ;
— **aquele** (**aquela**) désigne ce qui est très éloigné (**ali**).

o que	[ou keu]	*qu'est-ce que (quelle chose)*
este	[**éch**teu]	*celui-ci*
aquilo	[å**ki**lou]	*cela, là-bas*
isso	[**i**ssou]	*cela*
isto	[**ich**tou]	*ceci*
parecer	[påreu**ssér**]	*paraître*
estender	[ʻchtẽ**dér**]	*étendre, étirer*
vejo (ver)	[**vê**jou]	*je vois*
partida	[pår**ti**då]	*cassée*
a arrumadora	[å åRoumå**dô**rå]	*l'ouvreuse*
os rebuçados	[ouch Reubou**ssa**douch]	*les bonbons*
o gelado	[ou jeu**la**dou]	*la glace*
a cadeira	[å kå**deï**rå]	*la chaise, le siège*
confortável	[kõfour**ta**vèL]	*confortable*
à vontade	[a võ**ta**deu]	*à l'aise*

A 2 APPLICATION (CD)

1. **— Pedro – Esse lugar ai, ao pé do senhor, está livre ?**
2. **— O senhor – Não, este lugar aqui está ocupado, mas aqueles, à frente, estão livres.**
3. **— Pedro – Não quero ficar aqui. Esta cadeira está partida.**
4. **— Vou para essa ai, parece mais confortável.**
5. **— Ana – Porque é que não vais para aquela ali ? Podes estender as pernas à vontade.**
6. **— Pedro – Dali, não vejo bem. E muito longe do ecrã.**
7. **— Ana – O que é aquilo que a arrumadora distribui ?**
8. **— Pedro – E o programa.**
9. **— Ana – E isso que tens ai na mão ?**
10. **— Pedro – Isto ? São rebuçados. Queres ? Ou queres um gelado ?**

A 3 REMARQUES

- Démonstratifs : prononciation du **e** change au féminin.
  este(s) [êchteu(ch)] **está(s)** [èchtå(ch)]
  esse(s) [êsseu(ch)] **essa(s)** [èsså(ch)]
  aquele(s) [åkêleu(ch)] **aquela(s)** [åkèlå(ch)]
- **Attention : está** [‘chta] *il est,* **esta** [ẽchtå] *cette.*
- Les démonstratifs (adjectifs et pronoms) (Précis, p. 347).

ADVERBES	**aqui** (*ici*) **cá**	**ai** *(là)* **là**	**ali** *(là-bas)*
MASC. SING.	**este,** *celui-ci*	**esse,** *celui-là*	**aquele**
MASC. PLUR.	**estes,** *ceux-ci*	**esses,** *ceux-là*	**aqueles**
FÉM. SING.	**esta,** *celle-là*	**essa,** *celle-là*	**aquela**
FÉM. PLUR.	**estas,** *celles-là*	**essa,** *celles-là*	**aquelas**
NEUTRE	**isto,** *ceci*	**isso,** *cela*	**aquilo**

- Le verbe **ver**, *voir* et les verbes en **uir** (**distribuir**, *distribuer)* sont irréguliers au présent de l'indicatif.
  eu **vejo** nós **vemos** eu **distribuo** nós **distribuímos**
  tu **vês** vós **vedes** tu **distribuis** vós **distribuis**
  ele **vê** eles **vêem** ele **distribui** eles **distribuem**

A 4 TRADUCTION

1. — Pierre – Cette place, près de vous, est-elle libre ?
2. — Le monsieur – Non, cette place-ci (près de moi) est occupée ; mais celles-là là-bas sont libres.
3. — Pierre – Je ne veux pas rester ici, le siège est cassé.
4. — Je vais prendre celui-là, il semble plus confortable.
5. — Anne – Pourquoi ne vas-tu pas là-bas ? Tu peux étendre les jambes à l'aise.
6. — Pierre – De là-bas, je ne vois pas bien. C'est très loin de l'écran.
7. — Anne – Qu'est-ce que l'ouvreuse distribue ?
8. — Pierre – C'est le programme.
9. — Anne – Et cela que tu as, là, dans ta main, qu'est-ce ?
10. — Pierre – Ceci ? Ce sont des bonbons. En veux-tu ? Ou veux-tu une glace ?

16 Gosto deste filme...

B 1 PRÉSENTATION

deste	[d**é**chteu]	*de celui-ci*
nesta	[n**ẽ**chtà]	*dans celle-ci*
naquela	[nåk**é**lå]	*dans celle-là là-bas*
àquele	[ak**ê**leu]	*celui-là là-bas*
beber	[beub**ér**]	*boire*
sentar-nos	[sẽt**ar**-nouch]	*nous asseoir*
toca	[t**o**kå]	*il touche, sonne*
aberto	[åb**ẽr**tou]	*ouvert*
o intervalo	[ou ĩteurv**a**lou]	*l'entracte*
a prateleira	[å pråteul**eï**rå]	*l'étagère*
a poltrona	[å pouLtr**ô**nå]	*le fauteuil*
a garrafa	[å gå**Ra**få]	*la bouteille*
a campainha	[å kãp**å**ignå]	*la sonnette, la sonnerie*
a altura	[å åLt**ou**rå]	*la hauteur, le moment*
nesta altura	[n**ẽ**chtå åLt**ou**rà]	*sur ce, à ce moment*
no meio	[nou m**é**you]	*au milieu*
assim	[âss**ĩ**]	*ainsi*
assim, assim	[âss**ĩ** âss**ĩ**]	*comme ci, comme ça*
antes	[**ã**teuch]	*avant, plutôt*
tanto faz	[t**ã**tou f**a**ch]	*cela m'est égal*
não te importas (+ inf.)	[nãou: teu ĩp**o**rtåch]	*cela ne te fait rien de* (+ inf.)

B 2 APPLICATION (CD)

1. — Ana – Gosto deste filme, mas não gosto do intervalo.
2. — Pedro – Lá isso é verdade, é assim em Portugal.
3. — Ana – Nesta sala está muito calor ; vamos lá fora, àquele café em frente.
4. — Pedro – Vamos antes lá acima ; o bar está aberto. Que queres beber ?
5. — Ana – Tanto faz.
6. — Pedro – Ali, naquela prateleira está uma garrafa de vinho do Porto. Queres ?
7. — Ana – Queres ficar em pé ? Se não te importas, vamos sentar-nos naquelas poltronas, no meio da sala.
8. — Pedro – Gostas deste vinho ? É assim, assim.
9. — Nesta altura, toca a campainha ; é o fim do intervalo.

B 3 REMARQUES

■ Contractions des démonstratifs :

Démonstratifs	de	em	a
Masculin Féminin Neutre	**deste(s)** **desta(s)** **disto**	**neste(s)** **nesta(s)** **nisto**	
Masculin Féminin Neutre	**desse(s)** **dessa(s)** **disso**	**nesse(s)** **nessa(s)** **nisso**	
Masculin Féminin Neutre	**daquele(s)** **daquela(s)** **daquilo**	**naquele(s)** **naquela(s)** **naquilo**	**àquele(s)** **àquela(s)** **àquilo**

■ Remarquer la tournure : **lá isso é verdade**, *cela est vrai* :
— l'emploi de **isso**, signifie que c'est l'interlocuteur qui parle ;
— **lá** (emploi emphatique) : cet adverbe de lieu indique l'éloignement et souligne que c'est l'interlocuteur qui parle. Il est donc plus précis de traduire : *ce que tu dis est vrai.*
Mais : **isto é verdade**, *ceci est vrai* (ce que je dis).

B 4 TRADUCTION

1. — Anne – J'aime ce film, mais je n'aime pas l'entracte.
2. — Pierre – Ce que tu dis est vrai ; c'est ainsi au Portugal.
3. — Anne – Il fait très chaud dans cette salle ; allons dehors, dans ce café, en face.
4. — Pierre – Allons plutôt en haut ; le bar est ouvert. Que veux-tu boire ?
5. — Anne – Cela m'est égal.
6. — Pierre – Là-bas sur cette étagère, il y a une bouteille de vin de Porto. En veux-tu ?
7. — Anne – Veux-tu rester debout ? Si cela ne te fait rien, allons-nous asseoir dans ces fauteuils au milieu de la pièce.
8. — Pierre – Aimes-tu ce vin ? Il est comme ci, comme ça.
9. — Sur ce, la sonnerie retentit ; c'est la fin de l'entracte.

16 Exercices et Vocabulaire

C 1 EXERCICES

1. Traduire :
a) aquele lugar ali à frente não está livre.
b) gosto muito desse livro que tens.

2. Employer le démonstratif qui convient :
a) de quern é...... bilhete aí ?
b) ..... lugar aqui é meu.
c) quero...... garrafa que está ali na prateleira.
d) que é...... que tens na mão ?
e) ...... ? É o programa da semana.

3. Traduire : (CD)
a) dans cette salle-ci, il fait très chaud.
b) je vais m'asseoir dans ce fauteuil, prés de l'entrée.
c) ce film est beau.
d) c'est vrai.

C 2 VOCABULAIRE

o espectador	*le spectateur*
o tele-espectador	*le téléspectateur*
o drama	*le drame*
a comédia musical	*la comédie musicale*
o filme de aventuras	*le film d'aventure*
o filme de ficção*	*le film de fiction*
o filme de ficção científica	*le film de science fiction*
o filme policial	*le film policier*
o argumento/o cenário	*le scénario/le décor*
o encenador/o realizador	*le metteur en scène/le réalisateur*
o assistente/o produtor	*l'assistant/le producteur*
a personagem	*le personnage*
o, a protagonista	*le personnage principal* (m./f.)
o, a artista	*l'artiste* (m./f.)
o herói, a heroína	*le héros, l'héroïne*
o actor, a actriz	*l'acteur, l'actrice*
o papel	*le rôle*
desempenhar um papel	*jouer un rôle*
a dobragem	*le doublage*
a legenda	*la légende* (d'une carte), *le sous-titre* (d'un film)
a lenda	*la légende* (l'histoire merveilleuse)
marcar o lugar	*réserver la place*
a plateia	*le parterre*
o balcão/o camarote	*le balcon/la loge*

C 3 CORRIGÉ

1.

a) cette place là-bas, devant, n'est pas libre.
b) j'aime beaucoup ce livre que tu as.

2.

a) de quem é **esse** bilhete aí ?
b) **este** lugar aqui é meu.
c) quero **aquela** garrafa que está ali na prateleira.
d) que é **isso** que tens na mão ?
e) **isto** ? É o programa da semana.

3.

a) nesta sala, está muito calor.
b) vou sentar-me naquela poltrona, perto da entrada.
c) este film é bonito.
d) lá isso é verdade.

C 4 LE PORTUGAIS DU BRÉSIL

■ Grammaire

• **Les démonstratifs :** L'emploi de **esse** (**essa, isso**) tend à se généraliser et à remplacer le démonstratif **este** (**esta, isto**). On dit **isso aqui** *(ceci)* et non **isto aqui**, attendu au Portugal.

■ Lexique

les bonbons	P.	**os rebuçados**
	B.	**as balas**
les bonbons en chocolat	P./B.	**os bombons**
l'ouvreuse	P. a	**arrumadora**
	B.	**a lanterninha**
le billet de cinéma, théâtre	P.	**o bilhete de cinema, teatro**
	B.	**o ingresso de cinema, de teatro**

D 1 DIALOGUE (CD)

No cinema

António — **Vamos para ali para o fundo. Aqui não há lugares marcados**
Guida — **Pois não. Mas podemo-nos sentar aqui.**
António — **Daqui não se vê bem.**
Guida — **Onde é que queres ficar ?**
António — **Lá atrás. Não gosto de ficar perto do ecrã.**
Guida — **Eu só vejo bem quando me sento à frente.**
António — **Então, vai lá para a frente que eu vou lá para trás. Encontramo-nos à saída.**
Guida — **Está bem. Até já.**

D 2 CIVILISATION

Le cinéma portugais

Après 1974 et une longue éclipse pendant la dictature (1928 – 1974), les films se multiplient. Ils s'inspirent de la réalité sociale ou de la répercussion des événements de 1974 sur la vie du pays, comme ***Trás-os-Montes*** (nom d'une province du Nord-Est) de 1976 de **António Reis**.

Ils sont parfois des transpositions d'œuvres littéraires célèbres comme ***Amor de Perdição*** (1979), tiré du roman de **Camilo Castelo Branco** (1825 – 1890) par **Manoel de Oliveira**, ou ***Cerromaior*** (1981), adaptation du roman de **Manuel da Fonseca** (1911 – 1992) par **Luís Filipe Rocha**. Les œuvres de pure fiction se multiplient comme ***A Flor do mar*** (1986) ou ***A Casa Amarela*** (Lion d'Argent à Venise, 1989) de **João César Monteiro**.

Manoel de Oliveira (né en 1905) est le cinéaste portugais le plus connu à l'étranger. Son œuvre est l'une des plus abondantes. Son talent a éclaté dès son premier film, ***Faina fluvial***, un court métrage sur le Douro à Porto (1931) : de nombreux films ont suivi depuis : ***Aniki-Bobó***, son premier long métrage (1941), toujours apprécié, ***Francisca*** (1981) et ***Val Abraão*** (1993), tous deux inspirés de romans d'**Agustina Bessa Luis** (1922), ***Non ou a Vã Glória de Mandar*** (1990, hommage spécial du jury à Cannes), réflexion historique. En 1991, il a reçu le Lion d'or de Venise pour ***A Divina Comédia*** (*La Divine Comédie*). Citons également ***Mon Cas*** (1991), ***Le Couvent*** (1995) et ***Party*** (1996).

D 3 DIALOGUE

Au cinéma

António — Allons là-bas au fond. Ici il n'y a pas de places réservées.
Guida — Non, c'est vrai. Mais on peut s'asseoir ici.
António — D'ici on ne voit pas bien.
Guida — Où veux-tu aller ?
António — Là-bas derrière. Je n'aime pas être près de l'écran.
Guida — Moi, je ne vois bien que lorsque je suis devant.
António — Alors, va là-bas devant et moi je reste là-bas derrière. Nous nous retrouverons à la sortie.
Guida — C'est bien. À tout à l'heure.

D 4 CIVILISATION

Le cinéma brésilien

Le *cinéma nouveau* (**cinema novo**) des années 1960, a fait découvrir en France le cinéma brésilien. Les cinéastes dénonçaient la réalité sociale brésilienne, principalement celle du Nordeste ravagé par la sécheresse, en transposant des œuvres littéraires, tel le film ***Vidas Secas*** (*Vies sèches*) de **Nelson Pereira** (1964), inspiré du roman de **Graciliano Ramos** (1892 - 1952) ou en puisant dans la réalité comme ***Dieu Noir et Diable Blond*** (1967) et ***Antônio das Mortes*** (1969) de **Glauber Rocha** (1939 - 1981). Citons encore les films de **Carlos Diegues** : ***Ganga-Zumba*** (1963) qui évoque l'histoire des Noirs au Brésil, ***Les Héritiers*** (1969) ou ***Um trem para as estrelas*** (1987). **Tizuca Yamasaki** est une femme cinéaste dont les films sont très appréciés pour leur qualité et la variété de leurs sujets : son premier film retraçait l'épopée des émigrés japonais au Brésil (***Gaijin-os caminhos da Liberdade*** en 1980) ; dans ***Parahyba, Mulher macho*** de 1983, elle traite de l'émancipation de la femme dans le Nordeste du Brésil dans les années 1930 et elle aborde le thème très actuel de l'adoption dans ***Fica Comigo*** en 1996…

Le Brésil est connu aussi par les nombreux feuilletons que les télévisions, **Globo** et **Manchete** notamment, produisent en quantité et en qualité, non seulement pour le marché télévisuel interne, mais aussi pour les pays étrangers où ils connaissent un réel succès.

17 É uma chamada para ti.

A 1 PRÉSENTATION

- **donde ?** : adverbe interrogatif = *d'où ?* (provenance).
- **que** exclamatif s'emploie devant un nom ou un adjectif. **que trabalho !** *quel travail !* ; **que bonito !** *que c'est beau !*
- **que** se met devant le nom qui accompagne l'adjectif alors précédé de **tão** : **que selo tão bonito !** *quel beau timbre !*

para mim, etc.	[pårâ mĩ]	*pour moi, etc.*
atender	[åtẽdér]	*répondre* (téléph.)
ligar	[ligar]	*téléphoner*
desligar	[deuchligar]	*raccrocher*
diz	[dich]	*elle dit, dis*
assinar	[åssinar]	*signer*
o carteiro	[ou kårteïrou]	*le facteur*
a carta	[å kartå]	*la lettre*
o postal	[ou pouchtaL]	*la carte postale*
o vale	[ou valeu]	*le mandat*
vários	[varyouch]	*plusieurs*

- Faux amis : **atender o telefone**, *répondre au téléphone* ; **atender o cliente**, *servir le client.*
  Mais : **esperar**, *attendre* ; **responder**, *répondre.*

A 2 APPLICATION (CD)

1. — O telefone toca.
2. — A mãe – É uma chamada para ti. Vai atender.
3. — Ana – Agora não posso. Diz que não estou e desliga. Depois eu ligo. Vou fazer várias chamadas à tarde.
4. — (Tocam à campainha.) Ana – Vai abrir.
5. — A mãe – É o carteiro. Hoje há correspondência para nós : duas cartas e um postal.
6. — Ana – Para quem é esse postal ? É para miro ?
7. — Mãe – Chama a tua irmã ; é para ela.
8. — Ana – Que selos tão bonitos ! Donde são ?
9. — A mãe – De Angola.
10. — O carteiro – Minha senhora, este vale é para si. Deve assinar aqui.

17 C'est un appel téléphonique pour toi.

A 3 REMARQUES

- *On* peut se traduire par la 3e personne du plúriel, lorsque le sujet n'est pas identifié : **tocam à compainha**, *on sonne.*
- **Les pronoms personnels :**

sujet	compl. sans préposition	compl. après préposition
eu, tu	*me, te*	**para mim. ti** *(pour moi, toi)*
ele, ela	*se* (réfléchi)	**para ele** *(pour lui)* **para ela** *(pour elle)*
o senhor	*se* (réfléchi)	**para si** *(pour vous)*
você(s)	*se* (réfléchi)	**para vocês** *(pour vous)*
nós	*nos*	**para nós** *(pour nous)*
eles, elas	*se* (réfléchi)	**para eles, para elas**
os senhores	*se* (réfléchi)	**para os senhores**

- **N.B.** : *nous* = **nós** (sujet) **[nòch]** ; **nos** (compl.) **[nouch]**.

A 4 TRADUCTION

1. — Le téléphone sonne.
2. — La mère – C'est un appel pour toi. Va répondre.
3. — Anne – Je ne peux pas maintenant. Dis que je ne suis pas là et raccroche. J'appellerai après. Je donnerai plusieurs coups de téléphone cet après-midi.
4. — (On sonne.) Anne – Va ouvrir !
5. — La mère – C'est le facteur. Aujourd'hui, il y a du courrier pour nous : deux lettres et une carte postale.
6. — Anne – Pour qui est cette carte postale ? C'est pour moi ?
7. — La mère – Appelle ta sœur ; c'est pour elle.
8. — Anne – Quels beaux timbres ! D'où sont-ils ?
9. — La mère – D'Angola.
10. — Le facteur – Madame, ce mandat est pour vous ; vous devez signer ici.

17 Queres vir comigo...?

B 1 PRÉSENTATION

- **aonde**, où ? Adverbe (questionne sur le lieu où l'on va).
- **ter de** + infinitif : indique l'obligation (*devoir*).
  tenho de mandar, *il faut que j'envoie (je dois envoyer).*

comigo	[koumigou]	*avec moi*
contigo	[kõtigou]	*avec toi*
mandar	[mãdar]	*envoyer*
registar	[Reujichtar]	*recommander*
preciso de	[preussizou deu]	*j'ai besoin de*
aproveitar	[åprouveïtar]	*profiter de*
devolver	[deuvòLvêr]	*rendre*
entregar	[ẽtreugar]	*remettre*
contém	[kõtãy]	*il contient*
o impresso	[ou ĩprêssou]	*l'imprimé*
a alfândega	[à aLfãdeugå]	*la douane*
a encomenda	[à ẽkoumẽdå]	*le colis*

- **Attention** : le verbe **esperar** a deux constructions : **esperar uma pessoa** ou **esperar por uma pessoa** (**por** souligne l'attente) : *attendre une personne.*
- **Aproveitar**, *profiter de* n'est pas suivi de préposition.
  aproveito a ocasião, *je profite de l'occasion.*

B 2 APPLICATION (CD)

1. — Ana – Vais sair ? Aonde vais ?
2. — Maria – Queres vir comigo ao Correio ?
3. — Ana – Que vais lá fazer ?
4. — Maria – Vou mandar uma encomenda registada.
5. — Ana – Está bem. Vou contigo. Preciso de mandar um telegrama.
6. — O pai – Esperem por mim. Vou com vocês. Vou aproveitar a oportunidade para levantar um vale e devolver uma carta.

No correio.

7. — O empregado – Tem de preencher este impresso.
8. — Maria – Tenho de escrever aqui o que contém a encomenda ?
9. — O empregado – Tem. É para a alfândega.

17 Veux-tu venir avec moi... ?

B 3 REMARQUES

- **O que**, l'article défini remplace le démonstratif devant **que**. **o que contém a encomenda**, *ce que contient le colis.*
- Contraction du pronom personnel complément avec **com** :

Sujet	Compl. après com	Sujet	Compl. après com
eu	**comigo**	nós	**connosco**
tu	**contigo**	vós	**convosco**
ele	**com ele**	eles	**com eles**
ela	**com ela**	elas	**com elas**
o senhor	**consigo**	os senhores	**consigo**
a senhora	**consigo**	as senhoras	**consigo**
você	**com você**, ou **consigo**	vocês	**com vocês**, ou **convosco**

- **Conter** : se conjugue comme **ter**, présent de l'indicatif :

tenho	**temos**	**contenho**	**contemos**
tens	**(tendes)**	**contens**	**(contendes)**
tem	**têm**	**contém**	**contêm**

B 4 TRADUCTION

1. — Anne – Tu sors ? Où vas tu ?
2. — Marie – Tu veux venir avec moi á la poste ?
3. — Anne – Que vas-tu faire là-bas ?
4. — Marie – Je vais envoyer un colis recommandé.
5. — Anne – C'est bien. Je vais avec toi. J'ai besoin d'envoyer un télégramme.
6. — Le père – Attendez-moi. Je vais avec vous. Je vais profiter de l'occasion pour retirer un mandat et renvoyer une lettre. *À la poste.*
7. — L'employé – Vous devez remplir cet imprimé.
8. — Marie – Dois-je écrire ici ce que contient le colis ?
9. — L'employé – Oui. C'est pour la douane.

C 1 EXERCICES

1. Traduire :
a) há uma carta para mim e um postal para ti.
b) tenho de atender uma chamada.

2. Utiliser les pronoms personnels compléments qui conviennent :
a) há um livro de cheques para (eu).
b) há um vale para (nós).

3. Utiliser les pronoms personnels compléments avec la préposition com (*avec*) :
a) o João e a Maria vão sair com (nós).
b) tu vais sair ? Eu vou com (tu).

4. Traduire : (CD)
a) il va à la poste avec moi pour retirer un colis.
b) je dois répondre à cet appel téléphonique.
c) Anne m'attend ; il faut que je réponde a une lettre.

C 2 VOCABULAIRE ET RENSEIGNEMENTS UTILES

■ **a caixa do correio**, *la boîte aux lettres* (individuelle).
o marco do correio, *la boîte de la rue* (forme cylindrique et peinte en rouge, comme les boîtes aux lettres de Londres).
a lista telefónica, *l'annuaire téléphonique*.

■ as cabines telefónicas, les cabines téléphoniques. Pour téléphoner (telefonar), il faut vous munir de pièces de monnaie (moedas), il faut une pièce toutes les 3 minutes.

o senhor entra e lê os conselhos indicados no aparelho :	*vous entrez et lisez les conseils indiqués sur l'appareil :*
levantar o auscultador	*prendre l'écouteur*
meter a moeda	*mettre la pièce*
marcar o numero (no disco)	*faire le numéro (sur le disque)*
quando ouvir o sinal, carregar na moeda e falar	*quand vous entendez l'indicatif, enfoncer la pièce et parler*
a linha está impedida : desligar e recomeçar	*la ligne est occupée : raccrocher et recommencer.*
o telemóvel	*le portable*

C 3 CORRIGÉ

1.

a) il y a une lettre pour moi et une carte postale pour toi.
b) je dois répondre à un appel téléphonique.

2.

a) há um livro de cheques para **mim**.
b) há um vale para **nós**.

3.

a) o João e a Maria vão sair **connosco**.
b) tu vais sair ? Eu vou **contigo**.

4.

a) ele vai ao correio comigo para retirar uma encomenda.
b) tenho de atender esta chamada.
c) a Ana espera por mim. Tenho de responder a uma carta.

C 4 LE PORTUGAIS DU BRÉSIL

■ **Particularités d'emploi des pronoms personnels compléments :**
traduction de *vous* après préposition : **você** ou **vocês**.
isto é para você, *ceci est pour vous* (une seule personne).
isto é para vocês, *ceci est pour vous* (plusieurs personnes).
On n'emploiera jamais **para si**, comme c'est le cas au Portugal.
Para si signifie toujours *pour soi* (emploi réfléchi).
avec nous = **conosco** (avec un seul **n**). *Portugal :* **connosco.**

■ *Les cabines téléphoniques* (généralement jaunes) ressemblent à un casque, placé au-dessus de l'appareil. Elles sont familièrement appelées, á cause de leur forme, **orelhão** soit la *grande oreille* ; **orelha**, *l'oreille*, le pavillon externe.
discar, *faire le numéro de téléphone.*

■ *Le portable P.O telemóvel B. o celular*

17 Dialogue et Vie pratique

D 1 DIALOGUE (CD)

Vou contigo

Catarina — Queres vir comigo ao Correio ?
Francisco — Vais mandar mais postais ?
Catarina — Não. Vou à posta restante.
Francisco — À posta restante ? Porque é que a tua correspondência não vem cá para casa ?
Catarina — Não te queria incomodar.
Francisco — A mim ? E o carteiro que distribui o correio.
Catarina — Eu sei, mas...
Francisco — Está bem, não se fala mais nisso. Vou contigo e aproveito para mandar um telegrama.

D 2 RENSEIGNEMENTS PRATIQUES

Les communications téléphoniques au Portugal

Les téléphones portugais sont gérés par un organisme distinct des postes et qui s'appelle : **Portugal TELECOM.** On trouve cependant quelques *cabines téléphoniques* (**cabine telefónica**) dans les bureaux de postes ; celles-ci se multiplient dans les lieux publics et dans les rues. On peut également trouver des *appareils téléphoniques publics* (**telefone público**) dans les cafés.

Le *téléphone portable* (**telemóvel**) s'est développée au Portugal plus tôt qu'en France ; ces appareils y sont actuellement très nombreux.

Les communications par **Internet** et par **courrier électronique** (**e-mail**) connaissent aussi un très grand succès.

Les *timbres* (**selos**) ne sont vendus que dans les bureaux de poste. Il est possible d'en acquérir dans les distributeurs automatiques de couleur rouge que l'on trouve dans les rues.

D 3 DIALOGUE

Je viens avec toi

Catarina — Veux-tu venir avec moi à la Poste ?
Francisco — Tu vas envoyer d'autres cartes postales ?
Catarina — Non. Je vais à la poste restante.
Francisco — À la poste restante ? Pourquoi ta correspondance ne vient-elle pas à la maison ?
Catarina — je ne voulais pas te gêner.
Francisco — Moi ? C'est le facteur qui distribue le courrier.
Catarina — Je sais, mais...
Francisco — Ça va, ne parlons plus de ça. Je vais avec toi et j'en profite pour envoyer un télégramme.

D 4 RENSEIGNEMENTS PRATIQUES

Les communications téléphoniques au Brésil

Au Brésil, postes et Télécommunications sont nettement séparées. Il n'est pas possible de téléphoner d'un bureau de poste. Il faut rechercher *le centre téléphonique* du quartier (**a telefônica**), où téléphoner des très nombreuses *cabines téléphoniques* (**orelhões**) des rues. Chaque État dispose d'un service de télécommunications indépendant.

Les appareils à jetons sont en voie de disparition et sont remplacés par des appareils *à cartes magnétiques* (**cartão**) que l'on se procure dans les centres des téléphones et dans certains kiosques à journaux.

Les *cabines téléphoniques* (**orelhões**) sont de couleur jaune-orangé ou bleue. Les cabines jaune-orangé sont réservées aux appels urbains ou interurbains régionaux qui sont automatiques ou se font par l'intermédiaire d'une opératrice.

Les cabines bleues sont réservées aux appels interurbains ; les liaisons sont automatiques pour les villes dépendant du service **DDD** (**discagem direta a distância**), et se font par l'intermédiaire d'une opératrice pour les autres villes. Les appels PCV sont possibles de toutes ces cabines.

L'utilisation des *téléphones portables* (**celulares**) qui a commencé ici plus tôt qu'en Europe, est très développée. Il en est de même pour les communications par **Internet** et par **courrier électronique** (**e-mail**).

Au Brésil, les *timbres* (**selos**) ne s'achètent que dans les bureaux de postes.

18 O meu carro não anda.

A 1 PRÉSENTATION

■ Attention au présent de l'indicatif de **subir**, *monter.*

eu **subo**	tu **sobes**	ele **sobe**	[sôbeu]
nós **subimos**	vós **subis**	eles **sobem**	[sôbày]

arrumar	[åRoumar]	*ranger*
encher	[ẽchér]	*remplir*
deixar	[déïchar]	*laisser*
conferir	[kõfeurir]	*vérifier*
o depósito	[ou deupozitou]	*le réservoir*
a gasolina	[å gåzoulinå]	*l'essence*
a bomba	[å bõbå]	*la pompe*
o troco	[ou trôkou]	*la monnaie*
o estacionamento	[ou 'chtåssiounåmẽtou]	*le stationnement*
a multa	[å mouLtå]	*l'amende*
pronto	[prõtou]	*prêt, ça y est*
vazio	[våzi/ou]	*vide*
se faz favor	[seu fach fåvõr]	*s'il vous plaît*
então	[ẽtãou:]	*alors*
jà	[ja]	*déjà*

A 2 APPLICATION (CD)

1. — **Manuela – Posso ir contigo ? O meu carro não anda. Onde está o teu ?**
2. — **Pedro – O meu está na rua. Este não é o meu.**
3. — **Manuela – Então, qual é o teu ?**
4. — **Pedro – Esse branco, mal arrumado, é o meu.**
5. — **Manuela – Tens o depósito quase vazio.**
6. — **Pedro – Aqui há uma bomba de gasolina.**
7. — **Ao empregado – Pode encher o depósito, se faz favor ?**
8. — **Empregado – Pronto, está cheio. São trinta euros.**
9. — **Pedro – Que caro ! É verdade que o preço da gasolina sobe sempre uma vez por ano.**
10. — **Empregado – Aqui tem o troco. Pode conferir.**
11. — **Pedro – O estacionamento é autorizado nesta rua ?**
12. — **Manuela – Aqui é proibido. Mas há ali um parque de estacionamento.**
13. — **Pedro – Deixo o carro aqui. Estou com pressa.**
14. — **Manuela – Se gostas de pagar multas... !**

18 Ma voiture est en panne.

A 3 REMARQUES

■ **Les possessifs**, pronoms et adjectifs (voir leçons VIII et XIII et le Précis grammatical, p. 347) ont la même forme.

o meu livro é branco ; o teu, é azul

mon (adj.) *livre est blanc ; le tien* (pron.) *est bleu.*

ainsi : **o meu**, *mon ou le mien* ; **o teu** : *ton ou le tien.*

a minha, *ma ou la mienne* ; **a tua** : *ta ou la tienne.*

■ **Emplois des possessifs :**

— Les possessifs sont toujours précédés de l'article défini,

o meu carro está na rua, *ma voiture est dans la rue.*

o teu está na garagem, *la tienne, est dans le garage.*

— L'article est toutefois omis dans certains cas, notamment lorsque le pronom possessif suit le verbe *être,*

este carro é meu, *cette voiture est à moi.*

Le pronom se traduit alors par à *moi, à toi, à lui, etc.*

■ **N.B. :** lorsque l'article est maintenu, le sens est différent. Il s'agit d'isoler une personne ou une chose.

qual destes carros é o teu ? *laquelle de ces voitures est à toi ?*

A 4 TRADUCTION

1. — Emmanuelle – Puis-je aller avec toi ? Ma voiture est en panne. Où est la tienne ?
2. — Pierre – La mienne est dans la rue. Celle-ci n'est pas à moi.
3. — Emmanuelle – Alors, laquelle est la tienne ?
4. — Pierre – Celle-là, la blanche, mal rangée, est à moi.
5. — Emmanuelle – Tu as le réservoir presque vide.
6. — Pierre – Ici, il y a une pompe à essence.
7. — À l'employé – Pouvez-vous faire le plein, s'il vous plaît ?
8. — L'employé – Ça y est. C'est plein. C'est trente euros.
9. — Pierre – Que c'est cher ! C'est vrai que le prix de l'essence augmente toujours une fois par an.
10. — L'employé – Voici la monnaie. Vous pouvez vérifier.
11. — Pierre – Le stationnement est-il autorisé dans cette rue ?
12. — Emmanuelle – Ici c'est interdit, mais là-bas, il y a un parking.
13. — Pierre – Je laisse la voiture ici. Je suis pressé.
14. — Emmanuelle – Si tu aimes payer des amendes… !

18 Essa tua ideia…

B 1 PRÉSENTATION

■ **fazer**, *faire* est irrégulier à la première personne du présent de l'indicatif. (x)

faço x	**fazemos**
fazes	**(fazeis)**
faz x	**fazem**

desculpe	[deuch**kouL**peu]	*excusez, pardon*
distraído	[dichtr**åi**dou]	*distrait*
comer	[cou**mér**]	*manger*
o policia	[ou poulissyå]	*le policier*
o sinaleiro	[ou sinåleïrou]	*l'agent*
o sinal	[ou sina**L**]	*le signal, le feu*
o código	[ou **ko**digou]	*le code*
OS documentos	[doucoumẽtouch]	*les papiers*
a esquadra	[å 'ch**kouadr**å]	*le commissariat*
a carta de condução	[kõdou**ssàou:**]	*le permis de conduire*
a distracção (ões)	[dichtrassãou:]	*la distraction, l'étourderie*
vermelho	[veur**mê**lyou]	*rouge*

■ **Attention** :

— au sens de **sair**, *sortir* dans les expressions : **isso vai sair caro**, *cela va revenir cher* ;

— **passar com o sinal vermelho**, *passer au (feu) rouge.*

B 2 APPLICATION (CD)

1. — O policia sinaleiro – O senhor não sabe o código ?
2. — Pedro – O que é que se passa ?
3. — Policia – O senhor não sabe que não se pode passar com o sinal vermelho ?
4. — Pedro – Desculpe, senhor guarda ; sou distraído.
5. — Policia – Este carro é seu ? Os seus documentos, se faz favor.
6. — Pedro – Este carro é meu. Aqui tem os documentos.
7. — Policia – Falta a carta de condução.
8. — Pedro – E agora, senhor guarda ?
9. — Policia – Agora, vai acompanhar-me à esquadra. As distracções podem sair caras.
10. — Manuela – Essa tua ideia de querer comer fora... !

B 3 REMARQUES

■ **Les démonstratifs et les possessifs** : ils peuvent s'employer conjointement ; il y a une correspondance entre eux.

Pr. pers. sujet	Démonstratifs	Possessifs
eu, nós	este(s) esta(s) isto	o meu, o nosso
tu	esse(s) essa(s) isso	o teu, o vosso
ele(s), ela(s) você(s) o(s) senhor (es)	aquele(s) aquela(s) aquilo	o seu, o seu

esta tua ideia, *cette idée que tu as eue.*
esta minha ideia, *cette idée que j'ai eue.*

■ Traduction de *voici, voilà*. On emploie les adverbes de lieu **aqui, aí, ali**, selon l'endroit où se trouve la personne ou la chose désignée, par rapport à la personne qui parle, suivis d'un verbe indiquant l'immobilité **estar**, *être* ou un mouvement **ir**, *aller* ; **vir**, *venir* ou **ter** *avoir* (lorsque l'on donne une chose).

aqui está	*voici*	**aqui tem**	*voici*
aí, ali está	*voilà*	**aí, ali tem**	*voilà*

■ **Omission du possessif**, lorsque le rapport de possession est évident : **tem os documentos ?** *avez-vous vos papiers ?*
aqui tem os documentos, *voici mes papiers.*

B 4 TRADUCTION

1. — L'agent de police de la circulation – Vous ne connaissez pas le code ?
2. — Pierre – Que se passe-t-il ?
3. — L'agent – Vous ne savez pas qu'on ne peut pas passer au rouge ?
4. — Pierre – Pardon, Monsieur l'agent ; je suis distrait.
5. — L'agent – Cette voiture est à vous ? Les papiers S.V.P.
6. — Pierre – Cette voiture est à moi. Voici, mes papiers.
7. — L'agent – Il manque le permis de conduire.
8. — Pierre – Et maintenant, monsieur l'agent ?
9. — L'agent – Maintenant, vous allez m'accompagner au commissariat. L'étourderie peut coûter cher.
10. — Emmanuelle – Cette idée que tu as eue de vouloir aller manger dehors... !

18 Exercices et Vocabulaire

C 1 EXERCICES

1. Traduire :
a) este carro é seu ?
b) costumo deixar o meu carro no parque de estacionamento.

2. Employer le démonstratif qui convient :
a) …… aqui casa é nossa ;…… aí é tua.
b) …… minha ideia não é má.

3. Mettre le verbe à la première personne du singulier :
a) não sabemos qual é o teu carro, é este aqui ou aquele ali ?
b) não temos os documentos.
c) fazemos compras antes de viajar.

4. Traduire :
a) cette voiture est à moi. Laquelle est à toi ?
b) tu ne dois pas passer au feu rouge.
c) voici mes papiers, monsieur l'agent.

C 2 VOCABULAIRE ET DIVERTISSEMENT

o sinal verde, amarelo, vermelho	*feu vert, orange, rouge.*
amarelo	*jaune.*
a passagem de peões,	*le passage protégé* (ou *clouté*).
o excesso de velocidade,	*l'excès de vitesse.*
o seguro	*l'assurance*
rápido	*rapide*
lento	*lent.*
tirar a carta de condução	*passer le permis de conduire.*

problemas de automobilista — *problèmes d'automobiliste*
se a gasolina vai subir para mais de setenta escudos o litro, como é que se pode andar de automóvel ? — *si l'essence monte à plus de 70 écus le litre (environ 6 francs), comment peut-on rouler en auto ?*
eu posso. — *moi, je peux.*
podes ? Mas como ? — *tu peux, mais comment ?*
aí é que está : não como. — *ah ! voilà : je ne mange pas.*

N.B. : jeu de mots (**como** = comment et je mange).

in Pão Com Manteiga – 2 Lisboa 1981

C 3 CORRIGÉ

1.

a) cette voiture est à vous ?
b) j'ai l'habitude de laisser ma voiture dans le parking.

2.

a) **está** aqui casa é nossa ; **essa** ai é tua.
b) **esta** minha ideia não é má.

3.

a) não **sei** qual é o teu carro, é este aqui ou aquele ali ?
b) não **tenho** os documentos.
c) **faço** compras antes de viajar.

4.

a) este carro é meu. Qual é o teu ?
b) não deves passar com o sinal vermelho.
c) aqui tem os documentos, senhor guarda.

C 4 LE PORTUGAIS DU BRÉSIL

- Différences **graphiques** **P. ideia B. idéia**
- Les différences de **vocabulaire** sont nombreuses dans le domaine de la circulation et de la voiture.

BRÉSIL		PORTUGAL
a sinaleira	*les feux*	**os sinais, os semáforos**
sinal aberto	*feu vert*	**sinal verde**
sinal fechado	*feu rouge*	**sinal vermelho**
o pedestre	*piéton*	**o peão**
a carteira de motorista	*permis de conduire*	**a carta de condução**
o atestado de propriedade	*carte grise*	**o livrete**
a carona	*l'auto-stop*	**a boleia**
o tangue	*le réservoir*	**o deposito**
faixa	*passage protégé*	**passagem dos peões**

- Au Brésil, depuis 1974, certaines voitures roulent à l'alcool.

18 Dialogue et Vocabulaire

D 1 DIALOGUE (CD)

É difícil arrumar o carro

João	**— Não é fácil arrumar o carro nesta zona da cidade.**
Leonor	**— É mesmo muito difícil. As ruas são estreitas e há muito trânsito.**
João	**— É quase impossível. Não há parques de estacionamento em número suficiente.**
Leonor	**— Olha, ali em cima daquele passeio há espaço.**
João	**— Pois há, mas é um estacionamento que nos pode sair caro.**
Leonor	**— Porquê ?**
João	**— Não vês o polícia ?**
Leonor	**— Achas que nos pode multar ?**
João	**— Que ideia !...**

D 2 VOCABULAIRE

o tráfego, o trânsito	*la circulation*
o corredor dos autocarros	*le couloir des autobus*
uma estrada de quatro vias	*une route à quatre voies*
IP (Itinerário Principal)	*une route rapide à plusieurs voies*
o desvio	*la déviation*
desviar	*dévier*
a faixa de rodagem	*voie de circulation*
ir na mão	*rouler sur sa voie*
ir fora de mão	*rouler hors de sa voie*
ir em sentido contrário	*rouler à contresens*
ir contramão (Brésil)	*rouler à contresens*
o cruzamento	*le croisement*
a passagem de nível	*le passage à niveau*
encostar à direita	*se mettre à droite, rouler à droite*
a berma	*le bord de la route non goudronné*
proibido virar à esquerda	*interdit de tourner à gauche*
à direita	*à droite*
perigo	*danger*
o pisca-pisca	*le clignotant*

D 3 DIALOGUE

C'est difficile de se garer

Jean — Ce n'est pas facile de garer sa voiture dans cette zone de la ville.
Léonor — C'est même très difficile. Les rues sont étroites et il y a beaucoup de circulation.
Jean — C'est presque impossible. Il n'y a pas de parking en nombre suffisant.
Léonor — Regarde, là-bas sur ce trottoir, il y a une place.
Jean — C'est vrai, c'est une place qui peut nous coûter cher.
Léonor — Pourquoi ?
Jean — Tu ne vois pas l'agent de police ?
Léonor — Tu crois qu'il peut nous mettre une amende ?
Jean — Quelle idée !....

D 4 VOCABULAIRE

o excesso de velocidade	*excès de vitesse*
abrandar	*ralentir*
acelerar	*accélérer*
o farol do carro	*le phare de la voiture*
acender os mínimos	*allumer les feux de position*
acender os médios	*se mettre en code*
acender os máximos	*allumer les feux de route*
baixar os faróis	*baisser la lumière des phares*
o sinal intermitente	*le feu est intermittent*
despistar-se	*sortir de la route*
o acidente, o desastre	*l'accident*
bater num carro	*heurter une voiture*
o bate-chapas	*le carrossier*
pôr o cinto de segurança	*mettre la ceinture de sécurité*
a brigada de trânsito	*la patrouille de la route*
mandar parar	*faire arrêter*
o estacionamento	*le stationnement*

o carro bateu na camioneta da frente
la voiture a heurté l'autocar (devant)

A 1 PRÉSENTATION

hei de chegar	[éï deu cheu**gar**]	*j'arriverai*
guiar	[gui**ar**]	*conduire*
travar	[tra**var**]	*freiner*
ultrapassar	[ouLtrapa**ssar**]	*dépasser*
vir	[**vir**]	*venir*
os negócios	[ouch neu**gòss**youch]	*les affaires*
a estrada	[å 'ch**tra**då]	*la route*
a velocidade	[å veuloussi**da**deu]	*la vitesse*
a razão (ões)	[å Rå**zãou:**]	*la raison*
a curva	[**kour**vå]	*le tournant*
o conselho	[ou kõ**ssé**lyou]	*le conseil*
a administração	[å ådminichtråss**ãou:**]	*l'administration*
a sede	[å **sê**deu]	*le siège*
a empresa	[å ẽ**prê**zà]	*l'entreprise*
molhado	[mou**lya**dou]	*mouillé*
perigoso	[peuri**gô**zou]	*dangereux*

■ Remarquer l'emploi du démonstratif :
numa estrada destas, *sur une route comme celle-ci.*

A 2 APPLICATION (CD)

1. — **Ana – Cuidado ! Numa estrada destas, não é prudente guiar com tanta velocidade. É perigoso travar de repente e ultrapassar.**
2. — **Pedro – Tens razão. A estrada tem muitas curvas, e está molhada, mas temos de chegar antes das duas horas.**
3. — **Ana – Havemos de chegar a tempo.**
4. — **Pedro – Ainda faltam uns cem quilómetros e temos de almoçar.**
5. — **Ana – Mas a reunião não há-de começar sem ti.**
6. — **Pedro – Não vou passear ; é uma viagem de negócios.**
7. — **Ana – Porque é que a reunião do conselho de administração no é em Lisboa ?**
8. — **Pedro – Porque a sede da nossa empresa é no Porto.**
9. — **Ana – Um dia hei-de vir ao Norte dar um passeio. Não conheço a região.**

A3 REMARQUES

- **tanto** (*tant de, telle*) + nom, s'accorde avec le nom qui suit (comme **muito, pouco**) : **tanto trabalho**, *tant de travail*; **tanta velocidade**, *une telle vitesse.*
- **haver de** + infinitif est une forme de futur; c'est un futur envisagé dans un avenir vague, un futur d'intention.

PRÉSENT DE L'INDICATIF DE **haver**	FUTUR D'INTENTION
hei	**hei de chegar**, *j'arriverai*
hás	**hás de chegar**, *tu arriveras*
há	**há de chegar**, *il arrivera, etc.*
havemos	**havemos de chegar**
haveis	**haveis de chegar**
hão	**hão de chegar**

- Comparer les expressions : **vou trabalhar**, *je vais travailler* et **vou partir hoje**, *je vais partir aujourd'hui (je partirai).* Le 1er **ir** a le sens d'aller; le 2e indique un futur immédiat.

A4 TRADUCTION

1. Anne – Attention ! Sur une route comme celle-ci, il n'est pas prudent de conduire à une telle vitesse. Il est dangereux de freiner et de dépasser.
2. Pierre – Tu as raison. La route a beaucoup de tournants et elle est mouillée; mais il faut que nous arrivions avant deux heures.
3. Anne – Nous arriverons à temps.
4. Pierre – Il manque quelque cent kilomètres et nous devons manger.
5. Anne – Mais la réunion ne commencera pas sans toi.
6. P. – Je ne vais pas me promener; c'est un voyage d'affaires.
7. A. – Pourquoi la réunion du Conseil d'administration n'est-elle pas à Lisbonne ?
8. P. – Parce que le siège de notre entreprise est à Porto.
9. A. – Un jour, je viendrai dans le Nord, pour faire une promenade. Je ne connais pas la région.

19 Espero que não dure.

B 1 PRÉSENTATION

■ Les verbes indiquant un souhait, une attente (**espero que**, *j'espère que)*, une volonté (**querer que**, *vouloir que)* entraînent l'emploi du subjonctif dans la subordonnée qui suit.

■ Si ces verbes sont au présent de l'indicatif, le subjonctif employé est le subjonctif présent.

dure	[**dou**reu]	*qu'il dure*
faça	[fassȧ]	*que je fasse, qu'il fasse*
demorar-me	[deumou**rar**-meu]	*mettre longtemps*
leva	[**lê**va]	*prend, emmène*
aprender	[aprẽ**dêr**]	*apprendre*
salas	[**sa**yȧch]	*que tu sortes*
as margens	[ȧj **mar**jãych]	*les rives*
o Douro	[ou **dô**rou]	*le Douro*
a saúde	[ȧ sȧ**ou**deu]	*la santé*
pitoresco	[pitou**réch**kou]	*pittoresque*
durante	[dou**rã**teu]	*pendant*
faz bem	[fach bãy]	*cela fait du bien*
não vale a pena	[nàou: valeu ȧ péna]	*cela ne vaut pas la peine*

B 2 APPLICATION (CD)

1. — Ana – Espero que a reunião não dure muito tempo.
2. — Que poderei fazer ? Queres que espere por ti no café ?
3. — Pedro – Não vale a pena. Não estou livre antes das seis ou sete horas da tarde. Vou demorar-me.
4. — Ana – Que queres que faça durante quatro ou cinco horas ?
5. — Pedro – Leva o carro e vai dar uma volta pela região. As margens do Douro são muito pitorescas.
6. — Ana – Não posso. Não sei guiar. Mas hei-de aprender um dia.
7. — Pedro – Sim, tens de aprender. Dá uma volta pela cidade. Andar a pé, faz bem à saúde. Até logo.
8. — Ana – Até logo. Espero que não saias muito tarde.

B 3 REMARQUES

■ **Le subjonctif présent** se forme à partir de la 1re personne du présent de l'indicatif. Tous les verbes irréguliers à cette personne, seront irréguliers au présent du subjonctif.

■ Il faut remplacer le **o** (marque de la 1re personne singulier de l'indicatif des verbes réguliers) par :
— **e** pour les verbes du premier groupe ;
— **a** pour les verbes des deuxième et troisième groupes.

durar, *durer* ; **comer**, *manger* ; **partir**, *partir* ; **fazer**, *faire*

dur-o	com-o	part-o	faç-o
eu dur-**e**	com-**a**	part-**a**	faç-**a**
tu dur-**es**	com-**as**	part-**as**	faç-**as**
ele dur-**e**	com-**a**	part-**a**	faç-**a**
nós dur-**emos**	com-**amos**	part-**amos**	faç-**amos**
vós dur-**eis**	com-**ais**	part-**ais**	tac-**ais**
eles due-**em**	com-**am**	part-**am**	faç-**am**

■ L'expression du futur est très nuancée en portugais. Il y a plusieurs traductions possibles (voir Précis grammatical p. 352).

B 4 TRADUCTION

1. — Anne – J'espère que la réunion ne durera pas longtemps.
2. — Que puis-je faire ? Veux-tu que je t'attende au café ?
3. — Pierre – Cela ne vaut pas la peine. Je ne suis pas libre avant six ou sept heures. Je mettrai longtemps.
4. — Anne – Que veux-tu que je fasse pendant 4 ou 5 heures ?
5. — Pierre – Prends la voiture et va faire un tour dans la région. Les rives du Douro sont très belles.
6. — Anne – Je ne peux pas. Je ne sais pas conduire. Mais j'apprendrai un jour.
7. — Pierre – Oui, tu dois apprendre. Fais alors un tour dans la ville. Marcher, fait du bien à la santé. À tout à l'heure.
8. — Anne – A tout à l'heure. J'espère que tu ne sortiras pas trop tard.

19 Exercices et Civilisation

C 1 EXERCICES

1. Traduire :
a) tens de aprender a guiar.
b) hei-de aprender a guiar ; amanhã vou de férias.

2. Employer le verbe indiqué à la forme qui convient :
a) (partir) quero que (tu)...... cedo.
b) (fazer) espero que (você)...... as compras antes de voltar.
c) (durar) esperas que esta viagem não...... muito tempo.
d) (sair) penso que (ele) não...... cedo hoje.

3. Employer TER DE ou HAVER DE suivant le cas :
a) (eu)...... aprender a guiar ; é útil.
b) a reunião...... de ser no Porto onde é a sede da empresa.
c) (tu)...... ir um dia comigo ao Norte.
d) (tu)..... chegar a horas à reunião.

4. Traduire :
a) quelle heure peut-il être ?
b) le voyage est long ; tu arriveras demain à huit heures.
c) j'apprendrai le portugais un jour.

C 2 RENSEIGNEMENTS UTILES

Porto, située à l'embouchure du Douro, est la seconde ville du pays (400 000 habitants). Connue mondialement par le vin du même nom, qui n'est pourtant pas produit dans la région, Porto est avant tout une ville industrielle, un port recherché (Matosinhos), au cœur d'une région très active et surpeuplée.

Le Nord, traversé d'Est en Ouest par le Douro, se divise en deux zones : une zone côtière, humide, verte et très peuplée (le Douro Litoral et le Minho) et une zone intérieure, sèche, aride et peu peuplée (le Trás-os-Montes et le Alto Douro où poussent les vignes qui donnent le vin, qui sera préparé à 100 kilomètres, à Vila Nova de Gaia, en face de Porto). Cette région a de tout temps été une région d'émigration, d'abord vers le Brésil et l'Amérique du Nord, puis, après 1960, vers l'Europe et plus particulièrement la France où vit et travaille près d'un million de Portugais.

■ Les habitants de la région de Porto et du Minho (Nord) prononcent le **v**, presque comme un **b**.

C 3 CORRIGÉ

1.

a) tu dois apprendre à conduire.
b) j'apprendrai à conduire ; je pars demain en vacances.

2.

a) quero que partas cedo.
b) espero que faça as compras antes de voltar.
c) esperas que está viagem não dure muito tempo.
d) penso que ele não sai cedo hoje. *(Indicatif, car penser n'indique pas un espoir ni un souhait, mais est une constatation d'un fait réel).*

3.

a) tenho de aprender a guiar ; é útil.
b) a reunião tem de ser no Porto onde é a sede da empresa.
c) hás de ir um dia comigo ao Norte.
d) tens de chegar a horas à reunião.

4.

a) que horas serão ?
b) a viagem é longa ; chegas amanhã às oito horas.
c) hei-de aprender português um dia.

C 4 LE PORTUGAIS DU BRÉSIL

- **Futur d'intention** : on n'emploie pas le trait d'union après **haver** et **ter**. *Portugal :* **há-de**. *Brésil :* **há de**.

- **Vocabulaire** : **brecar**, *freiner* (au Portugal : **travar**). Il s'agit d'une adaptation d'un mot anglais (**to brake**, *freiner).* Il existe de nombreuses influences de l'américain dans le langage technique, en particulier celui de l'automobile. On trouve de nombreux mots indiens (**tupis**) dans la flore, la faune et les noms de lieu, ex. : **maracujá**, *fruit de la passion* ; **jacaré**, *sorte de crocodile.* **Ipiranga** : nom d'une rivière de São Paulo, où a été prononcée l'indépendance du Brésil en 1820. On trouve aussi des mots d'origine africaine (surtout en cuisine), importés par les esclaves noirs qui travaillaient dans les plantations de canne à sucre du Nordeste (abolition de l'esclavage en 1881), ex. : **vatapá** (plat de Salvador de Bahia). Le Nordeste (capitale Recife : 1 450 000 habitants) est la région de plus ancienne émigration portugaise (découverte du Brésil par Pedro Alvares Cabral en 1500).

D 1 DIALOGUE

Havemos de chegar a horas

Sofia — **Com tanto movimento, no vamos estar no aeroporto à hora do avião.**
Miguel — **Vais ver que ainda vamos chegar a tempo.**
Sofia — **A chegada está prevista para as 10 horas. Faltam só vinte minutos.**
Miguel — **Temos muito tempo. O avião vai chegar atrasado.**
Sofia — **Não podes dizer uma coisa dessas. Como é que sabes ?**
Miguel — **A tua amiga ainda tem de esperar pela bagagem.**
Sofia — **A entrega da bagagem não costuma demorar muito.**
Miguel — **A Ana vai esperar por nós, não te preocupes...**
Sofia — **Espero que tenhas razão.**

D 2 RENSEIGNEMENTS PRATIQUES

Les routes au Portugal

Près de la côte, des *autoroutes* (**auto-estradas**) récentes et rapides, relient les principales villes, du Nord au Sud (450 km) **Porto-Coimbra-Lisbonne-Setúbal** et **Montemor-o-Velho** à quelques 30 km de **Évora**, la capitale de l'**Alentejo** et **Lisbonne-Algarve**. D'autres sections plus courtes facilitent les communications entre Porto et les centres industriels actifs du nord (**Amarante, Braga** et **Vila do Conde**) ou autour de Lisbonne, reliée à **Cascais** et **Queluz** et donc aux localités résidentielles du parcours. Le péage (**portagem**) de ces autoroutes est relativement cher.

Des voies rapides, gratuites **IP** *(Itinéraires Principaux* ou **Itinerário principais**), à trois ou quatre voies, désenclavent les postes frontières qu'elles relient aux autoroutes : **IP 1** Lisbonne-Algarve par **Ourique** ; **EP 4** Porto-Vila Real ; **IP 5** Aveiro-Vilar Formoso ; **IP 7** Lisbonne-Caia.

Les anciennes routes (nationales ou non), plus étroites et plus lentes valent le détour car elles font découvrir un Portugal plein de charme.

La vitesse est limitée à 120 km/h sur autoroute, 90 km/h sur route et 50 km/h dans les agglomérations. Les ponts sont géné-ralement à péage, sauf dans le nord et le Pont du 25 avril à Lisbonne en août.

le péage P. **a portagem** B. **o pedàgio**

D 3 DIALOGUE

Nous arriverons sûrement á l'heure

Sofia — Avec tant de circulation, nous n'allons pas arriver à l'aéroport à l'heure de l'avion.
Miguel — Tu vas voir que allons arriver encore à temps.
Sofia — Son arrivée est prévue à 10 heures. Dans vingt minutes seulement.
Miguel — Nous avons beaucoup de temps. L'avion va arriver en retard.
Sofia — Tu ne peux pas dire ça. Comment le sais-tu ?
Miguel — Ton amie doit encore attendre ses bagages.
Sofia — La livraison des bagages n'a pas l'habitude de tarder beaucoup.
Miguel — Ana va nous attendre, ne t'inquiète pas…
Sofia — J'espère que tu vas avoir raison.

D 4 CIVILISATION

Les routes au Brésil

Rio de Janeiro est à 429 km de São Paulo, 442 km de Belo Horizonte, 515 km de Vitória, mais 1 129 km de Brasília et 1 691 km de Salvador.

La circulation automobile est intense entre villes proches et autour des grandes mégapoles (**Porto Alegre, Curitiba, São Paulo, Rio, Vitória, Salvador, Recife** et **Belo Horizonte**) car, le réseau ferroviaire étant restreint, le transport des marchandises se fait par camion. Depuis les années 1970, le gouvernement a augmenté le *réseau routier* (**rede rodoviária**) de 300 % en dix ans. La priorité a été donnée aux *routes rapides* à double piste (**estrada de rodagem**), aux *autoroutes* (**auto-pistas**) et aux voies express autour de S. Paulo, Rio et quelques grandes villes où circulent 85 % de la population et des marchandises. Des routes goudronnées relient entre elles, les capitales des États. Le réseau routier est assez dense, sur une bande intérieure de 450 km autour des grandes villes du Sud, du Centre et du Nordeste, mais près de 40 % y sont en terre battue.

La crise du pétrole de 1970 a contraint le Brésil et la compagnie étatique **Petrobrás** (née en 1953), à intensifier les recherches pétrolifères, dans les états de **Bahia, Rio Grande du Sul** et **S. Paulo**. Il a aussi développé, avec le programme **Proalcool**, créé en 1975, des produits de substitution à partir de l'alcool de canne à sucre pour remplacer l'essence par l'éthanol et créé des moteurs de voiture adaptés. En 1990, il avait triplé sa production et s'auto-suffisait à près de 60 % pour les besoins en essence et en totalité pour les produits de raffinage.

20 É possível que venha.

A 1 PRÉSENTATION

■ Les locutions (*être* + adjectif + *que* + verbe) indiquant un *doute, une probabilité*, entraînent l'emploi du subjonctif.

é provável que faça, *il est probable que je fasse.*

moro (morar)	[morou]	*j'habite, je demeure*
ir ter coin	[ir tér kõ]	*aller se joindre à*
vir ter com	[vir tér kõ]	*venir se joindre à*
é possível que	[ê pou**ssi**vèL keu]	*il est possible que*
os arredores	[ouz åReu**dò**reuch]	*les environs*
a aldeia	[å aL**dé**yà]	*le village*
a baia	[å bå**i**å]	*la baie*
a praia	[å **pra**yå]	*la plage*
o descanso	[ou deuch**kã**ssou]	*le repos*
seguro	[seu**gou**rou]	*sûr*
todos	[**tô**douch]	*tous*
Cascais	[kåch**kaïch**]	*Cascais, localité près de Lisbonne*

■ **N.B.** : **ir**, *aller* contient une **idée d'éloignement** par rapport au lieu où l'on se trouve. **Vir**, *venir* exprime le **rapprochement** par rapport à l'endroit où l'on est. Ces valeurs doivent être respectées dans l'emploi des locutions **ir ter com**, *aller se joindre à* et **vir ter com**, *venir se joindre à.*

A 2 APPLICATION (CD)

1. **— Moro numa aldeia dos arredores de Lisboa, perto da baia de Cascais.**
2. **— Venho trabalhar a Lisboa todos os dias.**
3. **— Vou e venho de comboio ; é mais rápido e mais seguro.**
4. **— Hoje é dia de descanso ; o Pedro e eu vamos à praia.**
5. **— É possível que a Maria venha connosco.**
6. **— Venham comigo ao cinema à noite.**
7. **— É provável que vamos ter contigo.**
8. **— Você vem comigo ?**
9. **— É provável que vá contigo.**
10. **— Venham todos connosco !**

20 Il est possible qu'il vienne.

A 3 REMARQUES

- Le groupe **aia** : les trois voyelles se prononcent séparément si le **i** porte un accent écrit : **a baía**, et se prononcent [åiå], s'il n'y en a pas : **a praia**, *la plage* [å**pra**yå].
- **ir**, *aller* PRÉSENT **vir**, *venir* PRÉSENT

	INDIC.	SUBJ.	INDIC.	SUBJ.
eu	**vou**	**vá**	**venho**	**venha**
tu	**vais**	**vás**	**vens**	**venhas**
ele, você	**vai**	**vá**	**vem**	**venha**
nós	**vamos**	**vamos**	**vimos**	**venhamos**
vós	**ides**	**vades**	**vindes**	**venhais**
eles, vocês	**vão**	**vão**	**vêm**	**venham**

- **N.B. : vamos** et **vão**, mêmes formes prés. indic. et subj.
- **N.B. :** différence de prononciation entre 3e pers. sing. : **vem** [**vãy**] *il vient* et plur. : **vêm [vãyãy]** *ils viennent.*

A 4 TRADUCTION

1. — J'habite dans un village des environs de Lisbonne, près de la baie de Cascais.
2. — Je viens travailler à Lisbonne tous les jours.
3. — Je vais et je viens en train ; c'est plus rapide et plus sûr.
4. — Aujourd'hui, c'est un jour de repos. Pierre et moi allons à la plage.
5. — Il est possible que Marie vienne avec nous.
6. — Venez avec moi au cinéma, ce soir (à plusieurs personnes).
7. — Il est probable que nous allions te rejoindre.
8. — Venez-vous avec moi ? (à une personne).
9. — Il est possible que j'aille avec toi.
10. — Qu'ils viennent tous avec nous !

20 Podes vir ter connosco?... Talvez possa...

B 1 PRÉSENTATION

■ **Talvez**, exprimant le doute *(peut-être)* est suivi du subjonctif.

Talvez venha, *je viendrai peut-être.*

■ **Se calhar**, locution familière exprimant le doute (*peut-être*) est suivie de l'indicatif (inusité au Brésil).

se calhar venho, *je viens peut-être.*

possa	[possâ]	*qu'il puisse*
participar	[pârtissipar]	*faire part, déclarer*
saiba	[saïba]	*qu'il sache*
ajudar	[âjoudar]	*aider*
o polícia	[ou poulissyâ]	*le policier*
a polícia	[â poulissyâ]	*la police*
a perda	[â pérdâ]	*la perte*
o passaporte	[ou passâporteu]	*le passeport*
a tarifa	[â târifa]	*le tarif*
o estrangeiro	[ou 'chtrãjéïrou]	*l'étranger*
o resultado	[ou ReuzouLtadou]	*le résultat*
o exame	[ou izâmeu]	*l'examen*
talvez	[taLvéch]	*peut-être*
se calhar	[seu kâlyar]	*peut-être*

B 2 APPLICATION (CD)

1. — Podes vir ter connosco à tarde ?
2. — Ainda não sei. Estou à espera duma chamada. Talvez possa.
3. — Vocês têm tempo para vir comigo à policia ?
4. — Quero participar a perda da minha carteira.
5. — Talvez o policia já tenha o meu passaporte.
6. — Sabe qual é a tarifa duma carta para o Brasil ?
7. — Telefona à minha irmã ; ela talvez saiba.
8. — Vocês vão fazer uma viagem ao estrangeiro, nas férias ?
9. — Talvez façamos ; depende do resultado do exame.
10. — Podem ajudar-me amanhã a mudar de casa ?
11. — Se calhar podemos (talvez possamos).
12. — Vamos todos ter contigo às dez horas.

B 3 REMARQUES

- Remarquer la prononciation de **x** [z] dans **o exame** (ou izâ-meu] *l'examen.*
- Attention à la traduction de *peut-être* :
  — **talvez** suivi du verbe ; le verbe est au subjonctif.
  talvez venha, *je viendrai peut-être* (plus courant).
  — **talvez** après le verbe ; celui-ci reste à l'indicatif.
  venho talvez, *je viendrai peut-être.*
  — **se calhar** + indic., *peut-être* (langue parlée) :
  se calhar venho, *je viendrai peut-être.*
- Le subjonctif présent de quelques verbes qui sont irréguliers à la 1re pers. prés. ind. : **ter, poder, saber**.

ter, *avoir*		**poder,** *pouvoir*	**saber,** *savoir*
Prés. ind. 1re sg. :	**tenho**	**posso**	**sei**
eu	**tenha**	**possa**	**saiba**
tu	**tenhas**	**possas**	**saibas**
ele	**tenha**	**possa**	**saiba**
nós	**tenhamos**	**possamos**	**saibamos**
vós	**tenhais**	**possais**	**saibais**
eles	**tenham**	**possam**	**saibam**

B 4 TRADUCTION

1. — Peux-tu venir nous rejoindre cet après-midi ?
2. — Je ne sais pas encore ; j'attends un appel téléphonique. Oui, peut-être.
3. — Avez-vous le temps de venir avec moi à la police ?
4. — Je veux déclarer la perte de mon portefeuille.
5. — L'agent de police a peut-être déjà mon passeport.
6. — Sais-tu quel est le tarif d'une lettre pour le Brésil ?
7. — Téléphone à ma sœur ; elle le sait peut-être.
8. — Allez-vous faire un voyage à l'étranger pendant les vacances ?
9. — Peut-être. Cela dépend du résultat de l'examen.
10. — Pouvez-vous m'aider demain à déménager ?
11. — Peut-être.
12. — Nous allons tous te rejoindre à dix heures.

20 Exercices et Vocabulaire

C 1 EXERCICES

1. Traduire :
a) vou ter com ele à exposição.
b) vens comigo ao cinema ? Sim, vou contigo amanhã.

2. Employer TALVEZ au lieu de SE CALHAR :
a) se calhar o Pedro vai à exposição comigo.
b) se calhar faço uma viagem a França em Julho.
c) se calhar ela sabe o preço dos selos.

3. Employer les verbes indiqués aux mode et temps voulus :
a) (ter) (eu) não... muito tempo ; é possível que... mais tempo amanhã.
b) (poder) (tu)... vir ao teatro comigo ? Talvez... amanhã à noite.
c) (ir) é natural que eu... ao banco amanhã. Não... hoje.
d) (saber) (eu) não... onde esté o João ? Espero que tu....

4. Traduire :
a) quand viens-tu nous rejoindre à la plage ?
b) je ne sais pas. Peut-être irai-je demain.
c) je ne peux pas aller vous rejoindre.

5. Prononcer :
Depois do exame, vou à praia todos os dias na baia de Cascais.

C 2 RENSEIGNEMENTS PRATIQUES ET VOCABULAIRE

■ Attention à l'emploi de **ir** et **vir** au téléphone :

uma conversa telefónica	*une conversation téléphonique*
está ! estou !	*allô ! allô !*
a Maria está ?	*Marie est là ?*
sou eu	*c'est moi*
estamos à tua espera.	*nous t'attendons.*
Não vens ?	*Tu ne* viens *pas ?*
não, não vou.	*non, je ne* viens *pas.*
Não posso.	*Je ne peux pas.*

■ **Quelques expressions :**
— **amanhã de manhã,** *demain matin* ;
— **amanhã à tarde,** *demain après-midi* ;
— **amanhã à tarde,** *demain soir* (nuit tombante) ;
— **amanhã à noite,** *demain soir* (quand il fait nuit).

C 3 CORRIGÉ

1. a) je vais le rejoindre à l'exposition.
b) viens-tu avec moi au cinéma ? Oui, j'irai avec toi demain.

2. a) talvez o Pedro vá à exposição comigo.
b) talvez faça uma viagem a França em Julho.
c) talvez ela saiba o preço dos selos.

3. a) não tenho muito tempo ; é possível que tenha mais tempo amanhã.
b) podes vir ao teatro comigo ? Talvez possa amanhã à noite.
c) é natural que eu vá ao banco amanhã. Não vou hoje.
d) não sei onde está o João ? Espero que tu saibas.

4. a) quando é que vens ter connosco à praia ?
b) não sei. Talvez vá amanhã.
c) não posso ir ter com vocês.

5. [deu**poich** dou **izå**meu vô a **pra**yå **tô**douz ouch **di**/åch nå bå/**i**/å deu kåch**kaïch**] (P).

C 4 LE PORTUGAIS AU BRÉSIL – VOCABULAIRE

■ **Attention :** le subjonctif présent de **ter**, *avoir* et **ir**, *aller* présente de légères différences de prononciation

ter	BRÉSIL	PORTUGAL
tenha	[**té**gnå]	[**tå**gnå]
tenhas	[**té**gnåss]	[**tå**gnåch]
tenha	[**té**gn]	[**tå**gnå]
tenhamos	[té**gnå**mouss]	[teu**gnå**mouch]
tenhais	[té**gnaïss**]	[teu**gnaïch**]
tenham	[**té**gnãou]	[tagnãou]

■ **N.B.** : mêmes variations pour le subjonctif de **vir (venha)**.

■ **Présent indicatif** de **vir**, différences de prononciation :
1re pers. sing. **venho** *Brésil* [**vé**gnou] *Portugal* [**va**gnou]
3e pers. plur. **vêm** *Brésil* [vêy] *Portugal* [vãyãy]

■ Les mots terminés en *–ction* ou *–tion* en français changent ces terminaisons en **–cção** ou **–ção**. Les mots obtenus sont tous féminins (pluriel en **ões**), **solução**, *solution* ; **ação**, *action*.

D 1 DIALOGUE (CD)

Talvez... (conversa telefónica)

Carlos — Afinal sempre vens cá ter comigo ?
Alice — Ainda não sei, mas é provável que não possa ir ter contigo.
Carlos — E amanhã de manhã ?
Alice — De manhã ? Com este sol, talvez vá à praia.
Carlos — Espero que possas vir à tarde.
Alice — Talvez fique na praia o dia todo.
Carlos — Não me queres ajudar, pois não ?
Alice — Tu, só pensas em ti...

D 2 CIVILISATION

Les plages du Portugal

Le Portugal est largement ouvert sur l'Atlantique ; il offre 850 km de côtes, qui attirent le tourisme national et international d'avril à octobre, au détriment de l'intérieur. Près de la moitié des Portugais passe les vacances au bord de la mer. L'eau des plages de la côte occidentale est froide (16 ou 17° en été). En **Algarve**, dans le sud, l'eau est beaucoup plus chaude (20° à 23°) et les plages (**Praia da Rocha, Albufeira** et **Montegordo**) attirent de nombreux touristes, non seulement les habitants de Lisbonne, mais aussi les étrangers, surtout anglais et allemands. Depuis une trentaine d'années, la côte sud s'est couverte d'hôtels de luxe, de piscines, de terrains de golf, de courts de tennis (**Vilamoura**).

La côte atlantique ouest, pittoresque du Nord au Sud, propose plages et petits ports de pêche, actifs et pittoresques, c'est-à-dire repos et promenades. Sur la *Côte Verte* (**Costa Verde**) de la frontière à Porto, les plages, très iodées, s'étirent le long d'un océan souvent agité. La *Côte d'Argent* (**Costa de Prata**), de Porto à Sintra, près de Lisbonne, plus accidentée, alterne côte rocheuse et vastes plages ventées (**Espinho, Figueira da Foz** et son casino, **Nazaré**). La *Côte de Lisbonne* (**Costa de Lisboa**) du *Cap de la Roche* (**Cabo da Roca**), à l'extrême ouest de l'Europe à Setubal, offre les plus belles plages dont l'immense plage de **Caparica**, au sud du Tage (11 km), noires de monde en fin de semaine. La *Côte Dorée* (**Costa Dourada**), plus chaude mais peu aménagée, est encore peu fréquentée, sauf Tróia, près de Setubal.

D 3 DIALOGUE

Peut-être... (conversation téléphonique)

Carlos — Alors, tu es toujours décidée à venir avec moi ?
Alice — Je ne sais pas encore, mais il est possible que je ne puisse pas aller avec toi.
Carlos — Et demain matin ?
Alice — Le matin ? Avec ce soleil, j'irai peut-être à la plage
Carlos — J'espère que tu pourras venir l'après-midi.
Alice — Je resterai peut-être à la plage toute la journée.
Carlos — Tu ne veux pas m'aider n'est-ce pas ?
Alice — Toi, tu ne penses qu'à toi...

D 4 CIVILISATION

Les plages du Brésil et du Cap Vert

Avec ses 7 408 km de côtes (de l'Amazonie équatoriale à l'Uruguay, en zone tempérée), en passant par le Nordeste et Bahia, au climat tropical, le Brésil offre d'innombrables et immenses plages de sable blanc, bordées de cocotiers, près d'une mer chaude, mais dangereuse. On y pratique tous les sports de mer (volley, natation, pêche, voile, surf...).

Rio offre, dans la ville, plusieurs splendides plages : les plus proches du centre sont très polluées (**Flamengo, Botafogo** et **Urca**). Plus loin, de longues plages s'égrènent (**Leme, Copacabana** de 4,5 km de long, **Ipanema** la plus chic, **Leblond**, **São Conrado**, la plus récente), le long d'une magnifique promenade, conquise sur la mer dans les années 1970, bordée d'hôtels, de restaurants et de cafés. Pendant les torrides mois d'été (novembre à mai), la plage est au cœur des activités des **Cariocas** (nom donné aux habitants de Rio) : ils y vont avant le travail ou pendant le repas, moins pour y nager que pour y bronzer avec les amis ou faire des rencontres, mais... attention au voleurs car ils sont nombreux et aux vagues qui sont dangereuses, mais propices au surf.

São Paulo est à 72 km de la mer. Les **Paulistas** vont vers les innombrables plages de la côte, de **Santos**, de **Guarujá**, jusqu'à **Parati** (200 km), très pittoresque petite ville du XVIIIe siècle, dans une baie majestueuse.

Le **Cap Vert**, dont les îles sont baignées par une mer aux eaux claires et chaudes veut développer un tourisme de luxe (pêche, chasse sous-marine, plaisirs de la plage) dans certaines îles (**Sal, Boa Vista, Maio**).

20 bis Tests de contrôle – Leçons 11 à 20

■ **Complétez avec a, b, c, ou d**
(il n'y a qu'une bonne réponse par question)

11. Que horas …… ? …… meio-dia.

a) são	são
b) é	É
c) é	São
d) são	É

12. …… horas chega o avião …… Porto ?

a) A que	ao
b) Que	a
c) A que	em
d) Que	ao

13. Não se pode passar …… centro …… cidade.

a) pelo	da
b) por o	de
c) pelo	a
d) por	da

14. …… anos fazes hoje ?

a) Quais
b) Quantos
c) Que
d) Quanto

15. Vamos …… Lisboa …… Agosto.

a) em	no
b) a	a
c) a	em
d) na	em

Voir corrigé, p. 340

16. ...... livro aí é teu ? Não, ... livro aqui não é meu.

a) Este	este
b) Esse	este
c) Aquele	esse
d) Isso	aquele

17. Toma, este livro é para ......

a) si
b) ti
c) eu
d) tu

18. Eles vão ...... ao cinema.

a) com nós
b) connosco
c) comnosco
d) com nos

19. Espero que ...... uma boa viagem.

a) fazes
b) farás
c) faças
d) fazer

20. Eles talvez ...... atrasados.

a) chegam
b) cheguem
c) chegarão
d) chegariam

Voir corrigé, p. 340.

21 Peço-lhe.../Pergunto qual...

A 1 PRÉSENTATION

■ Attention à la traduction de *demander* :
— **pedir**, lorsque l'on attend un résultat concret, un acte ou un objet (un renseignement, de l'argent, un sac, etc.) ;
— **perguntar**, lorsque l'on attend une réponse (**perguntar** a le sens précis de *poser une question*).

peço (pedir)	[**pè**ssou]	*je demande*
peça	**pè**sså]	*qu'il demande, que vous demandiez*
perguntar	[peurgõu**tar**]	*demander*
trazer	[trå**zêr**]	*apporter*
lhe	**[lyeu]**	*lui, vous*
a informação (ões)	[å ĩfourmås**sãou:**]	*l'information, le renseignement*
a fruta	[å **frou**tå]	*les fruits*
o mercado	[ou meur**ka**dou]	*le marché*
o Turismo	[ou tou**rij**mou]	*le synd. d'initiative*
o bombeiro	[ou bõ**bêï**rou]	*le pompier*
a ajuda	[å å**jou**då]	*l'aide*
a aula	[å **aou**lå]	*le cours*
o livro	[ou **li**vrou]	*le livre*

A 2 APPLICATION (CD)

1. — **Chamo um empregado e peço-lhe uma informação.**
2. — **Quero perguntar-lhe qual é o caminho para ir ao mercado.**
3. — **Tens de perguntar o preço da fruta.**
4. — **Quer que peça um saco para trazer as compras.**
5. — **Talvez peça mais dinheiro para fazer as compras.**
6. — **Queres que pergunte onde é o Turismo ?**
7. — **Pergunto que horas são e a que horas abre a loja.**
8. — **Os bombeiros são muito úteis ; podemos pedir-lhes uma ajuda quando precisamos.**
9. — **Pergunto à professora qual é a lição de hoje. Pergunto-lhe também onde é a aula de português.**

A 3 REMARQUES

- Le **pluriel** d'un mot terminé par **il atone**, se forme en remplaçant **il** par **eis** : **útil, úteis** *(utiles).*
- **lhe**, *lui, vous* ; **lhes,** *leur, vous,* masc. et fém. : **pergunto as horas à Ana (ao João) ; pergunto-lhe as horas.**
- **lhe** et **lhes** se placent :
  — **après le verbe**, dans les propositions principales affirmatives ou interrogatives sans mot interrogatif.
  pergunto-lhe as horas ; perguntas-lhe as horas ?
  — **devant le verbe**, dans toutes les propositions négatives, subordonnées et interrogatives (avec mot interrogatif),
  não lhe pergunto as horas, *je ne lui demande pas l'heure*
  quero que lhe perguntes, *je veux que tu lui demandes*
  quem lhe pergunta as horas ? *qui lui demande l'heure ?*
  — quand il dépend d'un infinitif, complément d'un verbe, il peut se placer après (plus courant) ou avant l'infinitif, **quero pedir-lhe** ou **quero-lhe pedir,** *je veux lui demander*
- *Présent de l'indicatif et du subjonctif de* **pedir,** *demander* et des verbes composés sur **pedir** (ex. **despedir,** *renvoyer*).
  Indicatif : **peço, pedes, pede, pedimos, pedis, pedem.**
  Subjonctif : **peça, peças, peça, peçamos, peçais, peçam.**

A 4 TRADUCTION

1. J'appelle un employé et je lui demande un renseignement.
2. Je veux lui demander le chemin pour aller au marché.
3. Tu dois lui demander le prix des fruits.
4. Elle veut que je demande un sac pour apporter les achats.
5. Je demanderai peut-être plus d'argent pour faire les achats.
6. Veux-tu que je demande où est le syndicat d'initiative ?
7. Je demande quelle heure il est, et à quelle heure ouvre le magasin.
8. Les pompiers sont très utiles ; nous pouvons leur demander une aide, quand nous en avons besoin.
9. Je demande au professeur (femme) quelle est la leçon d'aujourd'hui. Je lui demande aussi où est le cours de portugais.

21 Chama o empregado. Chama-o.

B 1 PRÉSENTATION

dou	[**dô**]	*je donne*
servimos	[seur**vi**mouch]	*nous servons*
escolham	['ch**kô**lyãou]	*qu'ils choisissent*
o copo	[ou **kò**pou]	*le verre*
a mesa	[å **mêzå**]	*la table*
o leite	[ou **lêï**teu]	*le lait*
a cervejaria	[å ceurveujå**riå**]	*la brasserie*
o bife	[ou **bi**feu]	*le bifteck*
a comida	[å kou**mi**då]	*la nourriture*
a ementa	[å i**mẽ**tå]	*le menu*
o prato	[ou **pra**tou]	*le plat (le mets)*
a coisa	[å **koï**zå]	*chose*
a cerveja	[å ceur**vê**jå]	*la bière*
com licença	[kõ li**ssẽ**sså]	*s'il vous plaît*
faça favor	[**fa**sså få**vôr**]	*s'il vous plaît*

ter fome ou **estar com fome,** *avoir faim ;* **a fome**, *la faim.*
ter sede ou **estar com sede,** *avoir soif.*
a sede [**sê**deu] *la soif* et **a sede** [**sè**deu] *le siège* (entreprise).

B 2 APPLICATION (CD)

1. **— Pedro – Está calor e já é tarde. Tens fome ?**
2. **— Ana – Estou com muita fome e estou com muita sede.**
3. **— Pedro – Vamos a este café.**
4. **— Ana – A empregada está lá dentro. Chama-a.**
5. **— Pedro – Queria um copo de leite e um bife.**
6. **— Empregada – Dou-lhe o copo de leite, mas não servimos comida.**
7. **— Pedro – Aqui tens o copo de leite. Bebe-o depressa, e vamos à cervejaria (há muita gente).**
8. **— Ana – Com licença, deixem-nos passar. Ali há uma mesa livre.**
9. **— Pedro – A empregada vem ali ; chama-a. Eu quero uma cerveja.**
10. **— Ana – Faça favor, dê-nos a ementa.**
11. **— Já não temos o prato do dia. Escolham outra coisa.**

21 Appelle l'employé. Appelle-le.

B 3 REMARQUES

- **L'accord des pronoms personnels** : **o** [ou] *le*, **os** [ouch] *les*, **a** [a] *la*, **as** [ach] *les*. Le pronom personnel complément direct, s'accorde **en genre** et **en nombre**, avec le nom qu'il remplace.
  o leite *le lait* **não o bebe** *il ne le boit pas*
- **Formation de l'impératif** :
  — *tu se* forme à partir du **présent de l'indicatif** (en utilisant la 2e personne du singulier moins le s) ;
  — les autres personnes sur le subj. présent (personnes correspondantes).

	tu	**você**	**vocês**	**nós**
CHAMAR	**chama**	**chame**	**chamem**	**chamemos**
BEBER	**bebe**	**beba**	**bebam**	**bebamos**
PARTIR	**parte**	**parta**	**partam**	**partamos**
IR	**vai**	**vá**	**vão**	**vamos**
FAZER	**faz**	**faça**	**façam**	**façamos**

- **dar**, *donner* :
  INDICATIF : **dou, dás, dá, damos, dais, dão**
  SUBJONCTIF : **dê, dês, dê, dêmos, deis, dêem**
  IMPERATIF : **(tu) dá**, (você) **dê**, (vocês) **dêem**, (nós) **dêmos**.

B 4 TRADUCTION

1. — Pierre – Il fait chaud et il est déjà tard. As-tu faim ?
2. — Anne – J'ai très faim et très soif.
3. — Pierre – Allons à ce café.
4. — Anne – L'employée est à l'intérieur. Appelle-la.
5. — Pierre – Je voudrais un verre de lait et un bifteck.
6. — L'employée – Je vous donne le verre de lait, mais nous ne servons pas de nourriture.
7. — Pierre – Voici le verre de lait. Bois-le vite, et allons à la brasserie (il y a beaucoup de monde).
8. — Anne – S'il vous plaît, laissez-nous passer. Il y a, là-bas, une table libre.
9. — Pierre – L'employée vient ; appelle-la. Je veux une bière.
10. — S'il vous plaît, donnez-nous le menu.
11. — Il n'y a plus de plat du jour. Choisissez autre chose.

21 Exercices et Vocabulaire

C 1 EXERCICES

1. Traduire :
a) estás com fome ? Vai à cervejaria.
b) tens sede ? Pede um copo de cerveja.
c) chame o empregado e peça-lhe a ementa.

2. Remplacer les mots en gras par le pronom personnel complément indirect :
a) pergunte **ao policia** onde é a estação.
b) pede dinheiro **aos amigos**.
c) pergunta as horas **à Maria**.

3. Remplacer les mots en gras par le pronom personnel complément direct :
a) chamo **o João**.
b) peço **uma cerveja**.
c) come **bifes**.

4. Traduire :
a) venez avec moi et demandez un verre d'eau.
b) buvez-le.
c) viens avec moi à la brasserie.
d) appelle l'employé et demande-lui le menu.
e) demandez-leur quelle heure il est.

C 2 RENSEIGNEMENTS UTILES

■ **Les formules de politesse** : *merci*, **obrigado, obrigada**.

Accord en genre et en nombre avec celui qui parle.
— *S'il vous plaît :* pour demander une autorisation :
por favor (à une ou plusieurs personnes) ;
faz favor (à une personne que l'on tutoie) ;
fazem favor (à plusieurs personnes que l'on tutoie) ;
faça favor (à une personne que l'on vouvoie) ;
façam favor (à plusieurs personnes que l'on vouvoie).
— *S'il vous plaît :* pour s'excuser :
com licença, *s'il vous plaît, pardon, excusez-moi ;*
desculpa, *excuse-moi, pardon* (à une personne que l'on tutoie) ;
desculpe, *excusez-moi, pardon* (à une personne que l'on vouvoie) ;
desculpem, *excusez-moi, pardon* (à plusieurs personnes que l'on tutoie ou vouvoie séparément) ;
perdão, *excusez-moi, pardon, s'il vous plaît.*

21 Corrigé et Vocabulaire

C 3 CORRIGÉ

1.

a) as-tu faim ? Va à la brasserie.
b) tu as soif ? Demande un verre de bière.
c) appelle l'employé et demande-lui le menu.

2.

a) pergunte-**lhe** onde é a estração.
b) pede-**lhes** dinheiro.
c) pergunta-**lhe** as horas.

3.

a) chamo-**o**.
b) peço-**a**.
c) come-**os**.

4.

a) venha comigo e peça um copo de água.
b) beba-o.
c) vem comigo à cervejaria.
d) chama o empregado e pede-lhe a ementa.
e) pergunta-lhes que horas são ?

C 4 LE PORTUGAIS DU BRÉSIL – VOCABULAIRE

- Au Brésil, vous pouvez manger rapidement dans de petits restaurants bon marché, où l'on mange au bar : **a lanchonete** [lãch**onè**tji] (influence de l'américain : **lunch**, *déjeuner*).
- Au Portugal et au Brésil, le café (souvent appelé **cafezinho**, petit café) est presque une institution nationale. On le boit régulièrement après les repas et à toute heure de la journée, très chaud et généralement très sucré, surtout au Brésil.
  um carioca (surnom donné aux habitants de Rio) est *un café léger.*
  uma bica est au Portugal, *un petit café très fort.*
  um garoto (Portugal seulement), *un petit café-crème.*
  um galão (Portugal) *un verre de café au lait* (**um copo de café com leite**).
  o chá, *le thé.*
  Jus de fruit : *BRÉSIL :* **suco** *PORTUGAL :* **sumo.**

21 Dialogue et Civilisation

D 1 DIALOGUE

Pergunta ao polícia

Teresa — Estou com tanta fome. Vê lá se perguntas onde é que há um restaurante.
Vítor — A quem queres que pergunte ? Não vejo uma única pessoa a quem possa pedir uma informação.
Teresa — Está ali um polícia, vai lá perguntar-lhe.
Vítor — Não posso sair do carro.
Teresa — Chama-o. Daqui não deve ter dificuldade em ouvir-te.
Vítor — Sr. Guarda, desculpe, andamos à procura de um restaurante.
Teresa — Tens de falar mais alto. Ele assim não te ouve.
Vítor — Não vês que é quase meia-noite ? A esta hora já estão fechados. Vamos para casa.

D 2 CIVILISATION

Les restaurants (**restaurantes**) du **Portugal**, même les plus luxueux, sont un peu moins chers qu'en France. Nombreux et agréables, on y mange très bien, quel que soit le nombre de fourchettes qu'ils affichent. Les restaurants modestes (une ou deux fourchettes) offrent une cuisine traditionnelle de qualité et sont très recherchés car moins chers. Ils sont bruyants à midi, car très fréquentés par les employés des bureaux voisins. On y voit vivre le Portugal. Les self-services sont moins recherchés.

Dans les anciens quartiers, on peut manger dans de petits restaurants, très populaires (**casa de pasto** ou **tasca**).

Les Portugais arrivent au restaurant vers 13 heures et, le soir, au plus tard vers 20 h car le service se termine à 22 heures, sauf dans les *brasseries* (**cervejarias**). Peu de restaurants ouvrent le dimanche, mais il est possible, depuis quelques années, d'aller déjeuner ou dîner très tard dans la nuit, près du Tage, dans les nombreux restaurants installés dans les anciens *entrepôts réaménagés* (**recuperados**) des quais de Santos, sous le pont du 25 avril, proches du quartier nocturne voisin de Alcântara.

N'oublions pas les *pâtisseries* (**pastelarias**) et *cafés* (**cafés**) qui offrent, à toute heure du jour, *sandwichs* (**sandes**), *beignets de morue* ou *de crevettes* (**pastéis e rissóis**), *croquettes de viande* (**croquetes**) ou *gâteaux* (**bolos**), ni les *salons de thé* plus féminins (**casas de chá**).

Au **Brésil**, on trouve de nombreuses pizzerias et *self-service* (**a lanchonete**) dont certains vendent les plats *au poids* (**ao quilo**).

D 3 DIALOGUE

Demande à l'agent de police

Teresa — J'ai très faim. Essaie de demander où il y a un restaurant.
Vitor — À qui veux-tu que je demande ? Je ne vois personne à qui demander un renseignement.
Teresa — Il y a un agent de police là-bas, va lui demander.
Vitor — Je ne peux pas sortir de la voiture.
Teresa — Appelle-le. D'ici, il ne doit pas avoir de mal à t'entendre.
Vitor — Monsieur l'agent, pardon, nous cherchons un restaurant.
Teresa — Il faut parler plus fort. Il ne t'entend pas comme ça.
Vitor — Tu ne vois pas qu'il est presque minuit ? À cette heure, ils sont fermés. Allons à la maison.

D 4 CIVILISATION

Le sucre et le café au Brésil

Le Brésil est encore le plus important producteur de sucre de canne et de café. Ces deux produits, intimement liées à l'histoire du pays, ont structuré son économie et son peuplement.

Le sucre étant très apprécié en Europe au XVIe siècle, les Portugais qui cultivaient déjà la canne à sucre en Algarve, décidèrent de l'introduire dans le Nordeste du pays, dès 1536. Ils importèrent des esclaves d'Afrique pour l'exploiter sur la côte et exportèrent vers l'Europe, par Salvador, jusqu'au XIXe siècle, le sucre produit dans les *moulins* (**engenhos**) des immenses propriétés (**fazendas**). La canne à sucre a été une mono-culture aux XVIe et XVIIe siècles avant l'arrivée du coton, du cacao et du tabac (XVIIIe et XIXe). Après une longue crise, la culture de la canne à sucre a repris avec le programme **Proalcool** (1975), et s'est étendue vers le sud (l'État de S. Paulo est le plus grand centre de production de sucre et d'alcool).

Les premières plantations de café (venu de la Guyane Française au XVIIIe siècle) débutèrent dans la région de Rio où il y avait encore de nombreux esclaves. L'abolition de l'esclavage et l'arrivée de nombreux émigrés européens (italiens et allemands), puis japonais (1890) dans l'État de São Paulo, ainsi qu'un climat favorable, expliquent le déplacement de la culture du café vers le sud, dans cet État, puis au Paraná. Le Brésil est devenu le premier producteur de café et l'est resté, après la crise des années 1930.

Cândido Portinari (1903 – 1962), l'un des plus grands peintres brésiliens, a immortalisé l'épopée du café (Musée d'Art Moderne de Rio).

22 Não venhas tarde.

A 1 PRÉSENTATION

prefiro	[preu**fi**rou]	*je préfère*
buscar	[bouch**kar**]	*chercher*
provar	[prou**var**]	*goûter*
aconselho	[å kõs**sê**lyou]	*je conseille*
(o) jantar	[(ou) jã**tar**]	*(le) dîner*
a carne	[å **kar**neu]	*la viande*
a batata	[å bå**ta**tå]	*la pomme de terre*
o peixe	[ou **pêï**cheu]	*le poisson*
o arroz	[ou å**Rõch**]	*le riz*
o bacalhau	[ou bååkå**lyaou**]	*la morue*
a sobremesa	[å soubreu**mê**zå]	*le dessert*
o queijo	[ou **kêï**jou]	*le fromage*
o bolinho	[ou bou**li**gnou]	*le gâteau (petit)*
a conta	[å **kõ**tå]	*l'addition*
a gorjeta	[å gour**jê**tå]	*le pourboire*
o costume	[ou kouch**tou**meu]	*l'habitude*

■ **vinho verde** : *vin vert* (fait avec des raisins pas très mûrs).
vinho maduro : vin fait avec des raisins mûrs (**maduro**, *mûr*).

A 2 APPLICATION (CD)

1. **— Pedro – Hoje, não faças o jantar. É o dia dos teus anos. Vamos jantar fora.**
2. **— Ana – Obrigada. Não venhas buscar-me tarde.**
3. **— Ana – Não nos sirva sopa, eu queria só um prato de carne com arroz.**
4. **— Pedro – Eu prefiro peixe : bacalhau com batatas.**
5. **— O empregado – Para acompanhar, aconselho-lhe um vinho verde. Querem provar este ?**
6. **— Pedro – Não, eu prefiro um vinho maduro, e ela prefere uma cerveja.**
7. **— O empregado – E de sobremesa ? Não querem estes bolinhos tão bons ?**
8. **— Ana – Não. Preferimos queijo.**
9. **— Pedro a Ana – Não queres também um cafezinho ?**
10. **— Ao empregado – Dê-me a conta, se faz favor.**
11. **— Ana – Não dês gorjeta ; não é costume.**

22 Ne viens pas tard.

A 3 REMARQUES

- Le suffixe diminutif **inho** ou **zinho** a souvent une valeur affective : **cafezinho,** *café que l'on aime bien* (petit ou grand).
- **inho (inha)** se met à la place de **o (a)** final atone : **bolo,** *gâteau* → **bolinho** ; **mesa,** *table* → **mesinha**.
- **zinho (zinha)** se met à la fin de mots terminés par :
  — une autre voyelle finale atone : **pobre,** *pauvre* → **pobrezinho** ; une voyelle accentuée : **café** → **cafezinho** ; ou une consonne : **mulher,** *femme* → **mulherzinha**.
- L'impératif négatif, **não** + subjonctif présent ; **vir** :

tu	**vem**	*viens*	**não venhas**	*ne viens pas*
você	**venha**	*venez*	**não venha**	*ne venez pas*
vocês	**venham**	*venez*	**não venham**	*ne venez pas*
nós	**venhamos**	*venons*	**não venhamos**	*ne venons pas*

- **servir,** *servir* ; **preferir,** *préférer* ; **seguir,** *suivre.* Ces verbes changent le **e** du radical en **i**, à la 1re pers. du sing. du présent de l'ind. (et donc au subj. présent) (voir Précis grammatical p. 360).

A 4 TRADUCTION

1. — Pierre – Aujourd'hui, ne fais pas le dîner. C'est ton anniversaire. Allons dîner en ville au restaurant.
2. — Anne – Merci. Ne viens pas me chercher tard.
3. — Anne – Ne nous servez pas de soupe. Moi, je veux seulement un plat de viande avec du riz.
4. — Pierre – Je préfère du poisson : de la morue et des pommes de terre.
5. — L'employé – Avec, je vous conseille un vin vert. Voulez-vous goûter celui-ci ?
6. — Pierre – Non, je préfère un vin « Maduro », et elle une bière.
7. — L'employé – Et comme dessert ? Vous ne voulez pas de ces bons petits gâteaux ?
8. — A. – Non. Nous préférons du fromage.
9. — P. à A. – Ne veux-tu pas aussi un petit café ?
10. — A l'employé – Donnez-moi l'addition, s'il vous plaît.
11. — A. – Ne donne pas de pourboire, ce n'est pas l'habitude.

22 Manda comprar...

B 1 PRÉSENTATION

manda	[**mã**då]	*fais, ordonne*
seja	[**sê**jå]	*qu'il soit*
põe	[**põy**]	*met*
almoçar	[aLmou**ssar**]	*déjeuner*
ir-se embora	[ir-seu ẽ**bò**rå]	*s'en aller*
os convidados	[ouch kõvi**da**douch]	*les invités*
o almoço	[ou aL**mô**ssou]	*le déjeuner*
a refeição (ões	[å Reufei**ssãou :**]	*le repas*
o refresco	[ou Reu**frêch**kou]	*le rafraîchissement*
o doce	[ou **dô**sseu]	*entremets sucré*
a aguardente	[å agouår**dẽ**teu]	*l'eau-de-vie*
a pastelaria	[å påchteulå**ri**å]	*la pâtisserie*
a sala de jantar	[å **sa**lådeu jã**tar**]	*la salle à manger*
a toalha	[å **toua**lyå]	*la nappe*
a renda	[å **Rẽ**då]	*la dentelle*
o prato	[ou **pra**tou]	*l'assiette*
azuis	[å**zouich**]	*bleu*
não façam cerimónia	[**nãou: fa**ssãou ceuri**mò**nyå]	*ne faites pas de cérémonie, de manières*
estejam à vontade	['ch**té**jãou a võ**ta**deu]	*mettez-vous à l'aise*

■ **Attention : prato** a deux sens : *l'assiette* et *le plat* (le mets).

B 2 APPLICATION (CD)

1. **— Hoje temos convidados.**
2. **— Manda comprar uns refrescos e aperitivos.**
3. **— Manda fazer uma boa refeição.**
4. **— Manda vir da pastelaria um doce e uma boa garrafa de Porto ou de aguardente.**
5. **— Está calor ; talvez seja melhor comer fora.**
6. **— Não ponhas a mesa na sala de jantar.**
7. **— Põe a toalha de renda e os pratos azuis.**
8. **— Entrem, por favor. Não façam cerimónia. Estejam à vontade.**
9. **— Não fiquemos dentro de casa.**
10. **— Vamos almoçar no jardim. O almoço está pronto.**
11. **— Espero que hoje não se vão embora cedo.**

B 3 REMARQUES

■ Traduction de *faire faire* :
— S'il s'agit d'un ordre, le premier *faire*, se traduit par **mandar** + infinitif : **mando comprar**, *je fais acheter.*
— S'il s'agit d'une cause, *faire se* traduit par **fazer : isto faz pensar em**, *cela fait penser à.*
— Dans de nombreuses expressions, *faire* se traduit par **dar : dar uma volta**, *faire un tour.*

■ **ser** et **estar** sont irréguliers au présent du subjonctif :

ser		**estar**	
(que) **seja**	**sejamos**	(que) **esteja**	**estejamos**
(que) **sejas**	**sejais**	(que) **estejas**	**estejais**
(que) **seja**	**sejam**	(que) **esteja**	**estejam**

■ Le verbe **pôr**, *mettre, poser* est très irrégulier.

	Prés. indic.	Présent du subjonctif		Impératif	
eu	**ponho**	**ponha**	*que je mette*		
tu	**pões**	**ponhas**	*que tu mettes*	**põe**	*met*
ele, você	**põe**	**ponha**	*qu'il mette*	**ponha**	*mettez*
nós	**pomos**	**ponhamos**	*que nous mettions*	**ponhamos**	*mettons*
vós	**pondes**	**ponhais**			
eles, vocês	**põem**	**ponham**	*qu'ils mettent*	**ponham**	*mettez*

■ **N.B** : **põe** [põy], **pões** [põych], **põem** [**põy**ãy].

B 4 TRADUCTION

1. Aujourd'hui nous avons des invités.
2. Fais acheter quelques rafraîchissements et des apéritifs.
3. Fais faire un bon repas.
4. Fais venir de la pâtisserie, un entremets sucré et une bonne bouteille de Porto ou d'eau-de-vie.
5. Il fait chaud ; il sera peut-être mieux de manger dehors.
6. Ne mets pas la table dans la salle à manger.
7. Mets la nappe de dentelle et les assiettes bleues.
8. Entrez, s'il vous plaît. Ne faites pas de manières. Mettez-vous à l'aise.
9. Ne restons pas dans la maison.
10. Allons déjeuner dans le jardin. Le déjeuner est prêt.
11. J'espère qu'aujourd'hui vous ne partirez pas tôt.

C 1 EXERCICES

1. Traduire :
a) sentem-se à mesa e peçam a ementa.
b) mande comprar uma boa garrafa de vinho.

2. Mettre les phrases à la forme négative :
a) pede a ementa. Pede-a.
b) pergunta-lhe a que horas podemos chegar.
c) põe a mesa no jardim.

3. Donner le diminutif des mots suivants :
queijo mulher sopa café (o) avô

C 2 VOCABULAIRE

o talher	*le couvert*	**o guardanapo**	*la serviette*
o garfo	*la fourchette*	**a faca**	*le couteau*
a colher	*la cuillère*	**a colher de café**	*cuillère à café*
a travessa	*le plat* (récipient)	**o prato**	*le plat* (le mets)
o prato raso	*l'assiette plate*	**o prato fundo**	*l'assiette creuse*
o pires (inv.)	*la soucoupe*	**a louça**	*la vaisselle*
a chávena	*la tasse* (rare au B.)	**a xícara**	*la tasse à café*
a frigideira	*la poële*	(seul terme utilisé au Brésil)	
o frigorifico	*le réfrigérateur* (P)	**a geladeira**	*le réfrigérateur* (B)

Receita : Bacalhau assado no forno
Cozer o bacalhau demolhado ; colocar as postas numa travessa de ir ao forno, com azeite, dente de alho picados, pimenta, sumo de limão e pão ralado ; levar ao forno a assar.

Recette : Morue rôtie au four
Faire cuire la morue après l'avoir fait tremper ; mettre les tranches dans un plat à four, avec de l'huile d'olive, des gousses d'ail hachées, du poivre, du jus de citron et de la chapelure de pain ; mettre à rôtir au four.

■ La **morue** est un plat traditionnel du nord du Portugal, adoptée dans tout le pays. Le Portugal se vante d'avoir 365 recettes de morue. Les réveillons de fin d'année dans le nord du Portugal comportent toujours un plat de morue.

C 3 CORRIGÉ

1.
a) asseyez-vous à table et demandez le menu.
b) faites acheter une bonne bouteille de vin.

2.
a) não peças a ementa. Não a peças.
b) não lhe perguntes a que horas podemos chegar.
c) não ponhas a mesa no jardim.

3.
queijinho mulherzinha sopinha cafezinho avozinho

C 4 LE PORTUGAIS DU BRÉSIL

le petit déjeuner B. **o café da manhã** P. **o pequeno almoço**

■ **Carrefour des civilisations :** une recette de dessert brésilienne moderne (gâteau au fromage, gâteau traditionnel au Portugal, puis au Brésil).

Bolo rápido de dois queijos – *Gâteau rapide aux deux fromages*

- **250 g. de ricota* partida em pedaços**
  250 g. de ricota cassé en morceaux
- **250 g. de queijo minas** fresco sem sal partido em pedaços**
  250 g. de fromage de Minas frais sans sel, cassé en morceaux
- **uma lata de leite condensado** – *une boîte de lait condensé*
- **2 colheres (sopa) de maisena** – *2 cuillerées à soupe de maïzena*
- **5 ovos separados** – *5 œufs (blancs et jaunes séparés)*
- **1 colher (chá) de casca de limão ralada**
  1 cuillère à thé d'écorce de citron

* **ricota :** fromage italien, très utilisé par les émigrés italiens de São Paulo.
** **queijo de Minas :** l'un des plus célèbres fromages traditionnels brésiliens, produit dans l'État de Minas

■ Cette recette est une version moderne des traditionnels gâteaux au fromage (**as queijadas**) portugais. Pour les **queijadas de Estremoz**, il faut :

- **5 queijinhos frescos de leite de vaca**
  5 petits fromages frais de lait de vache
- **7 gemas de ovos + 1 clara** – *7 jaunes d'œufs et 1 blanc d'œuf*
- **vidrado de limão raspado** – *glacis de citron râpé*
- **canela em pó** – *cannelle en poudre*
- **100 gr. de manteiga** – *100 gr. de beurre*
- **120 gr. de farinha de trigo fina** – *120 gr. de farine de blé fine*

22 Dialogue et Civilisation

D 1 DIALOGUE (CD)

No restaurante

Gonçalo — Preferes peixe ou carne ?
Helena — Talvez peça carne. E tu ?
Gonçalo — Eu ? Vou comer uma sopa e uma sobremesa. Não tenho muita fome.
Helena — Porque é que não mandas vir peixe ?
Gonçalo — Talvez tenhas razão. O peixe aqui é sempre muito bom.
Helena — Então ?
Gonçalo — Está óptimo. E o teu bife ?
Helena — Também está bom, mas eu prefiro a carne mal passada.

D 2 CIVILISATION

La **cuisine traditionelle portugaise** offre une large gamme de plats de poisson (sur la côte) ou de plats de viande, souvent en sauce.

Les **poissons** sont servis frits, grillés, pochés ou rôtis au four, accompagnés de riz ou de pommes de terre, souvent cuites à l'eau : **poissons de mer**, *épinoches* (**carapaus**), *sardines* (**sardinhas**), *turbots* (**cherne**), *merlans* (**pescada**), *soles* (**linguados**), *rougets* (**salmonete**), *raies* (**raias**) ; **rivières**, *truites* (**trutas**), *lamproie* (**lampreia**).

La *morue* (**bacalhau**) apparaît sur toutes les tables portugaises.

La *viande de porc* (**carne de porco**) est la viande la plus consommée, surtout à la campagne : rôtis ou charcuteries variées (*jambon cru*, **presunto** ou *cuit*, **fiambre** et *saucisses*, **salsichas**, **chouriço**, **paio**).

D'autres viandes sont aussi appréciées : *bœuf* (**vaca**), *cabri* (**cabrito**), *mouton* (**carneiro**) et *agneau* (**anho**), en Alentejo, et *poulet* (**frango**).

Le **cozido** est un deuxième plat national. C'est une sorte de *pot-au-feu*, mêlant légumes et plusieurs types de viande.

De bons *fromages* (**queijos**) de vache, de brebis ou de chèvre (**Serra, Alentejo, Azeitão**), agrémentés de bon vin, terminent parfois les repas.

Les **vins de table portugais** sont tous excellents : les *vins verts* (**vinhos verdes**) du nord ou les vins **maduros** ˘, plus alcoolisés, produits dans tous le pays, *rouges* (**vinhos tintos**) ou *blancs* (**vinhos brancos**). Le **vin de Porto**, mondialement connu, est un vin de dessert du Nord.

D 3 DIALOGUE

Au restaurant

Gonçalo — Que préfères-tu ? Du poisson ou de la viande ?
Helena — Je demanderai peut-être de la viande. Et toi ?
Gonçalo — Moi ? Je vais prendre une soupe et un dessert. Je n'ai pas très faim.
Helena — Pourquoi ne demandes-tu pas de poisson ?
Gonçalo — Tu as peut-être raison. Le poisson ici est très bon.
Helena — Alors ?
Gonçalo — Il est très bon. Et ton bifteack ?
Helena — Il est bon aussi, mais je préfère la viande bleue.

D 4 CIVILISATION

La **cuisine traditionnelle du Brésil** intègre les traditions portugaises (huile d'olive, ail, morue), indiennes (manioc ou **mandioca**, maïs) et africaines (huile de palme, piments), auxquelles s'ajoutent, depuis le XIXe siècle, dans le Centre et le Sud, des influences européennes, italiennes (pâtes ou **massas**, pizzas...), françaises, allemandes (porc fumé), arabes (quibé, couscous paulista), voire japonaises. Elle y associe des produits tropicaux : les fruits (*ananás*, **abacaxi** ; *papayes*, **mamão**, *fruits de la passion*, **maracujá** ; *coco, orange...*) ; les légumes (*chaillote*, **xuxu** ; *pomme d'eau*, **jambu** ; *gombos*, **quiabos** ; *choux*, **couve**) ; les poissons et les animaux (*porc sauvage*, **paca, tatu** ; *caïman*, **jacaré** ; boeuf zébu). Cette cuisine peut varier du Nord au Sud, mais les plats s'accompagnent toujours de *riz* (**arroz**) et de *haricots blancs* ou *noirs* (**feijão branco** ou **preto**) et de *farine de manioc* (**farofa**), qui remplace le pain.

Dans le Nord (Amazonie, Pará et Maranhão) l'influence indienne est forte : le canard au tucupi, la **tacacá** (sorte de soupe) ou les beef-teaks de tortue ou des excellents poissons amazoniens (**pirarucu** ou **tucunaré**) et le manioc.

La cuisine de Bahia, très raffinée, vient d'Afrique (plats de crevettes et de poissons avec de l'huile de dendê et coco : **vatapá**, **acarajé**, **moqueca de peixes**...). Les desserts sont très sucrés : **cocadas** (sucre et coco).

La cuisine gaucha du sud, zone d'élevage de bovins, est à base de *viande grillée* (**churrasco**). De nombreux restaurants de São Paulo et Rio (**churrascaria**) ne servent que des repas de viande (**o rodízio**).

La **feijoada** faite de *haricots* (**feijão**), riz, choux, oranges et plusieurs viandes et accompagnée de **farofa** de manioc est le plat national.

23 Ontem comeste pouco.

A 1 PRÉSENTATION

comeste	[kou**mêch**teu]	*tu as mangé, tu mangeas*
gostaste	[gouch**tach**teu]	*tu as aimé, tu aimas*
gostei	[gouch**têï**]	*j'ai aimé, j'aimai*
saiu	[så/**i**/ou]	*il est sorti, il sortit*
comeu	[kou**mêou**]	*il a mangé, il mangea*
bebeu	[beu**bêou**]	*il a bu, il but*
ficou	[fi**kô**]	*il est resté, il resta*
comi	[kou**mi**]	*j'ai mangé, je mangeai*
bebi	[beu**bi**]	*j'ai bu, je bus*
saiste	[så/**ich**teu]	*tu es sorti, tu sortis*
saí	[så/**i**]	*je suis sorti, je sortis*
voltei	[vò**Lteï**]	*je suis revenu, je revins*
sai	[**saï**]	*il sort*
ouviste	[ô**vich**teu]	*tu as entendu*
liguei	[li**guêï**]	*j'ai allumé* (la radio)
a televisão	[å teuleuvi**zãou** :]	*la télévision*
o rádio	[ou **Ra**dyou]	*la radio (le poste)*
a música	[å **mou**zikå]	*la musique*
mal disposto	[**maL** dich**pôch**tou]	*indisposé*
nada	[**na**då]	*rien*
ninguém	[nĩ**gãy**]	*personne*
logo a seguir	[**lò**gou å seu**guir**]	*tout de suite après*

A 2 APPLICATION (CD)

1. — Ontem comeste pouco ; não gostaste do jantar ?
2. — Não, não gostei. Não gosto nada de peixe.
3. — O António gostou muito. Ele gosta muito de peixe assado.
4. — Mas ele saiu logo a seguir ao jantar.
5. — Saiu. Comeu e bebeu tanto que ficou mal disposto.
6. — Eu não comi quase nada. Só bebi água mineral.
7. — Também saiste pouco tempo depois.
8. — Saí. Voltei para minha casa... jantar.
9. — Hoje ninguém sai ; vamos ver televisão.
10. — Ouviste o programa de música popular ?
11. — Não, não liguei o rádio.

23 Hier tu as peu mangé.

A 3 REMARQUES

- **Ne pas confondre sai [saï]** *il sort* et **saí** [sà/**i**] *je suis sorti.*
- **Le parfait** est très couramment employé. Il se forme en ajoutant les terminaisons qui caractérisent ce temps au radical du verbe, obtenu en enlevant **ar, er, ir** à l'infinitif.

	gost-ar de, *aimer*	**com-er,** *manger*	**part-ir,** *partir*
eu	**gost**-EI **de**	**com**-I	**part**-I
tu	**gost**-ASTE **de**	**com**-ESTE	**part**-ISTE
ele, você	**gost**-OU **de**	**com**-EU	**part**-IU

- **ouvir**, *entendre* est irrégulier à la 1re personne du présent de l'indicatif, et donc au présent du subjonctif, et aux personnes de l'impératif qui découlent de ce dernier temps :
  INDICATIF PRÉSENT : **ouço, ouves, ouve, ouvimos, ouvem**
  SUBJONCTIF PRÉSENT : **ouça, ouças, ouça, ouçamos, ouçam**
  IMPÉRATIF : **(tu) ouve, (você) ouça, (vocês) ouçam, (nós) ouçamos**
- Le **parfait** exprime une action qui appartient à un passé révolu ; il traduit généralement le **passé composé** français et correspond à tous les emplois du **passé simple.**

A 4 TRADUCTION

1. — Hier tu as peu mangé ; n'as-tu pas aimé le dîner ?
2. — Non. Je n'aime pas du tout le poisson.
3. — Antoine l'a beaucoup aimé. Il aime beaucoup le poisson rôti au four.
4. — Mais il est sorti tout de suite après le dîner.
5. — Oui. Il a tellement mangé et bu qu'il a été indisposé.
6. — Moi, je n'ai presque rien mangé. J'ai seulement bu de l'eau minérale.
7. — Tu es sorti, toi aussi, peu de temps après.
8. — Oui. Je suis revenu à la maison... dîner.
9. — Aujourd'hui personne ne sort ; nous allons voir la télévision.
10. — As-tu entendu le programme de musique populaire ?
11. — Non, je n'ai pas ouvert la radio.

23 Ontem jogámos futebol.

B 1 PRÉSENTATION

jogámos	[jou**ga**mouch]	*nous avons joué, nous jouâmes*
perdemos	[peur**dê**mouch]	*nous avons perdu*
receberam	[Reusseu**bê**rãou]	*ils ont reçu*
alugámos	[ålou**ga**mouch]	*nous avons loué*
levámos	[leu**va**mouch]	*nous avons emporté*
tocámos	[tou**ka**mouch]	*nous avons joué*
brincaram	[brĩ**ka**rãou]	*ils ont joué*
divertiram-se	[diveur**ti**rãou-seu]	*ils se sont amusés*
escrevi	['chkreu**vi**]	*j'ai écrit, j'écrivis*
responderam	[Reuchpõ**dê**rãou]	*ils ont répondu*
o jogo	[ou **jô**gou]	*le jeu, le match*
o desafio	[ou deuzå**fi**/ou]	*le match*
o totobola	[ou tòtò**bò**lå]	*pari* (football)
o hóquei em patins	[ou **ò**key ãy på**tich**]	*le hockey sur patins*
a areia	[å å**rêy**å]	*le sable*
o toldo	[ou **tôL**dou]	*la tente*
a bola	[å **bò**lå]	*le ballon*
a viola	[å vi**ò**lå]	*la guitare*
a criança	[å kri**ã**sså]	*l'enfant*
com certeza	[kõ seur**tê**za]	*sûrement*
o prémio	[ou **prè**myou]	*le prix*

B 2 APPLICATION (CD)

1. **— Ontem jogámos futebol e perdemos.**
2. **— Eles ganharam o jogo e receberam um prémio.**
3. **— Jogaram no totobola e perderam.**
4. **— Nós assistimos a um desafio de hóquei em patins.**
5. **— Ficámos na praia ; alugámos um toldo.**
6. **— Levámos as violas e tocámos toda a tarde.**
7. **— As crianças brincaram na areia e jogaram à bola.**
8. **— As crianças divertiram-se muito.**
9. **— Ontem telefonei para casa dos meus amigos.**
10. **— Não atenderam ; sairam cedo com certeza.**
11. **— Escrevi aos meus primos que vivem em França ; ainda não responderam.**

B 3 REMARQUES

- Différentes traductions de *jouer* :
  — *un jeu* (avec des règles) **jogar futebol**, *jouer au football* ;
  — *un instrument de musique* **tocar piano**, *jouer du piano* ;
  — *jeu* (des enfants) **brincar**.
- Remarquer les différents sens de **tocar** :
  — **tocar**, *toucher* ; **tocar (piano)** *jouer d'un instrument ;*
  — ***tocar***, *sonner* : **a campainha toca**, *la sonnette sonne.*
- Le parfait (suite) : les terminaisons du pluriel.

	gost-ar de	**com-er**	**part-ir**
nós	**gort**-ÁMOS **de**	**com**-EMOS	**part**-IMOS
vós	**gost**-ASTES **de**	**com**-ESTES	**part**-ISTES
eles, vocês	**gost**-ARAM **de**	**com**-ERAM	**part**-IRAM

- Remarquer les 1res personnes du pluriel du présent de l'indicatif : **gostamos**, et du passé simple : **gostámos**.
  Seul l'accent aigu sur le **a** (1er groupe) distingue ces temps.
- Les verbes terminés en **car, gar**, s'écrivent avec **qu** ou **gu** lorsque la terminaison commence par e :
  Passé simple : **ficar**, *rester*, **fiquei**, **ficaste**, etc.
  jogar, *jouer*, **joguei**, **jogaste**, etc.

B 4 TRADUCTION

1. — Hier, nous avons joué au football et nous avons perdu.
2. — Eux, ils ont gagné le match et ont reçu un prix.
3. — Ils ont joué au totobola et ils ont perdu.
4. — Nous, nous avons assisté à un match de hockey sur patins.
5. — Nous sommes restés sur la plage, et nous avons loué une tente.
6. — Nous avons emporté nos guitares et nous avons joué tout l'après-midi.
7. — Les enfants ont joué sur le sable et ont joué au ballon.
8. — Les enfants se sont beaucoup divertis (amusés).
9. — Hier, j'ai téléphoné chez mes amis.
10. — Ils n'ont pas répondu ; ils sont sûrement sortis tôt.
11. — J'ai écrit à mes cousins qui vivent en France ; ils n'ont pas encore répondu.

23 Exercices et Vocabulaire

C 1 EXERCICES

1. Traduire :

a) não gostamos deste espectáculo.
b) gostámos mais do espectáculo de ontem.
c) ele brincou com os primos.
d) ela nunca sai de casa.
e) ontem saí com os meus amigos.

2. Mettre à la troisième personne du singulier :

a) gostaram do espectáculo.
b) sairam cedo de casa.
c) perderam a carteira com muito dinheiro.
e) ficaram em casa.

C 2 VOCABULAIRE

praticar desporto	*faire du sport*
fazer ginástica	*faire de la gymnastique*
correr	*courir*
uma corrida de bicleta	*une course en biclytte*
de automóveis	*de voitures*
uma tourada	*une corrida*
o ténis	*le tennis*
a natação	*la natation*
o basquetebol	*le basketball*
o voleibol	*le volleyball*
o râguebi	*le rugby*
o campo de ténis	*le court de tennis*
o ginásio	*le gymnase*
a raquete	*la raquette*
o esqui	*le sky*
a vitória	*la victoire*
a derrota	*la défaite*
o empate	*le match nul*
empatar	*faire match nul*
o jogo acabou empatado	*le match a été nul*
o jogo/o desafio de futebol	*le match de football*
desempatar	*décider d'un vainqueur* (par les prolongations ou par des tirs au but)
o prolongamento	*les prolongations*
o meio tempo	*la mi-temps*

23 Corrigé et Vocabulaire

C 3 CORRIGÉ

1.

a) nous n'aimons pas ce spectacle.
b) nous avons plus aimé le spectacle d'hier.
c) il a joué avec ses cousins.
d) elle ne sort jamais de la maison.
e) hier, je suis sorti(e) avec mes amis.

2.

a) gostou do espactáculo.
b) saiu cedo de casa.
c) perdeu a carteira com muito dinheiro.
d) ficou em casa.

C 4 LE PORTUGAI DU BRÉSIL

Le football au Brésil

futebol : Brésil [foutiból] Portugal [fouteuból]

■ **a torcida** désigne l'ensemble des supporters d'un équipe de football.

	Brésil	Portugal
le supporter	**o torcedor**	**o adepto**
l'équipe	**o time/a equipe**	**a equipa**
les buts/le filet	**as traves/a rede**	**a balisa/a rede**
le but	**o goal**	**o golo**
le gardien de buts	**o goleiro**	**o guarda-redes**
l'avant centre	**o centro avante**	**o avançado centro**
le centre	**o meio do campo**	**o meio campo**
le défenseur	**o zagueiro**	**o defesa**
le corner	**o escanteio**	**o canto/o corner**
la touche	**a mão**	**a linha**
l'arbitre de touche	**o bandeirinha**	**o auxiliar**
les gradins	**a arquibancada**	**a bancada**
le match de foot	**o jogo/a partida de...**	**o jogo/o desfaio de...**

■ **jogar** : *jouer* (un peu d'équipe avec règle)
jogar, suivi ou non de **fora**, signifie aussi *jeter* (courant au Brésil)
jogar fora uma coisa *jeter quelque chose*

■ *nous avons joué* *B.* **Jogamos** *P.* **Jogámos**
Présent : *nous jouons*
Prétérit : nous avons joué

23 Dialogue et Civilisation

D 1 DIALOGUE (CD)

Depois do jogo

Manuel— Então, gostaste do jogo ?
Helena — Não, não gostei mesmo nada.
Manuel— Eu também não. Foi, de facto, um mau desafio.
Helena — As duas equipas jogaram muito mal.
Manuel— Fiquei decepcionado com o empate.
Helena — Foi um mau resultado para o teu clube.
Manuel— É verdade. Nem um golo conseguiram marcar. Fico com pouca vontade de voltar a ver futebol.
Helena — Vamos tomar uma cerveja e esquecer o que se passou.

D 2 CIVILISATION

Les sports (*desportos*)

Le football **(o futebol)** est de loin le sport le plus populaire au Portugal. De septembre à mai environ les *stades* (**estádios**) dont certains sont très grands comme les stades du Sporting à Porto ou du Benfica à Lisbonne, sont toujours plein les jours de championnat. Le Portugal ne connaît réellement que ces deux vedettes dont les couleurs (le vert et le rouge) sont aussi les couleurs nationales du Portugal. Les Portugais ont remporté le titre de Champion d'Europe en 1985. Les joueurs (*le footballeur*, **o futebolista**) portugais dont certains ont été très célèbres (**Eusébio**, **Chalana**...) sont très recherchés sur le marché européen, ainsi que les joueurs brésiliens. Le championnat d'Europe a eu lieu au Portugal en 2004 dans les 10 stades construits dans le pays en cette occasion.

Le football donne lieu à des *paris* (**apostas**), appelés **totobola**, aussi connus que le tiercé en France.

Les courses de bicyclette retiennent l'attention du grand public pendant *le tour du Portugal* (**a volta a Portugal**).

Les Portugais pratiquent aussi d'autres sports avec succés, comme le hockey sur patins, *la voile* (**a vela**) ou l'atltétisme (deux marathoniens ont remporté une médaille d'or, **Carlos Lopes** et **Rosa Mota**).

D 3 DIALOGUE

Après le match

Manuel — Alors, as-tu aimé le match ?
Helena — Non, je ne l'ai pas aimé du tout.
Manuel — Moi non plus. Cela a été, c'est vrai, un mauvais match.
Helena — Les deux équipes ont joué très mal.
Manuel — J'ai été très déçu par ce match nul.
Helena — C'est un mauvais résultat pour ton club.
Manuel — C'est vrai. Ils n'ont même pas réussi à marquer un but. J'ai peu envie de revoir un match de football.
Helena — Allons prendre une bière et oublier ce qui s'est passé.

D 4 CIVILISATION

Les sports (*esportes*)

Le football est une passion populaire au Brésil ; on y joue, très jeune, dans les rues, sur la plage, à l'école, dans des clubs... Les plus célèbres poètes le chantent, comme **Carlos Drummond de Andrade**. Le Brésil est le seul pays à avoir été cinq fois *champion du monde* (**campeão do mundo**) : 1958, 1962, 1970, 1991 et 2002. Les stades sont donc nombreux et souvent de grande taille : six stades offrent plus de 100 000 places dont le **Macaranã** de Rio qui, avec ses 200 000 places, est le plus grand du monde. De nombreux joueurs ont une renommée mondiale (**Romario, Zico, Rai, Ronaldo**) ; **Pelé** reste le plus fameux, non parce que le Président Henrique Cardoso en a fait un Ministre extraordinaire des sports en 1995, mais pour son glorieux passé de footballeur (1 200 buts en 18 ans de carrière).

Le **volley-ball** est également très populaire chez les hommes comme chez les femmes (une équipe féminine a gagné la Coupe du monde en 1991, et une équipe masculine a gagné la médaille d'or aux jeux Olympiques).

Les Brésiliens brillent aussi dans d'autres sports : le **basket-ball** (deux fois champion du monde masculin), le **tennis** et les **courses automobiles** où se sont distingués des champions mondialement connus comme **Emerson Fitilpaldi** (1960), **Nelson Piquet**, champion du monde en 1981, 1983 et 1987, et **Ayrton Senna**, champion du monde en 1988, 1990 et 1991 (mort accidentellement lors du Grand Prix d'Imola en 1994).

24 Esta loja é a melhor...

A 1 PRÉSENTATION

■ Degrés de comparaison des adjectifs :
— le comparatif de supériorité **mais caro**, *plus cher* ;
— le superlatif relatif **o mais caro**, *le plus cher* ;
— le superlatif absolu **muito caro (caríssimo)**, *très cher.*

maiores	[måy**ò**reuch]	*grands*
melhores	[meu**lyo**reuch]	*meilleurs*
o pão (ães)	[ou **pãon :**]	*le pain*
a padaria	[å padå**ri**/å]	*la boulangerie*
o talho	[ou **ta**lyou]	*la boucherie*
a mercearia	[å meurssiå**ri**/å]	*l'épicerie*
a vendedora	[à vẽdeu**dô**rå]	*la vendeuse*
a escolha	[å'ch**cô**lyå]	*le choix*
acessível	[åsseu**ssi**vèL]	*accessible*
tenra	[**tẽ**Rå]	*tendre*
barata	[bå**ra**tå]	*bon marché*
encantadora	[ẽkãtå**dô**rå]	*charmante*
tão	[**tãou :**]	*si, tellement*

A 2 APPLICATION (CD)

1. — **Ana – Não vais fazer as compras ao centro ?**
2. — **Maria – Não. As lojas do centro são muito caras. São as mais caras de todas. São caríssimas.**
3. — **Ana – São as mais caras, mas são as maiores e as melhores.**
4. — **Maria – Aqui neste bairro também há lojas muito boas e os preços são mais acessíveis.**
5. — **Ana – Onde é que compraste a carne tão tenra que comemos ontem ?**
6. — **Maria – Comprei-a naquele talho. A carne é a melhor da cidade e a mais barata.**
7. — **Ana – O pão dessa padaria é bom ?**
8. — **Maria – É uma especialidade.**
9. — **Ana – Gosto desta mercearia. É a melhor de todas e a vendedora é encantadora.**
10. — **Maria – É verdade, mas há mais escolba num supermercado.**

A 3 REMARQUES

- **Pluriel des mots terminés par ão** : à la place de **ão**
  — **ões** pour la plupart des mots : **a lição, as lições** ;
  — **ões** pour certains : **o pão** *(le pain)*, **os pães**.
- Le comparatif et le superlatif de supériorité :
  — le comparatif : **mais** + adj. **é mais caro**, *c'est plus cher* ;
  — le superlatif : **o(s), a(s) mais** + adj. **é a mais de todas**, *c'est la plus chère de toutes.*
- **Le superlatif absolu a deux formes : muito** + adjectif ou adjectif + **íssimo, íssima** à la place de **o** ou **a** final : **é muito cara** ou **caríssima**, *elle est très chère.*
- Certains adjectifs ont un comparatif irrégulier :

bom (masc.), *bon*	**melhor**	**boa** (fém.)	**melhor**
grande (masc.), *grand*	**maior**	**grande** (fém.)	**maior**
pequeno (masc.), *petit*	**menor**	**pequena** (fém.)	**menor**

- **Féminin des adjectifs et noms terminés en or** : ajouter **a** : **o vendedor trabalhador** et **a vendedora trabalhadora**. **Sauf** : les comparatifs irréguliers en **or : a melhor vendedora**.

A 4 TRADUCTION

1. — Anne – Ne vas-tu pas faire tes achats dans le centre ?
2. — Marie – Non. Les magasins du centre sont très chers. Ce sont les plus chers de tous. Ils sont très chers.
3. — Anne – Ce sont les plus chers, mais ce sont les plus grands et les meilleurs.
4. — Marie – Ici dans ce quartier, il y a aussi des magasins très bons et leurs prix sont plus accessibles.
5. — Anne – Où as-tu acheté la viande si tendre que nous avons mangée hier ?
6. — Marie – Je l'ai achetée dans cette boucherie. La viande y est la meilleure de la ville et la meilleure marché.
7. — Anne – Le pain de cette boulangerie est-il bon ?
8. — Marie – C'est une merveille.
9. — Anne – J'aime cette épicerie. C'est la meilleure et la vendeuse est charmante.
10. — Marie – C'est vrai, mais il y a plus de choix dans un supermarché.

24 É mais bonito... que...

B 1 PRÉSENTATION

provar	[prou**var**]	*essayer, goûter*
mostrar	[mouch**trar**]	*montrer*
mexer	[meu**chêr**]	*bouger*
a montra	[å **mõ**trå]	*la vitrine*
a roupa	[å **Rô**på]	*les vêtements*
o calçado	[ou ka**lssa**dou]	*les chaussures*
o artigo	[ou år**ti**gou]	*l'article*
as calças	[åch **kaL**ssås]	*les pantalons*
as camisas	[åch kå**mi**zåch]	*les chemises*
o vestido	[ou veuch**ti**dou]	*la robe*
o fato	[ou **fa**tou]	*le costume*
o casaco	[ou kå**za**kou]	*la veste*
a saia	[å **sa**yå]	*la jupe*
não me fica bem	[nãou : meu **fi**kå **bãy**]	*cela ne me va pas bien (sied)*
não me serve	[nãou : meu **sèr**veu]	*cela ne me va pas*
afinal	[åfi**naL**]	*finalement*

■ **Faux amis** : a **mon**tra, *la vitrine* ; o re**ló**gio, *la montre* ; o **fa**to, *le costume* ; o cos**tu**me, *l'habitude.*

B 2 APPLICATION (CD)

1. **— Ana – Preciso de comprar roupa e calçado.**
2. **— Maria – Vamos àquele armazém ; os artigos são de boa qualidade e mais baratos.**
3. **— Ana – Mas são menos bonitos que nesta loja.**
4. **— Maria – Não sou da tua opinião. São até mais bonitos que nesta loja.**
5. **— Ana – Que é aquilo que está na montra ? São calças de mulher ?**
6. **— Maria – Não, são calças e camisas de homem.**
7. **— Ana – Queria provar este vestido azul.**
8. **— Vendedora – Fica-lhe muito bem.**
9. **— Ana – Não me serve. Não me posso mexer.**
10. **— Vendedora – Vou buscar o número acima.**
11. **— Ana – Não vale a pena. Afinal não gosto deste modelo.**
12. **— A vendedora mostra mais do que vende !**

B 3 REMARQUES

■ Certains noms singuliers ont une valeur de collectif.
a roupa é cara, *les vêtements sont chers.*

■ Quelques mots ne sont employés qu'au pluriel.
as calças são bonitas, *le pantalon est beau.*

■ Le comparatif de supériorité s'exprime en employant :
mais... que, mais... do que, *plus... que.*
— Le comparatif d'infériorité s'exprime en employant :
menos... que, menos... do que, *moins... que.*
A Ana é mais alta que ela, *Anne est plus grande qu'elle.*
Ela fala mais do que trabalha, *elle parle plus qu'elle ne travaille.*

■ **N.B. :** on emploie **do que** (et non **que**) lorsque le 2e élément de la comparaison comprend un verbe exprimé ou non.

B 4 TRADUCTION

1. — Anne – J'ai besoin d'acheter des vêtements et des chaussures.
2. — Marie – Allons à ce grand magasin ; les articles y sont de bonne qualité et moins chers (plus bon marché).
3. — Anne – Mais ils sont moins beaux que dans cette boutique-ci.
4. — Je ne suis pas de ton avis. Ils sont même plus beaux que dans cette boutique-ci.
5. — Anne – Qu'est-ce qu'il y a dans la vitrine ? Est-ce que ce sont des pantalons pour dames ?
6. — Non, ce sont des pantalons et des chemises d'homme.
7. — Anne – Je voudrais essayer cette robe bleue.
8. — Vendeuse – Elle vous va (vous sied) très bien.
9. — Anne – Non, elle ne va pas. Je ne peux pas bouger.
10. — Vendeuse – Je vais chercher la taille au-dessus.
11. — Anne – Non. Cela ne vaut pas la peine. Finalement, je n'aime pas ce modèle.
12. — La vendeuse montre plus qu'elle ne vend.

C 1 EXERCICES

1. Traduire :
a) neste talho a carne é a melhor, mas é caríssima.
b) o armazém é maior que a loja.
c) ele telefona mais do que trabalha.

2. Compléter avec : o(s), a(s) mais, mais... que, mais... do que ; o(s), a(s) menos, menos... que, menos... do que :
a) descanso...... trabalho.
b) estas calças são...... caras...... aquelas. São muito caras.
c) este vestido azul é...... curto...... este branco.

3. Mettre les verbes au passé simple (remplacer aujourd'hui par hier) : ontem...
a) hoje, compramos fruta na mercearia.
b) hoje, não gosto do teu vestido.
c) hoje, saem cedo.

4. Traduire :
a) essayez ce pantalon. Il est plus large que l'autre.
b) non, il ne te va pas ; il n'est pas beau.
c) oui, il me va bien. C'est ma taille.

5. Prononcer :
saí desta mercearia ; é muito cara (carissima).

C 2 VOCABULAIRE

■ **as cores,** *les couleurs.*
branco *blanc* **preto** ou **negro** *noir* **amarelo** *jaune*
cinzento *gris* **azul** *bleu* **verde** *vert*
encarnado ou **vermelho** *rouge* **cor de rosa** *rose*
cor de laranja *orange*

■ **N.B. : multicolor,** *multicolore* est invariable au féminin.

■ **o vestuário** ou **a roupa,** *les vêtements* (suite) :
vestir-se, *s'habiller* (irrégulier, cf. leçon XXII)
despir-se, *se déshabiller* (même irrégularité que **servir**)

o casaco comprido, *le manteau*
o sobretudo, *le pardessus*
o chapéu, *le chapeau*
o guarda-chuva, *le parapluie*
a blusa, *le chemisier*
o impermeável, *l'imperméable*
os sapatos, *les souliers*
o casaco : *la veste*

24 Corrigé et Vocabulaire

C 3 CORRIGÉ

1.
a) dans cette boucherie la viande est la meilleure, mais elle est très chère.
b) le grand magasin est plus grand que la boutique.
c) elle téléphone plus qu'elle ne travaille.

2.
a) descanso **menos do que** trabalho.
b) estas calças são **mais** caras **que** aquelas. São muito caras.
c) este vestido azul é **mais (ou menos)** curto **que** este branco.

3.
a) ontem, comprámos fruta na mercearia.
b) ontem, não gostei do teu vestido.
c) ontem, sairam cedo.

4.
a) prove estas calças ; são mais largas que as outras.
b) não, não te fica bem ; não é bonito.
c) sim, serve-me. É o meu número.

5.
[så/**i dèch**tå meurssiå**ri**/å ; è **mũĩ**tou **ka**rå(kå**ris**simå)] (P).

C 4 LE PORTUGAIS DU BRÉSIL

■ **Différences de vocabulaire :**

BRÉSIL		PORTUGAL
o açougue	*la boucherie*	**o talho**
o terno	*le costume*	**o fato**

■ **Le vocabulaire brésilien** est d'origine portugaise, mais il comprend des apports indiens, africains, et plus récemment américains ou européens (français et italiens). Toutefois certains mots portugais, en usage au Brésil, n'ont plus cours au Portugal (**o trem**, *le train* ; **o açougue**, *la boucherie*) ; d'autres ont changé de sens et peuvent provoquer des malentendus. *Portugal :* **rapariga**, *jeune fille.*
Brésil : **rapariga**, *fille de mauvaise vie.*
D'autres mots enfin, sans changer de sens, changent de forme :
Guichet : *Portugal* **: a bilheteira**. *Brésil :* **a bilhetaria**.

24 Dialogue et Civilisation

D 1 DIALOGUE

Esse vestido fica-te bem

Maria — Esse vestido fica-te mesmo bem. Onde é que o compraste ?
Catarina— Não o comprei, mandei-o fazer.
Maria — Foi muito caro ? Foi com certeza mais caro que na loja.
Catarina— Fui eu que desenhei o modelo. Ficou à minha vontade.
Maria — Conheço uma loja que tem modelos tão bonitos como o teu e são muito mais baratos com certeza.
Catarina— Enganas-te. Foi a minha mãe que o fez e não me levou nada.

D 2 CIVILISATION

Commerce portugais et centres commerciaux

Le commerce extérieur portugais a beaucoup contribué à la croissance économique du pays depuis dix ans. Il est désormais orienté en priorité vers les marchés de l'OCDE et surtout vers l'Union Européenne. En 1996, les pays de l'Union totalisaient près de 77 % des échanges avec le Portugal. Ses principaux fournisseurs étaient : Espagne (22 %), Allemagne (15 %), France (11 %), Italie (8 %). Le classement des clients différait un peu : Allemagne (21 %), Espagne (14 %), France (14 %), Royaume Uni (11 %).

Parmi les pays en voie de développement, l'Angola était le principal partenaire en 1996, en tête des États d'Afrique lusophone commerçant avec le Portugal et à la 12e place du classement général de ses clients.

Le commerce local se transforme. De nombreux *hypermarchés* (**hipermercados**) ont ouvert depuis vingt ans : Carrefour, Pingo Doce, Intermarché, Continente, Leclerc dans le nord... Ils menacent les *petits magasins* (**armazêns**) et *boutiques* (**lojas**), généralement fermés le samedi après 13 heures et le dimanche. Des *centres commerciaux* (**centros comerciais**) s'installent dans les grandes villes. Ils drainent la clientèle locale car ils regroupent de nombreux commerces, cinémas, aires de loisirs, parkings commodes et sont ouverts très tard, même le samedi et le dimanche parfois.

D 3 DIALOGUE

Cette robe te va bien

Maria — Cette robe te va très bien. Où l'as-tu achetée ?
Catarina — Je ne l'ai pas achetée, je l'ai fait faire.
Maria — Ça a été cher ? C'est sûrement plus cher que dans le magasin.
Catarina — J'avais moi-même dessiné le modèle. Elle a été comme je l'ai souhaité.
Maria — Je connais un magasin qui a des modèles aussi beaux que le tien et qui sont sûrement beaucoup moins chers.
Catarina — Tu te trompes. C'est ma mère qui l'a fait et elle ne m'a rien demandé.

D 4 CIVILISATION

Commerce brésilien, Mercosuol, Centre commerciaux

Jusque vers 1930, Le Brésil était essentiellement agricole (sucre, café, fruits...). Ses efforts d'industrialisation en 1930, 1940 (1ère usine sidérurgique à Volta Redonda-Rio) 1950 - 1970, 1970 - 1980 et la nécessité de résoudre la crise du pétrole de 1970, ont entraîné un lourd endettement auprès de la Banque Mondiale et provoqué une inflation importante. Aujourd'hui les problèmes d'inflation sont presque jugulés et le remboursement de la dette échelonné. Le pays qui possède la première structure industrielle de l'Amérique latine est devenu la 8e puissance industrielle mondiale. Au début des années 1990 l'industrie représentait 34 % de la production économique, l'agriculture 9,1 % et les services pour 56 %. Le dynamisme de l'économie du pays, malgré d'importants problèmes sociaux encore à résoudre, se voit, entre autres dans les résultats de l'exportation.

Son commerce extérieur se trouve renforcé, par la création en 1994 du *Mercosud* (**Mercosul**) et la signature des accords de libre échange entre 4 pays d'Amérique du Sud (Argentine, Brésil, Paraguay et Uruguay). Des accord commerciaux ont été signés, en 1995, entre le Brésil et l'Union Européenne ; d'autres accords sont en préparation (fin 1993) entre l'Union Européenne et le Mercosud.

25 Angola é ao longe de Lisboa como o Brasil.

A 1 PRÉSENTATION

- Le comparatif d'égalité : **tão** devant l'adjectif ou **tanto** avec le verbe, et **como** devant le 2e élément de la comparaison :
  O meu vestido é tão caro como o teu. *Ma robe est aussi chère que la tienne.*
  O meu vestido custa tanto como o teu. *Ma robe coûte autant que la tienne.*

- **tão... que** introduit une conséquence (cf. phrases 6 et 9).

custar	[kouchtar]	*coûter*
deitam-se	[déïtãou-sseu]	*ils se couchent*
deitar-se	[dêïtar-sseu]	*se coucher*
conseguem	[kõssêgãy]	*ils réussissent*
conseguir	[kõsseuguir]	*réussir*
acordar	[åkourdar]	*se réveiller*
levantar-se	[leuvãtar-seu]	*se lever*
divertiu-se	[diveurti/ou-sseu]	*il s'est amusé, il s'amusa*
o desastre	[ou deuzachtreu]	*l'accident*
a pesca	[å pêchkå]	*la pêche*
Angola	[ãgolå]	*Angola*

A 2 APPLICATION (CD)

1. — **Angola é tão longe!**
2. — **Angola é tão longe de Lisboa como o Brasil.**
3. — **Uma viagem ao Brasil custa tão caro como uma viagem a Angola.**
4. — **A estrada é tão perigosa!**
5. — **Esta estrada é tão perigosa como a outra. Não vás tão depressa!**
6. — **Vais tão depressa que podes ter um desastre.**
7. — **Deitam-se tão tarde!**
8. — **tão tarde como nós.**
9. — **Deitam-se tão tarde que não conseguem acordar cedo.**
10. — **Levantaram-se tarde e chegaram atrasados.**
11. — **Ele trabalha tanto!**
12. — **Ele trabalha tanto como eu.**
13. — **Ele trabalha tanto que nunca vai de férias.**
14. — **Divertiu-se tanto na pesca!**
15. — **Divertiu-se tanto como tu.**
16. — **Divertiu-se tanto que espera voltar.**

A 3 REMARQUES

- Le premier **o** de la terminaison **oso** des adjectifs est un **o** fermé [ô] au masculin, et un **o** ouvert [ò] au féminin.
  perigoso, *dangereux* [peuri**gô**zou] – *f.* **perigosa** [peuri**gò**zå]
- Attention :
  — **tão** s'emploie devant un adjectif ou un adverbe : **tão perigosa**, *si dangereuse ;* **tão tarde**, *si tard.*
  — **tanto** + verbe est invariable : come **tanto** como **eu**, *il mange autant que moi.*
  — **tanto** + nom s'accorde avec le nom : **tantas noites**, tant de nuits.
- *Moi, toi, lui, elle, nous, eux, elles, vous,* dans le 2e élément d'une comparaison, traduits par les pron. sujets **eu, tu**, etc. :
  Come tanto como eu, *il mange autant que moi.*
  É tão rico como tu, *il est aussi riche que toi.*

A 4 TRADUCTION

1. — L'Angola est si loin !
2. — L'Angola est aussi loin de Lisbonne que le Brésil.
3. — Un voyage au Brésil coûte aussi cher qu'un voyage en Angola.
4. — La route est si dangereuse !
5. — Cette route est aussi dangereuse que l'autre. Ne va pas si vite !
6. — Tu vas si vite que tu peux avoir un accident.
7. — Ils se couchent si tard !
8. — Ils se couchent aussi tard que nous.
9. — Ils se couchent si tard qu'ils ne réussissent pas à se réveiller tôt.
10. — Ils se sont levés tard et sont arrivés en retard.
11. — Lui, il travaille tant !
12. — Lui, il travaille autant que moi.
13. — Lui, il travaille tant qu'il ne va jamais en vacances.
14. — Il s'est tellement amusé à la pêche !
15. — Il s'est autant amusé que toi.
16. — Il s'est tant amusé qu'il espère y revenir.

25 Esta paisagem é a mais linda que conheço.

B 1 PRÉSENTATION

■ Dans la proposition introduite par **que** complétant un superlatif, le verbe est toujours à l'indicatif :
É o aluno mais esperto que conheço. *C'est l'élève le plus intelligent que je connaisse.*

conheço	[kou**gné**ssou]	*je connais*
conhecer	[kougneu**ssér**]	*connaître*
foi	[fôï]	*ce fut, il fut, c'est*
foram	[fôrãou]	*ce furent, ils furent, c'est*
a paisagem	[åpay**za**jãi]	*le paysage*
o jovem	[ou **jo**vãy]	*le jeune homme*
o aluno	[ou å**lou**nou]	*l'élève*
a caneta	[å ka**nê**ta]	*le stylo*
o espectáculo	[ou 'chpè**ta**koulou]	*le spectacle*
as noticias	[åch nou**tiss**yåch]	*les nouvelles*
lindo	[**lĩ**dou]	*beau*
esperto	['ch**pèr**tou]	*intelligent*
luxuoso	[louchou**ô**zou]	*luxueux*
saboroso	[såbou**rô**zou]	*savoureux*
estranho	[cht**rå**gnou]	*étrange*

B 2 APPLICATION (CD)

1. — **Esta paisagem é a mais linda que conheço.**
2. — **Este jovem é o mais esperto que conheço.**
3. — **É o melhor aluno que temos.**
4. — **É a carta mais difícil que tenho de escrever.**
5. — **O avião é o meio de transporte mais rápido que existe.**
6. — **Foi o hotel mais luxuoso que visitei.**
7. — **Foi o prato mais saboroso que comi.**
8. — **Foi a caneta mais cara que me ofereceram.**
9. — **Foi a história mais estranha que me contaram.**
10. — **Foi o espectáculo mais maravilhoso a que assisti.**
11. — **Foram os dias mais agradáveis que passei.**
12. — **Foram as piores noticias que ouvi.**
13. — **Foram os sapatos mais caros que compraste.**
14. — **Foram as melhores férias que passaste.**

B 3 REMARQUES

- On emploie **mais** sans article pour le superlatif si le nom qui accompagne ce superlatif est introduit lui-même par l'article défini **o, a** :
  É a paisagem mais linda que conheço. *C'est le paysage le plus beau que je connaisse.*
- *C'est*, en français, peut être suivi d'un singulier ou d'un pluriel et rester au présent dans un contexte passé. En portugais, le verbe être doit s'accorder avec le nom qui suit, et respecter la concordance des temps :
  É o melhor aluno que conheço. *C'est le meilleur élève que je connaisse.*
  Foram os melhores alunos que conheci. *C'est (ce sont) les meilleurs élèves que j'aie connus.*
- **Conseguir, seguir** se conjuguent comme **servir** (leçon 22, A 3 et précis p. 359-360).

B 4 TRADUCTION

1. — Ce paysage est le plus beau que je connaisse.
2. — Ce jeune homme est le plus intelligent que je connaisse.
3. — C'est le meilleur élève que nous ayons.
4. — C'est la lettre la plus difficile que j'aie à écrire.
5. — L'avion est le moyen de transport le plus rapide qui existe.
6. — C'est l'hôtel le plus luxueux que j'aie visité.
7. — C'est le plat le plus savoureux que j'aie mangé.
8. — C'est le stylo le plus cher que l'on m'ait offert.
9. — C'est l'histoire la plus étrange que l'on m'ait racontée.
10. — C'est le spectacle le plus merveilleux auquel j'ai assisté.
11. — C'est (ou ce sont) les jours les plus agréables que j'aie passés.
12. — C'est (ce sont) les pires nouvelles que j'aie entendues.
13. — C'est (ou ce sont) les souliers les plus chers que tu aies achetés.
14. — C'est (ce sont) les meilleures vacances que tu aies passées.

25 Exercices et Récréation

C1 EXERCICES

1. Traduire :
a) Este fato é tão caro que não o posso comprar.
b) Deito-me tão cedo como os meus pais.
c) Esta cidade é a mais bonita que conheço.

2. Compléter avec tanto, tanto(s), tanta(s), tão :
a) Diverti-me ... nesta viagem.
b) Este aluno é ... esperto !
c) Vais ... depressa que não posso acompanhar-te.

3. Compléter avec tão (tanto)... como ou tão (tanto)... que :
a) O Manuel é ... alto ... o João.
b) Gosta ... de pesca ... vai todos os dias pescar *(pêcher)*.

4. Traduire :
a) C'est le plus sympathique que je connaisse.
b) Les articles sont aussi chers dans une boutique que dans un grand magasin.

C2 RÉCRÉATION

– Queria saber o preço daquele eletrodoméstico.

– Aquele ? Nove mil novecentos e noventa e nove escudos e noventa centavos.

– Mas que preço tão complicado.

– Complicado ? Acha que 9 999,90 $ é um preço complicado ? Os clientes queixam-se de preços elevados, mas de preços complicados... nunca.

– 9 999,90 $ é um preço elevado para este artigo ?

– Então este artigo, por dez contos não é caro ?

– Dez contos não, meu caro senhor, 9 999,90 $ é que o desconto está já incluído...

In ***Pão com Manteiga 2***, Lisboa, 1981

– Je voudrais savoir le prix de cet appareil électroménager.

– Celui-là ? Neuf mille neuf cent quatre vingt dix neuf escudos[1] *quatre vingt dix centimes.*

– Mais quel prix compliqué !

– Compliqué ? Vous trouvez que 9 999,90 escudos est un prix compliqué ? Les clients se plaignent de prix élevés, mais de prix compliqués... jamais.

– 9 999,90 escudos est un prix élevé pour cet article ?

– Alors, pour 10 contos[2] *cet article n'est pas cher ?*

– 10 contos, non, mon cher ami ; la somme de 9 999,90 escudos comprend déjà le rabais...

1. **escudo** ($) – unité monétaire portugaise avant l'euro (2000).
2. **um conto :** mille escudos

25 Corrigé et Vie pratique

C 3 CORRIGÉ

1.

a) Ce costume est si cher que je ne peux pas l'acheter.
b) Je me couche aussi tôt que mes parents.
c) Cette ville est la plus belle que je connaisse.

2.

a) Diverti-me **tanto** nesta viagem.
b) Este aluno é **tão** esperto !
c) Vais **tão** depressa que não posso acompanhar-te.

3.

a) O Manuel é **tão** alto **como** o João.
b) Gosta **tanto** de pesca **que** vai todos os dias pescar.

4.

a) É o mais simpático que conheço.
b) Os artigos são tão caros numa loja como num armazém.

C 4 RENSEIGNEMENTS PRATIQUES

■ L'euro est la monnaie de douze pays de l'Union européenne

Allemagne	**Alemanha**	*France*	**França**
Autriche	**Áustria**	*Grèce*	**Grécia**
Belgique	**Bélgica**	*Italie*	**Itália**
Eire	**Irlanda**	*Luxembourg*	**Luxemburgo**
Espagne	**Espanha**	*Pays Bas*	**Países Baixos**
Finlande	**Finlândia**	*Portugal*	**Portugal**

Il est aussi la monnaie de Monaco (**Mónaco**), Saint Marin (**São Marino**) et Le Vatican (**Vaticano**)

Canada	**Canadá**	dollar canadien	**dólar canadiano**
Grande Bretagne	**Grã-Bretanha**	livre sterling	**libra esterlina**
Japon	**Japão**	yen	**iene**
Suède	**Suécia**	couronne suédoise	**coroa sueca**
Suisse	**Suíça**	franc suisse	**franco suíço**

25 Dialogue et Civilisation

D 1 DIALOGUE (CD)

Um bom conselho

Clara — Tu, que dormes sempre tanto, levantaste-te tão cedo. O que é que te aconteceu ?

Tomás — Tomei um café ontem à noite e não consegui dormir.

Clara — A mim, o café não me faz nada. Chego a beber quatro ou cinco por dia.

Tomás — Bebes assim tantos ?

Clara — Bebo e durmo sempre bem.

Tomás — Eu também costumo dormir bem, mas nunca passei uma noite tão má como a de ontem ; foi a pior destes últimos tempos.

Clara — Logo à noite, deita-te mais cedo e, em vez do café, toma uma infusão, vais ver que dormes melhor.

D 2 CIVILISATION

Le Portugais en Afrique

Après leur indépendance en 1974, les pays d'Afrique d'expression portugaise (Angola, Cap Vert, Guinée-Bissau, Mozambique et S. Tomé e Príncipe) ont décidé de garder le portugais comme langue officielle, à côté des parlers créoles très vivaces et généralisées du Cap Vert, de la Guinée Bissau ou de S. Tomé et Principe ou des très nombreuses langues indigènes ou nationales de l'Angola (30 environ formant trois groupes, dont le **quimbundu**, assez répandu près de Luanda) et au Mozambique (plus de 80 dialectes pouvant se regrouper en 6 groupes : **inhambe, macua, chona, sena, maconde, suahili**). Ces langues n'ont pour la plupart qu'une tradition orale.

La langue, enseignée dans les écoles, est le portugais du Portugal. Elle présente parfois des variations phonétiques, syntaxiques (emploi des prépositions) et surtout lexicales.

La jeune littérature africaine d'expression portugaise, déjà très riche, consacre ces tendances : **Angola :** Luandino Vieira (***Luuanda****, 1964), **Pepetela** (***Mayombé***, 1970 ; ***Yaka***, 1984 ; ***O Desejo de Kianda***, 1995), **Manuel Rui** (***Quem me dera ser uma onda***, 1982) ou **Onjacki *(Quatro madrugadas e um a noite), 2004***. **Mozambique : Mia Couto** (***Terra Sonânbula****, 1992) ou **Suleima Cassamo** (***O Regresso do morto****, 1992). **Le Cap Vert : Baltazar Lopes**, ***Chiquinho****, 1947 ; **Corsino Fortes**, ***Pão & Fonema***. **Guinée Bissau : João Ferreira**, ***Uaná***, 1979. **S. Tomé e Príncipe : Francisco Henrique Tenreiro**, ***Ilha do nome Santo-Novo Cancioneiro***, 1943 (* oeuvres traduites en français).

D 3 DIALOGUE

Un bon conseil

Clara — Toi qui dors toujours beaucoup, tu t'es levé très tôt. Qu'est-ce qui t'est arrivé ?

Tomás — J'ai pris un café hier au soir et je n'ai pas pu dormir.

Clara — À moi, le café ne me fait rien. J'arrive à en boire quatre ou cinq par jour.

Tomás — Tu en bois tant que ça ?

Clara — J'en bois et je dors toujours bien.

Tomás — Moi, j'ai toujours l'habitude de bien dormir, mais je n'ai jamais passé une aussi mauvaise nuit que la nuit dernière ; cela a été la plus mauvaise de ces derniers temps.

Clara — Ce soir, couche-toi plus tôt, et, au lieu de prendre du café, prends une infusion ; tu verras, tu dormiras mieux.

D 4 CIVILISATION

Les pays africains de langue portugaise et l'économie

Les cinq pays africains de langue portugaise (Angola, Mozambique, Guinée-Bissau, Cap-Vert et São Tomé e Príncipe) ont des économies en construction, après 13 ans de guerre d'indépendance (Angola, Mozambique et Guinée-Bissau) et une longue guerre civile (Angola et Mozambique).

La voie du multipartisme, après 20 ans de régime de partis uniques et une certaine libéralisation de l'économie, a permis un élargissement des coopérations, au début limitées aux pays socialistes, avec un nombre plus large de pays occidentaux, où le Portugal a une place privilégiée.

Leur développement économique se fait à des rythmes différents suivant les pays et leurs problèmes internes : la guerre civile en Angola (terminée en 2002) a affaibli considérablement l'économie du pays, le plus riche des cinq.

26 É o seu saco ou é o dela ?

A 1 PRÉSENTATION

■ La 3e personne singulier du présent indicatif des verbes terminés en **rer** et **zer** n'a pas de **e** : **ele quer (querer) ; ele traz (trazer)**.

encontrar	[ẽkõ**trar**]	*trouver*
leva	[**lè**vå]	*porte, emporte (éloignement)*
traz	[trach]	*porte, apporte (rapprochement)*
a maçã	[å mås**sã**]	*la pomme*
o morango	[ou mou**rã**gou]	*la fraise*
os legumes	[ouch leu**gou**meuch]	*les légumes*
a praça	[å **pras**så]	*le marché*
verde	[**vêr**deu]	*vert, pas mûr*
maduro	[må**dou**rou]	*mûr*
bastante	[båch**tã**teu]	*assez*

até logo : *à tout à l'heure* (retour assez lointain)
até já : *à tout à l'heure, à tout de suite* (retour très proche)

A 2 APPLICATION (CD)

1. **— A minha mãe costuma fazer as compras aos sábados, com a sua amiga.**
2. **— Leva sempre a carteira cheia de dinheiro e traz sempre o saco cheio, mais a carteira vazia.**
3. **— A mãe : — Quanto custam as suas maçãs ? A sua fruta não é barata e está verde. Os seus morangos estão maduros ?**
4. **— A vendedora : — São os melhores morangos que encontra na praça.**
5. **— A mãe : — Dê-me um quilo. Os seus legumes são bastante caros !**
6. **— A vendedora : — Sabe, hoje há poucos legumes. Minha senhora, este saco é seu ?**
7. **— A mãe : — Não, não é meu. É da senhora (ou : é dela).**
8. **— A vendedora : — Dê-me o seu saco. Não quer estas batatinhas ?**
9. **— A mãe : — Não, obrigada. Dou uma volta pelo mercado. Volto já.**
10. **— A vendedora : — Até já.**

26 Est-ce votre sac ou son sac ?

A 3 REMARQUES

- *Celui de :* le démonstratif est traduit par l'article **o, a : o do meu irmão,** *celui de mon frère.*
- Le possessif de la troisième personne **seu(s)-sua(s)** traduit *votre, vos,* dans les formules de politesse (où le verbe est à la 3e personne) : **minha senhora, dê-me o seu saco,** *madame, donnez-moi votre sac.*

  Pour éviter des confusions possibles, il traduit rarement **son, sa, ses**. Ce possessif de la 3e personne peut :
  • ne pas être traduit, si le lien de possession est évident ;
  • se traduire par **seu, sua** si le possessif est réfléchi :
  faz as compras com a sua amiga, *elle fait ses achats avec son amie ;*
  • se traduire par **dele, deles, dela, delas** (suivant le genre et le nombre du possesseur) si le possessif n'est pas réfléchi :
  não é o meu carro, é o carro dela, *ce n'est pas ma voiture, c'est sa voiture.*

A 4 TRADUCTION

1. Ma mère a l'habitude d'aller faire ses achats le samedi, avec son amie.
2. Elle emporte toujours son porte-monnaie plein d'argent et elle rapporte toujours des sacs pleins, mais son porte-monnaie vide.
3. Ma mère : — Combien coûtent vos pommes ? Vos fruits ne sont pas bon marché et pas mûrs. Vos fraises sont-elles mûres ?
4. La vendeuse : — Ce sont les meilleures fraises que vous trouviez sur le marché.
5. Ma mère : — Donnez-moi un kilo. Vos légumes sont assez chers.
6. La vend. : — Vous savez, aujourd'hui, il y a peu de légumes. Madame, c'est votre sac ?
7. Ma mère : — Non, ce n'est pas le mien. C'est le sien.
8. La vend. : — Donnez-moi votre sac. Vous ne voulez pas ces belles pommes de terre.
9. Ma mère : — Non, merci. Je fais un tour dans le marché ; je reviens tout de suite.
10. La vend. : — À tout à l'heure.

26 Onde foste e que fizeste ontem à noite ?

B 1 PRÉSENTATION

■ Les verbes **ser,** *être* et **ir,** *aller* ont la même forme au passé simple. Ex. : **foi** : *ce fut, il fut, il a été* ou *il alla, il est allé.*

foste	[**fôch**teu]	*tu fus, tu es allé*
fui	[**fouï**]	*je fus, je suis allé*
foi	[**fôï**]	*il fut, il est allé*
fizeste	[fi**zèch**teu]	*tu fis, tu as fait*
dei	[**dêï**]	*je donnai, j'ai donné*
deu	[**dê**ou]	*il donna, il a donné*
fiz	[**fich**]	*je fis, j'ai fait*
fez	[**fêch**]	*il fit, il a fait*
fizeram	[fi**zè**rãou]	*ils firent, ils ont fait*
descansar	[deuchkã**ssar**]	*se reposer*
deram	[**dè**rãou]	*ils donnèrent, ils ont donné*
demos	[**dè**mouch]	*nous donnâmes*
a prenda	[å **prẽ**då]	*le cadeau*
o brinquedo	[ou brĩ**quê**dou]	*le jouet*
engraçadíssimo	[ẽgråssà**dis**simou]	*très amusant*

B 2 APPLICATION Ⓒ

1. **— Onde foste ontem à noite ?**
2. **— Fui ao cinema.**
3. **— O teu irmão também foi ?**
4. **— Não, ele ficou em casa.**
5. **— Que fizeste ontem à tarde ?**
6. **— Dei um passeio à beira-mar.**
7. **— A minha mãe deu uma volta pelo mercado.**
8. **— Deste-lhe o número de telefone que te pediu ?**
9. **— Fizeste o que te pedi ?**
10. **— Não, não fiz, mas a minha irmã fez.**
11. **— Vocês foram com eles ?**
12. **— Não, não fomos.**
13. **— Que é que vocês fizeram hoje de manhã ?**
14. **— Não fizemos nada. Descansámos.**
15. **— Foram os anos dela. Que prenda é que lhe deram ?**
16. **— Demos-lhe um brinquedo engraçadíssimo.**

B 3 REMARQUES

- Attention à la prononciation des **e** du passé simple de certains verbes irréguliers : le **e** est fermé [é] à la 3e personne du singulier et ouvert [è] aux autres.
  dar : deste [**dè**chteu], **deu** [**dê**ou], **demos** [**dè**mouch], etc.
  fazer : **fizeste** [fi**zèch**teu], **fez** [fêch], **fizemos** [fi**zè**mouch], etc.
- Certains verbes sont pronominaux en français et ne le sont pas en portugais : **descansar**, *se reposer* ; **acordar**, *se réveiller* ; **passear**, *se promener*
- Verbes irréguliers au passé : **dar** (*donner*), **fazer** (*faire*)

eu dei, *je donnai*	**fiz**, *je fis*
tu deste, *tu donnas*	**fizeste**, *tu fis*
ele, você deu, *il donna*	**fez**, *il fit, vous fîtes*
nós demos, *nous donnâmes*	**fizemos**, *nous fîmes*
vós destes, *vous donnâtes*	**fizestes**, *vous fîtes*
eles, vocês deram, *ils donnèrent, vous donnâtes,*	**fizeram**, *ils firent vous fîtes*

Attention : **fiz**, *je fis, j'ai fait* ; **fez**, *il fit, il a fait.*

B 4 TRADUCTION

1. — Où es-tu allé hier au soir ?
2. — Je suis allé(e) au cinéma.
3. — Ton frère y est allé aussi ?
4. — Non, il est resté à la maison.
5. — Qu'as-tu fait hier au soir ?
6. — J'ai fait une promenade au bord de la mer.
7. — Ma mère a fait un tour au marché.
8. — Lui as-tu donné le numéro qu'elle t'a demandé ?
9. — As-tu fait ce que je t'ai demandé ?
10. — Non, je ne l'ai pas fait, mais ma sœur l'a fait.
11. — Êtes-vous allés avec eux ?
12. — Non, nous n'y sommes pas allés.
13. — Qu'avez-vous fait ce matin ?
14. — Nous n'avons rien fait. Nous nous sommes reposés.
15. — C'était son anniversaire. Quel cadeau lui avez-vous donné ?
16. — Nous lui avons donné un jouet très amusant.

26 Exercices et Vocabulaire

C 1 EXERCICES

1. Traduire :
a) Minha senhora, dê-me o seu saco ; eu levo-o.
b) São os anos dela. Deste-lhe o que te pedi ?
c) São os melhores morangos que encontra na praça.

2. Mettre les phrases au passé simple :
a) Não fazemos nada hoje ; descansamos.
b) Ele faz as compras com a mulher.
c) Não faço o que me pedes.

3. Mettre les verbes à la première personne :
a) Ele foi ao mercado de manhã cedo.
b) Ele deu-me uma prenda no dia dos meus anos.
c) Ela não fez o que lhe pediste.

4. Traduire :
a) Je me suis réveillée à huit heures.
b) Elle m'a donné son sac ; je porte son sac plein de légumes à la maison.
c) Madame, vous avez perdu votre porte-monnaie.

5. Prononcer :
Fez o que lhe pedi ; levou o saco dela. Eu não posso levar saco tão pesado. Fizeram muitas compras.

C 2 VOCABULAIRE

■ **no mercado** *(au marché)* :
pesar, *peser ;* **vender**, *vendre ;* **embrulhar**, *envelopper.*

■ **os legumes**, *les légumes*
a couve, *le chou*
a cenoura, *les carottes*
o tomate, *la tomate*
a salada, *la salade*
a alface, *la laitue, la salade*
o feijão (ões), *le haricot*
o feijão verde, *le haricot vert*
a hortaliça, *les primeurs*
o cabaz, *le panier, le cabas*
o melão (ões), *le melon*

a fruta, *les fruits*
a laranja, *l'orange*
o limão (ões), *le citron*
as uvas, *les raisins*
o cacho de uvas, *la grappe de raisin,*
o pêssego, *la pêche*
a ameixa, *la prune* [å**mey**chå]
a pêra, *la poire*
a banana, *la banane*
o cesto, *le panier* (osier)

Les Portugais (comme les Brésiliens d'ailleurs) mangent beaucoup de riz et de pommes de terre, mais peu de légumes.

26 Corrigé et Civilisation

C 3 CORRIGÉ

1. a) Madame, donnez-moi votre sac ; je vous le porte.
b) C'est son anniversaire. Lui as-tu donné ce que je t'ai demandé ?
c) Ce sont les meilleures fraises que vous trouviez sur le marché.

2. a) Não **fizemos** nada hoje ; **descansámos**.
b) Ele **fez as** compras com a mulher.
c) Não **fiz** o que me **pediste**.

3. a) Eu **fui** ao mercado de manhã cedo.
b) Eu **dei**-lhe uma prenda no dia dos seus anos.
c) Eu não **fiz** o que me pediste.

4. a) Acordei às oito horas.
b) Deu-me o seu saco ; levo o saco dela cheio de legumes para casa.
c) Minha senhora, perdeu a sua carteira.

5. [**fêch** ou **ke lyeu** peu**di** ; leu**vô** ou **sa**kou **dè**lå *Ê***ou nãou : pò**ssou leu**var sa**kou **tãou :** peu**za**dou ; fi**zè**rãou **mũ y**tåch **kõ**pråch] (P).

C 4 LE PORTUGAIS AU BRÉSIL

■ Différences de prononciation :

fizemos *(nous fîmes)*	BRÉS. [fi**zê**mouss]	PORT [fi**zè**mouch]
demos *(nous donnâmes)*	BRÉS. [**dê**mouss]	PORT. [**dè**mouch]

■ Il faut apprendre tout un vocabulaire nouveau (souvent d'origine indienne) pour faire son marché au Brésil et découvrir, en dehors des haricots noirs *(feijão preto)*, des produits souvent inconnus en Europe et qui, pour la plupart, n'ont pas de traduction (**mandioca**, *manioc ;* **abacaxi,** ananas ; **maracujá**, *fruits de la passion ;* **jaca, sapoti, pitomba, açaí,** fruits tous très sucrés...).
Dans le sud du pays, à partir de S. Paulo, on trouve tous le fruits et légumes des pays tempérés. Certains ont été introduits par les Allemands et les Italiens qui se sont installés dans les États du sud (ex. le raisin) ou, plus récemment, par les Japonais, nombreux dans l'État de S. Paulo (près de 2 millions) où ils s'occupent de l'horticulture (fraises).

26 Dialogue et Civilisation

D 1 DIALOGUE (CD)

Vamos dar um passeio ?

Alexandre — Ontem dei um magnifico passeio.
Maria — Onde foste ?
Alexandre — Fui atéao campo. E tu ? Também saíste ?
Maria — Não, não saí. Trabalhei tanto durante toda a semana que fiquei em casa a descansar.
Alexandre — Fizeste mal. Para descansar, não há nada melhor do que um bom passeio ao campo.
Maria — Hoje, sinto-me perfeitamente em forma. Não queres ir dar uma volta pelo parque ?
Alexandre — Estou um pouco cansado. Ontem andei quase dez quilómetros.

D 2 CIVILISATION

Les cultures (*as culturas*) au Portugal

On distingue trois zones :

Dans le nord (de l'Espagne jusqu'au **Mondego** qui arrose **Coimbra**), le climat est tempéré, humide sur la côte (**Minho, Douro litoral**), et plus sec et plus froid vers l'intérieur montagneux (**Trás-os montes, Alto Douro, Beira alta**). On y trouve des *pins* (**pinheiros**), mais aussi des *châtaigniers* (**castanheiros**), des *chênes* (**carvalhos**), des *pommiers* (**macieiras**), *cerisiers* (**cerejeiras**), *pruniers* (**ameixieiras**) ; dans les vallées : quelques *orangers* (**laranjeiras**), du *maïs* (**milho**), des légumes et des *choux* (**couves**).

La zone centre, entre le **Mondego** et le **Tage**, plus chaude, est une région de transition (**Beira litoral, Beira Baixa** et **Extremadura**) : les pins envahissent les montagnes, les orangers et les *citronniers* (**limoeiros**) s'installent et les *oliviers* (**oliveiras**) apparaissent ; on y rencontre de nombreux *vergers*, **pomares** (*poiriers*, **pereiras** ; *pêchers*, **pessegueiros**). Le *riz* (**arroz**) s'installe dans les vallées les plus larges (Mondego) à côté du maïs. Les cultures de *primeurs* (**hortaliça**) se multiplient autour de Lisbonne.

Au sud du Tage, le climat est plus méditerranéen : les vastes plaines du **Haut et Bas Alentejo** se couvrent de *blé* (**trigo**) complanté d'oliviers et de *chênes liège* (**sobreiros**). Le Portugal détient encore 60 % du marché mondial du *liège* (**cortiça**) et de ses dérivés qu'il exporte.

L'Algarve offre orangers et citronniers, mais aussi *amandiers* (**amendoeiras**), *figuiers* (**figueiras**) et *grenadiers* (**romeiras**).

La *vigne* (**vinha**) pousse du Nord au Sud et donne d'excellents vins.

D 3 DIALOGUE

Allons-nous faire une promenade ?

Alexandre —Hier j'ai fait une très belle promenade.
Maria —Où es-tu allé ?
Alexandre —Je suis allé à la campagne. Et toi ? Es-tu aussi sortie ?
Maria —Non, je ne suis pas sortie. J'ai tellement travaillé toute la semaine que je suis resté à la maison pour me reposer.
Alexandre —Tu as eu tort. Pour se reposer, il n'y a pas mieux qu'une bonne promenade à la campagne.
Maria —Aujourd'hui je me sens parfaitement en forme. Ne veux-tu pas venir avec moi faire un tour dans le parc ?
Alexandre —Je suis un peu fatigué. Hier, j'ai fait dix kilomètres.

D 4 CIVILISATION

L'Amazonie

Avec ses 5,1 M de km^2, l'Amazonie occupe 60 % du territoire brésilien et neuf États dont l'État de **Amazonas** (**Manaus**, 1,5 M d'hab.). Elle représente la moitié de l'Europe et si elle était un pays distinct elle serait le 6e pays du monde. Située autour de l'équateur, elle occupe l'immense dépression où coule le fleuve **Amazone**, le plus long du monde (6 868 km de l'embouchure), et ses 1 100 affluents. Cette région correspond à la plus grande *forêt vierge* (**selva**) tropicale du monde : une vaste réserve d'eau (1/5 des réserves d'eau douce de la planète) et la plus grande variété du monde d'espèces, souvent rares, ***végétales*** (bois précieux, *hévéa*, **seringueira**), ***animales*** (plus d'1 million d'espèces différentes : oiseaux, insectes, reptiles, poissons – 3 000 espèces –, mammifères) et ***minérales*** (or, fer, pétrole...). Elle est le refuge des Indiens (environ 300 000 personnes et 210 ethnies), mais elle éveille de nombreuses convoitises.

L'exploitation systématique des richesses de l'Amazonie par les Brésiliens (et d'autres...) a commencé vers les années 60 et s'est accélérée avec la construction de la route transamazonienne (inaugurée en 1972, seuls 1 000 km des 5 000 km prévus ont été mis en service) et la découverte de richesses minérales (minerais de fer du Carajás, or de la Serra Pelada).

Les déboisements, rapides et excessifs, sont devenus dangereux pour l'équilibre écologique de cette forêt qui est considérée comme « le poumon du monde ». Volontaires ou accidentels (incendies), ces déboisements correspondent aujourd'hui à une surface équivalente à celle de la France. Le Colloque international sur l'écologie, réuni à Rio en 1992, a tiré un signal d'alarme.

27 Leio muitos jornais.

A 1 PRÉSENTATION

■ **Ter que,** comme **ter de,** indique l'obligation. Il s'emploie lorsque le verbe sur lequel porte l'obligation n'a pas de complément : **Tenho que fazer**. *J'ai à faire (je dois faire).*

leio	[**lê**ïou]	*je lis*
leias	[**lê**ïåch]	*que tu lises*
lês	[lêch]	*tu lis*
apreciar	[åpreu**ssyar**]	*apprécier*
o jornal	[ou jour**naL**]	*le journal*
o mundo	[ou **mõu**dou]	*le monde*
a página	[å **pa**ginå]	*la page*
o semanário	[ou seumå**na**ryou]	*l'hebdomadaire*
os óculos	[ouz **ò**koulouch	*les lunettes*
o noticiário	[ou noutissy**a**ryou]	*les informations*
a televisão (ões)	[å teuleuviz**ãou:**]	*la télévision*
a telenovela	[å tèlènou**vè**lå]	*le feuilleton télévisé*
a revista	[å Reu**vich**tå]	*la revue*
o anúncio	[ou å**nõu**ssyou]	*la petite annonce*

A 2 APPLICATION (CD)

1. **João — Lês muito ?**
2. **Pedro — Leio, leio bastante.**
3. **João — Eu gosto de ler os jornais. Gosto de saber o que se passa no mundo.**
4. **Ana — Comprei ontem esta revista. Já a li toda. Tem muitas páginas, mas tem muitos anúncios.**
5. **J. — Não é a melhor que li ; tem poucos artigos.**
6. **P. — Este semanário é bastante bom. Tem alguns artigos interessantes.**
7. **J. — Tem também bastantes anúncios, mas tem muito que ler.**
8. **A. — Não leias demasiado ; não tens os teus óculos, e ler sem óculos cansa.**
9. **J. — Agora não consigo ler à noite ; vejo o noticiário da televisão, depois ouço a rádio.**
10. **A. — Eu costumo ver os programas de televisão quase todos os dias ; aprecio bastante as telenovelas brasileiras.**

A 3 REMARQUES

- **Bastante** *(assez),* **demasiado** *(trop).* Comme ***muito*** *(beaucoup) et* ***pouco*** *(peu)*, ils sont invariables lorsqu'ils modifient le sens d'un verbe ou se trouvent devant un adjectif ou un adverbe :
  Leio bastante (ou **demasiado**). *Je lis assez* (ou *trop*).
  Os programas são bastante interessantes, mas demasiado longos. *Les programmes sont assez intéressants, mais trop longs.*
  Bastante, demasiado + nom *(assez de ou trop de)* s'accordent en genre et en nombre avec ce nom :
  O livro tem demasiadas páginas. *Le livre a trop de pages.*
- Conjugaison de **ler** *(lire)* et de **ver** (*voir*) irréguliers à la première personne du singulier du présent de l'indicatif, et donc au subjonctif présent et aux personnes de l'impératif qui en découlent (voir Précis grammatical).

A 4 TRADUCTION

1. Jean — Lis-tu beaucoup ?
2. Pierre — Oui, je lis assez.
3. Jean — Moi, j'aime lire les journaux. J'aime savoir ce qui se passe dans le monde.
4. Anne — J'ai acheté cette revue hier. Je l'ai déjà toute lue. Elle a beaucoup de pages, mais elle a beaucoup de petites annonces.
5. J. — Ce n'est pas la meilleure que j'ai lue ; elle a peu d'articles.
6. P. — Cet hebdomadaire est assez bon. Il a quelques articles intéressants.
7. J. — Il a aussi un assez grand nombre de petites annonces. Mais il y a aussi beaucoup à lire.
8. A. — Ne lis pas trop ; tu n'as pas tes lunettes, et lire sans lunettes fatigue.
9. J. — Maintenant, je n'arrive plus à lire le soir ; je regarde les informations de la télévision et j'écoute la radio.
10. A. — Moi, j'ai l'habitude de voir les programmes de télévision presque tous les jours ; j'apprécie assez les feuilletons brésiliens.

27 Todos querem que oiça...

B 1 PRÉSENTATION

■ Les indéfinis à sens négatif se placent avant ou après le verbe, alors précédé de **não** (plus courant).
Não leio nunca ou nunca leio. *Je ne lis jamais.*

lembrar-se de	[lẽ***brar***-seu deu]	*se rappeler*
acreditar em	[åkreudi**tar** ãỹ]	*croire à*
enganar-se	[ẽgå**nar**-seu]	*se tromper*
choveu	[chou**vê**ou]	*il a plu*
tudo	[**tou**dou]	*tout*
alguém	[aL**gãỹ**]	*quelqu'un*
algum	[aL**gõu**]	*quelque*
ninguém	[nĩ**gãy**]	*personne*
nenhum	[neu**gnõu**]	*aucun*
a emissão (ões)	[å imi**ssãou** :]	*l'émission*
a reportagem	[å Reupour**tajãy**]	*le reportage*
o boletim	[ou bouleu**tĩ**]	*le bulletin*
óptimo	[**ò**timou]	*très bon, excellent*
péssimo	[**pè**ssimou]	*très mauvais*
variado	[vår**ya**dou]	*varié*
às vezes	[åch **vê**zeuch]	*parfois*
cada vez	[**ka**dåvêch]	*chaque fois*
a notícia	[å nou**ti**ssyå]	*la nouvelle*

B 2 APPLICATION (CD)

1. **Ouvi dizer que há uma emissão óptima. Todos querem que a oiça.**
2. **Será verdade ? Às vezes dizem que o programa é bom e é péssimo. Nenhum programa me interessa.**
3. **Eu nunca oiço a rádio, mas vejo todos os programas de televisão.**
4. **Eu não posso ver tudo, mas ligo a televisão cada vez que há uma reportagem.**
5. **Alguém diz que este filme já passou. Não me lembro.**
6. **O noticiário da televisão dá noticias variadas e algumas informações práticas.**
7. **Nunca podemos acreditar no que diz o boletim meteorológico ; engana-se sempre : ontem anunciou sol e choveu.**
8. **Ninguém pode ler todos os jornais.**

B 3 REMARQUES

- **Óptimo :** le **p** devant **t** ne se prononce généralement pas.
- **Ouço** [ôssou] ou **oiço** [ôïssou]. Les diphtongues **ou** et **oi** sont interchangeables. **Ou** a tendance à s'imposer ; certaines formes n'existent qu'avec **ou**. Ex. : **ouvi**, *j'ai entendu.*
- Comparatifs et superlatifs irréguliers : **bom,** *bon ;* **mau,** *mauvais* (voir Précis grammatical p.346).
- Les pronoms et adjectifs indéfinis : certains sont invariables : **tudo,** *tout ;* **nada,** *rien ;* **alguêm,** *quelqu'un ;* **ninguêm,** *aucun.*

  D'autres s'accordent avec le nom auquel ils se rapportent ou qu'ils remplacent : **todas lêem,** *toutes lisent* (pronom) ; **todo o mundo,** tout le monde.

  algum, *quelque ;* **alguns,** *quelques ;* **alguma(s),** *quelque(s) ;* **nenhum,** *aucun ;* **nenhuma,** *aucune.*

  Attention : **tudo** (invariable), **todo** (variable) :
  leio tudo, *je lis tout ;* **todo o mundo, todos,** *tous.*
- Conjugaison de **dizer,** *dire* (voir Verbe irrégulier).

B 4 TRADUCTION

1. J'ai entendu dire qu'il y a une très bonne émission. Tous veulent que je l'écoute.
2. Est-ce vrai ? On dit parfois que le programme est bon et il est très mauvais. Aucun programme ne m'intéresse.
3. Moi, je n'écoute jamais la radio, mais je vois tous les programmes de la télévision.
4. Je ne peux pas voir tout, mais j'allume chaque fois qu'il y a un reportage.
5. Quelqu'un dit que ce film est déjà passé. Je ne m'en souviens pas.
6. Le journal télévisé donne des nouvelles variées et quelques renseignements pratiques.
7. Nous ne pouvons jamais croire ce que dit le bulletin météorologique ; il se trompe toujours ; hier, il a annoncé le soleil et il a plu.
8. Personne ne peut lire tous les journaux.

27 Exercices et Vocabulaire

C 1 EXERCICES

1. Traduire :
a) Cada vez que compro o jornal, leio os anúncios.
b) Alguém está à minha espera na rua.
c) Queres que peça uma informação.

2. Employer suivant le cas tudo, todo, todos, toda, todas :
a) Não é bom ver...... na televisão ; nem...... os programas são bons.
b) Nem...... as notícias são interessantes.

3. Mettre le verbe aux mode et temps qui conviennent :
a) (vir) – Eles...... comigo ao cinema.
b) (ouvir) – Esta note, talvez..... a rádio.
c) (ver) – Elas...... a televisão todos os dias.
d) (ver) – É útil que (vocês)...... este programa.

C 2 VOCABULAIRE

editar/a edição	*éditer/l'édition*
publicar/a publicação	*publier/la publication*
assinar um jornal	*s'abonner à un journal*
o assinante	*l'abonné*
o título	*le titre*
a coluna	*la colonne*
a gralha	*la coquille* (journal)
a imprensa	*la presse*
a banca de jornais	*le kiosque à journaux*
semanal	*hebdomadaire*
mensal/anual	*mensuel/annuel*
acender a luz	*allumer la lumière*
apagar a luz	*éteindre la lumière*
ligar o rádio/a televisão	*allumer la radio/la télévision*
desligar o rádio/a televisão	*éteindre la radio/la télévision*
o canal de televisão	*la chaîne de télévision*
o fecho	*la fin des émissions*
emitir	*émettre*
acontecer/suceder	*arriver/survenir* (un évènement)
o acontecimento	*l'évènement*
o sucesso/o êxito	*le succès*

27 Corrigé et Vocabulaire

C 3 CORRIGÉ

1.

a) Chaque fois que j'achète le journal, je lis les petites annonces.
b) Quelqu'un m'attend dans la rue.
c) Tu veux que je demande un renseignement.

2.

a) Não é bom ver **tudo** na televisão nem **todos** os programas são bons.
b) Nem todas as noticias são interessantes.

3.

a) Eles **vêm** comigo ao cinema.
b) Esta note, talvez **oiça** (ou : **ouça**) a rádio.
c) Elas **veem** a televisão todos os lias.
d) É útil que **vejam** este programa.

C 4 LE PORTUGAIS AU BRÉSIL

■ **Prononciation :**

vejo, *je vois*	B. [vêjou]	P. [vajou]
veja, *que je voie,* etc.	[vêjà]	[vajà]

■ **Grammaire :**

Contrairement à ce qui se passe au Portugal, **todo, toda** (*tout/e*) n'est pas suivi de l'article o, a.

tout le monde	B. **todo mundo** **toda gente**	P. **todo o mundo** **toda a gente**

■ **Vocabulaire :**

les petites annonces	B. **os classificados**	P. **os anúncios** **os classificados**

27 Dialogue et Civilisation

D 1 DIALOGUE (CD)

Por favor, podia baixar o som da televisão ?

João — Estão a bater à porta, não ouves ?
Maria — Não, não ouço nada.
João — Estás à espera de alguém ?
Maria — Não, não estou à espera de ninguém. Quem é que pode vir cá a casa a esta hora ?
João — É capaz de ser o vizinho do lado.
Maria — Achas que vem protestar por causa da televisão ?
João — Não é a primeira vez que nos vem pedir que lhe baixemos o som.
Maria — Mas quando falamos com ele, é preciso gritar para que nos oiça.

D 2 CIVILISATION

La presse au Portugal

Pendant la période de la dictature (du 28 mai 1926 au 25 avril 1974, date de la **Révolution des Œillets**), la presse est soumise à *examen préalable* (**exame prévio**), et à *la censure* (**a censura**). Depuis la loi du 26.02.1975, la presse est libre. Les journaux sont nombreux et représentent des courants d'opinion variés : *quotidiens* (**diários**), *hebdomadaires* (**semanários**), *revues* (**revistas**).

Voici quelques titres dont certains sont très anciens :

- *quotidiens du matin* (**matutinos**) :
  Porto : ***Jornal de Notícias*** (1888)*
  Lisbonne : ***Diário de Notícias*** (1864)*
  Correio da Manhã (1980)
  Público (1990, Lisbonne-Porto)*
- *hebdomadaires* (**semanários**) : ***Expresso*** (Lisbonne, 1973)
- *revues hebdomadaires* : ***Visão*** (1995)
  (**revistas semanais**)

Les grands quotidiens offrent un supplément illustré en fin de semaine.

Il existe aussi une presse féminine et une presse spécialisée (moto, auto, architecture, littérature), ex. : ***Jornal de Letras***.

(* grande diffusion)

D 3 DIALOGUE

S'il vous plaît, pouvez-vous baisser le son de la télévision ?

João — On frappe ? Tu n'entends pas ?
Maria — Non, je n'entends rien.
João — Tu attends quelqu'un ?
Maria — Non, je n'attends personne. Qui peut bien venir la maison à cette heure-ci ?
João — C'est peut-être le voisin d'à côté.
Maria — Crois-tu qu'il vient protester à cause de la télévision ?
João — Ce n'est pas la première fois qu'il vient nous demander de baisser le son.
Maria — Mais quand nous lui parlons, il faut crier pour qu'il nous entende.

D 4 CIVILISATION

La presse au Brésil

Le 1er journal fut publié en 1808 par le gouvernement portugais en exil. Après une période de censure (1964-1976), la presse brésilienne est parfaitement libre.

Il est difficile de rendre compte de la presse brésilienne en quelques lignes, car chaque État, chaque grande ville, a ses quotidiens. Il existerait plus de 1 600 titres, mais la majeure partie de la diffusion (92 % des exemplaires vendus), se fait dans les États du Sud et du Sud-Est, les plus alphabétisés, où quelques journaux tirent à plus de 100 000 exemplaires. Parmi les quotidiens les plus diffusés, citons : ***O Estado de São Paulo*** (*l'État de Saint Paul*), appelé familièrement ***o Estadão, A Folha de São Paulo*** (*la Feuille de Saint Paul*), publiés à São Paulo, ***O Globo*** (*le Globe*) et ***O Jornal do Brasil*** pour Rio.

Ces journaux deviennent très lourds en fin de semaine car, ils s'accompagnent de très nombreuses feuilles supplémentaires (petites annonces, sports, chronique mondaine littéraires, spectacles…).

Il existe plusieurs hebdomadaires d'information dont la vente nationale, ***Veja*** et ***Isto é*** (siège à São Paulo) tous deux réputés pour le sérieux de leurs études économiques et de leurs articles documentaires.

28 Procuro uma datilógrafa que saiba...

A 1 PRÉSENTATION

- Dans une proposition relative, le verbe est à l'indicatif : **a datilógrafa que tenho**..., *la dactylo que j'ai*...
- On peut toutefois trouver aussi le subjonctif; la réalisation de l'action exprimée par le verbe est alors souhaitée, hypothétique : **uma datilógrafa que saiba**..., *une dactylo qui sache*...

pude	[poudeu]	*je pus*
pôde	[pôdeu]	*il put*
dar um erro	[dar õu éRou]	*faire une erreur*
consertar	[kõsseurtar]	*arranger, réparer*
arranjar	[àRãjar]	*arranger, arriver à trouver*
a dactilógrafa	[å dåctilogråfå]	*la dactylo*
o relojoeiro	[ou Reuloujoueïrou]	*l'horloger*
o sapateiro	[ou såpåteïrou]	*le marchand de chaussures, le cordonnier*
a sapataria	[å såpåtåriå]	*le magasin de chaussures*
o salto	[ou saLtou]	*le talon*
o barbeiro	[ou bårbéïrou]	*le coiffeur (barbier)*
a cabeça	[à kåbéssâ]	*la tête*
o cabelo	[ou kåbélou]	*les cheveux*
a cabeleireira	[å kåbeulêïréïrå]	*la coiffeuse*

A 2 APPLICATION (CD)

1. **Preciso duma datilógrafa que saiba escrever depressa à máquina.**
2. **A datilógrafa que tenho dá muitos erros ; não pude arranjar outra.**
3. **O meu relógio está parado. Necessito de arranjar um relojoeiro que o conserte rapidamente.**
4. **Procuro um sapateiro que me arranje os sapatos ; parti o salto.**
5. **As sapatarias vendem sapatos. Não os arranjam.**
6. **Vou ao barbeiro cortar o cabelo. Faço sempre a barba em casa.**
7. **Tenho de ir ao cabeleireiro. Preciso de lavar a cabeça e arranjar o cabelo. Ontem não me pôde atender.**

28 Je cherche une dactylo qui sache...

A 3 REMARQUES

- Ne pas confondre :

pode [**pò**deu]	(o de *note)*	*il peut*
pôde [**pô**deu]	(o de *pot)*	*il put, il a pu*
pude [**pou**deu]	*je pus, j'ai pu*	

- Les relatifs : **que** (personne ou chose, *que, qui*) : **Quem**, *qui* (personne), **o qual**, *lequel*, etc. (voir Précis grammatical, pp. 349-350).
- — Le suffixe **eiro, eira** indique un métier :
  o cabeleireiro, *le coiffeur* **a cabeleireira**, *la coiffeuse*

  — Le suffixe **aria** indique l'endroit où se pratique le métier :
  o **sapato**, *la chaussure* **a sapataria**, *le magasin de chaussures*
  o **pão**, *le pain* **a padaria**, *la boulangerie*
- Expressions : **ir ao médico**, *aller chez le médecin ;* **ir ao sapateiro**, *aller chez le cordonnier ;* **ir à cabeleireira**, *aller chez la coiffeuse.*
- Passé simple irrégulier de **poder**, *pouvoir* :
  pude, pudeste, pôde, pudemos, pudestes, puderam.

  N.B. : observer la différence : **pode**, *il peut*, **pôde**, *il a pu.*

A 4 TRADUCTION

1. J'ai besoin d'une dactylo qui sache écrire vite à la machine.
2. La dactylo que j'ai fait beaucoup d'erreurs ; je n'ai pas pu en trouver d'autre.
3. Ma montre est arrêtée. J'ai besoin de trouver un horloger qui puisse la réparer rapidement.
4. Je cherche un cordonnier qui arrange mes chaussures ; j'ai cassé les talons.
5. Les magasins de chaussures vendent des chaussures ; ils ne les réparent pas.
6. Je vais chez le coiffeur me faire couper les cheveux ; je me rase toujours à la maison.
7. Je dois aller chez le coiffeur. J'ai besoin de me faire laver la tête et de me faire coiffer. Hier, il n'a pas pu me prendre.

28 Procura-se andar...

B 1 PRÉSENTATION

procurar	[pròkou**rar**]	*chercher*
precisar	[preussi**zar**]	*avoir besoin de*
necessitar	[neusseussi**tar**]	*avoir besoin de*
oferecer	[òfeureu**ssêr**]	*offrir, proposer*
alugar	[ålou**gar**]	*louer*
o emprego	[ou ë**prê**gou]	*l'emploi*
a mulher-a-dias	[å mou**lyèr** å **di**/åch]	*la femme de mé-nage*
o andar	[ou ä**dar**]	*l'étage, l'apparte-ment*
a vivenda	[å vi**vẽ**då]	*la villa*
o guarda-livros	[ou **gouar**då-**liv**rouch]	*le comptable*
o electricista	[ou ilèktreu**ssis**tå]	*l'électricien*
o cozinheiro	[ou kouzi**gnêï**rou]	*le cuisinier*
o quarto	[ou **kouar**tou	*la chambre*
seguinte	[seu**guï**teu]	*suivant, qui suit*

■ Attention : **andar** a plusieurs emplois et plusieurs natures :
— **andar** (verbe), *marcher ;* il peut remplacer le verbe **ir** ou **estar : ando de carro**, *je vais en voiture ;* **ando contente**, *je suis contente ;*
— **andar** (nom) : 1) **o andar**, *la marche ;* 2) **o andar**, *l'étage, l'appartement en étage.*

B 2 APPLICATION (CD)

1. **Quando necessitamos de arranjar um emprego, um empregado, uma casa, etc., temos de consultar a página dos anúncios.**
2. **Lêem-se os seguintes anúncios :**
3. **Procura-se mulher-a-dias.**
4. **Procura-se andar ou uma vivenda.**
5. **Precisa-se um guarda-livros.**
6. **Precisam-se guarda-livros.**
7. **Procuram-se electricistas.**
8. **Oferecem-se cozinheiros.**
9. **Alugam-se quartos.**
10. **Tocam à campainha. Será alguém que responde já ao anúncio que mandei publicar no Diário de Notícias ?**

B 3 REMARQUES

- Le pluriel des mots composés (Précis grammatical, p. 344) :
  — nom relié par une préposition à un autre nom : le premier nom prend la marque du pluriel :
  mulher-a-dias, *femme de ménage* ? **mulheres-a-dias**.
  — un verbe + un nom déjà au pluriel : le nom est invariable :
  o guarda-livros, *le comptable* ? **os guarda-livros**.
- L'indéfini **on** n'existe pas en portugais : il y a plusieurs solutions de remplacement :
  — la 1re personne du pluriel, si la personne qui parle peut faire partie du sujet on : **quando necessitamos**, *quand on a besoin.*
  — la 3e personne du pluriel, quand le sujet est inconnu :
  Tocam à campainha. Quem será ? *On sonne. Qui cela peut-il être ?*
  — la forme pronominale, à la 3e personne du singulier, lorsque la personne qui parle veut s'exclure de *on* **: *diz-se que***, *on dit que.*
  — lorsque le verbe introduit par *on* est suivi d'un complément, on utilise le verbe à la forme pronominale, et on l'accorde en nombre avec ce complément (qui devient sujet réel en portugais) : **procura-se andar**, *on cherche un appartement ;* **procuram-se quartos**, *on cherche des chambres.*

B 4 TRADUCTION

1. Quand on a besoin de trouver un emploi, un employé, une maison, etc., on doit consulter la page des annonces.
2. On lit les petites annonces suivantes :
3. On cherche une femme de ménage.
4. On cherche un appartement en étage ou une villa.
5. On a besoin d'un comptable.
6. On a besoin de comptables.
7. On cherche des électriciens.
8. On propose des cuisiniers.
9. On loue des chambres.
10. On sonne. Est-ce que c'est quelqu'un qui répond déjà à l'annonce que j'ai fait passer dans le *Diário de Notícias* ?

C 1 EXERCICES

1. Employer le relatif qui convient (quem **ou** que) :
a) A professora com ..... falo é simpática.
b) A máquina com ...... trabalho não é boa.
c) A senhora ...... vende os bolos é a pasteleira.
d) O pão ...... compro não é dos melhores.

2. Mettre au féminin :
a) Este professor ensina bem.
b) Nenhum empregado trabalha na minha casa.
c) Este turista não conhece a cidade.

3. Traduire :
a) On frappe à la porte. Qui cela peut-il être ?
b) Le samedi, on ne travaille pas.
c) On cherche une femme de ménage qui travaille le samedi.

C 2 VOCABULAIRE

a profissão (-ões)	*la profession*
o ofício	*le métier*
o merceeiro	*l'épicier*
a mercearia	*l'épicerie*
o porteiro	*le concierge*
a porteira	*la concierge*
o enfermeiro	*l'infirmier*
a enfermeira	*l'infirmière*
o pasteleiro	*le pâtissier*
o pedreiro	*le maçon*
o canalizador	*le plombier*
o engenheiro	*l'ingénieur*
a engenheira	*l'ingénieur* (femme)
o advogado	*l'avocat*
o secretário	*le secrétaire*
a secretária	*la secrétaire*
a secretaria	*le secrétariat*
o secretariado	*le secrétariat*
a enfermaria	*l'infirmerie*
a pastelaria	*la pâtisserie*
a farmácia	*la pharmacie*
a oficina	*l'atelier*
o farmacêutico	*le pharmacien*

C 3 CORRIGÉ

1.

a) A professora com **quem** falo é simpática.
b) A máquina com **que** trabalho não é boa.
c) A senhora **que** vende os bolos é a pasteleira.
d) O pão **que** compro não é dos melhores.

2.

a) Esta professora ensina bem.
b) Nenhuma empregada trabalha na minha casa.
c) Esta turista não conhece a cidade.

3.

a) Batem à porta. Quem será ?
b) Aos sábados, não trabalhamos.
c) Procura-se uma mulher-a-dias que trabalhe aos sábados.

C 4 RÉCRÉATION

■ **À procura dum emprego**	*À la recherche d'un emploi*
— Idade.	— *Âge.*
— Vinte e oito anos.	— *Vingt-huit ans.*
— É o primeiro emprego ?	— *C'est votre premier emploi ?*
— Não.	— *Non.*
— Então ?	— *Alors ?*
— Sou pescador há dez anos.	— *Je suis pêcheur depuis dix ans.*
— Porque é que quer vir para o circo ?	— *Pourquoi voulez-vous venir travailler au cirque ?*
— Porque estou farto de trabalhar com rede.	— *Parce que j'en ai assez de travailler avec un filet.*

(In Pão com Manteiga, 2. Lisboa 1982.)

28 Dialogue et Civilisation

D 1 DIALOGUE (CD)

Emprego : precisa-se...

Renato — Vê aí no jornal se há alguma oferta de emprego que me possa interessar.

Elisa — Está aqui um anúncio que corresponde ao que tu procuras.

Renato — O que é ?

Elisa — Uma empresa precisa de alguém com conhecimentos de informática e que também perceba de programação.

Renato — Não devo ser o único... Há com certeza muitos outros que vão responder ao anúncio.

Elisa — Vais desistir ?

Renato — Claro que não. Pode ser que tenha sorte e consiga o emprego.

D 2 CIVILISATION

Les femmes et le marché du travail

Au Portugal une forte proportion de femmes participe au marché du travail et cette situation est davantage comparable à celle des pays nordiques plutôt qu'à celle des pays du sud de l'Union européenne, comme l'Espagne. Plusieurs facteurs sont à l'origine de cette situation. On peut notamment observer que le niveau de qualification des jeunes femmes de plus en plus élevé a modifié leurs attentes en termes de carrière professionnelle compte tenu de leur succès scolaire. D'autres facteurs expliquent la forte proportion de femmes sur le marché du travail comme l'expansion de secteurs absorbant la main d'œuvre féminine, l'évolution des mentalités par rapport au modèle selon lequel l'homme est envisagé comme l'unique soutien financier de la famille, la contribution du salaire des femmes dans le budget familial devenue importante et nécessaire. À ces facteurs s'ajoute le faible niveau des salaires qui encourage également les femmes à participer activement au marché du travail afin d'augmenter les revenus des ménages.

in AGENDER – Étude réalisée par le projet portugais EQUAL "Revaloriser le travail pour promouvoir l'égalité"

D 3 DIALOGUE

Emploi : on recherche...

Renato — Regarde dans le journal s'il y a une offre d'emploi qui puisse m'intéresser.
Elisa — Voici une annonce qui correspond à ce que tu cherches.
Renato — Quoi ?
Elisa — Une entreprise recherche quelqu'un ayant des connaissances en informatique et des notions de programmation.
Renato — Je ne dois pas être l'unique... Il y a sûrement bien d'autres personnes qui vont répondre à l'annonce.
Elisa — Tu vas renoncer ?
Renato — Bien sûr que non. J'aurai peut-être de la chance et réussirai à avoir cet emploi.

D 4 CIVILISATION

« Nitidamente, na rua ao lado, as campainha dos eléctricos tinham também uma socialidade connosco... A chuva leve decresceu.

Eram seis horas. Fechava-se o escritório. O patrão Vasques disse, do guarda-vento entreaberto, "Podem sair", e disse-o como uma benção comercial. Levantei-me logo, fechei o livro e guardei-o. Pus a caneta visivelmente sobre a depressão do tinteiro, e, avançando para o Moreira, disse-lhe um "até amanhã" cheio de esperança, e apertei-lhe a mão como depois de um grande favor. »

Fernando Pessoa, *Livro do desassossego*, por Bernardo Soares (adapté).

« Très clairement, dans la rue voisine, les appels sonores des tramways entraient en communication avec nous... La pluie fine diminua. Il était six heures. C'était l'heure de fermeture du bureau. Le patron Vasques dit, du paravent entre-ouvert : "Vous pouvez partir", et il le dit comme si c'était une bénédiction commerciale. Je me levai immédiatement, je fermai mon registre et je le rangeai. Je posai mon porte-plume en évidence dans la rigole de l'encrier, et, m'avançant vers Moreira, je lui dis un "à demain" plein d'espoir, et je lui serrai la main comme s'il m'avait fait une grande faveur. »

Le Livre de l'Intranquillité, traduction publiée aux éditions Bourgois.

Fernando Pessoa (1888 – 1935) est l'un des plus grands poètes portugais contemporains. Il écrit sous plusieurs hétéronymes dont celui de **Bernardo Soares**.

29 Não vieram. Porquê ? Estivemos ocupados...

A 1 PRÉSENTATION

■ *Pourquoi ?* **Porquê** [pour**quê**], question non formulée et **porque** [**pour**queu], si la question est formulée.
— **porque,** *parce que,* introduit la réponse à la question ;
— **por** indique la cause : **por isso,** *à cause de cela* ;
— **por** + infinitif, *parce que* : **por não haver telefone,** *parce qu'il n'y a pas de téléphone.*

vim	[**vĩ**]	*je suis venu, je vins*
vieste	[vi**èch**teu]	*tu es venu, tu vins*
veio	[**vê**ïou]	*il est venu, il vint*
vimos	[**vi**mouch]	*nous avons vu, nous vîmes*
estive	['ch**ti**veu]	*j'ai été, je fus*
esteve	['ch**tê**veu]	*il a été, il fut*
a tourada	[å tô**ra**då]	*la course de taureaux*
a ginástica	[å ji**nach**tikå]	*la gymnastique*
a corrida	[å kou**Ri**då]	*la course*
a saudade	[å såou**da**deu]	*la nostalgie*

A 2 APPLICATION (CD)

1. **João — Esperei-te ontem. Não vieste. Porquê ?**
2. **Pedro — Não vim. Estive no estádio todo o dia. Não pude vir. Aproveitei este dia de sol para treinar.**
3. **J. — E a Ana ? Também não veio. Porquê ?**
4. **P. — Ela esteve na piscina. Não pôde vir.**
5. **— Estivemos ocupados ; foi por isso que não pudemos vir.**
6. **J. — Porque é que não telefonaram para avisar ?**
7. **P. — Não telefonámos por não haver telefone disponível no estádio.**
8. **J. — Foram à tourada ontem à noite ?**
9. **P. — Não, não pudemos ir. Viemos tarde. A Ana sentiu-se cansada depois de um dia de ginástica.**
10. **— Ficámos em casa e vimos com saudade um filme das últimas férias.**
11. **J. — Não te esqueças que domingo devemos ir a uma corrida de automóveis.**

A 3 REMARQUES

- Attention à **vim** [vĩ] (nãsal), *je vins et* **vi** [vi], *je vis.*
- Verbe **estar**, irrégulier au passé simple :

eu estive	*j'ai été, je fus*
tu estiveste	*tu as été, tu fus*
ele esteve	*il a été, il fut*
nós estivemos	*nous avons été, nous fûmes*
vós estivestes	*vous fûtes (inusité)*
eles estiveram	*ils ont été, ils furent*

- Verbe **vir**, irrégulier au parfait :

vir, *venir*	**ver**, *voir*
eu vim, *je vins*	*vi, je vis*
tu vieste, *tu vins*	**viste**, *tu vis*
ele veio, *il vint*	**viu**, *il vit*
nós viemos, *nous vînmes*	**vimos**, *nous vîmes*
vós viestes, *vous vîntes*	**vistes**, *vous vîtes*
eles vieram, *ils vinrent*	**viram**, *Ils virent*

A 4 TRADUCTION

1. Jean — Je t'ai attendu hier. Tu n'es pas venu. Pourquoi ?
2. Pierre — Je ne suis pas venu. J'ai été au stade toute la journée. Je n'ai pas pu venir. J'ai profité de ce jour de soleil pour m'entraîner.
3. J. — Et Anne ? Elle n'est pas venue non plus. Pourquoi ?
4. P. — Elle est restée à la piscine. Elle n'a pas pu venir.
5. — Nous étions occupés ; à cause de cela, nous n'avons pas pu venir.
6. J. — Pourquoi n'avez-vous pas téléphoné pour avertir ?
7. P. — Nous n'avons pas téléphoné parce qu'il n'y avait pas de téléphone disponible au stade.
8. J. — Êtes-vous allés à la course de taureaux hier soir ?
9. P. — Non, nous n'avons pas pu y aller. Nous sommes revenus tard. Anne s'est sentie fatiguée après cette journée de gymnastique.
10. — Nous sommes restés à la maison et nous avons regardé avec nostalgie un film des dernières vacances.
11. J. — N'oublie pas que nous devons aller dimanche à une course automobile.

29 Ouviste o que te disse?

B 1 PRÉSENTATION

■ Attention à la construction de **apetecer**, *avoir envie de*, et **agradar**, *aimer*.
agrada-lhe o filme, *il aime le film (le film lui plaît)*.
agradam-lhe os filmes, *il aime les films*.
apetece-te sair, *tu as envie de sortir*.

disse	[disseu]	*j'ai dit, je dis, il dit*
disseste	[dissêchteu]	*tu as dit, tu dis*
disseram	[dissêrãou]	*ils ont dit, on a dit*
apetecer	[ápeuteussér]	*avoir envie*
agradar	[ågrådar]	*plaire, aimer*
quiseram	[kizêrãou]	*ils ont voulu (on a...)*
o festival	[ou feuchtivaL]	*le festival*
o fado	[ou fadou]	*le fado (cf. C2)*
a véspera	[å vêchpeurå]	*la veille*
o folclore	[ou fòLkloreu]	*le folklore*
o êxito	[ou ézitou]	*le succès*
tal	[tåL]	*tel(le)*
popular	[poupoular]	*populaire*
combinado	[kõbinadou]	*d'accord, entendu*
com antecedência	[kõ ãteusseudẽssyå]	*d'avance, par avance*

B 2 APPLICATION (CD)

1. Pedro — Ouviste o que te disse ?
2. Ana — Não. Não ouvi o que me disseste ? O que foi ?
3. P. — Não queres vir aos fados amanhã, com os nossos amigos ?
4. A. — Não, não me apetece e penso que também não lhes apetece.
5. — Já na semana passada não quiseram ir.
6. P. — Há um festival de música brasileira. Disseram-me que é muito bom. Talvez te apeteça, e a eles também.
7. A. — Combinado. Agrada-me muito a música folclórica. O João disse que é ótimo.
8. P. — Temos de ir comprar os bilhetes com antecedência.
9. A. — É verdade ; não conseguimos entrar no ultimo festival de música popular portuguesa, por não haver mais lugares.
10. P. — O êxito foi tal que venderam tudo na véspera.

B 3 REMARQUES

- Remarquer la prononciation de **x dans êxito** [êzitou].
- Les verbes impersonnels **apetecer** *(avoir envie de)* et **agradar** (aimer) ne s'emploient qu'à la 3ᵉ personne (sing. ou plur.) et s'accorde avec le complément qui suit.
  Le sujet français est évoqué par **me, te, ihe, nos, ihes**.
  apetece-me comer, *j'ai envie de manger.*
  apetecem-te estes bolos, *tu as envie de ces gâteaux.*
  agrada-nos passear, *nous aimons nous promener.*
- Parfaits irréguliers : **dizer**, *dire ;* **querer**, *vouloir.*

eu disse, *je dis*	**quis,** *je voulus*
tu disseste, *tu dis*	**quiseste,** *tu voulus*
ele, você disse, *il dit*	**quis,** *il voulut*
nós dissemos, *nous dîmes*	**quisemos,** *nous voulûmes*
vós dissestes, *vous dîtes*	**quisestes,** *vous voulûtes*
eles, vocês disseram, *ils dirent*	**quiseram,** *ils voulurent*

- Ne pas confondre **diz** [dich], *il dit* (présent) et **disse [di**sseu], *il dit, je dis* (passé simple).

B 4 TRADUCTION

1. Pierre — Tu as entendu ce que je t'ai dit ?
2. Anne — Non. Je n'ai pas entendu ce que tu m'as dit. Qu'est-ce que c'est ?
3. P. — Ne veux-tu pas venir écouter les fados demain, avec nos amis ?
4. A. — Non, je n'en ai pas envie, et je pense qu'eux non plus n'ont pas envie.
5. — La semaine dernière ils n'ont déjà pas voulu venir.
6. P. — Il y a un festival de musique brésilienne. On m'a dit qu'il est très bon. Peut-être en as-tu envie, et eux aussi.
7. A. — D'accord. J'aime beaucoup les musiques folkloriques. Jean a dit qu'il est très bon.
8. P. — Nous devons acheter les billets à l'avance.
9. A — C'est vrai. Nous n'avons pas réussi à entrer au dernier festival de musique populaire portugaise, parce qu'il n'y avait plus de place.
10. P. — Le succès a été tel qu'ils ont tout vendu la veille.

29 Exercices et Vocabulaire

C 1 EXERCICES

1. **Mettre au passé simple :**
   a) Estão todo a dia no estádio.
   b) Jogo futebol e quero ir ao estádio.
   c) Diz que não queres ir à tourada.
   d) Estou de manhã na piscina e o Pedro está em casa.
   e) Eu não posso sair e ele não pode vir.

2. **Mettre le verbe à la troisième personne du singulier :**
   a) Estive muito tempo ao sol.
   b) Eu fui à piscina e não quis ir à praia.
   c) Eu não pude ir à tourada.

3. **Traduire (employer agradar ou apetecer) :**
   a) Ils ont envie d'aller à la corrida.
   b) Ils n'ont pas aimé les films.
   c) Tu as envie de te promener.
   d) Nous avons envie de ces gâteaux.

C 2 VOCABULAIRE ET RENSEIGNEMENTS PRATIQUES

■ **A saudade** : ce sentiment de nostalgie est un thème constant de la poésie lyrique portugaise, et le sujet favori des **fados**, chansons populaires.

■ Les **fados**, mélancoliques, chantent la vie quotidienne, les amours malheureuses et la destinée de l'homme (**fado** vient du latin « fatum », *le destin*). Les **fados** de Coimbra et de Lisbonne sont de tonalités très différentes. Les **fados** de Coimbra sont chantés par les étudiants, ceux de Lisbonne par les hommes ou les femmes du peuple (**o povo**).
Le chanteur de fado (**o fadista**) est toujours accompagné par une guitare (**a viola**) et par une guitare portugaise (**a guitarra**) qui est une guitare à douze cordes métalliques en forme de cœur (**a forma dum coração**), dit un fado de Coimbra.
Quelques fadistas : **Amália Rodrigues** (1920-1999), **Carlos do Carmo**, **Camané**, **Mafalda Arnault**, **Mísia**, **Mariza**...
Le **fado** ne saurait représenter toute la chanson populaire portugaise. Celle-ci est très variée : très gaie dans le Nord et dans le Sud (**chula** du Minho et *vira* d'Algarve) et très grave en Alentejo.

C 3 CORRIGÉ

1.

a) **Estiveram** todo o dia no estádio.
b) **Joguei** futebol **quis** ir ao estádio.
c) **Disse** que não **quiseste** ir à tourada.
d) **Estive** de manhã na piscina e o Pedro **esteve** em casa.
e) Eu não **pude** sair e ele não **pôde** vir.

2.

a) **Esteve** muito tempo ao sol.
b) Ele **foi** à piscina e não **quis** ir à praia.
c) Ele não **pôde** ir à tourada.

3.

a) Apetece-lhes ir à tourada.
b) Não lhes agradaram os filmes.
c) Apetece-te passear.
d) Apetecem-nos estes bolos.

C 4 LE PORTUGAIS AU BRÉSIL

■ La guitare est un instrument de musique tout aussi populaire au Brésil qu'au Portugal. On l'appelle o **violão** (et non a **viola** comme au Portugal). Les Brésiliens ont un sens inné de la musique et tout peut devenir un instrument de musique (assiette, boîte d'allumettes, etc.). La musique est très variée et généralement très gaie. Il faut distinguer la musique du Nord-Est, proche des racines portugaises, accompagnée à l'accordéon, de la musique de la région de Bahia, très influencée par là musique africaine, ou de celle qui naît dans les grands centres urbains de Rio ou de São Paulo, intégrant toutes les influences : **o samba, a bossa nova**.

La création musicale est permanente et les chanteurs, engagés ou non, ont pour la plupart une renommée internationale : **Chico Buarque de Holanda**, **Gilberto Gil**, **Vinícius de Moraes**, **Caetano Veloso**, **Maria Betânia**. **Gal Costa**, etc.

La musique brésilienne est quotidiennement présente sur les ondes françaises et influence de nombreux chanteurs français : Claude Nougaro, Bernard Lavilliers, Georges Moustaki, Nicoletta, etc.

29 Dialogue et Civilisation

D 1 DIALOGUE (CD)

Vieste tão tarde. Porquê ?

Matilde — Porque é que vieste tão tarde ? Não é costume.
Mário — Pois não, mas hoje tive de receber uns clientes. A minha primeira proposta não lhes agradou e eu tive dificuldade em convencê-los. Foi por isso que não pude chegar mais cedo.
Matilde — Hoje não telefonaste. Porquê ?
Mário — Eu bem quis, mas não tive oportunidade. Desculpa. Apetece-te sair ?
Matilde — Não, não me apetece. Porquê ?
Mário — Podíamos ir jantar fora...
Matilde — A mesa está posta e o jantar já está pronto.

D 2 CIVILISATION

Fado Hilário

Étudiant de Coimbra, **Augusto Hilário** (1864-1896), est plus connu par ses talents de chanteur (**fadista**) et compositeur de **fados** que par son ardeur aux études de médecine abandonnées en 3e année. Ses fados sont toujours chantés et celui-ci est l'un des plus célèbres.

A minha capa velhinha	*Ma chère vieille cape*
Da cor da noite escura,	*De la couleur de la nuit noire,*
Nela quero amortalhar-me	*Je veux en faire mon linceul*
Quando for para a sepultura.	*Quand j'irai dans ma sépulture.*
A minha capa ondulante	*Ma cape ondulante*
Feita de negro tecido,	*Faite de drap noir*
Não é capa de estudante	*N'est pas une cape d'étudiant*
É mortalha de un vencido.	*C'est le linceul d'un vaincu.*
Eu quero que o meu caixão	*Je veux que mon cercueil*
Tenha um forma bizarra,	*Ait une forme étrange,*
A forma de um coração	*La forme d'un coeur*
A forma duma guitarra*.	*La forme d'une guitare.*

Chanté par ***António Menano***, in ***Fado de Coimbra***, disque du ***Ministério da Cultura***.

* **guitarra**, guitare portugaise à 12 cordes métalliques (forme de coeur), d'origine arabe ou anglaise, pouvant remplacer le clavecin. Elle est plus petite que la **viola**, guitare à 6 cordes en forme de 8 (très répandue), d'origine française ou italienne, substitut du luth aux XIVe et XVe siècles ; **guitarras** et **violas** accompagnent le ou la **fadista**. **Brésil** : **o violão**, *la guitare* (6 cordes) ; **a viola**, *la viole* ; **o violino**, *le violon.*

D 3 DIALOGUE

Tu es venu si tard ? Pourquoi ?

Matilde — Pourquoi es-tu venu si tard ? Ce n'est pas ton habitude.

Mário — Non bien sûr, mais aujourd'hui j'ai dû recevoir des clients. Ma première proposition ne leur a pas plu et j'ai eu des difficultés à les convaincre. C'est pour ça que je n'ai pas pu arriver plus tôt.

Matilde — Aujourd'hui tu n'as pas téléphoné. Pourquoi ?

Mário — J'aurais bien voulu, mais je n'en ai pas eu la possibilité. Pardon. As-tu envie de sortir ?

Matilde — Non, je n'en ai pas envie. Pourquoi ?

Mário — Nous pourrions aller dîner dehors...

Matilde — La table est mise et le dîner est déjà prêt.

D 4 CIVILISATION

La **Morna du Cap Vert** serait née, fin XVIIIe, dans l'île de **Boa Vista** (de l'anglais *to mourn*, pleurer, se plaindre). Écrites en créole ou parfois en portugais, les **mornas**, évoquent l'amour, la tristesse de l'exil, mais l'humour n'en est pas exclu. C'est la chanteuse cap verdienne, **Cesária Évora**, qui a fait connaître, en France, **Sôdade di Sanicolau**. (créole)

Quem mostrabo êss caminho longe ?	*Qui t'a montré ce chemin qui t'a emmené si loin de moi ?*
Êsse caminho pra Santomé ?*	*Ce chemin de São Tomé ?*
Sôdade, sôdade, sôdade	*Nostalgie, nostalgie, nostalgie*
Dess nha terra, Sanicolau.	*De ce pays qui est le mien.*

créole	portugais	français
Si bô srevê'm	**Se me escreveres**	*Si tu m'écris*
'M ta screvebo	**Eu te escreverei**	*Moi, je t'écrirai*
So bô equecê'm	**Se me esqueceres**	*Si tu m'oublies*
'M ta squecebo	**Eu te esquecerei**	*Moi, je t'oublierai*
Até dia qui bô voltá	**Até o dia do teu voltar**	*Jusqu'au jour de ton retour*
Sôdade ! Sôdade !	**Saudade ! Saudade !**	*Nostalgie ! Nostalgie !*
Sôdade dess nha	**Saudade dessa minha**	*Nostalgie de ce pays qui*
terra, Sanicolau.	**terra, São Nicolau.**	*est le mien, Saint Nicolas.*

* **São Tomé**, pays indépendant depuis 1975. Les Portugais y envoyaient des Capverdiens pour exploiter la canne à sucre et *le cacao* (**o cacau**)

30 Não tive sorte ; adoeci.

A 1 PRÉSENTATION

■ **Doer**, *être malade, avoir mal à*, verbe impersonnel, se construit comme **agradar** et **apetecer : dói-me a cabeça**, *j'ai mal à la tête ;* **doem-lhe as pernas**, *il a mal aux jambes.*

tive	[**ti**veu]	*j'ai eu, j'eus*
teve	[**tê**veu]	*il a eu, il eut*
houve	[**ô**veu]	*il y eut*
apanhei	[åpå**gnêï**]	*j'ai attrapé, j'attrapai*
constipar-se	[kõchti**par**-seu]	*s'enrhumer*
receitar	[Reussêï**tar**]	*prescrire (ordonnance)*
pregar um susto	[preu**gar** õu **souch**tou]	*faire peur*
a chuva	[å **chou**vå]	*la pluie*
a constipação (ões)	[å kõchtipå**ssãou:**]	*le rhume*
o sintoma	[ou sĩ**tô**ma]	*le symptôme*
o passeio	[ou på**ssêï**ou]	*le trottoir, promenade*
a perna	[å **pèr**nå]	*la jambe*
doente	[dou**ẽ**teu]	*malade*
coitadinho	[kôïtå**di**gnou]	*pauvre petit*
ter sorte	[têr **sòr**teu]	*avoir de la chance*
ter azar	[têr å**zar**]	*ne pas avoir de chance*

A 2 APPLICATION (CD)

1. **Ana — Ontem houve muito vento e muita chuva. Esteve frio. Não tive sorte. Adoeci.**
2. **Maria — Não estás muito doente.**
3. **A. — Apanhei uma constipaçãoi ; ontem tive febre.**
4. **M. — Na semana passada esteve muito calor. O meu filho andou com a cabeça ao sol. Coitadinho, constipou-se.**
5. **A. — Quais foram os sintomas ?**
6. **M. — Doeu-lhe a cabeça e doeram-lhe as pernas.**
7. **A. — E dói-lhe a cabeça e doem-lhe as pernas ?**
8. **M. — Não. Fomos ao médico que lhe receitou umas injecções. Já está bom.**
9. **A. — Quem me pregou um susto, foi o Pedro. Caiu no passeio. Teve pouca sorte, partiu uma perna. Que azar !**

30 Je n'ai pas eu de chance ; je suis tombé malade.

A 3 REMARQUES

■ **Coitadinho :** Ce diminutif a une valeur exclusivement affective (courant en portugais).
coitado, *malheureux, infortuné* + **inho** : *pauvre petit.*

■ **Estar** + **doente**, *être malade* (état passager), mais : **ser doente**, *être maladif* (état permanent).
Estar + indications climatiques : **está frio**, *il fait froid.*

■ **Haver** et **ter**, *avoir*, ont un passé simple irrégulier :

haver	**houve**	*il y a eu, il y eut*
ter	**eu tive**	*j'ai eu, j'eus*
	tu tiveste	*tu as eu, tu eus*
	ele teve	*il a eu, il eut*
	nós tivemos	*nous avons eu, nous eûmes*
	vós tivestes.	*vous avez eu, vous eûtes*
	eles tiveram	*ils ont eu, ils eurent*

N.B. : Observer la différence : **tive**, *j'ai eu* – **teve**, *il a eu.*

A 4 TRADUCTION

1. Anne — Hier il y a eu beaucoup de vent et beaucoup de pluie. Il a fait froid. Il n'a pas eu de chance ; je suis tombée malade.
2. Marie — Tu n'es pas très malade.
3. A. — J'ai attrapé un rhume, et hier j'ai eu de la fièvre.
4. M. — La semaine passée, il a fait très chaud. Mon fils est resté la tête au soleil. Le pauvre petit s'est enrhumé.
5. A. — Quels étaient les symptômes ?
6. M. — Il a eu mal à la tête et il a eu mal aux jambes.
7. A. — Et a-t-il encore mal à la tête et mal aux jambes ?
8. M. — Non. Nous sommes allés chez le médecin, qui lui a prescrit des piqûres. Il est déjà rétabli.
9. A. — Celui qui m'a fait très peur, c'est Pierre. Il est tombé sur le trottoir ; il n'a pas eu de chance. Il s'est cassé une jambe. Quelle malchance !

30 Pôs-me um penso.

B 1 PRÉSENTATION

- **Ferir, sentir,** se conjuguent comme **servir** (leçon 22, A3).
- **Para que,** *pour que,* est suivi d'un verbe au subjonctif.
  Para que possamos ir, *pour que nous puissions aller.*

escorreguei	['chkouReu**guéï**]	*j'ai glissé*
escorregar	['chkouReu**gar**]	*glisser*
ferir	[feu**rir**]	*blesser*
examinar	[izåmi**nar**]	*examiner, ausculter*
tratar	[trâ**tar**]	*soigner*
pôs	[**pôch**]	*il a mis, il mit*
levar uma injecção	[leu**var** õumå ĩjè**ssãou**:]	*avoir une piqûre*
dormi	[dour**mi**]	*j'ai dormi, je dormis*
curar	[kou**rar**]	*guérir*
ficar bom	[fi**kar** bõ]	*se rétablir*
um penso	[õu **pẽ**ssou]	*le pansement*
o gesso	[ou **jé**ssou]	*le plâtre*
a dor	[å **dôr**]	*la douleur*
o remédio	[ou Reu**mê**dyou]	*le remède*
o consultório	[ou kõssouL**tô**you]	*le cabinet médical*
boas melhoras	[**bõ**åch meu**lyò**råch]	*prompt rétablissement*

B 2 APPLICATION (CD)

1. **João — Como estas ? Disseram-me que partiste a perna. Como aconteceu ?**
2. **Pedro — Escorreguei. Feri-me numa perna. Quase desmaiei.**
3. **J. — Foste internado num hospital ?**
4. **P. — Não. Fui a um consultório. Examinou-me e tratou-me muito bem.**
5. **J. — Pôs-te um penso ? Tiveste muitas dores ?**
6. **P. — Levei primeiro uma injecção, depois pôs-me um gesso. Senti-me muito mal ; quase não dormi na primeira noite.**
7. **J. — Queres que vá à farmácia comprar os remédios ?**
8. **R. — Não. A Ana já foi.**
9. **J. — Boas melhoras. Cura-te depressa para que possamos sair de férias.**

30 Il m'a mis un pansement.

B 3 REMARQUES

- *Rappel :* Les mots terminés en **or** sont masculins : **o calor, o calor intenso**, *la chaleur intense.*

  sauf : **a dor** — **a dor intensa** *la douleur intense*
  a cor — **a cor clara** *la couleur claire*
  a flor — **a flor bonita** *la jolie fleur*

- **Dormir** est irrégulier à la 1re pers. sing. de l'indicatif présent, et donc au subjonctif présent et aux personnes de l'impératif qui en découlent. Le **o** se change en **u** (voir les verbes qui changent le **e** en **i**, leçon 22) : **ferir, sentir,** etc.

  PRÉS. IND. : **Durmo, dormes, dorme, dormimos, dormis, dormem**.
  PRÉS. SUB. : **Durma, durmas, durma, durmamos, durmais, durmam**.
  IMPÉRATIF : **(tu) dorme, (você) durma, (vocês) durmam, (nós) durmamos**.

- Le verbe **pôr**, *mettre, poser*, est irrégulier au parfait :

  eu pus, *je mis* **nós pusemos,** *nous mîmes*
  tu puseste, *tu mis* **vos pusestes,** *vous mîtes*
  ele, você, pôs, *il mit* **eles, vocês, puseram,** *ils mirent*

  N.B. : Observer : **pus**, *j'ai mis* et **pôs**, *il a mis.*

B 4 TRADUCTION

1. Jean — Comment vas-tu ? On m'a dit que tu t'es cassé la jambe. Comment est-ce arrivé ?
2. Pierre — J'ai glissé. Je me suis blessé à une jambe. Je me suis presque évanoui.
3. J. — As-tu été hospitalisé ?
4. P. — Non. Je suis allé au cabinet d'un médecin. Il m'a examiné et il m'a très bien soigné.
5. J. — T'a-t-il mis un pansement ? As-tu eu très mal ?
6. P. — J'ai eu d'abord une piqûre, puis il m'a mis un plâtre. Je me suis senti très mal. Je n'ai presque pas dormi la première nuit.
7. J. — Veux-tu que j'aille à la pharmacie acheter des médicaments ?
8. P. — Non. Anne y est déjà allée.
9. J. — Tous mes vœux de rétablissement. Guéris vite pour que nous puissions partir en vacances.

C 1 EXERCICES

1. Traduire :
a) Esteve frio. Doeram-lhes os pés.
b) Está doente. Dói-lhe a cabeça.
c) Cai no passeio e partiu o pé.

2. Mettre à la première personne du singulier :
a) Ele dorme bem, mas não se sente bem.
b) Ele pôs um gesso.
c) Fere-se no dedo.

3. Employer l'adjectif à la forme qui convient :
a) (vermelho) – Gosto das flores ......
b) (intenso) – Hoje está um calor ......
c) (agudo) – Sinto uma dor ......
d) (excessivo) – Sente um ardor ......

C 2 VOCABULAIRE

As partes do corpo, a saúde e as doenças
les parties du corps, la santé et les maladies

o olho	*l'œil*	**a saúde**	*la santé*
o nariz	*le nez*	**saudável**	*sain/en bonne santé*
a orelha	*l'oreille* (externe)	**são/sã**	*sain/saine*
o ouvido	*l'oreille* (l'ouïe)	**a aspirina**	*l'aspirine*
ter ouvido	*avoir de l'oreille*	**o supositório**	*le suppositoire*
a boca	*la bouche*	**a gripe**	*la grippe*
a cara	*le visage*	**as anginas**	*l'angine*
a face	*la joue*	**o dedo**	*le doigt*
o ventre	*le ventre*	**o pé**	*le pied*
a barriga	*le ventre* (+ familier)	**a constipação**	*le rhume*

a mão (as mãos)	*la main (les mains)*
a prisão de ventre	*la constipation*
a dor de cabeça	*le mal à la tête*
a casa de saúde	*la maison de santé*
estar de baixa	*être en congé de maladie*
dar baixa ao hospital	*être interné à l'hôpital*
ter alta	*avoir l'autorisation de quitter l'hôpital*

C 3 CORRIGÉ

1. a) Il a fait froid. Ils ont eu mal aux pieds.
b) Il est malade. Il a mal à la tête.
c) Il est tombé sur le trottoir et s'est cassé le pied.

2. a) Eu **durmo** bem, mas não me **sinto** bem.
b) Eu **pus** um gesso.
c) **Firo-me** no dedo.

3. a) Gosto das flores vermelhas.
b) Hoje está um calor intenso.
c) Sinto uma dor aguda.
d) Sente um ardor excessivo.

C 4 CIVILISATION

Les médecins portugais ont généralement une bonne formation. L'accès à une faculté de médecine est aujourd'hui très difficile. Chaque université se voyant imposer un nombre de places limité *(numerus clausus)*, exige une moyenne d'entrée élevée (moyenne des études et examen d'entrée).

La faculté de médecine de l'Université de Coimbra (créée à Lisbonne en 1290 et transférée à Coimbra en 1304), aussi ancienne que celles de Paris, Bologne et Salamanque, a toujours été en relations avec les Universités étrangères, entre autres celle de Montpellier (médecine).

En 1563, **Garcia de Orta**, professeur à l'Université de Coimbra et membre d'une des expéditions en Indes comme médecin officiel, a publié un premier traité (***Colóquios dos Simples e Drogas e coisas Medicinais da India***/*Colloque des Simples et des Drogues des choses de la médecine de l'Inde*), aussitôt traduit en latin, en français et dans les principales langues européennes. Il y décrit certaines maladies tropicales (choléra), des plantes et drogues alors inconnues en Europe.

En 1949, le Prix Nobel a été décerné à un médecin psychiatre portugais, **António Egas Moniz** (1874-1955), professeur à la faculté de Médecine de Lisbonne, politique et diplomate, neurologue de renom international. Il a été le premier à pratiquer des leucotomies ou lobotomies pré-frontales (intervention sur le système nerveux).

Attention : **Dr**, abréviation de **Doutor** (*docteur*) placé devant un nom, (**Dr Rui Alves**) signifie que la personne a une licence universitaire et non pas qu'elle est médecin (**médico** = médecin, docteur en médecine).

D 1 DIALOGUE (CD)

Constipei-me

Luís — Estás constipada ? Desde que chegaste ainda não paraste de espirrar.
Isabel— Pois estou. Deve ser da chuva que apanhei ontem.
Luís — Não tomaste nada ?
Isabel— Não. Com uma bebida quente ao deitar, isto vai passar. Amanhã já estou melhor.
Luís — Tenho aqui uns comprimidos que são óptimos. Toma agora um e logo à noite tomas outro. Vais ficar boa.
Isabel— És um rapaz previdente.
Luís — Trago-os sempre comigo ; também são bons para as dores de cabeça e, a mim, dói-me a cabeça com frequência.

D 2 VIE PRATIQUE

La médecine au Brésil

O SUS (Sistema único de Saúde) que funciona : um hospital no interior paulista mostra como fazer atendimento gratuito com qualidade. (In ***Veja***, 11-03-98, Aline Angeli, extrait.)

Todo dia, ambulâncias e ônibus fretados vindos de cidades próximas e até de outros Estados estacionam em frente do Hospital de base de São José do Rio Preto, no interior de São Paulo. Ali, a 450 quilômetros da capital paulista, acontecem cenas dificeis de ser observadas nos demais 7 000 hospitais brasileiros. Nenhum paciente volta para casa sem atendimento. Os casos mais simples são medicados e liberados em poucos minutos. Os mais graves passam pela UTI (Unidade de Terapia Intensiva) e depois são encaminhados às unidades específicas, dotadas de moderna tecnologia. O Hospital de Base dá mais de 90 000 consultas por mês e atende pacientes com os mais diversos quadros clínicos – de uma simples hipertensão a transplante de medula. Outra surpresa : é um hospital particular que atende a maior parte des pessoas de graça, como hospital público, através do Sistema Unico de Saúde, o tão criticado SUS.

Dans un pays aussi grand, les situations sont très variées, ce qui se devine dans l'article. Les services médicaux privés sont très développés et généralement chers.

D 3 DIALOGUE

Je me suis enrhumée

Luís — Tu es enrhumée ? depuis que tu es arrivée, tu n'as pas cessé d'éternuer.

Isabel — Oui. Ce doit être la pluie que j'ai attrapée hier.

Luís — Tu n'as rien pris ?

Isabel — Non. Avec une boisson chaude en me couchant, cela va passer. Demain, je serai déjà mieux.

Luís — Voici quelques comprimés qui sont excellents. Prends-en un maintenant et l'autre ce soir. Tu seras guérie.

Isabel — Tu es un garçon prévoyant.

Luís — J'en ai toujours ; ils sont bons pour tous les maux de tête, et moi, j'ai souvent mal à la tête.

D 4 VIE PRATIQUE

Le SUS (Système Unique de Santé) qui fonctionne : un hôpital de l'intérieur de l'État de São Paulo montre comment pouvoir assurer un service gratuit et de qualité.

Toute la journée, des ambulances et des autocars venus de villes voisines et même d'autres États, stationnent devant l'Hôpital central de São José do Rio Preto, à l'intérieur de São Paulo. Là-bas, à 450 km de la capitale pauliste, il arrive des scènes qu'il est difficile d'observer dans les 7 000 autres hôpitaux brésiliens. Aucun client ne revient chez lui sans traitement. Les cas les plus simples sont soignés et libérés en quelques minutes. Les cas les plus graves passent par l'Unité de Soins Intensifs, puis sont acheminés vers les unités spécialisées, équipées d'une technologie moderne. L'Hôpital central assure 90 000 consultations par mois et traite des patients qui relèvent de cas cliniques différents – depuis une simple hypertension jusqu'à une transplantation de moelle osseuse. Autre surprise : c'est un hôpital privé qui soigne la plupart des personnes gratuitement, comme dans tout hôpital public, à travers le Système Unique de Santé, le SUS si critiqué.

30 bis Tests de contrôle – Leçons 21 à 30

■ **Complétez avec a, b, c, ou d**
(il n'y a qu'une bonne réponse par question)

21. …… se quer vir connosco mas …… o guia da cidade.

a) Pede-lhe	pede-lhe
b) Pergunta-lhe	pergunta-lhe
c) Pede-lhe	pergunta-lhe
d) Pergunta-lhe	pede-lhe

22. …… (você) a sopa, mas não a …… fria.

a) Serve	trazes
b) Sirva	traga
c) Sirva	traz
d) Serve	traga

23. Ontem (tu) …… do espectáculo ? Ela não …… .

a) gostaste	gostei
b) gostou	gostaste
c) gostaste	gostou
d) gostas	gosta

24. As lojas do centro são …… e …… de todas.

a) as maiores	as melhores
b) mais grandes	mais boas
c) maiores	melhores
d) as mais grandes	as melhores

25. As cerejas são …… caras …… as bananas.

a) tão	que
b) tanto	como
c) tão	como
d) tanto	que

Voir corrigé, p. 340.

30 bis Tests de contrôle – Leçons 21 à 30

26. ...... o filme ...... que vi.

a) É	mais interessante
b) Foi	o mais interessante
c) É	o mais interessante
d) Foi	mais interessante

27. Ontem eu ...... ao teatro, ela também ......

a) foi	fui
b) fui	foi
c) foste	fui
d) fui	foste

28. Estas ruas são sempre ...... animadas.

a) muitas
b) muita
c) muito
d) muitos

29. Eles trabalharam ...... o dia, mas não fizeram ......

a) todo	todo
b) tudo	tudo
c) todo	tudo
d) tudo	todo

30. ...... as pernas.

a) Dói-lhe
b) Doem-lhe
c) Ele dói
d) Ele doem

Voir corrigé, p. 340.

31 Trouxe o que lhe pedi..?

A 1 PRÉSENTATION

■ Attention à la **place des pronoms personnels compléments :**
— **avant le verbe** dans les propositions principales et indépendantes affirmatives ou interrogatives sans mot interrogatif ;
— **après le verbe** dans toutes les propositions négatives ou subordonnées et dans les propositions interrogatives introduites par un mot interrogatif.

trouxe	[**trô**sseu]	*j'ai apporté, il a apporté*
soube	[**sô**beu]	*j'ai su, il a su*
emprestar	[ẽpreuch**tar**]	*prêter*
pedir	[peu**dir**	*emprunter*
emprestado	ẽpreuch**ta**dou]	*prêté*
encomendar	[ẽkoumẽ**dar**]	*commander (qqch.)*
reembolsar	[RiẽbouL**ssar**]	*rembourser*
o cigarro	[ou ci**ga**Rou]	*la cigarette*
o fósforo	[ou **fòch**fourou]	*l'allumette*
o direito	[ou di**reï**tou]	*le droit*

■ Attention : **mandar,** *commander (ordre).*

■ Remarquer : **pagar direitos por,** *payer des droits pour.*

■ **saber,** *savoir ;* ***saber de,*** *avoir connaissance de.*

A 2 APPLICATION (CD)

1. **Trouxe a encomenda que lhe pedi ?**
2. **Sim, trouxe-a. Trouxe cigarros e também lhe comprei fósforos.**
3. **Trouxeste os livros que te emprestei ?**
4. **Não, não os trouxe ; deixei-os em casa.**
5. **Tiveste notícias dos nossos amigos que foram ao Brasil ?**
6. **Sim ; chegaram ontem e trouxeram o que lhes encomendámos.**
7. **Soubeste das dificuldades que tiveram na alfândega ?**
8. **Não, não soube o que aconteceu.**
9. **Tiveram de pagar direitos.**
10. **Agora temos de os reembolsar.**
11. **E eu tenho de pedir dinheiro emprestado !**

A 3 REMARQUES

- *Rappel, suite et fin :* Il y a plusieurs prononciations du **x :**
  — **ch**, très fréquent : **deixei** [deï**cheï**], *j'ai laissé ;*
  — **z, ex** en début de mot (rare) : **o exame** (ou **izâ**meu] ;
  — **cs**, entre deux voyelles (rare) : **o táxi** [ou **ta**ksi] ;
  — **ss : próximo** [**prò**ssimou], **trouxe** [**trô**sseu].
- **Place du pronom personnel complément** : Si un verbe est précédé d'un adverbe, sujet, etc., le pronom personnel peut se placer devant le verbe (même dans le cas où sa place est après le verbe) : **também lhe comprei**, *je lui ai aussi acheté.*
  N.B. : Le pronom reste après le verbe, si l'adverbe est après le verbe : **comprei-lhe também**.
  — S'il dépend d'un infinitif, il se place avant ou après lui : **devo dar-lhe** ou **devo-lhe dar**, *je dois lui donner.*
- **Saber**, *savoir*, **trazer**, *apporter :* parfait irrégulier.
  eu soube, *je sus* **tu soubeste**, *tu sus...*
  eu trouxe, *j'apportai* **tu trouxeste**, *tu apportas...*

A 4 TRADUCTION

1. Avez-vous apporté la commission que je vous ai demandée ?
2. Oui, je l'ai apportée. J'ai apporté des cigarettes et j'ai acheté aussi des allumettes.
3. As-tu apporté les livres que je t'ai prêtés ?
4. Non, je ne les ai pas apportés ; je les ai laissés à la maison.
5. As-tu eu des nouvelles de nos amis qui sont partis au Brésil ?
6. Oui ; ils sont arrivés hier et ils ont apporté ce que nous leur avons commandé.
7. Avez-vous eu connaissance des difficultés qu'ils ont eues à la douane ?
8. Non ; je n'ai pas su ce qui leur est arrivé.
9. Ils ont dû payer des droits.
10. Maintenant nous devons les rembourser.
11. Et moi, je dois emprunter de l'argent !

31 Vou trazê-lo amanhã... trá-lo sem falta.

B 1 PRÉSENTATION

■ Le pronom personnel **o** *(le)*, **os** *(les)*, **a** *(la)*, **as** *(les)*
- devient **lo(s), la(s)** après un verbe terminé par **r, s, z** ;
- devient **no(s), na(s)** après un verbe terminé par **m** ou un son nasal.

trazê-lo	[tråzê-lou]	*l'apporter*
trá-lo	[tra-lou]	*il l'apporte*
levaram-no	[leuvarãou-nou]	*ils l'ont emporté*
trouxemo-la	[trôsssèmou-lå]	*nous l'avons apportée*
o isqueiro	[ou ichkêïrou]	*le briquet*
o maço de cigarros	[ou massou deu cigaRouch]	*le paquet de cigarettes*
a caixa de fósforos	[å kaïchå deu fòchfourouch]	*la boîte d'allumettes*
o cinzeiro	[ou cĩzêïrou]	*le cendrier*
o charuto	[ou chåroutou]	*le cigare*
sem falta	[sãy faLtå]	*sans faute*
por engano	[pour ẽgånou]	*par erreur*
nem sequer	[nãy seukèr]	*ne pas même*
dar por isso	[dar pour isso]	*remarquer*

B 2 APPLICATION (CD)

1. **Trouxeste o isqueiro que levaste ontem por engano ?**
2. **Não. Esqueci-me. Vou trazê-lo amanhã.**
3. **Não te esqueças. Trá-lo sem falta.**
4. **Também levaste o meu maço de cigarros e a caixa de fósforos.**
5. **Não. Pu-los em cima da mesa antes de sair.**
6. **Nem sequer deste por isso.**
7. **Agora não vejo os cinzeiros. Levaram-nos com certeza.**
8. **A empregada levou-os para os lavar e deixou-os na cozinha.**
9. **Que é isto ? É uma caixa de charutos ?**
10. **Não. É uma caixa de chocolates. Trouxemo-la para ti.**
11. **Ora essa ! Para mim, não.**

B 3 REMARQUES

■ Lorsque le pronom personnel complément **o(s), a(s)** prend la forme :

• **Lo(s), la(s),** le **r, s** ou **z** du verbe disparaît :

vou encomendá-la *je vais la commander*
vou trazê-la *je vais l'apporter*
vou parti-lo *je vais le casser*
fi-lo (fiz + o) *je le fis*
fê-lo (fez + o) *elle le fit*
trazemo-lo *nous l'apportons*

N.B. : Il faut :

— un accent aigu sur le **a** après la disparition de **r, s, z : encomendá-la** mais **encomendar ;**
— un accent circonflexe sur le **e** après la disparition de **r, s, z : trazer** et **trazê-lo ; fez** et **fê-lo**.

• **No(s), na(s),** après **m** ou un son nasal, le verbe n'est pas modifié : **levam-no,** *ils l'emportent ;* **põe-no,** *il le pose.*
N.B. : On prononce : **lo** [lou], **los** [louch], **no** [nou], **nos** [nouch].

■ Attention à l'emploi particulier du démonstratif dans certaines exclamations : **ora essa !** *allons donc !*

B 4 TRADUCTION

1. As-tu apporté le briquet que tu as emporté hier par erreur ?
2. Non. J'ai oublié. Je l'apporterai demain.
3. N'oublie pas. Apporte-le sans faute.
4. Tu as emporté aussi mon paquet de cigarettes et la boîte d'allumettes.
5. Non. Je les ai posés sur la table avant de sortir.
6. Tu ne l'as même pas remarqué.
7. Maintenant, je ne vois pas les cendriers. On les a sûrement emportés.
8. L'employée les a emportés pour les laver et les a laissés dans la cuisine.
9. Qu'est-ce que c'est ? Est-ce une boîte de cigares ?
10. Non. C'est une boîte de chocolats. Nous te l'avons apportée.
11. Allons donc ! Pour moi, non.

31 Exercices et Vocabulaire

C 1 EXERCICES

1. Mettre au parfait :
a) Ele traz o que lhe peço.
b) Dizes o que te conto.
c) Ele faz o que lhe dizemos.
d) Sabemos o que aconteceu.
e) Fazes o que podes.
f) Ela põe o isqueiro em cima da mesa.

2. Remplacer le mot en italique par le pronom o(s), a(s) **à la forme qui convient :**
a) Vou oferecer *um isqueiro.*
b) Levo *os cigarros* no bolso.
c) Eles trazem *uma caixa de chocolates.*
d) Ele traz *uma encomenda.*
e) Contamos *uma história.*

3. Traduire :
a) Il a apporté ce que je lui ai commandé.
b) Il a eu connaissance de ton arrivée.
c) J'ai fait faire ce que tu m'as demandé.

C 2 VOCABULAIRE

■ **Na tabacaria,** *chez le marchand de tabac.*

o tabaco *le tabac*
o fumo *la fumée*
fumar *fumer*
o cachimbo *la pipe*
a boquilha *le fume-cigarette*
o fogo *le feu* (dans une cheminée)
o lume *le feu*
acender *allumer*
apagar *éteindre*
pedir lume *demander du feu*
queimar *brûler*
arder *brûler, se consumer*

31 Corrigé et Expressions usuelles

C 3 CORRIGÉ

1.

a) Ele **trouxe** o que lhe **pedi**.
b) **Disseste** o que te **contei**.
c) Ele **fez** o que lhe **dissemos**.
d) **Soubemos** o que **aconteceu**.
e) **Fizeste** o que **pudeste**.
f) Ela **pos** o isqueiro em cima da mesa.

2.

a) Vou oferecê-**lo**.
b) Levo-**os** no bolso.
c) Eles trazem-**na**.
d) Ele trá-**la**.
e) Contamo-**la**.

3.

a) Trouxe o que lhe encomendei.
b) Soube da tua chegada.
c) Mandei fazer o que me pediste.

C 4 LE PORTUGAIS AU BRÉSIL – EXPRESSIONS USUELLES

■ **Le portugais au Brésil :**
o fumo, *le tabac* – **a fumaça,** *la fumée*
pedir fogo, *demander du feu*
— **Expressions formées avec les démonstratifs :**
isto é, *c'est-à-dire* – **isso é,** *certes oui, c'est sûr*
é muito duro, isso é, *c'est très dur, c'est sûr*

■ **Nem por isso,** *ne pas… pour autant ; ne pas… même :*
Nem por isso apressou a passo.
Il n'a même pas pressé le pas.
Além disso, não trabalha !
Et en plus, il ne travaille pas !
Essa agora ou **isso agora !** *Ça alors ! Par exemple !*

31 Dialogue et Civilisation

D 1 DIALOGUE (CD)

Esqueceste-te ?

José — Esqueceste-te do que te pedi ?
Antónia— Pediste-me alguma coisa ?
José — Já não te lembras ?
Antónia— Não, já não me lembro. Diz-me o que é.
José — Quando nos encontrámos no café...
Antónia— Encontrámo-nos no café ? Quando ?
José — Ontem, depois do almoço.
Antónia— Ontem ? Ontem nem sequer nos vimos.

D 2 CIVILISATION

Mas um homem entrou na Tabacaria (para comprar tabaco ?),
E a realidade plausível cai de repente encima de mim.
Semiergo-me enérgico, convencido, humano,
E vou tencionar escrever estes versos em que digo o contrário.
Acendo um cigarro ao pensar em escrevê-los
E saboreio no cigarro a libertação de todos os pensamentos,
Sigo o fumo como uma rota própria,
E gozo, num momento sensitivo e competente,
A libertação de todas as especulações
E a consciência de que a metafísica é a consequência de estar
Depois deito-me para trás na cadeira [mal disposto.
E continuo fumando.
Enquanto o Destino mo conceder, continuarei fumando.

A Tabacaria, in ***Poesias de Álvaro de Campos***, extrait,
Fernando Pessoa, éditions Bourgois
(toute son œuvre est traduite).

Álvaro de Campos est un autre hétéronyme de **Fernando Pessoa**. Chaque hétéronyme a une identié propre et une personnalité littéraire particulière, tels **Bernardo Soares** qui écrit en prose ou les poètes **Álvaro de Campos** (***Poesias***), **Alberto Caeiro** (***Poemas***), **Ricardo Reis** (***Odes***). Fernando Pessoa, influencé par le mouvement futuriste et moderniste, a signé de son nom ***Mensagem*** (poèmes sur l'histoire du pays).

D 3 DIALOGUE

As-tu oublié ?

José — As-tu oublié ce que je t'ai demandé ?
Antónia — Tu m'as demandé quelque chose ?
José — Tu ne t'en souviens plus ?
Antónia — Non, je ne m'en souviens plus. Dis-moi ce que c'est.
José — Quand nous nous sommes rencontrés au café…
Antónia — Nous nous sommes rencontrés au café ? Quand ?
José — Hier après le déjeuner.
Antónia — Hier ? Hier, nous ne sommes même pas vus.

D 4 CIVILISATION

Mais un homme entra dans le Bureau de Tabac (pour acheter du [tabac ?),
Et la réalité plausible tombe sur moi soudain,
Je me relève à moitié, énergique, concaincu, humain,
Et je vais essayer d'écrire ces vers où je dis le contraire.
J'allume une cigarette à la pensée que je vais les écrire
Et je savoure avec cette cigarette la libération de toutes les pensées,
Je suis la fumée du regard, comme une route particulière,
et je savoure, dans un moment sensible et propice

La libération de toutes les spéculations
Et la conscience que la métaphysique est la conséquence d'une [indisposition.

Puis je me renverse dans le fauteuil
Et je continue à fumer.
Tant que le Destin me le concèdera, je continuerai à fumer.

La poésie est importante dans la littérature portugaise qui compte de très nombreux et excellent poètes. Citons l'autre très grand poète **Luis de Camões** (1524 ? – 1580), célèbre pour ses *élégies* (**elegias**) et surtout le poème épique *Les Lusiades* (***Os Lusiadas***), où il chante l'aventure des Portugais de par les mers. Le jour de sa mort, le 10 juin est le jour de la fête Nationale du Portugal.

32 Quando vivia...

A 1 PRÉSENTATION

■ **Embora**, *bien que*, est suivi d'un verbe au subjonctif.

levantava-me	[leuvãtava-meu]	*je me levais*
vivias	[vivi/ȧch]	*tu vivais*
saía	[sȧ/i/ȧ]	*je sortais, il sortait*
ia	[i/ȧ]	*j'allais, il allait*
voltava	[vòLtavȧ]	*je revenais, il revenait*
estava	['chtavȧ]	*j'étais, il était*
queríamos	[keuri/ȧmouch]	*nous voulions*
o cão	[ou kãou:]	*le chien*
o campo	[ou kãpou]	*la campagne, le champ*
o bocado	[ou boukadou]	*le morceau*
a manteiga	[ȧ mãtéïga]	*le beurre*
a tigela	[ȧ tijêlȧ]	*le bol*
o conforto	[o kõfôrtou]	*le confort*
o ar livre	[ou ar livreu]	*le grand air*
a reforma	[ȧ Reufórmȧ]	*la retraite*
duro	[dourou]	*dur*
sã	[sã]	*saine*

A 2 APPLICATION (CD)

1. Pedro — Porque é que te levantavas tão cedo quando vivias no campo?
2. Manuel — Levantava-me cedo, sala e dava um passeio nos arredores antes de ir trabalhar. O cão ia sempre atrás de mim.
3. Isabel — Voltava para casa, comia um bocado de pão com manteiga e bebia uma tigela de café com leite, antes de começar o trabalho.
4. P. — Embora goste duma vida ao ar livre, acho duro o trabalho no campo.
5. M. — É verdade. A noite estava tão cansado que às dez horas estava na cama.
6. I. — Vida dura, mas sã. Nunca nos sentimos tão bem.
7. M. — Agora, vivo numa cidade industrial.
8. I. — Embora tenhamos uma casa com muito conforto, temos saudades da vida na aldeia.
9. M. — Queríamos para lá voltar depois da reforma.

A 3 REMARQUES

- Ne pas confondre : **saia** [**sa**yå] *que je sorte* et **saía** [så/**i**/å] *il sortait.*
- **L'imparfait de l'indicatif** :

Falar, *parler*			**Beber**, *boire*	**Partir**, *partir*
eu	**fal-ava**	*je parlais*	**beb-ia**	**part-ia**
tu	**fal-avas**	*tu parlais*	**beb-ias**	**part-ias**
ele	**fal-ava**	*il parlait*	**beb-ia**	**part-ia**
nós	**fal-ávamos**	*nous parlions*	**beb-íamos**	**part-íamos**
vós	**fal-áveis**	*vous parliez*	**beb-íeis**	**part-íeis**
eles	**fal-avam**	*ils parlaient*	**beb-iam**	**part-iam**

- L'imparfait sert à exprimer la durée, ou la répétition d'une action dans le passé :
  quando vivia no campo, saía e dava um passeio,
  quand je vivais à la campagne, je sortais et me promenais.
- L'imparfait est employé à la place du conditionnel :
  queria, *je voudrais* (leçon 12, A 1) ou *je voulais.*

A 4 TRADUCTION

1. Pierre — Pourquoi te levais-tu si tôt quand tu vivais à la campagne ?
2. Emmanuel — Je me levais tôt, je sortais et je me promenais dans les environs avant d'aller travailler. Mon chien me suivait toujours.
3. Isabelle — Il revenait à la maison, il mangeait un morceau de pain avec du beurre et il buvait un bol de café au lait avant de commencer le travail.
4. P. — Bien que j'aime la vie au grand air, je trouve dur le travail dans les champs.
5. E. — C'est vrai. Le soir, j'étais si fatigué que j'étais au lit à dix heures.
6. I. — Vie dure, mais saine. Nous ne nous sommes jamais sentis si bien.
7. E. — Maintenant, je vis dans une ville industrielle.
8. I. — Bien que nous ayons une maison avec beaucoup de confort, nous regrettons la vie au village.
9. E. — Nous aimerions y revenir après la retraite.

32 Tínhamos uma casa... era uma casa...

B 1 PRÉSENTATION

■ **Logo que**, *dès que* est suivi d'un verbe à l'indicatif.

moravam	[mouravãou]	*ils habitaient*
tínhamos	[tignåmouch]	*nous avions*
era	[êrå]	*il était, j'étais, c'était*
dava para	[davå parå]	*il donnait sur*
a renda	[å Rẽdå]	*le loyer*
o aumento	[ou aoumẽtou]	*l'augmentation*
o engarrafamento	[o ẽgåRåfåmẽtou]	*l'embouteillage*
o prédio	[ou prêdyou]	*l'immeuble*
o elevador	[ou ileuvådôr]	*l'ascenseur*
maçador	[måssådôr]	*ennuyeux*

■ N.B. : **Deixar**, *laisser* et **deixar de**, *cesser de*.
Resolver, *décider de (à)* est directement suivi de l'infinitif.

B 2 APPLICATION (CD)

1. Manuel — Vocês também viveram muito tempo fora de Lisboa ?
2. Ana — Sim, vivemos vários anos numa vivenda nos arredores de Lisboa.
3. Isabel — Onde moravam ?
4. Pedro — Tínhamos uma casa à beira-mar, a uns vinte quilómetros.
5. A. — Era uma casa muito agradável que dava para o mar. Púnhamos a mesa na varanda, e estávamos quase na praia.
6. M. — Porque é que deixaram uma casa tão agradável ?
7. A. — A renda era muito cara, e era maçador para o Pedro que trabalha numa empresa de Lisboa.
8. P. — Com o aumento da gasolina e os engarrafamentos na estrada, deixei de vir de carro. Ia e vinha de comboio ; nas horas de ponta, havia muita gente.
9. A. — Logo que os nossos filhos foram para o liceu, resolvemos ir para Lisboa.
10. P. — Alugámos um apartamento no ultimo andar dum prédio, embora não goste de elevadores.
11. M. — E assim continuam a ver o mar, mas de longe !

B 3 REMARQUES

- Quatre verbes sont irréguliers à l'imparfait de l'indicatif : **ter** *(avoir)*, **ser** *(être)*, **vir** *(venir)*, **por** *(mettre)*.

(eu)	**Tinha**	**Era**	**Vinha**	**Punha**
(tu)	**Tinhas**	**Eras**	**Vinhas**	**Punhas**
(ele)	**Tinha**	**Era**	**Vinha**	**Punha**
(nós)	**Tínhamos**	**Éramos**	**Vínhamos**	**Púnhamos**
(vós)	**Tínheis**	**Éreis**	**Vínheis**	**Púnheis**
(eles)	**Tinham**	**Eram**	**Vinham**	**Punham**

Attention :
venha, *que je vienne* et **vinha**, *je venais*, etc.
ponha, *que je mette* et **punha**, *je mettais*, etc.

- Remarquer l'imparfait de **ir**, *aller* : **ia, ias, ia**, etc.

B 4 TRADUCTION

1. Emmanuel — Vous aussi, vous avez longtemps vécu hors de Lisbonne ?
2. Anne — Oui, nous avons vécu de nombreuses années dans une villa, dans les environs de Lisbonne.
3. Isabelle — Où habitiez-vous ?
4. Pierre — Nous avions une maison au bord de la mer, à vingt kilomètres.
5. A. — C'était une maison très agréable qui donnait sur la mer. Nous mettions la table sur le balcon, et nous étions presque sur la plage.
6. E. — Pourquoi avez-vous donc laissé une maison si agréable ?
7. A. — Le loyer était très cher, et c'était ennuyeux pour Pierre qui travaille à Lisbonne.
8. P. — Avec l'augmentation de l'essence et les embouteillages sur la route, j'ai cessé de prendre la voiture. J'allais et je venais en train ; aux heures de pointe, il y avait beaucoup de monde.
9. A. — Dès que nos enfants sont allés au lycée, nous nous sommes décidés à aller à Lisbonne.
10. P. — Nous avons loué un appartement au dernier étage d'un immeuble, bien que je n'aime pas les ascenseurs.
11. M. — Et ainsi vous continuez à voir la mer, mais de loin !

C 1 EXERCICES

1. Traduire :
a) Quando tinha tempo, ia passear.
b) Embora não goste de elevadores, vivo num prédio de vinte andares.

2. Mettre à l'imparfait :
a) Quando sai, vem sempre visitar-me.
b) Quando estou cansado, vou deitar-me.
c) Temos de arranjar uma outra solução.
d) A vida numa cidade industrial não é fácil.

3. Remplir les blancs avec la forme verbale (3e pers. sing.) :
a) (sair) – Quero que… cedo.
b) (pôr) – Quando estava bom tempo,… a mesa no jardim.
c) (vir) – Espero que… comigo. Ela…. quando podia.
d) (sair) – Quando estava no campo… muito.
e) (pôr) – Quero que… a mesa na varanda.

4. Prononcer :
É preciso que saia cedo. Eu saía cedo quando ia trabalhar.

C 2 RÉCRÉATION ET VOCABULAIRE

■ **A quinta**, *maison à la campagne*, avec un jardin potager et quelques champs, dont les dimensions peuvent être très variables. Ce mot peut parfois se traduire par *ferme*.

■ **A herdade**, *grande propriété*. **O hóspede**, *l'hôte*.

■ **Estar hospedado numa casa particular**, *être logé chez l'habitant*.

■ **Uma casa portuguesa *(canção popular)***
Numa casa portuguesa fica bem pão e vinho sobre a mesa. E se à porta humildemente bate alguém senta-se à mesa com a gente. Fica bem esta franqueza, fica bem, que o povo nunca desmente...

Une maison portugaise (chanson populaire)
Dans une maison portugaise, il est bon de trouver du pain et du vin sur la table. Et si quelqu'un frappe humblement à ma porte, il s'assoit à table avec nous. C'est formidable, cette sincérité que le peuple n'oublie jamais…

C 3 CORRIGÉ

1.

a) Quand j'avais le temps, j'allais me promener.
b) Bien que je n'aime pas les ascenseurs, je vis dans un immeuble de vingt étages.

2.

a) Quando **saía, vinha** sempre visitar-me.
b) Quando **estava** cansado, **ia** deitar-me.
c) **Tínhamos** de arranjar uma outra solução.
d) A vida numa cidade industrial não **era** fácil.

3.

a) Quero que **saia** cedo.
b) Quando estava bom tempo, **punha** a mesa no jardim.
c) Espero que **venha** comigo. Ela **vinha** quando podia.
d) Quando **estava** no campo, **saía** muito.
e) Quero que **ponha** a mesa na varanda.

4.

[**è** preu**ssi**zou que **sa**yå **cê**dou. **Êou** så/**i**/å **cê**dou **kouã**dou **i**/å tråbå**lyar**]

C 4 LE PORTUGAIS DU BRÉSIL – VOCABULAIRE

- **Casa particular**, *villa, maison particulière.*
- **Vivenda** ou mansão, *grande villa bourgeoise.*
- **Xácara**, *maison à la campagne, ou dans la grande banlieue avec un jardin potager.*
- **Fazenda**, *une grande propriété.*

■ **Uma casa brasileira (canção)**	*Une maison brésilienne* (chanson)
■ **Era uma casa muito engraçada, não tinha teto, não tinha nada, ninguém podia entrar nela, não, porque na casa não havia chão, ninguém podia dormir na rede porque a casa não tinha parede...**	*C'était une maison très amusante, elle n'avait pas de toit, elle n'avait rien, personne ne pouvait y entrer, non, parce que dans cette maison, il n'y avait pas de sol ; personne ne pouvait dormir dans le hamac, parce que la maison n'avait pas de murs...*

(Vinicius de Moraes)

32 Dialogue et Civilisation

D 1 DIALOGUE (CD)

Estudavas assim tanto ?

Helena — Estudavas assim tantas horas por dia ?
Maria — Era preciso. Os exames estavam à porta.
Helena — Costumavas sair, ir a discotecas ?
Maria — Ia muito pouco. Não tinha muito tempo.
Helena — Mas vinhas todos os fins de semana cá a Lisboa, não vinhas ?
Maria — Pois vinha, mas os meus pais não me deixavam sair e obrigavam-me a estudar.
Helena — E tu obedecia-lhes, claro.
Maria — Claro. Dizia-lhes que sim, fechava-me no meu quarto, punha um disco e estendia-me na cama a ouvir música.

D 2 CIVILISATION

L'habitat portugais

L'habitat traditionnel portugais se compose de petites maisons basses couvertes de tuiles. Les maisons du nord surpeuplé, éparpillées, sont austères, parce que faites du granit brun des montagnes ; elles sont plus gaies entre le Douro et le Tage, avec leurs murs multicolores (blancs, roses, jaunes verts) et éclatantes de blancheur au sud du Tage. Dans cette région, déjà africaine par le climat où la population vit dans de grosses bourgades (**vilas**), les maisons blanchies à la chaux (**caiadas**) mettent leur coquetterie dans le bleu indigo, l'ocre jaune ou l'ocre rouge qui encadre portes et fenêtres et dans les lourdes cheminées qui les écrasent en Alentejo ou qui, élancées et dentelées, ornent les toits et les terrasses (**açoteias**) en Algarve.

Cet habitat se transforme vite : dans le nord où les maisons des « immigrés » introduisent des modes nouvelles et en Algarve où le tourisme modifie les habitudes. Les villes se transforment aussi : les immeubles se multiplient mais gardent des hauteurs raisonnables et des couleurs traditionnelles (rose, jaune ou vert Lisbonne) ; certains prennent des formes fantaisistes ou s'habillent de verre.

L'architecte **Álvaro Siza Vieira**, né dans le Nord en 1933, de renommée internationale (auteur de réalisations à Berlin, Venise et Amsterdam…) et chargé de reconstruire le Centre de Lisbonne brûlé en 1988, s'efforce d'allier la tradition et la modernité.

D 3 DIALOGUE

Tu étudiais tellement ?

Helena — Tu passais tant d'heures par jour à étudier.
Maria — C'était nécessaire. Les examens approchaient.
Helena — Tu avais l'habitude de sortir, d'aller en discothèque ?
Maria — J'y allais très peu. Je n'en avais pas le temps.
Helena — Mais tu venais toutes les fins de semaine à Lisbonne, n'est-ce pas ?
Maria — Oui, mais mes parents ne me laissaient pas sortir et m'obligeaient à étudier.
Helena — Et, toi tu leur obéissais, bien sûr.
Maria — Bien sûr. Je leur disais que oui, je m'enfermais dans ma chambre, mettais un disque et je m'allongeais sur le lit pour écouter la musique.

D 4 CIVILISATION

Les azulejos

Les **azulejos** sont la marque du Portugal, du XVIe siècle à nos jours. Le mot venu de l'arabe (*al zulaij* = pierre polie) n'a pas de parenté avec **azul** (*bleu*), malgré la dominante bleue des compositions.

Si le Portugal n'a pas inventé les azulejos, multicolores à l'origine, ils les a réinventés et en a fait un art national qui se développe dans la période manuéline. D'abord décorés de motifs géométriques, ils composent alors de véritables fresques religieuses qui ornent les cloîtres ou l'intérieur des églises où elles se marient à l'or des *sculptures dorées* (**talha dourada**) (église d'Almansil en Algarve et les églises de Bahia au Brésil), voire, plus tard, en recouvrent les murs extérieurs (Porto). Ces azulejos se mettent à raconter aussi, comme de véritables livres d'histoire, des scènes profanes de la vie quotidienne et tapissent l'intérieur des palais, des maisons nobles et des bâtiments publics ou agrémentent les jardins : le palais du Marquis de la Fronteira (XVIIe siècle), près de Lisbonne ou les gares de Porto, Aveiro ou Santiago de Cacém (début XXe) en Alentejo en sont de très convaincants exemples.

Et la tradition continue… De magnifiques panneaux d'azulejos transforment certaines stations du métro de Lisbonne en musée permanent où l'on peut admirer le talent de grands peintres contemporains portugais : **Vieira da Silva** (1908 – 1995), **Júlio Pomar** ou **Manuel Cargaleiro** qui a aussi décoré d'azulejos la station Champs-Élysées Clémenceau à Paris.

33 O comboio tinha partido...

A 1 PRÉSENTATION

vindo	[**vĩ**dou]	*venu, venant*
partido	[pàr**ti**dou]	*parti*
acontecer	[åkõteu**ssêr**]	*arriver, survenir*
marcar um encontro	[mår**kar** õu **ēkõ**trou]	*prendre un R.V.*
perder o contrato	[peur**dêr** ou kõ**tra**tou]	*manquer un contrat*
despedir-se	[deuchpeu**dir**-seu]	*prendre congé*
o despertador	[ou deuchpeurtå**dôr**]	*le réveille-matin*
a boleia	[å bou**lê**yå]	*l'auto-stop*
a auto-estrada	[å aoutò'ch**tra**då]	*l'autoroute*
o empresário	[ou ẽpreu**za**ryou]	*le directeur*
o pessoal	[ou peussou**aL**]	*le personnel*
a firma	[å **fir**ma]	*l'entreprise*
a vantagem	[å vã**ta**jãy]	*l'avantage*
alemão (ães)	[åleu**mãou:**]	*allemand*

- **Despedir-se**, *prendre congé* ; **despedir alguém**, *congédier quelqu'un*. **Ser** (ou **estar**) **despedido**, *être renvoyé*.
- *Trouver* : **encontrar** (qqun), **achar** (qqchose).
- L'expression : **passar do meio dia**, *midi passé*.

A 2 APPLICATION (CD)

1. **Pedro — Sabes o que me aconteceu uma vez ?**
2. **O despertador não tocou. Saí de casa tarde e quando cheguei à estação, o comboio já tinha partido.**
3. **Quis ir de boleia, por ser mais rápido. Os empresários alemães tinham vindo e tinham marcado um encontro para aquela manhã.**
4. **Demorei-me porque tive dificuldade em encontrar um carro. Além disso, tinham fechado o trânsito na auto-estrada e tivemos de dar uma volta maior.**
5. **Cheguei ao escritório passava do meio dia.**
6. **Os empresários estrangeiros que tinham esperado toda a manhã tinham saído furiosos sem se despedir do pessoal.**
7. **E eu perdi o contrato e só não fui despedido por fazer parte da direcção da firma, há muitos anos.**
8. **Manuel — Acho que viver em Lisboa tem as suas vantagens !**

A 3 REMARQUES

- Le **plus-que-parfait** : Il existe deux plus-que-parfaits. Le plus courant est le plus-que-parfait composé de l'imparfait de **ter (tinha)** + participe passé (invariable).
  esperar, *attendre* : tinham **esperado**, *ils avaient attendu*
  vir, *venir* : **tinhamos vindo**, *nous étions venus*
- Emploi de **por** + un verbe à l'infinitif. Il signifie *parce que* : **por estar bom tempo, saio**, *parce qu'il fait beau, je sors.*
- Le verbe **despedir**, *renvoyer* se conjugue comme le verbe **pedir**, *demander* (voir leçon 21).
- Le **participe passé** est indiqué par **ado** (à la place de **ar** de l'infinitif) ou **ido** (à la place de **er** ou **ir**) :
  dar, *donner* – **dado**, *donné*
  comer, *manger* – **comido**, *mangé*
  partir, *partir, casser* – **partido**, *parti, cassé*
  N.B. : participe passé irrégulier : **vir**, *venir* ; **vindo**, *venu.*

A 4 TRADUCTION

1. Pierre — Sais-tu ce qui m'est arrivé une fois ?
2. Le réveil n'a pas sonné. Je suis parti tard et quand je suis arrivé à la gare, le train était parti.
3. J'ai voulu faire de l'auto-stop parce que c'était plus rapide. Les directeurs d'entreprise allemands étaient venus car ils avaient pris rendez-vous pour ce matin-là.
4. J'ai pris du retard, car j'ai eu du mal à trouver une voiture. De plus, on avait fermé la circulation sur l'autoroute et nous avons dû faire un tour beaucoup plus grand.
5. Je suis arrivé au bureau à midi passé.
6. Les directeurs étrangers qui avaient attendu toute la matinée étaient partis furieux sans prendre congé du personnel.
7. Et moi j'ai manqué le contrat, et je n'ai pas été renvoyé parce que je fais partie de la direction, depuis plusieurs années.
8. Emmanuel — Je trouve que vivre à Lisbonne présente des avantages !

33 Tinha-o impedido... foram avisados...

B 1 PRÉSENTATION

impedir	[îpeu**dir**]	*empêcher*
aberto	[å**bèr**tou]	*ouvert*
avisado	[åvi**za**dou]	*averti*
lido	[**li**dou]	*lu*
feito	[**fëï**tou]	*fait*
escrito	[ʻch**kri**tou]	*écrit*
resolvido	[ReuzouL**vi**dou]	*résolu, décidé*
o balcão (ões)	[ou båL**kãou:**]	*le comptoir*
de antemão	[deu âteu**mãou:**]	*par avance*
nem...	[**nãy**]	*ne... pas même*
impaciente	[îpås**syẽ**teu]	*impatient*

- Faux amis : **o balcão**, *le comptoir* mais **a varanda**, *le balcon.*
- Les démonstratifs indiquent un rapprochement ou un éloignement dans le temps (voir leçon 13, B 3) : **nestes dias**, *ces jours-ci* ; **nessa manhã**, *ce matin-là* ; **naquele dia de greve**, *ce jour de grève-là* (lointain).

B 2 APPLICATION (CD)

1. **A greve tinha-o impedido de chegar às nove.**
2. **Às dez o banco estava aberto, mas os empregados não tinham atendido nenhum cliente.**
3. **Havia muita gente ao balcão. Os clientes estavam impacientes.**
4. **Foram avisados que não valia a pena esperar.**
5. **Os jornais tinham anunciado de antemão os motivos da greve.**
6. **Mas nem toda a gente os tinha lido.**
7. **Naquele dia de greve, quase todas as lojas tinham ficado fechadas.**
8. **Os transportes não estavam completamente parados.**
9. **Mas muitos motoristas tinham feito greve.**
10. **Naquele dia tinha resolvido ficar em casa e tinha escrito cartas.**

B 3 REMARQUES

- Accord du participe passé :
  • Avec **ser** ou **estar**, le participe passé s'accorde en genre et en nombre avec le sujet du verbe :
  os bancos estão fechados, os bancos foram fechados, *les banques sont fermées, les banques ont été fermées.*
  • Avec **ter**, le participe passé est invariable :
  os patrões tinham despedido vários empregados, *les patrons avaient renvoyé plusieurs employés.*
- **Place du pronom personnel complément** lorsque le verbe est au plus-que-parfait :
  • Il se place après l'auxiliaire **ter**, dans les cas où le pronom doit être placé après le verbe (leçon 21, A1, A3, B3) :
  a greve tinha-o impedido, *la grève l'avait empêché.*
  • Il se place devant l'auxiliaire **ter**, dans les cas où il est normalement devant le verbe (voir leçon 31) :
  ele não o tinha avisado, *il ne l'avait pas prévenu.*
  • **Le plus-que-parfait** se forme toujours avec **ter** (imparfait), quel que soit l'auxiliaire employé en français :
  tinha ido, *j'étais allée* ; **tinha falado**, *j'avais parlé.*
- Attention : **nem... nem...**, *ni... ni* ; **nem sequer**..., *ne... pas même* ; **nem**... *ne... pas même.*

B 4 TRADUCTION

1. La grève l'avait empêché d'arriver dès neuf heures.
2. À dix heures la banque était ouverte, mais les employés n'avaient servi aucun client.
3. Il y avait beaucoup de gens au comptoir. Les clients étaient impatients.
4. Ils furent avertis que cela ne valait pas la peine d'attendre.
5. Les journaux avaient annoncé à l'avance les motifs de la grève.
6. Tout le monde ne les avait pas lus.
7. Ce jour-là de grève, presque toutes les boutiques étaient restées fermées.
8. Les transports n'étaient pas complètement arrêtés.
9. Mais beaucoup de chauffeurs avaient fait grève.
10. Ce jour-là, j'avais décidé de rester à la maison et j'avais écrit des lettres.

33 Exercices et Vocabulaire

C 1 EXERCICES

1. Mettre le verbe au plus-que-parfait :
a) Leio este livro com interesse.
b) Fazes greve com os outros.
c) Eles vêm atrasados.
d) Abrimos a porta.
e) Você despede-se dos seus amigos.

2. Mettre les phrases à la forme affirmative :
a) Não os tinha visto.
b) Penso que não lhes tinha contado isso.
c) Não os tínhamos encontrado.
d) Não as tinham avisado que havia greve.

3. Traduire :
a) Ils étaient arrivés en retard.
b) La circulation sur l'autoroute était bloquée.
c) Ils s'étaient levés tôt et maintenant ils étaient fatigués.

C 2 VOCABULAIRE

■ **Locutions conjonctives de temps** suivies de l'indicatif :
depois que, *après que*
na altura em que, no momento em que, *au moment où*
sempre que, cada vez que, *chaque fois que*
todas as vezes que, *toutes les fois que*
desde que, *depuis que* (N.B. : **desde que** + subjonctif = *pourvu que*)
ao mesmo tempo que, *en même temps que*
à medida que, *à mesure que*
enquanto, *pendant que* **enquanto leio**, *pendant que je lis*
logo que, *dès que* **mal** + verbe = *dès que*
mal me viu, fugiu, *dès qu'il m'a vu, il a fui*

■ Locutions de temps + subjonctif :
antes que, *avant que* – **assim que**, *dès que* – **até que**, *jusqu'à ce que* – **na próxima vez que**, *la prochaine fois que*

C 3 CORRIGÉ

1.

a) **Tinha lido** este livro com interesse.
b) **Tinhas feito** greve com os outros.
c) Eles **tinham vindo** atrasados.
d) **Tínhamos aberto** a porta.
e) Você **tinha-se despedido** dos seus amigos.

2.

a) Tinha-**os** visto.
b) Penso que **lhes** tinha contado isso.
c) Tínhamo-**los** encontrado.
d) Tinham-**nas** avisado que havia greve.

3.

a) Tinham chegado atrasados.
b) O trânsito estava fechado na auto-estrada.
c) Tinham-se levantado cedo e agora estavam cansados.

C 4 LE PORTUGAIS AU BRÉSIL

■ **Grammaire :**

Le plus-que-parfait composé est couramment formé avec l'imparfait de l'auxiliaire avoir **haver** (et non **ter**) :
BRÉS. **havia falado**, *j'avais parlé* PORT. **Tinha falado**
BRÉS. **havia vindo**, *j'étais venu* PORT. **Tinha vindo**
Ces formes étaient courantes en portugais classique (XVIe).

N.B. : On peut trouver aussi l'emploi de **ter**, mais il est moins fréquent.

■ **Vocabulaire :**

• BRÉS. **pedir carona**, *faire de l'auto-stop* – PORT. **pedir boleia**.
• **O pessoal** désigne, comme au Portugal, *les employés* d'une entreprise, mais il est aussi utilisé pour désigner les *amis*, les *membres de la famille*. Cet emploi familier existe aussi au Portugal.

33 Dialogue et Civilisation

D 1 DIALOGUE (CD)

Tinha-te dito que...

Francisca — Mal cheguei à estação, telefonei logo para tua casa, mas disseram-me que já tinhas saído.
Raul — Tinha-te dito que te vinha buscar. Não tinhas necessidade de telefonar.
Francisca — Podia ter acontecido alguma coisa... Demoraste-te tanto.
Raul — Sabes bem que é a pior hora para se andar de carro na cidade.
Francisca — Eu sei, mas não tinha pensado nos engarrafamentos.
Raul — Foi isso mesmo que aconteceu, mas não estava muito preocupado.
Francisca — Ainda bem que esperei, senão tinha gasto uma fortuna num táxi.

D 2 CIVILISATION

Les voyages donnent une image du Portugal ; romans et poèmes la font vivre. Nous ne citons ici que quelques romans (tous traduits) qui sont autant d'éclairages sur le pays, présent ou passé.

Miguel Torga (1907-1985) peint les paysages et exprime l'âme des différents régions du pays dans ***Portugal***.

Le Nord (Minho, Douro Litoral, Trás-os-Montes, Alto Douro) inspire les nombreux écrivains qui y sont nés.

• **Eça de Queiroz**, né en 1845 (Minho) et mort en 1900 (Paris) oppose la vie du Paris de 1900 aux charmes paisibles des paysages du Douro dans ***A Cidade e a Serra*** (Champs Elysées).

• **Aquilino Ribeiro** (1885 – 1963) montre la vie traditionnelle d'un village du Minho dans ***A Casa Grande de Romarigães*** (A casa Grande).

• **Agustina Bessa Luís** (1922), dépeint souvent la société passée et présente de Porto et des environs (***A Sibila***, *La Sibile* ou ***Fanny Owen***).

• **Miguel Torga** raconte son Tras-os-Montes natal, austère, froid et secret, dans les ***Contos e Novos Contos da Montanha*** (*Contes et nouveaux contes de la Montagne*).

La région Centre (Beira litoral avec Coimbra, Beira Alta et Baixa de l'intérieur), inspire plus les poètes que les romanciers.

Carlos de Oliveira (1921-1961) évoque la vie monotone des années 30 dans un village de la région marécageuse de Gândara, entre Coimbra et la mer dans ***Uma abelha na Chuva*** (*Une abeille sous la pluie*).

33 Dialogue et Civilisation

D 3 DIALOGUE

Je t'avais dit que…

Francisca — Dès que je suis arrivée à la gare, j'ai téléphoné chez toi, mais on m'a dit que tu étais déjà parti.

Raul — Je t'avais dit que je viendrais te chercher. Tu n'avais pas besoin de me téléphoner.

Francisca — Il aurait pu arriver quelque chose… Tu as tellement tardé.

Raul — Tu sais bien que c'est le pire moment pour circuler en voiture en ville.

Francisca — Je sais, mais je n'avais pas pensé aux embouteillages.

Raul — C'est ce qui est arrivé, mais je n'étais pas très inquiet.

Francisca — Heureusement que je t'ai attendu, sinon j'aurais dépensé une fortune en taxi.

D 4 CIVILISATION

Lisbonne et l'Estramadura, dispose d'une très riche littérature.

• **Eça de Queiroz** nous donne, avec l'histoire d'une famille, une peinture satirique de la Lisbonne du XIXe dans ***Os Maias*** (*Les Maias*).

• **José Saramago** (1922) revisite Lisbonne et Mafra du XVIIIe siècle dans ***Memorial do Convento*** (*Le dieu Manchot*) et fait revivre la Reconquête dans ***O cerco de Lisboa*** (*Le siège de Lisbonne*).

• **José Cardoso Pires** (1925), rappelle les temps de la dictature dans Lisbonne et ses environs dans ***Balada da Praia dos Cães*** (*Ballade de la Plage aux Chiens*).

• **Maria Judite de Carvalho** (1921-1998) brosse, par touches successives (nouvelles, essais ou chroniques) la vie quotidienne des humbles à Lisbonne (***Tanta Gente***, ***Mariana***, *Tous ces gens, Mariana*).

• **António Lobo Antunes** rappelle Lisbonne, les départs et retours, et la Guerre en Afrique dans ***Os Cus de Judas*** ou ***Fado Alexandrino***.

Au Sud du Tage (Alentejo et Algarve) :

• **Manuel da Fonseca** (1911-1993), le poète et le romancier de l'Alentejo, n'est malheureusement pas encore traduit.

• **Fernando Namora** (1919-1989) peint la vie morne sur les vastes plaines de l'Alentejo (***O Trigo e o Joio***, *Le Bon Grain et l'Ivraie*).

• **Vergílio Ferreira** (1916-1996) fait de l'Alentejo (Évora) la toile de fond de méditations personnelles. ***Aparição*** (*Apparition*).

• **Lídia Jorge** (1946) rappelle un Algarve traditionnel, loin du tourisme actuel, dans ***O Dia dos Prodígos*** (*La journée des prodiges*).

34 Ela não quis vir, porque estava a trabalhar.

A 1 PRÉSENTATION

■ **Estar a + infinitif** indique une action qui dure, en train de se faire : **estavas a dormir**, *tu dormais* ou *tu étais en train de dormir.*

quis	[**kich**]	*j'ai voulu, il a voulu*
quiseste	[ki**zèch**teu]	*tu as voulu, tu voulus*
tomar um duche	[tou**mar** õu **dou**cheu]	*prendre une douche*
cozinhar	[kouzi**gnar**]	cuisiner
tirar fotografias	[ti**rar** foutougrå**fi**/åch]	*prendre des photos*
a casa de banho	[å **ka**zådeu **bå**gnou]	*la salle de bains*
o banho	[ou **bå**gnou]	*le bain*
o dente	[ou **dẽ**teu]	*la dent*
o guia	[ou **gui**/å]	*le guide*
o planta	[å **plã**tå]	*le plan*

■ Faux amis : *le plan,* **a planta** (d'une maison, d'une ville), **o plano** *(le plan : géométrique, géographique, figuré).*

A 2 APPLICATION (CD)

1. **Ela não quis vir connosco porque estava a trabalhar.**
2. **Eu não quis entrar no quarto porque estavas a dormir.**
3. **Não pudeste entrar na casa de banho porque estava a tomar um duche.**
4. **Não podia responder porque estava a lavar os dentes.**
5. **Quando estás a estudar, eu vejo a televisão.**
6. **Eles não quiseram ficar porque estavas a ouvir música.**
7. **Ela arruma a sala de jantar enquanto a mãe está a cozinhar.**
8. **A cabeleireira falava enquanto estava a arranjar o cabelo.**
9. **O guia estava a mostrar a planta da cidade, enquanto os turistas tiravam fotografias.**
10. **Porque é que não quiseste vestir o impermeável ? Estava a chover quando saíste.**
11. **Agora estás a molhar-te porque também não tens guarda-chuva.**

A 3 REMARQUES

- Le groupe *en* + participe présent (appelé « gérondif ») se traduit en portugais de deux façons :
  — une composée, **a** + infinitif : **a comer,** *en mangeant ;*
  — une forme simple que l'on obtient en remplaçant **ar, er, ir** de l'infinitif par :
  ando (1er groupe) – **cantar → cant-ando,** *en chantant*
  endo (2e groupe) – **comer → com-endo,** *en mangeant*
  indo (3e groupe) – **partir → part-indo,** *en partant*
  Ces formes de gérondif sont invariables.
- **Estar** + le « gérondif » indique une action qui dure. La forme composée est la plus employée :
  estava a ler, *il lisait (il était en train de lire).*
- Le parfait irrégulier de **querer,** *vouloir :*

quis, *je voulus*	**quisemos,** *nous voulûmes*
quiseste, *tu voulus*	**quisestes,** *vous voulûtes*
quis, *il voulut*	**quiseram,** *ils voulurent*

A 4 TRADUCTION

1. Elle n'a pas voulu venir avec nous, car elle était en train de travailler.
2. Je n'ai pas voulu entrer dans la chambre car tu étais en train de dormir.
3. Tu n'as pas pu entrer dans la salle de bains car j'étais en train de prendre une douche.
4. Il ne pouvait pas répondre car il se lavait les dents.
5. Quand tu es en train d'étudier, je regarde la télévision.
6. Ils n'ont pas voulu rester, car tu étais en train d'écouter de la musique.
7. Elle range la salle à manger pendant que maman est en train de cuisiner
8. La coiffeuse parlait pendant qu'elle coiffait.
9. Le guide était en train de montrer le plan de la ville pendant que les touristes prenaient des photos.
10. Pourquoi n'as-tu pas voulu prendre ton imperméable ? Il pleuvait quand tu es sorti.
11. Maintenant tu es en train de te mouiller parce que tu n'as pas non plus ton parapluie.

34 As crianças andavam a brincar.

B 1 PRÉSENTATION

tomar um banho	[tou**mar** õu **bå**gnou]	*prendre un train*
vigiar	[vi**jyar**]	*surveiller*
soprar	[sou**prar**]	*souffler*
andava a nadar	[ã **da**vå å nåo**lar**]	*il nageait*
estivéssemos	['chti**vè**sseumouch]	*fussions*
o fato de banho	[ou **fa**tou deu **bå**gnou]	*le costume de bain*
o banheiro	[ou bå**gnêï**rou]	*le gardien de plage*
o banhista	[ou bå**gnich**tå]	*le baigneur*
a bandeira	[å bã**dêï**rå]	*le drapeau*
a onda	[å **õ**då]	*la vague*
a sombra	[å **sõ**brå]	*l'ombre*
apesar de + inf.	[åpeu**zar** deu]	*malgré*
cada vez mais	[**ka**dåvêch måïch]	*de plus en plus*
como se	[**kô**mou seu]	*comme si*

■ Traductions d'*arriver* :
Chegar, *arriver* (aboutir après un parcours ou un effort).
Conseguir, *arriver à trouver* (obtenir un résultat).
Acontecer, *arriver* (sens de *survenir,* surtout employé de façon impersonnelle : **aconteceu,** *il arriva que*).

B 2 APPLICATION (CD)

1. **Quando cheguei à praia, ela estava a tomar um banho de sol. Tinha chegado cedo.**
2. **Vesti o meu fato de banho ; fui para a beira-mar.**
3. **As crianças andavam a brincar na areia.**
4. **O banheiro andava a vigiar os banhistas.**
5. **Apesar da bandeira amarela, muita gente andava a nadar.**
6. **Eles chegaram tarde ; andaram a procurar um lugar à sombra para o carro e não conseguiram.**
7. **Um homem, todo vestido de branco, andava a vender gelados.**
8. **De repente, o mar começou a ficar agitado e as pessoas que andavam a tomar banho, começaram a sair da água.**
9. **As ondas eram cada vez mais altas e o vento começou a soprar com força.**
10. **Começou a chover, como se estivéssemos no Inverno.**

B 3 REMARQUES

- **Andar + a +** infinitif (= **andar** + gérondif, voir A 3) indique une action qui dure, mais envisagée dans son déroulement.
  Anda a estudar, *il étudie* (il fait ses études).
  Anda a nadar, *il noge* (il est en train de nager).

  N.B. : Ces formes périphrastiques exprimant la durée sont très employées. On peut également trouver **ir** (*aller*), **vir** (*venir*), **ficar** (*rester*) à la place de **estar** *(être)*, mais avec des nuances différentes apportées par ces verbes.
- **L'imparfait du subjonctif** se forme sur le radical du parfait (3e pers. plur. moins **rom**) + les terminaisons **asse** (1er gr.), **esse** (2e gr.), **isse** (3e gr.). Ex. : **cantaram Æ cont-.**

cant-asse	**com-esse**	**estiv-esse**
cant-asses	**com-esses**	**estiv-esses**
cant-asse	**com-esse**	**estiv-esse**
cant-ássemos	**com-éssemos**	**estiv-éssemos**
cant-ásseis	**com-êsseis**	**estiv-ésseis**
cant-assem	**com-essem**	**estiv-essem**

- **Como se**, *comme si* est **toujours** suivi de l'imparfait du subjonctif : **como se estivéssemos**, *comme si nous étions.*

B 4 TRADUCTION

1. Quand je suis arrivé à la plage, elle était en train de prendre un bain de soleil. Elle était arrivée tôt.
2. J'ai mis mon maillot ; je suis allé(e) au bord de l'eau.
3. Les enfants étaient en train de s'amuser sur le sable.
4. Le gardien de plage surveillait les baigneurs.
5. Beaucoup de gens, malgré le drapeau jaune, nageaient.
6. Ils sont arrivés tard ; ils ont cherché une place à l'ombre pour la voiture, et ils ne sont pas arrivés à en trouver.
7. Un homme, tout habillé de blanc, vendait des glaces.
8. Soudain, la mer commença à s'agiter ; les personnes qui étaient en train de prendre un bain se mirent à sortir de l'eau.
9. Les vagues étaient de plus en plus hautes et le vent commença à souffler avec force.
10. Il commença à pleuvoir, comme si nous étions en hiver.

C 1 EXERCICES

1. Traduire :
a) Não quisemos ir com ele porque estávamos a trabalhar.
b) Eles não puderam sair porque tu andavas a passear.

2. Mettre au parfait :
a) Quero viajar mas não posso.
b) Ele pode fazer o que quer.
c) Eu ponho um impermeável ; ela põe um casaco.
d) Ele vai e vem de comboio.

3. Mettre le verbe à la forme qui indique la durée :
a) Hoje ele trabalha ; agora lê.
b) Ele estuda na faculdade.
c) As crianças brincavam na rua.

4. Donner le gérondif simple des verbes suivants :
Vigiar – chover – sair – soprar – vir.

5. Traduire :
a) Il est arrivé tard parce qu'il y avait des embouteillages.
b) Il n'est pas arrivé à trouver une place pour garer sa voiture.
c) Il arrive qu'il pleuve au Portugal en été.

C 2 VOCABULAIRE ET RÉCRÉATION

■ **O boletim meteorológico**, *le bulletin météorologique*

chover, *pleuvoir*
chove, *il pleut*
a chuva, *la pluie*
o chuveiro, *la douche* (objet)
a nuvem, *le nuage*
o nevoeiro, *le brouillard*
a trovoada, *l'orage*
o trovão, *le tonnerre*
gelar, *geler*
o gelo, *la glace*
está vento, faz vento, *il fait du vent*
está calor (frio), faz calor (frio), *il fait chaud (froid)*
nevar, *neiger*
neva, *il neige*
a neve, *la neige*
secar, *sécher*
enxugar, *faire sécher, se sécher*
a neblina, *la brume*
o céu nublado, *le ciel couvert*
a geada, *la gelée blanche*
o gelado, o sorvete, *la glace* (pour manger)
o relâmpago, *l'éclair*
o raio, *la foudre*
a tempestade, *la tempête*

■ **Anedota**, *histoire drôle* (d'après *Pão com Manteiga*).

— **Como se chama ?**	— *Comment vous appelez-vous ?*
— **Fernando.**	— *Fernand.*
— **Fernando ? Então é gerúndio.**	— *Fernand ? Alors vous êtes un gérondif.*

34 Corrigé et Vocabulaire

C 3 CORRIGÉ

1. a) Nous n'avons pas voulu aller avec lui parce que nous étions en train de travailler.
b) Ils n'ont pas pu sortir parce que tu te promenais.

2.
a) **Quis** viajar mas não **pude**.
b) Ele **pôde** fazer o que **quis**.
c) Eu **pus** um impermeável ; ela **pôs** um casaco.
d) Ele **foi** e **veio** de comboio.

3.
a) Hoje ele **está a trabalhar** ; agora **está a ler**.
b) Ele **anda a estudar** na faculdade.
c) As crianças **andavam** (*ou :* **estavam) a brincar** na rua.

4.
Vigiando – chovendo – saindo – soprando – vindo.
N.B. : **vindo** signifie venu (p.p.) ou venant (gérondif).

5.
a) Ele chegou tarde porque havia engarrafamentos.
b) Não conseguiu lugar para arrumar o carro.
c) Acontece que chove em Portugal no Verão.

C 4 LE PORTUGAIS DU BRÉSIL

■ **Grammaire** : La durée s'exprime avec **estar** (ou **andar**) + le gérondif simple :
Il est en train de pleuvoir,
BRÉS. **Está chovendo** PORT. **Está a chover**

■ **Vocabulaire** :

BRÉSIL		PORTUGAL
o banheiro	*la salle de bains*	*le surveillant de plage*
o maiô	*le maillot*	**o fato de banho**
o sorvete,	*la glace*	**o gelado (sorvete** existe
o picolé	*glace sur bâtonnet*	mais il est peu employé)
tomar um banho	*prendre une*	**tomar um banho de chu-**
tomar uma ducha	*douche*	**veiro, tomar um duche**

A garoa, *pluie très fine* (sorte de crachin) de São Paulo.
Aguaceiro, *averse.* Pluie violente et brutale comme il en tombe sur la côte du Nordeste en hiver (juillet).
A seca, *la sécheresse* (elle désole l'intérieur du Brésil, appelé **o sertão**, pendant des mois, voire des années).

D 1 DIALOGUE (CD)

Anda a fazer um trabalho

Pedro — Conseguiste vê-la ? Falaste com ela ?
Paula — Não, não a vi. Mandou dizer que não podia vir porque estava a trabalhar.
Pedro — Mas ela tinha-nos prometido que não faltava. Não vei porque não quis.
Paula — Acho que não é bem assim. Anda a fazer um trabalho que tem de entregar na empresa.
Pedro — Temos de marcar a nossa reunião para outro dia.
Paula — Como se a presença dela fosse indispensável...
Pedro — E não é ?

D 2 CIVILISATION

L'habitat traditionnel au Brésil

L'habitat traditionnel du Brésil colonial (Nord-Est, côte Nord avec São Luís du Maranhão, de Bahia, Rio et État de Minas) rappelle celui du Portugal. Les maisons populaires n'ont qu'un rez-de-chaussée, avec une porte et deux fenêtres, et un toit de tuiles rouges ; les murs, souvent de *torchis* (**taipa**) sont recouverts d'un crépis rose, jaune, bleu, vert. Les maisons des notables ont un *étage* (**o sobrado**) et les murs s'ornent parfois de *carreaux de faïence* (**azulejos**), souvent venus du Portugal. L'église ou les églises de ces petites villes, construites au XVIIe ou XVIIIe siècles sont blanchies à la chaux, et, comme les églises baroques du nord du Portugal, elles enjolivent le fronton des façades et les fenêtres, non d'un trait de granit, mais d'un trait de peinture bleue, ocre jaune ou ocre rouge. Les intérieurs, parfois riches, s'ornent de dorures et de fresques religieuses d'azulejos.

Ces petites villes, dites historiques, restées à l'écart de constructions modernes, ont gardé leur charme d'antan. Généralement bien entretenues, elles disposent d'*auberges* (**pousadas**), voire d'hôtels. Elles méritent une visite : **Alcântara**, près de S. Luís du Maranhão, **Olinda** près de Recife, **Cachoeira** près de Salvador, **Parati** entre Rio et São Paulo, **Paranaguá** dans le Paraná et de nombreuses villes du Minas Gerais (**Ouro Preto, Mariana, Sabará, Tiradentes, Diamantina, Sêrro**...).

Cet air de parenté avec le Portugal existe aussi dans la plupart des villes des pays d'Afrique. **Mindelo** au Cap Vert en est un bel exemple.

D 3 DIALOGUE

Elle est en train de travailler

Pedro — As-tu réussi à la voir ? Lui as-tu parlé ?
Paula — Non, je ne l'ai pas vue. Elle a fait dire qu'elle ne pouvait pas venir parce qu'elle avait un travail à faire.
Pedro — Mais elle nous avait promis qu'elle ne manquerait pas de venir. Elle n'est pas venu parce qu'elle n'a pas voulu…
Paula — Je crois que ce n'est pas tout à fait ça. Elle fait un travail qu'elle doit livrer à l'entreprise.
Pedro — Nous devons fixer notre réunion pour un autre jour.
Paula — Comme si sa présence était indispensable.
Pedro — Et elle ne l'est pas ?

D 4 CIVILISATION

Les villes modernes brésiliennes

Les grandes villes brésiliennes, toutes sur la côte, sauf São Paulo, se sont établies autour d'un port par lequel se faisait le commerce avec le Portugal. Celles du Sud qui s'est industrialisé au XXe siècle (Rio de Janeiro, et surtout São Paulo) ont grandi de façon rapide et anarchique : São Paulo, la plus grande ville d'Amérique du Sud et la 2e du monde avec 16 M d'hab., n'avait que 28 000 hab, en 1875.

Les grandes villes du *plateau central* (**planalto**) ont été construites dans le but de développer l'intérieur du pays. Plus modernes, elles ont été construites avec des plans d'urbanisation préalables : **Belo Horizonte**, inaugurée en 1897, **Londrina** (Paraná) en 1930 et **Brasilia**, en 1960.

Si les *gratte-ciel* (**arranha-céus**), aux formes les plus audacieuses, poussent rapidement dans les grandes villes et offrent d'immenses bureaux ou de luxueux *appartements* (**apartamentos**), les *quartiers populaires périphériques* (**subúrbios**) ou entassés sur les *collines* (**morro**) de Rio ou de Salvador (**favelas**) restent pauvres et sous-équipés.

Le Brésil est devenu un monde urbain comme les États-Unis ou l'Europe. Actuellement 3 Brésiliens sur 4 habitent une ville.

Les architectes brésiliens sont renommés : **Oscar Niemeyer** (1907) est l'un des plus internationalement connu. Il a participé à de nombreuses œuvres à l'étranger dont le Palais de l'ONU à New York et a été l'un des architectes de Brasilia où il a construit le Palais présidentiel de l'Alvorada et le théâtre Municipal.

35 O convite foi entregue pelo carteiro.

A 1 PRÉSENTATION

■ **La forme passive : ser** + le participe passé du verbe.
• **por** introduit le complément d'agent (s'il est exprimé) : **a casa é construída pelo arquitecto**, *la maison est construite par l'architecte* ; **o arquitecto constrói a casa**, *l'architecte construit la maison.*

fôssemos	[**fô**sseumouch]	*que nous fussions*
paga	[**pa**gå]	*payée*
entregue	[ẽtr**è**gueu]	*remis*
convidar	[kõvi**dar**]	*inviter*
atropelar	[åtroupeu**lar**]	*renverser*
a deslocação (ões)	[å deuchloukå**ssãou:**]	*le déplacement*
as despesas	[åch deuch**pê**zåch]	*les dépenses, les frais*
a companhia	[å kõpå**gni**/å]	*la compagnie*
o convite	[ou kõ**vi**teu]	*l'invitation*
os anos	[ouz **å**nouch]	*l'anniversaire*
o vizinho	[ou veu**zig**nou]	*le voisin*
o camião (ões)	[ou ka**myãou :**]	*le camion*
no entanto	[nou ẽ**tã**tou]	*cependant*

A 2 APPLICATION (CD)

1. **A casa foi construída por um arquitecto conhecido.**
2. **O arquitecto construiu a casa por um preço barato.**
3. **As despesas da deslocação foram pagas pela companhia.**
4. **companhia paga sempre as deslocações do pessoal.**
5. **A chamada foi atendida pela empregada.**
6. **A empregada costuma atender as chamadas quando não estou em casa.**
7. **O convite foi-lhe entregue pelo carteiro.**
8. **O carteiro entrega as cartas de manhã cedo.**
9. **Fomos convidados pelos nossos amigos para os anos do seu filho.**
10. **Os meus vizinhos costumam convidar-nos, como se fôssemos da família.**
11. **O peão foi atropelado por um camião.**
12. **No entanto, o motorista deste camião é prudente ; nunca tinha atropelado ninguém.**

35 L'invitation fut remise par le facteur.

A 3 REMARQUES

- **Le i de** la terminaison du **participe passé ido** porte un **accent aigu** lorsque celle-ci **suit une voyelle :**
saído [så/i/dou] *sorti*, **construído [kõchtrou/i/dou].**
- **Verbes avec deux participes passés :**
— un régulier employé avec **ter :**
pagar, payer ; **(pagado,** *payé*
entregar, remettre **; (entregado,** *remis*
— un irrégulier employé avec **ser** ou **estar : pago,** *payé ;*
entregue, *remis.*
Ele tinha pagado a conta, *il avait payé l'addition.*
A conta está paga, *l'addition est payée.*
- **Construir,** *construire, quelques irrégularités :*
PRES. IND. : **(tu) constróis, (ele) constrói, (eles) constroem.**
IMPÉRATIF : **(tu) constrói.**
- Subjonctif imparfait (commun) de **ser** *(être)* et **ir** *(aller)* :
fosse, fosses, fosse, fôssemos, fôsseis, fossem.

A 4 TRADUCTION

1. La maison a été construite par un architecte connu.
2. L'architecte a construit la maison pour un prix bon marché.
3. Les frais de déplacement ont été payés par la compagnie.
4. La compagnie paye toujours les déplacements de son personnel.
5. L'appel téléphonique a été reçu par l'employée.
6. L'employée a l'habitude de prendre les appels téléphoniques quand je ne suis pas à la maison.
7. L'invitation lui a été remise par le facteur.
8. Le facteur remet les lettres tôt le matin.
9. Nous avons été invités par nos amis pour l'anniversaire de leur fils.
10. Mes voisins ont l'habitude de nous inviter comme si nous étions de la famille.
11. Le piéton a été renversé par un camion.
12. Cependant le chauffeur de ce camion est prudent ; il n'avait jamais renversé personne.

35 A casa foi construída... /está construída.

B 1 PRÉSENTATION

■ **Un même participe passé**, employé avec **ser** ou **estar** :
— avec **ser**, il indique une action passive : l'action indiquée par le verbe est faite par un agent (le complément d'agent qui peut être exprimé ou sous-entendu) ;
— avec **estar**, il indique le résultat d'une action antérieure.
A casa foi construída, *la maison a été construite.*
A casa jà está construída, *la maison est déjà construite.*

feito	[féitou]	*fait*
porto	[**pôch**tou]	*posé, mis*
reunir	[Riou**nir**]	*réunir*
a marcação	[å mårkå**ssãou:**]	*la réservation*
o prospecto	[ou prouch**pê**tou]	*le prospectus*
a assembleia	[å åssẽ**blê**yå]	*l'assemblée*

■ Remarquer : **pagar a dinheiro**, *payer en liquide.*

B 2 APPLICATION (CD)

1. A casa foi construída há muito tempo.
2. A casa está construída à beira-mar. Vou là muitas vezes.
3. A marcação dos lugares foi feita a semana passada.
4. A marcação dos lugares já está feita.
5. A conta é sempre paga a dinheiro.
6. A conta está paga, não se preocupe.
7. Os artigos desta loja são vendidos por um preço alto.
8. Este artigo já está vendido.
9. Os prospetos foram distribuídos esta manhã.
10. Os prospetos estão todos distribuídos. Já não há mais.
11. Avisaram-me que as encomendas são entregues de manhã.
12. As encomendas já estão entregues.
13. A mesa foi posta ao meio dia.
14. Quando chego ao meio dia, a mesa está posta.
15. Ao entrar na sala, viu que estava reunida uma assembleia.
16. Ninguém o tinha avisado.

B 3 REMARQUES

- Participes passés irréguliers :
fazer, *faire* → **feito,** *fait* - **pôr,** *mettre* → **posto**, *mis*
- **Traduction de** *en* **et** *y* **français :**
— ils peuvent ne pas se traduire : **ninguém o tinha avisado,** *personne ne l'en avait averti ;*
— ils se traduisent parfois par un adverbe de lieu : **vou lá,** *j'y vais* (= je vais là-bas) ; **venho de lá**, *j'en viens* (= je viens de là) ;
— par un démonstratif **isso** ou un pronom personnel : **penso nisso**, *j'y pense ;* **falo nisso,** *j'en parle ;* **não o viram mas falam nele,** *ils ne l'ont pas vu mais ils en parlent.*
- **Ao + infinitif :** traduit le **participe présent** précédé de en lorsqu'il y a deux actions simultanées dont une très brève : **ao entrar, ele viu...,** *en entrant, il vit...*

B 4 TRADUCTION

1. La maison a été construite il y a longtemps.
2. La maison est construite au bord de la mer. J'y vais souvent.
3. La réservation des places a été faite la semaine passée.
4. La réservation des places est déjà faite.
5. L'addition est toujours payée en liquide.
6. L'addition est payée, ne vous inquiétez pas.
7. Les articles de cette boutique sont vendus à un prix élevé.
8. Cet article est déjà vendu.
9. Les prospectus ont été distribués ce matin.
10. Les prospectus sont tous distribués. Il n'y en a plus.
11. On m'a avertie que les colis sont remis le matin.
12. Les colis sont déjà remis.
13. La table a été mise à midi.
14. Quand j'arrive à midi, la table est mise.
15. En entrant dans la salle, il vit qu'une assemblée était réunie.
16. Personne ne l'en avait averti.

C 1 EXERCICES

1. Traduire :

a) O carteiro tinha entregado as cartas ; as cartas foram entregues ao seu destinatário.
b) Não se preocupe, a conta está paga. A conta foi paga por mim.

2. Mettre à la voix passive :

a) A minha amiga escreve uma carta.
b) A telefonista fez uma chamada.
c) O carteiro distribui as cartas.

3. Compléter avec ser ou estar :

a) Não se preocupe, a marcação já..... feita.
b) As despesas...... pagas pela empresa.
c) O postal.... mal escrito. Não o consigo ler.
d) A marcação..... feita a tempo.
e) As despesas...... pagas quando cheguei.

C 2 VOCABULAIRE ET RÉCRÉATION

■ Quelques verbes qui ont un participe passé irrégulier :
— verbes dont seul le participe passé irrégulier est employé : **dizer** (*dire*) → **dito** (*dit*) ; **ver** (*voir*) → **visto** (*vu*) ; **cobrir** (*couvrir*) → **coberto** (*couvert*) ;
— verbes qui ont deux formes de participe passé : **aceitar** (*accepter*) → **aceitado** (r.), **aceite** (ir.) (*accepté*) ; **acender** (*allumer*) → **acendido** (r.), **acesa** (ir.) (*allumé*).

■ **Anedota**, *histoire drôle.*

— Minha mulher é um caso sério ! Quer ver tudo o que compro.
— Ma femme est un cas sérieux ! Elle veut voir tout ce que j'achète.

— Mas a minha é pior : quer comprar tudo o que vê !
— Mais la mienne est pire : elle veut acheter tout ce qu'elle voit.

C 3 CORRIGÉ

1.

a) Le facteur avait remis les lettres ; les lettres furent remises à leur destinataire.
b) Ne vous inquiétez pas, l'addition est payée. L'addition a été payée par moi.

2.

a) Uma carta é escrita pela minha amiga.
b) Uma chamada foi feita pela telefonista.
c) As canas são distribuídas pelo carteiro.

3.

a) Não se preocupe, a marcação já **está** feita.
b) As despesas **são** pagas pela empresa.
c) O postal **está** mal escrito. Não o consigo ler.
d) A marcação **foi** feita a tempo.
e) As despesas **estavam** pagas quando cheguei.

C 4 LE PORTUGAIS AU BRÉSIL – RÉCRÉATION

■ BRÉSIL / PORTUGAL

BRÉSIL		PORTUGAL
caminhão	*le camion*	**o camião**
pedestre	*le piéton*	**o peão**

■ **Poema**, *poème*, de Millôr Fernandes.

Era um homem bem vestido	*C'était un homme bien habillé*
foi beber no botequim	*il est allé boire dans une taverne*
Bebeu muito, bebeu tanto	*il a tant bu, il a tant bu,*
que	*qu'il*
s i	*s*
a u e	*e t s*
d á	*o t*
l	*s r i*
a s m	*o m*
s i .	*c m e a*
	ç .

35 Dialogue et Civilisation

D 1 DIALOGUE (CD)

Pagaram-me a estadia

Rosa — Não esperava que também viesses ao congresso.
Tiago — Eu também não. Recebi um convite à última hora. Um convite inesperado.
Rosa — Foste convidado pelos organizadores ?
Tiago — Fui. Mandaram-me um bilhete de avião.
Rosa — Pagaram-te a estadia, imagino.
Tiago — Não. O hotel foi pago pela empresa.
Rosa — Tiveste mais sorte do que eu.
Tiago — Pagaste as despesas todas ?
Rosa — Vim à minha custa, mas não estou arrependida.

D 2 CIVILISATION

Voyage littéraire au Brésil

Dans cette riche littérature, où, après 1922, poètes, romanciers et sociologues, s'inspirent de leur région, nous ne retenons que des romans traduits, plus accessibles, qui aident à mieux comprendre le Brésil.

Nordeste : Jorge Amado (1912-2001) livre l'âme de l'État de Bahia : la société du cacao, le peuple de Salvador ou de l'intérieur, le foot… Vingt-cinq romans sont traduits dont : ***Cacau*** (*Cacao*) ; ***Capitães de areia*** (*Capitaine des sables*) ; ***Gabriela, cravo e canela*** (*Gabriela, Girofle et canelle*) ; ***Pastores da Noite*** (*Pâtres de la Nuit*). **Graciliano Ramos** (1892 – 1952) dépeint la vie dans les fazendas de l'intérieur (***Infância***, *Enfance* ; ***São Bernardo***, *Saint Bernard*), ainsi que **Antônio Torres** (***Essa Terra***, *Cette Terre*). La région de Fortaleza vit ou revit dans ***Iracema*** de **José de Alencar** (1829 – 1877) ou ***Maria Moura*** de **Raquel de Queiroz**.

État de Minas : trois grands noms pour cet état riche en or, fer et histoire : **Autran Dourado** (*Le portail du monde*), **João Guimarães Rosa** (*Sagarana*) et **Carlos Drummond de Andrade** (*Poèmes*).

L'Amazonie : quelques romans évoquent la forêt : ***A Selva*** (*La Forêt Vierge*) du portugais **Ferreira de Castro** (1898 – 1974), ***O imperador da Amazónia*** (*L'Empereur d'Amazonie*) de **Marcio Souza** ou le très récent ***Relato de um certo Oriente*** (*Récit d'un certain Orient*) qui se passe à Manaus de **Milton Hatoun**. Les pêcheurs de São Luís do Maranhão font vivre ***O dono do mar*** (*Capitaine de la mer Océane*) de **José Sarney** et les problèmes des Indiens, traversent *Maira* de **Darcy Ribeiro** ou *Sa Majesté des Indiens* de **Moacir Sclyar**.

D 3 DIALOGUE

On m'a payé le séjour

Rosa — Je ne m'attendais pas à ce que tu viennes aussi au congrès.
Tiago — Moi non plus. J'ai reçu une invitation à la dernière heure. Une invitation inespérée.
Rosa — Tu as été invité par les organisateurs ?
Tiago — Oui. Ils m'ont envoyé un billet d'avion.
Rosa — On t'a payé le séjour, je pense ?
Tiago — Non. L'hôtel a été payé par l'entreprise.
Rosa — Tu as eu plus de chance que moi.
Tiago — Tu as payé toutes les dépenses ?
Rosa — Je suis venue à mes frais, mais je ne le regrette pas.

D 4 CIVILISATION

Les grandes Villes (São Paulo et Rio de Janeiro)

La vie quotidienne des grandes villes avec leur bruit, leur mouvement, leur modernisation, les problèmes des habitants, inspirent les poètes (**Mario de Andrade**, *l'apprenti touriste*) et alimentent les chroniques et les nouvelles : **Rubem Fonseca** (*Le cas Morel* ou *Un été Brésilien*) et **Carlos Drummond de Andrade** (*Conversation extraordinaire avec une dame de ma connaissance et autres nouvelles*).

Ces villes servent de toile de fonds à de nombreux romans ou pièces de théâtre, mais les préoccupations et les styles de leurs auteurs sont multiples (réalistes, critiques, philosophiques, poètiques, fantaisistes, souvent pleins d'humour) : **Lima Barreto** (1881 – 1882, *Souvenir d'un gratte papier*), **Machado de Assis** (1839 – 1908, *Dom Casmurro*), dépeignent le Rio du XIXe siècle. Citons parmi les auteurs plus récents : **Nelson Rodriguês** (*L'Agne noir*, théâtre), **Lygia Fagundes Telles** (*L'heure nue, Un thé fort et trois tasses*) pour São Paulo ; **Nélida Piñon** a des visions plus larges (***A República dos Sonhos***, *La République des Songes*).

Le Sud, la vie des gauchos dans les vastes pampas et la société du Rio Grande do Sul nous sont racontées par **Erico Veríssimo** (1905-1980) dans la trilogie **O Tempo e o Vento** dont seul le premier tome tes traduit : ***O Continente*** (*Le continent*).

Les poètes, très nombreux, sont rares ici, parce que encore peu traduits.

36 Se sair no próximo fim de semana...

A 1 PRÉSENTATION

■ **se + subjonctif futur** indique l'éventualité d'une action future. Ce temps n'est utilisé dans aucune autre langue romane. Il se traduit par un **présent indicatif**.

esqueceres	['chkè**ssê**reuch]	*oublies*
tivermos	[ti**vèr**mouch]	*avons*
pudermos	[pou**dèr**mouch]	*pouvons*
estar em condições	['ch**tar** ãȳ kõdi**ssõï**ch]	*être en état*
aquecer	[åkè**ssêr**]	*chauffer*
o ouvinte	[ou ô**vi**teu]	*l'auditeur*
a brigada	[å bri**ga**då]	*la brigade*
a revisão	[å Reuvi**zãou :**]	*la révision*
o problema	[ou prou**blê**må]	*le problème*
o mecânico	[ou meu**kå**nikou]	*le mécanicien*
o alojamento	[ou åloujå**mẽ**tou]	*le logement*
seja onde for	[**sê**ja **õ**deu **fôr**]	*où que ce soit*
desde que + subj.	[**déj**deu keu]	*pourvu que*

A 2 APPLICATION (CD)

1. A rádio — Senhor ouvinte, se sair de carro no próximo fim de semana, saia cedo.
2. Ana — Estás a ouvir ?
3. Pedro — Estou. Mas se toda a gente seguir os conselhos da brigada de trânsito, vai haver engarrafamento na ponte.
4. A. — O carro estará em condições ?
5. P. — Não sei ; precisa duma revisão ; o motor aquece.
6. A. — Se não te esqueceres de pôr gasolina, não teremos os problemas da semana passada.
7. P. — Se chegar à garagem a tempo, deixo o carro ao mecânico.
8. A. — Se tivermos tempo, e se pudermos arranjar alojamento, vamos até ao Algarve.
9. P. — Eu quero ir seja onde for, desde que saia daqui.

A 3 REMARQUES

- **se,** *si :* — se prononce [seu] si le mot qui suit commence par une consonne : **se tiver** [seu ti**vèr**], *si j'ai...* ;
  — se prononce [si] si le mot qui suit commence par une voyelle : **se ele tiver** [si **ê**leu ti**vèr**].
- **Le futur du subjonctif** : il se forme sur le radical du parfait (3e pers. plur. moins **am**) + les terminaisons propres à ce temps. Les verbes irréguliers au passé simple le sont aussi à ce temps (ex. **poder,** *pouvoir :* voir tableau p. 365).

falar-am	***comer-am***	***partir-am***	***for-am***	***tiver-am***
falar	**comer**	**partir**	**for**	**tiver**
falares	**comeres**	**partires**	**fores**	**tiveres**
falar	**comer**	**partir**	**for**	**tiver**
falarmos	**comermos**	**partirmos**	**formos**	**tivermos**
falardes	**comerdes**	**partirdes**	**fordes**	**tiverdes**
falarem	**comerem**	**partirem**	**forem**	**tiverem**

- **Emploi** : Ce temps, très employé, traduit une action future probable dans une proposition subordonnée introduite par **se,** *si :* **se chegar a tempo, deixo o carro na garagem,** *si j'arrive à temps, je laisserai la voiture au garage.*

  N.B. : Le prés. de l'ind. de la principale a une valeur de futur.

A 4 TRADUCTION

1. La radio — Cher auditeur, si vous partez en voiture à la fin de la semaine prochaine, partez tôt.
2. Anne — Tu entends ?
3. Pierre — Oui. Mais si tous les gens suivent les conseils de la gendarmerie, il va y avoir des embouteillages sur le pont.
4. A. — La voiture est-elle en bon état ?
5. P. — Je ne sais pas ; elle a besoin d'une révision ; le moteur chauffe.
6. A. — Si tu n'oublies pas de mettre de l'essence, nous n'aurons pas les problèmes de la semaine dernière.
7. P. — Si j'arrive au garage à temps, je laisserai la voiture chez le mécanicien.
8. A. — Si nous avons le temps, et si nous pouvons trouver à nous loger, nous irons jusqu'en Algarve.
9. P. — Je veux aller n'importe où, pourvu que je sorte d'ici.

36 Quando o senhor tiver tempo...

B 1 PRÉSENTATION

■ Après **quando**, *quand*, l'idée de futur s'exprime avec le futur du subjonctif.

tiver	[ti**vèr**]	*vous avez, aurez*
houver	[ô**vèr**]	*il y a, aura*
arrancar	[å**Rãkar**]	*démarrer*
funcionar	[fõussyou**nar**]	*fonctionner, marcher*
estiver	['chti**vèr**]	*est, sera*
puser	[pou**zèr**]	*je mets, mettrai*
falhar	[få**lyar**]	*avoir des ratés*
a dificuladade	[å difikoul**da**deu]	*la difficulté*
o travão	[ou trå**vãou** :]	*le frein*
a bateria	[å båteu**ri**/å]	*la batterie*
a vela	[å **vè**lå]	*la bougie*
o radiador	[ou Rådyå**dôr**]	*le radiateur*
o pneu	[ou pn**êou**]	*le pneu*
o pneu sobresselente	[ou pnêou soubreusseu**lẽ**teu]	*la roue de secours*
o furo	[ou **fou**rou]	*le trou, la crevaison*
pronto	[**prõ**tou]	*prêt*

B 2 APPLICATION (CD)

1. **Pedro — Quando o senhor tiver tempo, faça uma revisão completa ; o carro arranca com dificuldade. O motor falha ; verifique também os travões.**
2. **O mecânico — Se houver muito trabalho, não posso fazer a revisão antes de sexta-feira.**
3. **P. — Penso que é preciso mudar a bateria.**
4. **M. — Se a bateria não estiver em bom estado, não a podemos mudar ; neste momento não temos nenhuma bateria nova na oficina.**
5. **— Se eu puser velas novas, o carro deve funcionar melhor.**
6. **P. — Faça favor, não se esqueça de pôr água no radiador, de encher os pneus e de consertar o pneu sobresselente, se for necessário. Penso que tem um furo.**
7. **M. — Quando o carro estiver pronto, telefono-lhe.**
8. **P. — Obrigado. Venho logo buscá-lo.**

B 3 REMARQUES

■ **Futur du subjonctif** de **haver** *(avoir)*, **estar** *(être)*, **pôr** *(mettre)* :

Passé simple	***houver-am***	***estiver-am***	***puser-am***
eu	**houver**	**estiver**	**puser**
tu	**houveres**	**estiveres**	**puseres**
ele, você	**houver**	**estiver**	**puser**
nós	**houvermos**	**estivermos**	**pusermos**
vós	**houverdes**	**estiverdes**	**puserdes**
eles, vocês	**houverem**	**estiverem**	**puserem**

■ Emploi :

— après **quando,** *quand,* il exprime une idée de futur (futur de l'indicatif en français) ;
— après **onde,** *où,* il se traduit par le présent du subjonctif.
Quando tiver tempo, mando fazer uma revisão, *quand j'en aurai le temps, je ferai faire une révision.*
Vou, seja onde for, *j'irai où que ce soit.*

B 4 TRADUCTION

1. Pierre — Quand vous en aurez le temps, faites une révision complète. La voiture démarre difficilement. Le moteur a des ratés ; vérifiez aussi les freins.
2. Le mécanicien — S'il y a beaucoup de travail, je ne pourrai pas faire cette révision avant vendredi.
3. P. — Je pense qu'il faut changer la batterie.
4. M. — Si la batterie n'est pas bonne, nous ne pourrons pas la changer ; en ce moment, nous n'avons aucune batterie neuve à l'atelier.
5. — Si je mets des bougies neuves, la voiture devra mieux marcher.
6. P. — S'il vous plaît, n'oubliez pas de mettre de l'eau dans le radiateur, de gonfler les pneus, et d'arranger la roue de secours si c'est nécessaire. Je crois qu'elle a un trou (qu'elle est crevée).
7. M. — Quand la voiture sera prête, je vous téléphonerai.
8. P. — Merci. Je viendrai la chercher aussitôt.

36 Exercices et Vocabulaire

C 1 EXERCICES

1. Traduire :

a) Se houver muito movimento, não chegarás a horas.
b) Se puderes, passa pela garagem.
c) Seja onde for, tenho de mandar fazer uma revisão do carro.
d) Quando tiver tempo, vou fazer uma viagem a França.

2. Employer le verbe au futur du subjonctif :

a) Quando (chegar)….. telefonem-me.
b) Se (estar)….. bom tempo, vamos à praia.
c) Quando (ser)….. sete horas, acorda-me.
d) Se (poder)….., vem ter conmigo.
e) Quando (ter)….. tempo, venham a minha casa.
f) Se (pôr)….., o impermeável hoje, não nos molhamos.
g) Se (haver)….. muita gente, não vais ao cinema.
h) Quando (sair)….., avisa-me.

3. Traduire :

a) Quand ils arriveront, n'oublie pas de me prévenir.
b) Si ton moteur chauffe, mets de l'eau dans le radiateur.
c) Quand ma voiture sera prête, vous me téléphonerez pour m'avertir.
d) Si vous le pouvez, allez tous en Algarve.

C 2 VOCABULAIRE

o depósito de gasolina	*le réservoir d'essence*
a caixa de velocidades	*la boîte de vitesse*
o radiador verte	*le radiateur fuit*
a correia da ventoinha	*la courroie du ventilateur*
o motor de arranque	*le démarreur*
a embraiagem	*l'embrayage*
a alavanca de mudanças	*le levier de vitesse*
o acelerador	*l'accélérateur*
o tubo de escape	*le tuyau d'échappement*
o volante	*le volant*
o pedal	*la pédale*
o pára-brisas	*le pare-brise*
o porta-bagagens	*le porte-bagage*
o óleo	*l'huile*
o macaco	*le cric*

C 3 CORRIGÉ

1. a) S'il y a beaucoup de circulation, tu n'arriveras pas à l'heure.
   b) Si tu peux, passe par le garage.
   c) Où que ce soit, je dois faire faire une révision de la voiture.
   d) Quand j'en aurai le temps, j'irai faire un voyage en France.

2. a) Quando **chegarem**, telefonem-me.
   b) Se **estiver** bom tempo, vamos à praia.
   c) Quando **forem** sete horas, acorda-me.
   d) Se **puderes**, vem ter conmigo.
   e) Quando **tiverem** tempo, venham a minha casa.
   f) Se **pusermos** o impermeável hoje, não nos molhamos.
   g) Se **houver** muita gente, não vais ao cinema.
   h) Quando **saires**, avisa-me.

3.
   a) Quando chegarem, não te esqueças de me avisar.
   b) Se o teu motor aquecer, põe água no radiador.
   c) Quando o meu carro estiver pronto, telefone-me para me avisar.
   d) Se puderem, vão todos ao Algarve.

C 4 LE PORTUGAIS AU BRÉSIL

■ **Vocabulaire** : Les différences sont très nombreuses en ce qui concerne le vocabulaire de l'automobile. On y enregistre une forte influence de l'américain.

BRÉSIL		PORTUGAL
encher o tanque	*remplir le réservoir*	**encher o depósito**
o estepe [ésstépi]	*roue de secours*	**pneu sobresselente**
brecar (ou **frear** de l'anglais brake)	*freiner*	**travar**
o breque ou **freio**	*le frein*	**o travão**
a estrada de rodagem	*la route*	**a estrada**
a estrada de ferro	*le chemin de fer*	**o caminho de ferro**
embreagem	*embrayage*	**embraiagem**
alavanca de câmbio ou **de mudança**	*le levier de vitesse*	**alavanca de mudanças**

► Le subjonctif : BRÉSIL : **subjuntivo** – PORTUGAL : **conjuntivo**.

36 Dialogue et Civilisation

D 1 DIALOGUE (CD)

Na oficina de automóveis

Cliente — O meu carro já está pronto ?
Mecânico — Infelizmente faltam-me duas peças.
Cliente — Mas o senhor tinha-me dito que era uma avaria sem importância.
Mecânico — À primeira vista, foi o que me pareceu.
Cliente — Quando é que posso vir buscá-lo ?
Mecânico — Quando tiver cá as peças, o conserto faz-se num instante.
Cliente — E se as peças não vierem ?
Mecânico — A senhora vai ter que esperar... ou comprar um carro novo.

D 2 CIVILISATION

... Foi pelo meio do caminho que aquele pequeno incidente aconteceu. Um carro atrás de si, quase colado ; seguramente, não estava a mais de um metro. E ele ia a cem à hora. O outro fazia sinais de luz e buzinava ; não conseguia ultrapassar porque a fila de trânsito em sentido contrário era ininterrupta e ali a estrada era estreita. ® Que grande besta, pensou... E se eu travo de repente, pode até matar-me. ¯ Continuou a ruminar insultos e preocupações, tentando descobrir o que fazer. Finalmente achou que seria melhor ir abrandando lentamente até chegar a uma velocidade em que uma possível pancada na traseira do carro resultaria apenas em trabalho de bate-chapa, mas não em funerais...

Assim fez, e durante uns bons quilometros foram a quarenta à hora, ele à frente sorrindo com maldade para o espelho retrovisor, o outro atrás, suando de raiva e buzinando em som contínuo. Por fim, houve uma aberta no trânsito em sentido contrário. O outro aproveitou ; passou com grandes roncos de aceleração, e bem rente...

Maria Isabel Barreno, ***Contos Analógicos*** (adaptation).

Le Portugal ne possède pas de marque automobile propre, mais il a développé avec succès, depuis 1963, une industrie d'assemblage de voitures (passagers, utilitaires légers et lourds) et de fabrication de pièces.

D 3 DIALOGUE

Dans l'atelier de réparation des voitures

Cliente — Ma voiture est-elle déjà prête ?
Mécanicien — Malheureusement il me manque deux pièces.
Cliente — Mais vous m'aviez dit que c'était une panne sans importance.
Mécanicien — À première vue, c'est ce qui m'a semblé.
Cliente — Quand est-ce que je peux venir la chercher ?
Mécanicien — Quand j'aurai les pièces, la réparation se fera en un instant.
Cliente — Et si les pièces n'arrivent pas ?
Mécanicien — Vous devrez attendre… ou acheter une nouvelle voiture.

D 4 CIVILISATION

… C'est environ à mi-chemin que ce petit incident est arrivé. Une voiture derrière vous, presque collée ; sûrement, elle n'était pas à plus d'un mètre. Et lui, il allait à cent à l'heure. L'autre faisait des appels de phares et klaxonnait ; il n'arrivait pas à dépasser parce que la file de voitures en sens contraire était ininterrompue, et à cet endroit la route était étroite. ® Quel animal, pensa-t-il… et si je freine brusquement, il peut même me tuer. Il continua à ruminer des insultes et des calculs, essayant de découvrir ce qu'il devait faire. Finalement, il pensa qu'il vaudrait mieux ralentir très progressivement jusqu'à atteindre une vitesse où un éventuel choc à l'arrière ne provoquerait que du travail de carrossier, mais pas de funérailles…

Ainsi fit-il, et pendant quelques bons kilomètres ils roulèrent à quarante à l'heure, lui devant, souriant méchamment vers le miroir, l'autre, derrière, suant de rage et klaxonnant sans discontinuer. Enfin, il y eut une brèche dans la file en sens contraire. L'autre en profita ; il dépassa à grand bruit d'accélération, et bien près…

L'industrie automobile est très florissante au Brésil, même s'il n'y a pas de marque propre. Des firmes étrangères ont passé des accords de partenariat et ouvert des chaînes de montage et de fabrication de pièces.

37 Nunca pensei que fosse tão difícil...

A 1 PRÉSENTATION

quiseres	[kizèreuch]	*si tu veux*
saíssemos	[saisseumouch]	*que nous sortions*
pudesse	[poudèsseu]	*que nous puissions*
restar	[Reuchtar]	*rester* (temps qui manque)
estar farto	['chtar fartou]	*en avoir marre*
lamentar	[låmẽtar]	*regretter de*
a pousada	[å pôzadå]	*l'auberge*
o hotel	[ou oteL]	*l'hôtel*
o rececionista	[Reussèssyounichtå]	*l'employé (réception)*
o quarto de casai	[ou kouartou deu kåzaL]	*chambre pour un couple*
o quarto simples	[ou kouartou sĩpleuch]	*la chambre individuelle*
a cama	[å kåmå]	*le lit*
a culpa	[å kouLpå]	*la faute*
a portagem	[å pourtåjãy]	*le péage*

A 2 APPLICATION (CD)

1. Pedro — Queríamos um quarto de casai com duas camas.
2. O recepcionista — Lamento, mas não temos quartos de casai, nem quartos simples. A pousada está cheia. É melhor ver no hotel.
3. Ana — Já lá fomos. Nunca pensei que fosse tão difícil arranjar um quarto. É como se estivéssemos no Verão, e estamos no Inverno.
4. — Se quiseres podemos voltar para casa.
5. P. — Se pudesse, voltava. Mas é tão longe e estou farto de guiar.
6. R. — Hoje de tarde, ainda tínhamos quartos livres.
7. P. — Eu bem te disse que saíssemos mais cedo.
8. A. — A culpa não foi minha. Não fui eu que me atrasei...
9. P. — Foi a portagem da ponte que nos atrasou. O locutor tinha razão.
10. A. — Só nos resta dormir no carro!

A 3 REMARQUES

- *C'est moi, c'est toi*, etc., **sou eu, és tu**.

  Le pronom (*moi, toi, lui*, etc.) se traduit par le pronom sujet, et le verbe s'accorde avec lui. Le temps employé varie suivant le contexte : **não fui eu que chamei**, *ce n'est pas moi qui ai appelé.*

- Ne pas oublier que l'imparfait de l'indicatif est couramment employé à la place du **conditionnel : queríamos**, *nous voudrions.*

- Imparfait et futur du subjonctif de **querer**, *vouloir* et **dizer**, *dire* (à partir du parfait : **quiseram, disseram**).

	IMP. SUB.	FUT. SUB.	IMP. SUB.	FUT. SUB.
eu	quis**esse**	quiser	diss**esse**	diss**er**
tu	quis**esses**	quis**eres**	diss**esses**	diss**eres**
ele	quis**esse**	quis**er**	diss**esse**	diss**er**
nós	quis**ésse**mos	quis**ermos**	diss**ésse**mos	diss**ermos**
vós	quis**ésseis**	quis**erdes**	diss**ésseis**	diss**erdes**
eles	quis**essem**	quis**erem**	diss**essem**	diss**erem**

A 4 TRADUCTION

1. Pierre — Nous voudrions une chambre pour couple, avec deux lits.
2. L'employé de la réception — Je regrette, mais nous n'avons pas de chambre à deux lits, ni de chambre à un lit. L'auberge est pleine. Il vaut mieux voir à l'hôtel.
3. Anne — Nous y sommes déjà allés. Je n'aurais jamais pensé qu'il fût si difficile de trouver une chambre. C'est comme si nous étions en été, et nous sommes en hiver.
4. — Si tu veux nous pouvons revenir à la maison.
5. P. — Si je le pouvais, je reviendrais. Mais c'est loin et j'en ai marre de conduire.
6. R. — Cet après-midi, nous avions encore des chambres.
7. P. — Moi, je t'ai bien dit qu'il fallait partir tôt.
8. A. — Ce n'est pas ma faute. Ce n'est pas moi qui ai retardé.
9. P. — C'est le péage du pont qui nous a retardés. Le speaker avait raison.
10. A. — Il ne nous reste plus qu'à dormir dans la voiture !

B 1 PRÉSENTATION

■ **Por mais... que** + verbe au subjonctif, *avoir beau* :

Por mais dinheiro que ganhe, *j'ai beau gagner de l'argent.*
Le complément se place entre **mais** et le verbe.

viessem	[**viè**ssãy]	*qu'ils viennent, qu'ils vinssent*
trouxessem	[trô**ssê**ssãy]	*qu'ils apportent, qu'ils apportassent*
descobrir	[deuchkou**brir**]	*découvrir*
poupar	[pô**par**]	*économiser*
dar erros	[dar **ê**Rouch]	*faire des erreurs*
a terra	[à **tè**Rà]	*la région, le pays, la terre*
o mapa	[ou **ma**pà]	*la carte (de géographie)*
o buraco	[ou bou**ra**kou]	*le trou*
por mais... que	[pour **maïch**... **keu**]	*avoir beau*

■ Faux amis :

a carta, *la lettre* **o postal**, *la carte postale*
a letra, *la lettre* (de l'alphabet), *la lettre de change*
o mapa, *la carte* (de géographie)

B 2 APPLICATION (CD)

1. **Embora goste de viajar, não saio da minha terra.**
2. **Embora gostasse de passear, saia pouco.**
3. **Desejava que conhecesse melhor o nosso país.**
4. **Pedi-lhes que viessem e que trouxessem os mapas.**
5. **Quero que cheque mais cedo.**
6. **Queria que voltasse cedo, para ajudar a fazer a mala.**
7. **Talvez saia ainda este ano.**
8. **Talvez saísse, se tu fosses comigo.**
9. **O mecânico pediu-me que viesse buscar o carro.**
10. **O locutor recomendou que saíssemos cedo.**
11. **Por mais dinheiro que ganhe, não consigo poupar.**
12. **Por mais dinheiro que ganhasse, não conseguia poupar.**
13. **Por mais cuidado que tenha, não consigo evitar os buracos da estrada.**
14. **Por mais cuidado que tivesse, ele continuava a dar erros.**

B 3 REMARQUES

- Les verbes **cobrir**, *couvrir* et **descobrir**, *découvrir* se conjuguent comme **dormir** (voir leçon 30, B 3).
- **La concordance des temps dans les propositions subordonnées dont le verbe est au subjonctif** (sauf après **se**, *si*) :
  — le subjonctif est au présent si le verbe de la principale est au présent ou au futur de l'indicatif ou à l'impératif :
  quero que venhas, *je veux que tu viennes ;*
  — le subjonctif est à l'imparfait si la principale est à un temps du passé : **queria (quis) que viesses**, *je voulais (voulus) que tu vinsses.*
- **Imparfait et futur du subjonctif :**
  — **trazer**, *apporter* (à partir du parfait **trouxeram**) :
  Imp. sub. **trouxesse, trouxesses, trouxesse**, etc.
  Fut. sub. trouxer, trouxeres, trouxer, etc.
  — **vir**, *venir* (à partir du parfait **vieram**) :
  Imp. sub. **viesse, viesses, viesse**, etc.
  Fut. sub. **vier, vieres, vier**, etc.

B 4 TRADUCTION

1. Bien que j'aime voyager, je ne sors pas de ma région.
2. Bien que j'aimasse me promener, je sortais peu.
3. Je désirais qu'il connût mieux notre pays.
4. Je leur ai demandé de venir et d'apporter les cartes.
5. Je veux qu'il vienne plus tôt.
6. Je voulais qu'il revînt tôt, pour aider à faire la valise.
7. Peut-être partira-t-il encore cette année.
8. Peut-être partirait-il, si tu étais avec moi.
9. Le mécanicien m'a demandé de venir chercher la voiture.
10. Le speaker nous a recommandé de partir tôt.
11. J'ai beau gagner de l'argent, je n'arrive pas à économiser.
12. Il avait beau gagner de l'argent, il n'arrivait pas à économiser.
13. J'ai beau faire attention, je n'arrive pas à éviter les trous de la route.
14. Il avait beau faire attention, il continuait à faire des fautes.

37 Exercices et Vocabulaire

C 1 EXERCICES

1. Traduire :
a) Não esperava que chegassem tão tarde.
b) Gostava que conhecesse melhor Portugal.
c) Talvez ele não consiga fazer tudo hoje.

2. Mettre le premier verbe au parfait et faire les transformations qui s'imposent dans la subordonnée :
a) Peço ao empregado que traga a bagagem
b) Quero que venha connosco na viagem.
c) Não sai de casa, embora goste muito de passear.
d) Ela quer que ponha a mesa para o jantar.

3. Mettre le verbe au futur du subjonctif :
a) (poder) – Quando……, tens de vir connosco.
b) (vir) – Se…… amanhã, traga os seus mapas.
c) (querer) Se……, podemos ir todos no meu carro.
d) (dizer) – Quando me…… o que aconteceu, digo-te o que penso.

C 2 VOCABULAIRE

o corredor	*le couloir*	**o guarda-fato**	*la garde-robe*
a mesa de cabeceira		*la table de nuit*	
a banheira	*la baignoire*	**a toalha**	*la serviette*
o armário	*l'armoire*	**o tapete**	*le tapis*
o colchão	*le matelas*	**o travesseiro**	*le traversin*
a colcha ou	**a coberta**	*le couvre-lit*	
o cobertor	*la couverture*	**o sabonete**	*le savon*
o lençol	*le drap*	**o lençol de banho**	*le drap de bain*
a fronha	*la taie d'oreiller*	**a almofada**	*l'oreiller, le coussin*
o lavatório	*le lavabo*	**a torneira**	*le robinet*
o espelho	*le miroir*	**o pente**	*le peigne*
o candeeiro	*la lampe*	**a lâmpada**	*l'ampoule*
a escova de dentes		*la brosse à dents*	
de cabelo		*à cheveux*	

■ **Attention :**

la salle de bains P. **a casa de banho** B. **o banheiro**
P. **o banheiro** : *le surveillant de plage.*

37 Corrigé et Récréation

C 3 CORRIGÉ

1.

a) Je ne m'attendais pas à les voir arriver si tard.
b) Je voulais qu'il connût mieux le Portugal.
c) Il n'arrivera peut-être pas à tout faire aujourd'hui.

2.

a) **Pedi** ao empregado que **trouxesse** a bagagem.
b) **Quis** que **viesse** connosco na viagem.
c) Não **saiu** de casa, embora **gostasse** muito de passear.
d) Ela **quis** que **pusesse** a mesa para o jantar.

3.

a) Quando **puderes**, tens de vir connosco.
b) Se **vier** amanhã, traga os seus mapas.
c) Se **quiserem**, podemos ir todos no meu carro.
d) Quando me **disseres** o que aconteceu, digo-te o que penso.

C 4 RÉCRÉATION

— **Bonitinho !**	— *Mon tout beau !*
— **O quê ?**	— *Quoi ?*
— **Pequenino.**	— *Mon tout petit.*
— **Não compreendo.**	— *Je ne comprends pas.*
— **Morenito.**	— *Mon tout brun.*
— **Ah ! bom.**	— *Ah ! bon.*
— **Queridinho.**	— *Mon gros chéri.*
— **Estás a falar comigo ?**	— *Tu me parles ?*
— **Não. Estudo os sufixos diminutivos.**	— *Non, j'étudie les suffixes les diminutifs.*

In ***Pão com Manteiga***, *Le pain beurré*, I, Lisbonne, 1981.

■ **Inho** (ou **zinho**) est le suffixe diminutif le plus employé : **bonitinho**, *tout beau* ; **queridinho**, *mon petit chéri.*

Il existe toutefois d'autres suffixes :

ino/ina : **pequeno + ino = pequenino**, *tout petit*
ito/ita : **morena + ita = morenita**, *ma toute brune.*

D 1 DIALOGUE (CD)

Se procurares bem... **(1 v. masc. 1 fém.)**

Ricardo — Embora me agrade viver em Lisboa, estou com vontade de alugar uma casa perto do mar. Achas que vai ser fácil ?
Marina — Depende do dinheiro que quiseres gastar.
Ricardo — As rendas são caras ?
Marina — Se tiveres tempo e se procurares bem, és capaz de encontrar uma casa que te convenha e com uma renda em conta.
Ricardo — Se pudesse, começava já a procurar.
Marina — Vê os anúncios, pode ser que consigas rapidamente.
Ricardo — Nunca se sabe, talvez tenha sorte.

D 2 CIVILISATION

• **Os hotéis**, *les hôtels*, classés en cinq catégories : **luxe** (*luxo*), *très confortable* (**muito confortável**), *confortable* (**confortável**), *moyennement confortable* (**médio conforto**), *simple* (**simples**).
• **As pousadas**, *les auberges.* Ces établissements sont installés dans des régions pittoresques ou dans des demeures historiques. La durée de séjour y est souvent limitée (pas au Brésil).
• **As estalagens**, *les auberges.* Généralement de petites dimensions, elles ressemblent aux **pousadas** par le cadre, le style et le confort. Elles sont toujours privées.
• **As pensões**, *les pensions.* Sorte d'hôtels, souvent en villas, d'un accueil plus familial, plus simple et meilleur marché. Le prix annoncé inclut souvent les repas (**a diária** = pension complète).
• **A residência**, associé aux catégories précédentes (ex. **pensão residência**), ce terme signifie que signifie que l'établissement n'a pas de restaurant.
• **O motel**, *le motel.* Au Portugal, ce type d'hôtel, souvent pavillonnaire avec emplacement pour la voiture, est situé sur les grandes routes. On y fait étape. Ils sont peu nombreux. Au Brésil, ce sont de vrais hôtels, à l'entrée ou à la sortie des villes, où l'on peut se trouver en galante compagnie.
• **Camping :** il existe des terrains aménagés pour le camping et caravaning. Le camping sauvage est déconseillé, voire interdit.

D 3 DIALOGUE

Si tu cherches bien...

Ricardo — Bien que j'aime vivre à Lisbonne, j'ai envie de louer une maison près de la mer. Penses-tu que sera facile ?

Marina — Ça dépend de l'argent que tu veux y mettre.

Ricardo — Les loyers sont chers ?

Marina — Si tu as le temps et si tu cherches bien, tu peux trouver une maison à ta convenance avec un loyer acceptable.

Ricardo — Si je pouvais, je commencerais déjà à chercher.

Marina — Regarde les petites annonces ; il se peut que tu trouves rapidement.

Ricardo — On ne sait jamais, j'aurai peut-être de la chance.

D 4 CIVILISATION

Au Portugal, le tourisme se restructure et se développe : il n'est plus réservé qu'aux amateurs de vacances ; il s'ouvre aussi aux professionnels (congrès, colloques...). Le Portugal reste encore, pour beaucoup, le pays de la nature préservée et des stations balnéaires, mais il évolue lentement et offre aussi des services variés (golfs, tourisme rural ou agricole, sports de plein air, randonnées, séjours culturels...). Les touristes sont en majorité européens ; en 1996, ils venaient d'Espagne (49 %), du Royaume-Uni (14 %), d'Allemagne (9 %) et de France (7 %). Les touristes non européens viennent surtout des États-Unis.

Le Brésil offre de multiples possibilités de tourisme : les plages sont innombrables et agréables, sauvages ou équipées de bons hôtels ; les visites de villes historiques se développent (**Salvador** dans le Nordeste ou **Ouro Prêto** dans l'État de Minas sont très visitées) ; *les montagnes* (**serras**), les parcs naturels, le thermalisme offrent des possibilités de *cures de repos* (**estâncias**).

Le tourisme international vient d'Amérique du Sud (surtout d'Argentine) ou des États-Unis. Le Brésil étant dans l'hémisphère sud, les Européens voulant y passer leur « été », y trouvent des prix avantageux de basse saison (hiver), et une température clémente (20 – 24°) s'ils restent entre Natal et Rio et évitent São Paulo et le Sud (16° à 5°, voire 0°).

Le Cap Vert commence à développer un réseau d'hôtels et cherche à lancer un tourisme, lié à la mer et à la pêche au gros.

Le **Mozambique** s'ouvre aussi au tourisme.

38 Onde estará a minha mala ? Perderam-ma.

A 1 PRÉSENTATION

- **Roubaram-ma**, *on me l'a volée.* Les pronoms compléments se contractent : **me a = ma** (cf. Précis grammatical p. 348-349).
- **Não ma roubaram**, *on ne me l'a pas volée.* Les pronoms contractés se placent comme les pronoms simples (leçon 31).

terá ficado	[teu**ra** fi**ka**dou]	*il sera resté*
o guarda fiscal	[ou gou**ar**då fich**kaL**.]	*le policier* (préposé au contrôle des passeports)
fiscalizar	[fich**kålizar**]	*contrôler*
o passageiro	[ou påssà**jêï**rou]	*le passager*
o altifalante	[ou aLtifå**lã**teu]	*le haut-parleur*
o embarque	[ou **ẽbar**keu]	*l'embarquement*
imediato	[imeu**dya**tou]	*immédiat*
que maçada !	[keu må**ssa**då]	*quel ennui !*

- **Levar** a plusieurs sens (sauf *lever*, **levantar**) :
  — **levar**, *emporter* : **levou o livro**, *il a emporté le livre ;*
  — **levar**, *porter un vêtement ;*
  — **levar**, *mettre* (une expression de temps) : **isso levou muito tempo**, *cela a mis très longtemps ;*
  — **levar**, *recevoir* : **levou uma lição**, *elle a reçu une leçon.*

A 2 APPLICATION (CD)

1. **O passageiro — Senhor guarda, diga-me o que hei-de fazer ?**
2. **O guarda fiscal — Que lhe aconteceu ?**
3. **P. — A bagagem já chegou, e não vejo a minha mala.**
4. **— Perderam-ma ou roubaram-ma.**
5. **G. — Procure um empregado da companhia. Eu não posso fazer nada.**
6. **P. — Que maçada ! Onde estará a minha mala ? Não terá ficado no avião ?**
7. **A empregada — Dê cá o seu bilhete.**
8. **P. — Na próxima vez que vier, venho de carro... se tiver tempo. Levo mais tempo...**
9. **O altifalante — Passageiros com destino ao Rio, embarque imediato.**
10. **P. — A minha mala é capaz de continuar até ao Rio.**

A 3 REMARQUES

■ Les deux pronoms compléments d'un même verbe, l'un direct, l'autre indirect, se contractent :

me le(s)	**me o(s) → mo(s)**	*te la (les)*	**te a(s) → ta(s)**
me la (les)	**me a(s) → ma(s)**	*nous le(s)*	**nos o(s) → no-lo(s)**
te le(s)	**te o(s) → to(s)**	*nous la (les)*	**nos a(s) → no-la(s)**

■ **Dê cá : cá** a une valeur emphatique et ne se traduit pas. Il souligne que l'acte se rapporte à celui qui parle. Il s'oppose à **lá** qui renvoie à l'interlocuteur : **dê cá**, *donne-moi (à moi)* ; **toma lá**, *prends donc (toi)*.

■ **Perder**, *perdre* est irrégulier à la 1 re pers. sing. du présent ind., et donc au présent du subjonctif et aux personnes de l'impératif qui en découlent :

PRÉS. IND. :	**perco, perdes, perde, perdemos**, etc.
PRÉS. SUB. :	**perca, percas, perca, percamos**, etc.
IMP. :	**(tu) perde, (você) perca, (vocês) percam, (nós) percamos**

■ Le futur antérieur se forme avec le futur de **ter** + le participe passé du verbe : **terá falado**, *il aura parlé*.

A 4 TRADUCTION

1. Passager — Monsieur, dites-moi ce que je dois faire ?
2. Policier — Que vous est-il arrivé ?
3. Pa. — Les bagages sont arrivés, et je ne vois pas ma valise.
4. — On me l'a égarée ou on me l'a volée.
5. Po. — Cherchez un employé de la compagnie. Moi, je ne peux rien faire.
6. Pa. — Quel ennui ! Où peut bien être ma valise ? Est-elle restée dans l'avion ?
7. Employée — Donnez-moi votre billet.
8. Pa. — La prochaine fois que je viendrai, je viendrai en voiture… si j'en ai le temps. Je mettrai plus longtemps…
9. Haut-parleur — Les passagers à destination de Rio, embarquement immédiat.
10. Pa. — Ma valise est capable d'aller jusqu'à Rio.

38 Tenho de lho devolver... Aqui o tem.

B 1 PRÉSENTATION

mo	[mou]	*me le*
lho	[lyou]	*le lui*
caducar	[kådou**kar**]	*être périmé*
renovar	[Reunou**var**]	*renouveler*
desembarcar	[deuzêbår**kar**]	*débarquer*
o voo	[ou **vô**ou]	*le vol* (avion, etc.)
voar	[vou**ar**]	*voler*
o prazo	[ou **pra**zou]	*le délai*
a validade	[å våli**da**deu]	*la validité*
o visto	[ou **vich**tou]	*le visa*
o formulário	[ou fourmou**lar** you]	*le formulaire*
a hospedeira	[å ouchpeu**dêï**rå]	*l'hôtesse de l'air*
a assinatura	[å åssinå**tou**rå]	*la signature*

■ **A assinatura** a deux sens : *la signature* et *l'abonnement*.

■ **Vamo-nos :** ne pas oublier que la première personne du pluriel perd le s final lorsque le pronom **nos** se place après le verbe.

B 2 APPLICATION (CD)

1. **O passageiro — O voo foi rápido. Já chegámos a Lisboa. Mas agora vamo-nos demorar porque há muita gente na Alfândega.**
2. **O guarda fiscal — O passaporte, se faz favor. Mostre-mo.**
3. **P. — Aqui o tem.**
4. **G. — O seu passaporte vai caducar. O prazo de validade está a acabar. Não se esqueça de o renovar se fizer outra viagem.**
5. **— Se continuar para o Brasil, lembre-se que é preciso um visto.**
6. **— Falta o formulário. Tem de preenchê-lo.**
7. **P. — Tenho-o aqui. Deram-mo no avião e a hospedeira recomendou que o preenchêssemos antes de desembarcar.**
8. **G. — Tenho de lho devolver. Está incompleto. Falta a assinatura.**

B 3 REMARQUES

■ Contraction des pronoms personnels compléments de la 3e personne (cf. Précis grammatical) :

le lui	**lhe o — lho**	*le leur*	**lhes o — lho**
la lui	**lhe a — lha**	*la leur*	**lhes a — lha**
les lui	**lhe os — lhos**	*les leurs*	**lhes os — lhos**
les lui	**lhe as — lhas**	*les leurs*	**lhes as — lhas**

N.B. : **Lhe** a aussi le sens de *vous* (lorsque l'on vouvoie une personne) : **devolvo-lho**, *je vous le rends.*

■ **Estar a** + infinitif peut signifier *être sur le point de :* **o passaporte está a caducar**, *le passeport est sur le point d'expirer.*
N.B. : Ne pas confondre avec la forme progressive (la durée) : **o guarda está a fiscalizar os passaportes**, *le policier est en train de contrôler les passeports.*

■ L'imparfait et le futur du subjonctif de **fazer**, *faire* :

IMP.	**fizesse**	**fizéssemos**	FUT.	**fizer**	**fizermos**
	fizesses	**fizésseis**		**fizeres**	**fizerdes**
	fizesse	**fizessem**		**fizer**	**fizerem**

B 4 TRADUCTION

1. Passager — Le vol a été rapide. Nous sommes déjà arrivés à Lisbonne. Mais maintenant nous allons nous retarder car il y a beaucoup de gens à la douane.
2. Policier — Le passeport, s'il vous plaît. Montrez-le-moi.
3. Pa. — Le voici.
4. Po. — Votre passeport va être périmé. Le délai de validité est sur le point de finir. N'oubliez pas de le renouveler si vous faites un autre voyage.
5. — Si vous allez jusqu'au Brésil, rappelez-vous qu'il faut un visa.
6. — Il manque le formulaire. Vous devez le remplir.
7. Pa. — Le voici. On me l'a donné dans l'avion et l'hôtesse de l'air m'a recommandé de le remplir avant de débarquer.
8. Po. — Je dois vous le rendre. Il est incomplet. Il manque la signature.

38 Exercices et Récréation

C 1 EXERCICES

1. Traduire :

— O passaporte caducou ; o guarda devolveu-mo.

2. Remplacer les mots en italique par le pronom personnel complément qui convient :

a) A hospedeira dá *o jornal* ao passageiro.
b) Ofereceram *bilhetes* ao João e ao Pedro.
c) A hospedeira dá o jornal *ao passageiro.*
d) Ofereceram bilhetes *ao João e ao Pedro.*

3. *Traduire :*

a) Où peut bien être mon passeport ? Je le trouverai sûrement.
b) Je prendrai l'avion demain pour aller au Brésil.
c) Nous partirons s'il n'y a pas de grève.

C 2 RÉCRÉATION

No departamento de imigração

Um funcionário do Departamento de Imigração perguntou a um Chinês o seu nome.
— « Espirro », respondeu o homem com orgulho.
— Isso é chinês ? perguntou o funcionário.
— Não, disse o homem, é o meu nome em português.
— Então, perguntou o funcionário, como é o seu nome em chinês ?
— At-chim, respondeu baixinho.

Dans les bureaux de l'Immigration

Un fonctionnaire du Bureau de l'Immigration demanda son nom à un Chinois.
— « J'éternue », répondit l'homme avec orgueil.
— C'est un nom chinois ? demanda le fonctionnaire.
— Non, dit l'homme, c'est mon nom en portugais.
— Alors, demanda le fonctionnaire, quel est votre nom en chinois ?
— At-chum, répondit-il tout bas.

Espirrar, *éternuer.*

C 3 CORRIGÉ

1.
— Mon passeport est périmé ; le policier me l'a rendu.

2.
a) A hospedeira dá-**o** ao passageiro.
b) Ofereceram-**nos** ao João e ao Pedro.
c) A hospedeira dá-**lhe** o jornal.
d) Ofereceram-**lhes** bilhetes.

3.
a) Onde estará o meu passaporte ? Hei-de encontrá-lo.
b) Tomo o avião amanhã para ir ao Brasil.
c) Partimos se não houver greve.

C 4 LE PORTUGAIS AU BRÉSIL

■ **Cinq grandes régions climatiques au Brésil (26 États) :**

• *La région nord* (45 % de territoire et 3,5 % de la population) avec sa forêt vierge équatoriale (**selva**). Villes : MANAUS, BÉLÉM (Amazonie). Les Indiens s'y sont réfugiés.

• *Le Nord-Est* (13 % du territoire et 25 % de la population) est une bande côtière tropicale couverte de canne à sucre plantée par les Portugais (vers 1536) et cultivée par les esclaves noirs importés d'Afrique, et un immense arrière-pays sec et pauvre, **o sertão**. Villes : RECIFE, BAHIA.

• *La région centre-ouest* (22 % du territoire et 4 % de la population). C'est le plateau central semi-désertique, le *Far-West* brésilien, où l'on a inauguré BRASILIA, la capitale, en 1960.

• *La région est* (11 % du territoire et près de 50 % de la population) comprend les États les plus riches avec les 3/4 des industries du pays et les grandes villes de RIO DE JANEIRO, SAO PAULO, BELO HORIZONTE.

• *La région sud* (7 % du territoire et 10 % de la population) grande comme la France, au climat tempéré, mise en valeur par les Européens (Portugais, Italiens, Allemands et Français) venus s'y installer à partir du XIXe siècle. Villes : CURITIBA, PORTO-ALEGRE.

D 1 DIALOGUE (CD)

Mas onde é que eu deixei a máquina fotográfica ?

Vasco — Onde estará a minha máquina fotográfica ?
Cecília — Quando a tirei da mala dei-ta logo. Deves tê-la guardado nalgum sítio.
Vasco — Quando é que ma deste ?
Cecília — Não te lembras ? Pedi-te que a metesses numa gaveta.
Vasco — Quando chegámos do aeroporto ?
Cecília — Sim, logo a seguir. Até foste tu que abriste a mala.
Vasco — Deixei-a no quarto com certeza. Não estará por aí caída ?
Cecília — Tens razão, está debaixo da cama.
Vasco — E tu nem a tinhas visto.

D 2 RENSEIGNEMENTS PRATIQUES

L'arrivée au Cap Vert

É à ilha do Sal que se chega de avião, vindos da Europa ou Américas... É no Sal que estão localizados o Aeroporto Internacional Amilcar Cabral e os serviços de controlo aéreo da Região Oceânica do Sal. O aeroporto dispõe de pistas para todo o tipo de aviões, inclusive Boeing 747 e Concorde. As condições meteorológicas, sempre favoráveis, apoiadas pela existência de equipamentos modernos de ajuda à navegação aérea, permitem que durante todo o ano, o aeroporto esteja aberto 24 horas por dia.

Diversas companhias aéreas, nomeadamente a Aeroflot, Cubana, TAAG (Transportes Aéreos Angolanos), SAA (South African Airlines) e TAP frequentam o aeroporto do Sal.

In ***Portugal Turismo actualidade***.

C'est dans l'île de Sal que l'on arrive en avion, en provenance d'Europe ou des Amériques. C'est à Sal que sont localisés l'Aéroport International Amilcar Cabral et les services de contrôle aérien de la Région Océanique de Sal. L'aéroport dispose de pistes pour tout type d'avions, y compris Boeing et Concorde. Les conditions météorologiques, toujours favorables, et l'appui d'équipements modernes d'aide à la navigation aérienne, font que l'aéroport reste ouvert pendant 24 heures.

Plusieurs compagnies aériennes, en particulier l'Aeroflot, la compagnie cubaine, la TAAG (Transports Aériens Angolais), SAA (South African Airlines) et la TAP fréquentent l'aéroport de Sal.

D 3 DIALOGUE

Mais où ai-je laissé mon appareil photo ?

Vasco — Où peut bien être mon appareil photo ?
Cecília — Quand je l'ai sorti de la valise, je te l'ai donné immédiatement.
Vasco — Quand me l'as tu donné ?
Cecília — Tu ne t'en souviens pas ? Je t'ai demandé de le mettre dans un tiroir.
Vasco — Quand nous sommes arrivés de l'aéroport ?
Cecília — Oui, tout de suite après. C'est même toi qui a ouvert la valise.
Vasco — Je l'ai sûrement laissé dans la chambre. Ne serait-il pas tombé ici quelque part ?
Cecília — Tu as raison, il est sous le lit.
Vasco — Et toi, tu ne l'avais même pas vu.

D 4 CIVILISATION

La musique des pays d'Afrique d'expression portugaise

La musique a toujours fait partie de la vie quotidienne en Afrique : elle rythme le travail, les loisirs, les cultes : le **batuque**, chant, danse de groupe et tambours d'accompagnement ; le **lundum**, danse à deux très lascive. Elle a permis aux esclaves (bantous de l'Angola) de supporter travail et exil (Brésil, Cap Vert...) et a maintenu le lien affectif avec la patrie perdue. Leur musique a été adoptée et adaptée par les Portugais et le Roi D. Manuel (1495 – 1521) a dû interdire **batuque** et **lundum**.

Au **Cap Vert**, la musique est un art populaire majeur. Non habité à l'arrivée des Portugais, il a hérité à la fois des musiques et danses africaines des esclaves en route pour le Brésil que l'on débarquait aux escales et des musiques venues du Portugal. Si le **lundum** a disparu, le **batuque** (chant et danse), rythmé par des tambours, s'est maintenu et adapté (parfois suivi d'un défi improvisé, chanté à deux, plein d'humour, d'origine portugaise, **afinaçom**). La **morna**, accompagnée de **cavaquinho** (guitare à 4 cordes du Nord du Portugal) et de **violas** (*guitares*), est devenue l'art national. Chantée par un soliste dans les **serenatas** (*sérénades*), dans les rues, les fêtes, les cafés, elle fait aussi danser des couples, sur des rythmes très lents, en alternance avec des **coladeiras**, danse beaucoup plus vive.

39 Pediu aos empregados para chegarem…

A 1 PRÉSENTATION

■ L'infinitif personnel est un infinitif conjugué aux différentes personnes. On le trouve après des prépositions : **para** (*pour*), **por** (*par, pour*), **antes de** (*avant*), etc.

Son emploi est obligatoire lorsque le sujet de l'infinitif diffère du sujet du verbe principal :

O director pediu aos empregados para chegarem…,
le directeur demanda aux employés d'arriver…

Ce temps apporte plus de clarté au discours.

chegarem	[cheugarãy]	*arriver*
estarem	[‘chtarãy]	*être*
se apresentarem	[seu åpreuzẽtarãy]	*se présenter*
saírem	[såirãy]	*sortir*
terem	[**téräy**]	*avoir*
ditar	[di**tar**]	*dicter*
agradecer	[ågrådeu**ssér**]	*remercier*
alegar	[åleu**gor**]	*prétexter, alléguer*
a convocação	[å kõvoukå**ssãou:**]	*la convocation*
o tribunal	[ou tribou**naL**]	*le tribunal*
a testemunha	[å teuchteu**mou**gnå]	*le témoignage*
a queixa	[å **kéï**cha]	*la plainte*
injustificado	[ĩjouchtifi**cad**ou]	*injustifié*
contra	[**kõ**trå]	*contre*

A 2 APPLICATION (CD)

1. **O diretor pediu aos empregados para chegarem cedo.**
2. **Avisou-os para estarem no seu gabinete às oito em ponto.**
3. **Depois, disse-lhes que iriam receber uma convocação para se apresentarem no tribunal como testemunhas.**
4. **Tinha havido uma queixa contra ele : dois empregados alegavam terem sido despedidos por motivos injustificados.**
5. **Pediu-lhes ainda que fossem falar com de antes de saírem. Depois chamou a secretária para lhe ditar uma carta.**

A 3 REMARQUES

■ **Formation de l'infinitif personnel** : Comme son nom l'indique, ce temps est en réalité l'infinitif du verbe suivi de terminaisons caractéristiques indiquant les personnes.

	falar, *parler*	**ter**, *avoir*	**sair**, *sortir*
eu	**falar**	**ter**	**sair**
tu	**falares**	**teres**	**saires**
ele	**falar**	**ter**	**sair**
nós	**falarmos**	**termos**	**sairmos**
vós	**falardes**	**terdes**	**sairdes**
eles	**falarem**	**terem**	**sairem**

N.B. : La 1re et la 3e personne se ressemblent.

■ **Le conditionnel** : Ce temps, couramment remplacé par l'imparfait de l'indicatif, a ses formes propres : **disse-lhes que receberiam**, *il leur a dit qu'ils recevraient.*
Ce temps se forme sur l'infinitif + les terminaisons en **ia**.

eu	**falaria**	**teria**	**sairia**
tu	**falarias**	**terias**	**sairias**
ele	**falaria**	**teria**	**sairia**
nós	**falaríamos**	**teríamos**	**sairíamos**
vós	**falaríeis**	**teríeis**	**sairíeis**
eles	**falariam**	**teriam**	**sairiam**

A 4 TRADUCTION

1. Le directeur a demandé aux employés de venir tôt.
2. Il leur a fait demander d'être à son bureau à huit heures juste.
3. Puis il leur a dit qu'ils recevraient une convocation pour se présenter au tribunal comme témoins.
4. Il y avait eu une plainte contre lui : deux employés avaient allégué qu'ils avaient été renvoyés pour des motifs injustifiés.
5. Il leur a demandé en plus de venir parler avec lui avant de partir. Puis il a appelé sa secrétaire pour lui dicter une lettre.

B 1 PRÉSENTATION

■ L'infinitif personnel remplace souvent le subjonctif employé après les locutions impersonnelles (*Il faut que*, **é preciso que...**) :
É preciso mandarmos, *il faut envoyer*, c'est-à-dire *il faut que nous envoyions.*

recebermos	[Reusseu**bér**mouch]	*recevoir (nous)*
a secretária	[å seucreutaryà]	*la secrétaire*
o gabinete	[ou gàbi**né**teu]	*le cabinet, le bureau*
o representante	[ou Reupreuzẽ**tã**teu]	*le représentant*
o assunto	[ou á**ssõu**tou]	*le sujet*
a mercadoria	[a meurkådou**ri**/å]	*la marchandise*
o cimento	[ou çi**mẽ**tou]	*le ciment*
o serviço	[ou seur**vi**ssou]	*le service, le travail*
a expedição	[å 'chpeudi**ssãou**:]	*l'expédition*
a factura	[å fåk**tou**rå]	*la facture*
o telex	[ou tê**lêks**]	*le télex*
a entrevista	[å ẽtreu**vich**tå]	*l'entrevue, l'audience*
o pagamento	[ou pågå**mẽ**tou]	*le paiement*
responsável por	[Reuchpõ**ssa**vèL pour]	*responsable de*
com urgência	[kõ our**jẽ**ssyå]	*d'urgence*

B 2 APPLICATION (CD)

1. O diretor – Queria que ligasse com urgência para o Rio, quero entrar em contacto com o nosso representante para tratar dum assunto.
2. A secretária – Senhor Diretor, tem de esperar ; a linha está ocupada. É preciso mandarmos hoje o pagamento da mercadoria que recebemos a semana passada.
3. D. – Quando é que temos de pagar pelo cimento ?
4. S. – O responsável pelo serviço da expedição disse que devíamos pagar ; 5 euros por saco.
5. D. – Então peça a factura por fax. Quando a recebermos é preciso mandarmos logo o dinheiro. Pensava que já estava paga.
6. — Não marque mais nenhuma entrevista. Por ter recebido muito ontem, não pude despachar o serviço.

B 3 REMARQUES

- Prononciation de **x** :
  — [ch] dans **expedição ['chpeudissãou :]** expédition ;
  — [ks] dans telex [tè**lèks**] *télex.*
- L'infinitif **personnel** et le futur du subjonctif ont des formes semblables pour les verbes réguliers. **falar** *(parler),* **sair** *(sortir),* **ter** *(avoir).*

INF. PERS.	FUT. SUB.	INF. PERS.	FUT. SUB.	INF. PERS.	FUT. SUB.
falar	**falar**	**sair**	**sair**	**ter**	**tiver**
falares	**falares**	**saires**	**saires**	**teres**	**tiveres**
falar	**falar**	**sair**	**sair**	**ter**	**tiver**
falarmos	**falarmos**	**sairmos**	**sairmos**	**termos**	**tivermos**
falardes	**falardes**	**sairdes**	**sairdes**	**terdes**	**tiverdes**
falarem	**falarem**	**sairem**	**sairem**	**terem**	**tiverem**

Confusion impossible pour les verbes irréguliers.

- Les emplois de ces deux temps sont différents (leçons 36 et 37 pour les emplois du futur du subjonctif).

B 4 TRADUCTION

1. Le directeur — Je voudrais que vous appeliez d'urgence Rio ; je veux entrer en contact avec notre représentant pour traiter d'un sujet.
2. La secrétaire — Monsieur le Directeur, il faut attendre ; la ligne est occupée. Il nous faut envoyer aujourd'hui le paiement de la marchandise que nous avons reçue la semaine dernière.
3. D. — Combien devons-nous payer pour le ciment ?
4. S. — Le responsable du service des expéditions a dit que nous devions payer 5 euros le sac.
5. D. — Alors demandez la facture par fax. Quand nous la recevrons, il nous faudra envoyer immédiatement l'argent. Je pensais que c'était déjà payé.
6. — Ne me prenez aucun rendez-vous. Pour avoir trop reçu de visites hier, je n'ai pas pu faire mon travail de la journée.

39 Exercices et Conseils pratiques

C 1 EXERCICES

1. Traduire :
a) Quando tivermos tempo, será preciso escrevermos-lhes.
b) Queria que atendesse o telefone.

2. Écrire le verbe à la forme qui convient :
a) (pôr) – Quero que (tu)...... a carta no correio.
b) (ir) – Diz-lhe que..... ao gabinete.
c) (trazer) – Pede-nos que...... a encomenda.

3. Employer le verbe à la forme qui convient :
a) Ele avisou-nos para (trazer) as facturas.
b) Pediu-te para (vir) cedo.
c) Quando tu (vir), é preciso (trazer) as cartas.
d) Quando eles (trazer) a mercadoria, é necessário nós (estar) presentes.

C 2 CONSEILS PRATIQUES

■ **Modelo de carta comercial.**

L'expéditeur, **o remetente** Le destinataire, **o destinatário**

Coimbra, 17 de Fevereiro de 1983

Estabelecimentos Fonseca	ao Banco Português
Rua Direita	do Atlântico
Coimbra.	Coimbra.

Ex. mos senhores,

Vimos pedir-lhes o favor de transferirem para a nossa conta de « depósito à ordem » na sua sede em Lisboa a quantia de 500 euros (quinhentos euros), debitando-a em nossa conta na filial desta cidade.

Agradecemos antecipadamente e subscrevemo-nos com toda a consideração.

De V. Ex. as. Muito atenciosamente.

Fonseca.

39 Corrigé et Traduction

C 3 CORRIGÉ

1.

a) Quand nous en aurons le temps, il faudra que nous leur écrivions.
b) Je voulais qu'elle répondît au téléphone.

2.

a) Quero que **ponhas** a carta no correio.
b) Diz-lhe que **vá** ao gabinete.
c) Pede-nos que **tragamos** a encomenda.

3.

a) Ele avisou-nos para **trazermos** as facturas.
b) Pediu-te para **vires** cedo.
c) Quando tu **vieres**, é preciso **trazeres** as cartas.
d) Quando eles **trouxerem** a mercadoria, é necessário **estarmos** presentes.

C 4 TRADUCTION

■ **Modèle de lettre commerciale**.

Coimbra, 17 février 1983

Établissements Fonseca
Rua Direita
Coimbra.

à Banco Português
do Atlântico
Coimbra.

Messieurs,

Nous vous demandons de bien vouloir transférer sur notre compte « à vue », ouvert au siège de votre banque à Lisbonne, la somme de 500 euros (cinq cents euros), et de la débiter sur notre compte ouvert dans votre agence de cette ville.

En vous remerciant par avance, nous vous prions d'agréer l'expression de notre considération.

Très respectueusement à vous.

Fonseca.

■ **Ex. mos senhores :** abréviation de **Excelentìssimo** *(excellentissime)* qui doit se mettre en tête de lettre et sur l'enveloppe devant le nom.

■ **De V. Ex. as :** abréviation de **Vossas Excelências**.

D 1 DIALOGUE (CD)

É urgente assinares

Pedro — **Antes de saíres, não te esqueças de assinar este cheque.**
Filipa — **Não posso quando voltar ?**
Pedro — **É melhor assinares já. É urgente.**
Filipa — **Mas ainda não recebemos a encomenda. Nem sei qual é a importância a pagar.**
Pedro — **Acado de receber a factura. Exigem o pagamento adiantado.**
Filipa — **Achas que é uni procedimento normal ?**
Pedro — **Eles procedem sempre assim. O material só sai da fábrica depois de ter lido pago.**
Filipa — **Essa fábrica não corre o risco de abrir falência.**

D 2 CIVILISATION

Musique populaire et chanteurs au Portugal

Le **fado** est considéré comme l'expression de l'âme portugaise. Il s'agit du **fado de Lisbonne**, né dans les quartiers populaires de la capitale (**Affama** et **Mouraria**) au milieu du XIXe siècle, sans doute rapporté du Brésil par les marins qui chantaient des airs dérivés des **lundum** africains et des **modinhas** brésiliennes.

Le **fado de Coimbra**, plus tardif, plus raffiné, chanté par les étudiants de l'Université de cette ville, est moins connu.

La musique populaire rurale diffère de ces genres citadins. Elle est très variée, souvent joyeuse (**Minho**, **Algarve**) et parfois dolente (mélopées masculines de l'**Alentejo**). Dans les fêtes populaires, les *groupes folkloriques* (**ranchos folclóricos**) accompagnent les chanteurs avec divers instruments. **Minho-Tras-os-Montes** : *cornemuse*, **gaita-de-foles**, petite guitare à 4 cordes, **cavaquinho**, triangle, *gros tambour*, **bombo** ; Estremadura, Ribatejo et Alentejo : *accordéon*, **harmónio** et *tambourin*, **pandeiro** ; Beira Baixa : *tambourin carré* (**adufe**) et *fifres* (**pífaros**)...

Quelques chanteurs-compositeurs s'inspirent de ce folkore qu'ils réinterprètent avec talent : **José Afonso** (1931-1986), **Vitorino.**

D'autres chanteurs et groupes tentent de renouveler la chanson portugaise : **Heróis do Mar, GNR, Fausto, Sérgio Godinho, Vitorino, Rui Veloso, Pedro Abrunhosa.**

D 3 DIALOGUE

Il est urgent que tu signes

Pedro — Avant de partir, n'oublie pas de signer ce chèque.
Filipa — Ne puis-je pas le signer à mon retour ?
Pedro — Il vaut mieux que tu signes maintenant. C'est urgent
Filipa — Mais nous n'avons pas encore reçu la commande. Je ne sais même pas combien il faut payer.
Pedro — Je viens de recevoir la facture. Ils demandent un paiement anticipé.
Filipa — Trouves-tu que c'est un procédé normal ?
Pedro — C'est leur procédé. La marchandise ne sort de l'usine qu'après avoir été payée.
Filipa — Cette usine ne court pas le risque de tomber en faillite.

D 4 CIVILISATION

Musique populaire et chanteurs au Brésil

La musique brésilienne populaire rurale garde le souvenir des populations qui l'ont composée : presque portugaise dans l'intérieur du Nordeste (**a ciranda**, ronde dansée depuis le XVIIe siècle ; **Bumba-meu-boi** à S. Luís do Maranhão) ou dans le Rio Grande do Sul où des Açoriens se sont implantés au XIXe siècle. Elle est fort influencée par la musique africaine apportée par les esclaves sur la côte du Nordeste, préservée dans les **candomblés** (culte vaudou au Brésil) et les **capoeiras** (lutte africaine dansée) et maintenant largement diffusée. Elle en garde les rythmes syncopés (**maracatu**, **lundum**, **batuque**, **samba**) et souvent les instruments de musique (tambours, gong, clochettes doubles…)

D'autres rythmes européens sont arrivés dans les salons brésiliens directement ou par l'intermédiaire des Portugais : au XVIIIe siècle, sérénades italienne et française (**Minas**) et polka d'où dériverait le **frevo**, dansé à Recife pendant le Carnaval : au XIXe siècle, la valse, le galop allemand, le tango et la **habanera**…

Le Carnaval, avec ses concours de chansons, aide au brassage de ces genres et à la création d'une musique brésilienne originale.

40 Se tiver férias, vou visitar Portugal.

A 1 PRÉSENTATION

- **Se**, *si* introduit une condition qui est exprimée au futur du subjonctif si elle est réalisable. L'action qui se trouve dans la principale est alors au présent de l'indicatif (valeur de futur) ou au futur.
  Se quiseres, podes (poderás) vir comigo, *si tu veux, tu pourras venir avec moi.*
- **Quando**, *quand :* on n'emploie pas le subjonctif futur si la phrase commençant par **quando** est interrogative.
  Quando pudermos, vamos, *quand nous pourrons, nous irons.*
  Quando poderemos ir… ? *quand pourrons-nous aller… ?*

trará	[trå**ra**]	*il apportera*
a igreja	[å i**grê**jå]	*église*
a câmara	[å **kå**mårå]	*la mairie*
a excursão	[å 'chkour**ssãou:**]	*l'excursion*
a lembrança	[å lẽ**brã**sså]	*le souvenir*
barroco	[bå**Rô**kou]	*baroque*

- — *manquer l'avion*, **perder o avião** ;
  — *manquer* (faire défaut), **faltar :** *il manque dix minutes*, **faltam dez minutos**.

A 2 APPLICATION (CD)

1. **Se ganhar muito dinheiro, faço (farei) uma excursão.**
2. **Se tiver férias, aproveito-as (aproveitá-las-ei) para visitar Portugal.**
3. **Se quiseres, podes (poderás) vir comigo.**
4. **Se não te despachares rapidamente, não espero (esperarei) por ti.**
5. **Se houver muito trânsito, perco (perderei) o avião.**
6. **Se você não quiser beber café, beba chá, ou sumos de fruta.**
7. **Se decidirmos visitar o Norte de Portugal ou o Nordeste do Brasil, podemos (poderemos) ver bonitas igrejas barrocas.**
8. **Quando pudermos, vamos (iremos) à Câmara.**
9. **Quando iremos à Câmara ?**
10. **Quando vier, traga a lembrança que lhe pedi.**
11. **Quando virá ?**

A 3 REMARQUES

- Le futur de l'indicatif : Trois verbes sont irréguliers, **dizer** *(dire)*, **fazer** *(faire)*, **trazer** *(apporter)*.
  Dizer : **direi, dirás, dirá, diremos, direis, dirão.**
  Fazer : **farei, farás, fará, faremos, fareis, farão.**
  Trazer : **trarei, trarás, trará, traremos, trareis, trarão.**
- **Au futur indicatif**, le pronom personnel complément ne se place pas après le verbe (voir leçon 14) mais au milieu du verbe, devant la terminaison indiquant le temps et la personne. C'est un emploi littéraire : **contar-me-á**, *il me la racontera*.

  S'il s'agit du pronom **o(s), a(s)** en contact avec **r**, il prend la forme **lo, la** et le **r** disparaît : **contá-la-ei,** *je la rencontrerai.*
- **Poder**, *pouvoir* (à partir du parfait **puderam**) :

IMP. SUB.	FUT. SUB.	INF. PERS.
pudesse	**puder**	**poder**
pudesses	**puderes**	**poderes**
pudesse	**puder**	**poder**
pudéssemos	**pudermos**	**podermos**
pudésseis	**puderdes**	**poderdes**
pudessem	**puderem**	**poderem**

A 4 TRADUCTION

1. Si je gagne beaucoup d'argent, je ferai une excursion.
2. Si j'ai des vacances, j'en profiterai pour visiter le Portugal.
3. Si tu veux, tu pourras venir avec moi.
4. Si tu ne te libères pas rapidement, je ne t'attendrai pas.
5. S'il y a beaucoup de circulation, je manquerai mon avion.
6. Si vous ne voulez pas boire de café, buvez du thé ou des jus de fruits.
7. Si nous nous décidons à visiter le nord du Portugal ou le nord-est du Brésil, nous pourrons voir de belles églises baroques.
8. Quand nous le pourrons, nous irons à la Mairie.
9. Quand irons-nous à la mairie ?
10. Quand vous viendrez, apportez le souvenir que je vous ai demandé.
11. Quand viendrez-vous ?

40 Se já soubesse falar português, ia ao Brasil.

B 1 PRÉSENTATION

- **Se**, *si* introduit **une condition** qui est exprimée à l'imparfait du subjonctif si elle n'est pas réalisable. L'action qui en dépend dans la principale est exprimée à l'imparfait de l'indicatif ou au conditionnel (moins courant).
  Se quisesses, podias (poderias) vir comigo (mas não podes), *si tu voulais, tu pourrais venir avec moi (mais tu ne le peux pas).*

faria	[få**ri**/å]	*je ferais*
iria	[**iri**/å]	*j'irais*
se soubesse	[**seu sô**bèsseu]	*si je savais*
aumentar	[aoumê**tar**]	*augmenter*
o ordenado	[ou ourdeu**na**dou]	*le salaire*
o monumento	[ou mounou**mẽ**tou]	*le monument*
o excesso	[**ou ssè**ssou]	*l'excès, le supplément*
sossegado	[sousseu**ga**dou]	*tranquille, calme*
fluentemente	[flouẽteu**mẽ**teu]	*couramment*
a bordo	[å **bór**dou]	*à bord.*
língua	[å **lĩ**gouå]	*la langue*
dar a volta ao mundo	dar å **vòL**tá aou **mõu**dou]	*le tour du monde*
Quem me dera	[**kãy** meu **dè**ra]	*Ah, si je pouvais*

B 2 APPLICATION (CD)

1. **Se ganhasse a sorte grande, dava (daria) a volta ao Mundo.**
2. **Se já soubesse falar fluentemente português, ia (iria) ao Brasil.**
3. **Se não houvesse tantos monumentos modernos em Brasília, gostava (gostaria) de lá viver.**
4. **Se aumentassem o meu ordenado, fazia (faria) uma excursão.**
5. **Se tivéssemos menos bagagem, não pagávamos (pagariamos) excesso.**
6. **Se não fizesse tanto calor, a viagem era (seria) mais agradável.**
7. **Quem me dera ter bastante dinheiro, para ir até ao Brasil !**
8. **Quem me dera termos um voo sossegado e uma boa hospedeira a bordo !**
9. **Quem me dera saber português, para aproveitar melhor uma estadia num país de língua portuguesa !**

B 3 REMARQUES

- Les verbes **irréguliers au futur indicatif** le sont aussi au **conditionnel** :
dizer, dire — **diria, dirias, diria**, etc.
fazer, *faire* — **faria, farias, faria**, etc.
trazer, *apporter* — **traria, trarias**, etc.
- Les adverbes *en ment* se forment à partir de l'adjectif féminin suivi de **mente** : **rápido**, *rapide* (fém. **rápida**) — **rapidamente**, *rapidement*.
- **Quem me dera** ! *si je pouvais* ! forme idiomatique servant à exprimer le regret. Le verbe *dar* est au plus-que-parfait de l'indicatif. Ce deuxième *plus-que-parfait*, *simple*, a surtout un emploi littéraire. Le plus-que-parfait simple se forme (comme l'imparfait et le futur du subjonctif) sur le parfait (3e pers. pl. moins ram) suivi de terminaisons en ra.

falar : **tinha falado** ou **falara**, *j'avais parlé*
comer : **tinha comido** ou **comera**, *j'avais mangé*
partir : **tinha partido** ou **partira**, *j'étais parti*
dar : **tinha dado** ou **dera**, *j'avais donné*

B 4 TRADUCTION

1. Si je gagnais le gros lot, je ferais le tour du monde.
2. Si je savais déjà parler couramment le portugais, j'irais au Brésil.
3. S'il n'y avait pas tant de monuments modernes à Brasilia, j'aimerais y vivre.
4. Si on augmentait mon salaire, je ferais une excursion.
5. Si nous avions moins de bagages, nous ne payerions pas de supplément.
6. S'il ne faisait pas aussi chaud, le voyage serait plus agréable.
7. Si je pouvais avoir assez d'argent pour aller au Brésil !
8. Si nous pouvions avoir un vol tranquille et une bonne hôtesse à bord !
9. Si je pouvais savoir le portugais pour mieux profiter d'un séjour dans un pays de langue portugaise !

40 Exercice et Vocabulaire

C 1 APPLICATION EXERCICE

1. **Remplir les espaces en utilisant les verbes entre parenthèses aux formes qui conviennent :**
   Quando eu (ser)..... estudante, (ter)..... férias três ou quatro vezes por ano. (Ir)..... sempre para a praia. Mas há um ano (estar)..... na praia e não (divertir-se)..... muito. (Chover)..... quase sempre.
   Este ano não (saber)..... se (ter)..... férias. Se (ter)....., pelo menos, uma semana, já não (voltar)..... para o mesmo sítio. (Gostar)..... de ir ao estrangeiro. Talvez (ir)..... a Portugal. Se (ter)..... dois meses de férias, (ir)..... ao Brasil. Há quem (fazer)..... uma viagem ao Brasil só para passar uma semana durante o Carnaval. Mas para isso, era preciso que eu (ser)..... rico. Se eu (poder)....., passava o tempo todo a viajar, embora (ter)..... medo de andar de avião.

C 2 VOCABULAIRE

o arco de triunfo romano *l'arc de triomphe romain*

o escultor	*le sculpteur*	**esculpir**	*sculpter*
a escultura	*la sculpture*	**a arte românica**	*l'art roman*
a arte gótica	*l'art gothique*	**o pelourinho**	*le pilori*
arte manuelina	*art manuélin*	**o convento**	*le couvent*

o estilo româncio/barroco *le style roman/baroque*

a abadia	*l'abbaye*	**a Sé**	*la cathédrale*
a obra de arte	*l'œuvre d'art*	**o portal**	*le portail/ le porche*
as obras	*les travaux*	**o claustro**	*le cloître*
a pintura	*la peinture*	**a nave**	*la nef*
o fresco	*la fresque*	**a nave lateral**	*le bas côté*
o quadro	*le tableau*	**o transepto**	*le transept*
a moldura	*le cadre*	**o coro**	*le chœur*
o baixo relevo	*le bas relief*	**o altar**	*l'autel*
a imagem	*la statue/l'image*	**a abóbada**	*la voûte*
o artista	*l'artiste*	**o arco**	*l'arc*
o vidro/o vitral	*le verre/le vitrail*	**pintar**	*peindre*
decorar	*décorer/orner*	**a torre da igreja**	*le clocher*
decorar	*apprendre par cœur*	**o campanário**	*le clocher*
ornamentar	*orner*	**a cruz**	*la croix*

o cruzamento *le croisement/le carrefour*
o cruzeiro *la croisée*/la grande croix en pierre (dehors)
a máquina (fotográfica) *l'appareil photo*

C 3 CORRIGÉ

1.

Quando **era** estudante, **tinha** férias três ou quatro vezes por ano. **Ia** sempre para a praia. Mas há um ano **estive** na praia e não **me diverti** muito. **Choveu** quase sempre.
Este ano não **sei** se **tenho** férias. Se **tiver**, pelo menos, uma semana, já não **volto** para o mesmo sitio. **Gostava** (ou **gostaria**) de ir ao estrangeiro. Talvez **vá** a Portugal. Se **tivesse** dois meses de férias, **ia** (ou **iria**) ao Brasil. Há quem **faça** uma viagem ao Brasil só para passar uma semana durante o Carnaval. Mas para isso, era preciso que eu **fosse** rico. Se eu **pudesse**, passava o tempo todo a viajar, embora **tenha** medo de andar de avião.

C 4 LE PORTUGAIS AU BRÉSIL

■ Grammaire

On emploie couramment les formes du futur de l'indicatif simple et du conditionnel.

Si j'ai des vacances, je voyagerai.
B. **Se tiver férias, viajarei.**
P. **Se tiver férias, viajo.** (ou futur, moins courant)

Si j'avais des vacances, je voyagerais.
B. **Se tivesse férias, viajaria.**
P. **Se tivesse férias, viajava.** (ou conditionnel, moins courant)

■ Vocabulaire

la Mairie P. **a Câmara** B. **a Prefeitura**

D 1 DIALOGUE

Quando cá vieres, telefona-me

Paulo — Para a próxima vez, quando vieres a Lisboa, não te esqueças de me telefonar.
Joana — Prometo-te que, se tiver tempo, não deixarei de o fazer.
Paulo — Há tanto tempo que não nos víamos. Se não te tivesse encontrado na rua...
Joana — Julgava que ainda vivesses no Norte.
Paulo — Há mais de um ano que moro em Lisboa. Pensava que soubesses.
Joana — Não, não sabia. Se me tivesses escrito ou telefonado...
Paulo — Tens razão. Mas a partir de agora, nenhum de nós vai ter desculpas.
Joana — Não vamos passar tanto tempo sem nos vermos.

D 2 CIVILISATION

L'art romain, roman, gothique et manuélin au Portugal

L'art romain. Les Romains ont occupé le Portugal (de 147 av. J.-C. à 415 ap. J.-C.) et l'ont appelé la ***Lusitanie***, et les Portugais les ***Luses***. Ils ont laissé des routes, des ponts, des monuments (Temple de Diane à Évora, ruines de théâtre à Lisbonne, thermes à Meróbriga et Conimbriga près de Coimbra, mosaïques à Conimbriga, statuettes, bijoux).

L'art roman (XIe et XIIe siècles) se développe dans le Nord, à la création du royaume du Portugal (capitale Guimarães) et pendant la Reconquête. Le premier roi **Afonso Henriques** (1128 – 1185) étant le fils du Comte de Bourgogne, l'art roman est très influencé par l'art clunisien de Bourgogne (cathédrales de Porto, de Coimbra et Lisbonne, nombreuses églises du Minho : Bravães...). Les Cisterciens contruisent au sud du Douro, notamment l'abbaye de Alcobaça, réplique de Clairvaux.

L'art gothique (XIIe-XVe siècles), tardif, est peu répandu : Coimbra (Sta Clara), Monastère de Batalha (1388 – 1480), Lisbonne (Cathédrale, église do Carmo), Évora (cathédrale), Elvas (Sto Domingo).

L'art manuélin (1480 – 1520), s'épanouit sous le roi **Dom Manuel**, grâce aux Grandes Découvertes. Cet art très portugais, d'abord **décoratif**, orne des églises gothiques (Batalha) et devient **architectural** : ***religieux*** (Setúbal, église de Jesus ; couvents de Lisbonne, os Jerónimos, de Tomar) et ***civil*** (aqueduc d'Elvas ; tour de Belém à Lisbonne ; décoration des portes, fenêtres et plafonds dans les palais, Sintra).

D 3 DIALOGUE

Quand tu viendras, téléphone-moi

Paulo — La prochaine fois quand tu viendras à Lisbonne, n'oublie pas de téléphoner.

Joana — Je te promets que, si j'en ai le temps, je ne manquerai pas de le faire.

Paulo — Il y a si longtemps que nous ne nous sommes pas vus. Si je ne t'avais pas rencontrée dans la rue.

Joana — Je pensais que tu vivais encore dans le nord.

Paulo — Il y a plus d'un an que j'habite à Lisbonne. Je pensais que tu le savais.

Joana — Non, je ne le savais pas. Si tu m'avais écrit ou téléphoné...

Paulo — Tu as raison. Mais à partir de maintenant, aucun de nous n'aura d'excuses.

Joana — Nous ne resterons pas si longtemps sans nous voir.

D 4 CIVILISATION

L'art baroque au Portugal et au Brésil

L'art baroque, venu d'Italie, s'introduit au Portugal au milieu du XVIe siècle. Cet art de la richesse et de la joie de vivre se développe avec bonheur pendant les XVIIe et XVIIIe siècles, grâce à l'or trouvé au Brésil. Il orne les monuments religieux et civils, qui se multiplient dans tout le pays (Braga, Porto, Viseu, Coimbra, Lisbonne, Lagos, Almancil en Algarve, etc.) et au Brésil, dans la région de Recife et Salvador de Bahia au XVIIe siècle, puis à Rio et dans l'État de Minas Gerais au XVIIIe siècle.

Si les façades donnent une impression de plus grande sobriété qu'en Italie, malgré les volutes de granit ou les lignes de couleur qui se détachent sur des façades claires, les intérieurs sont plus exubérants. Les plafonds se couvrent de peinture en trompe-l'œil, les murs, surtout au XVIIe siècle, disparaissent sous les fresques de céramique bleue (**azulejos**), les sculptures, les *angelots* (**anjos**) joufflus et les *dorures* (**talhas**). L'art baroque trouve une personnalité nouvelle.

Ouro Preto (*or noir*), capitale de la région productrice de l'or au XVIIIe siècle, est fière de sa vingtaine d'églises baroques.

40 bis Tests de contrôle – Leçons 31 à 40

■ **Complétez avec a, b, c, ou d**
(il n'y a qu'une bonne réponse par question)

31. …… **o presente que comprei para** ……

a) Dou-lhe	lhe
b) Dou a ele	ele
c) Dou-lhe	ele
d) Dou-o	lhe

32. Este livro, vou …… **à Catarina.**

a) oferecer-o
b) oferecê-lo
c) oferecer-lo
d) oferecê- o

33. Traz os fósforos e …… **na gaveta.**

a) mete-los
b) metes-os
c) mete-os
d) metes-los

34. Quando …… **bom tempo, (nós)** …… **a mesa no jardim.**

a) estava	ponhamos
b) esteve	pónhamos
c) estava	púnhamos
d) estive	punham

35. Embora …… **saudades da cidade, gosto de viver no campo.**

a) tenho
b) tenha
c) tinha
d) tive

Voir corrigé, p. 340

40 bis Tests de contrôle – Leçons 31 à 40

36. Por mais dinheiro que eu ...... não ...... poupar.

a) ganho consegue
b) ganhe consigo
c) ganha consiga
d) ganhe consegue

37. Quando ...... anos, convida-me.

a) fazes
b) faças
c) fizeres
d) farás

38. Eu teria pago a renda se ...... dinheiro.

a) tiver tido
b) tivesse tido
c) tinha tido
d) tenha tido

39. É necessário nós ...... um quarto antes de ...... a viagem.

a) reservar fazer
b) reservarmos fazermos
c) reservarmos fizermos
d) reservemos fazermos

40. Se eu .... dizia-te.

a) soubesse
b) souber
c) sabia
d) soube

Voir corrigé, p. 340.

Réponses aux tests de contrôle – Leçons 1 à 40

- **10 bis (pp. 92 – 93)**
  01c 2b 3c 4d 5c 6b 7d 8c 9d 10b
- **20 bis (pp. 174 – 175)**
  11d 12a 13a 14b 15c 16b 17b 18b 19c 20b
- **30 bis (pp. 256 – 257)**
  21d 22b 23c 24a 25c 26d 27b 28c 29c 30b
- **40 bis (pp. 338 – 339)**
  31c 32b 33c 34c 35b 36b 37c 38b 39b 40a

- **CALCULEZ VOTRE SCORE** ☐

- **RÉSULTATS ET DIAGNOSTIC**

→ 36 à 40 Très bonnes connaissances (ou acquisitions).

→ 30 à 35 Bonnes connaissances (ou acquisitions).

→ 25 à 29 Des connaissances, mais encore des points à maîtriser.

→ 20 à 24 La moyenne, mais il faut reprendre tous les points non maîtrisés.

→ 15 à 19 Encore du chemin à parcourir ; reprenez tous les points non maîtrisés.

→ 10 à 14 Beaucoup de lacunes ; reprenez tous les points non maîtrisés.

→ 0 à 9 Ne vous découragez pas et reprenez au début.

Précis grammatical

SOMMAIRE

1 - LE NOM

1. Genre. Le nom a deux genres : masculin et féminin.

Sont du genre mãsculin :

a) Les noms désignant des personnes du sexe masculin et les fonctions qu'ils exercent.
o homem, *l'homme* ; **o professor**, *le professeur.*

b) Les animaux du sexe masculin.
o cavalo, *le cheval* ; **o gato**, *le chat* ; **o cão**, *le chien.*

c) Les noms des mers, des fleuves et des montagnes.
o Mar Negro, *la mer Noire* ; **os Alpes**, *les Alpes* ; **o Sena**, *la Seine.*

d) Les noms des mois et des points cardinaux.
Setembro, *septembre* ; **o Norte**, *le nord* ; **o Sul**, *le sud.*

e) Les noms terminés par **o** non accentué.
o aluno, *l'élève* ; **o livro**, *le livre* ; **o banco**, *le banc* ou *la banque* ; **o minuto**, *la minute.*

f) La plupart des noms terminés par **l**, par **or**.
o mel, *le miel* ; **o papel**, *le papier* ; **o calor**, *la chaleur.*

2. Sont du genre féminin :

a) Les noms désignant des personnes du sexe féminin et leurs fonctions.
a mulher, *la femme* ; **a rainha**, *la reine* ; **a professora**, *le professeur* (femme) ; **a artista**, *l'artiste* (femme).

b) Les noms des animaux du sexe féminin.
a gata, *la chatte* ; **a cadela**, *la chienne.*

c) Les noms de villes, d'îles, de continents ou de pays terminés par **a**.
a Europa, *l'Europe* ; **a França**, *la France* ; **Lisboa,** *Lisbonne* ; **as Antilhas**, *les Antilles.*

d) La plupart des noms terminés par **a** non accentué, par **em**.
a aluna, *l'élève* : **a casa**, *la maison* ; **a viagem**, *le voyage.*

Quelques mots font exception.
o clima, *le climat* ; **o problema**, *le problème* ; **o planeta**, *la planète* ; **o dia**, *le jour* ; **o mapa**, *la carte géographique.*

ATTENTION : Certains noms n'ont qu'une seule forme :
o doente, a doente, *le, la malade* ; **o pianista, a pianista**, *le, la pianiste* ; **o jovem, a jovem**, *le, la jeune.*

Mais quelques mots ont un seul genre :
a criança, *l'enfant* (garçon ou fille) ; **a testemunha**, *le témoin* (homme ou femme).

2 - FORMATION DU FÉMININ DES NOMS

a) Les noms terminés en **o** non accentué changent le **o** en **a**.
o aluno – F : **a aluna**. **o filho** – F : **a filha.**

b) Les noms en **ão** forment le féminin de façons différentes :
— **ão** remplacé par **oa** : **o leão, a leoa**, *le lion, la lionne* ; **patrão, patroa**, *patron, patronne.*
— **ão** remplacé par **ã** : **o anão, a anã,** *le nain, la naine* ; **o irmão**, *le frère, la soeur.*
— Quelques mots en **ão** ont un féminin particulier.
o ladrão, a ladra, *le voleur, la voleuse* ; **o barão, a baronesa,** *le baron, la baronne.*

c) Les noms terminés par **r, s** ajoutent un **a** au féminin.
o senhor, a senhora, *monsieur, madame ;* **o cantor, a cantora**, *le chanteur, la chanteuse* ; **o Português, a Portuguesa,** *le Portugais, la Portugaise.*

d) ATTENTION au féminin des mots suivants :

o homem, *l'homme*	**a mulher**, *la femme*
o avô, *le grand-père*	**a avó**, *la grand-mère*
o pai, *le père*	**a mãe**, *la mère*
o rapaz, *le jeune homme*	**a rapariga**, *la jeune fille*
o rei, *le roi*	**a rainha**, *la reine*
o galo, *le coq*	**a galinha**, *la poule*
o boi, *le bœuf*	**a vaca**, *la vache*

3 - FORMATION DU PLURIEL DES NOMS ET ADJECTIFS

a) Les noms terminés par une voyelle ajoutent **s** au pluriel :
a mesa → as mesas, *la table, les tables*
o pai → os pais, *le père, les pères ou les parents*
o filho → os filhos, *le fils, les fils ou les enfants*
o pobre → os pobres, *le pauvre, les pauvres*

b) Les noms terminés par **ão** forment le pluriel de trois façons :
— **ão** remplacé par **ões** (la grande majorité)
o avião → os aviões, *l'avion, les avions*
o coração → corações, *le coeur, les coeurs*
— **ão** remplacé par **ães**
o Alemão → os Alemães, *l'Allemand, les Allemands*
o cão → os cães, *le chien, les chiens*
o pão → os pães, *le pain, les pains*
— **ão + s**
o cidadão → os cidadãos, *le citoyen, les citoyens*

o irmão → os irmãos, *le frère, les frères*
a mão → as mãos, *la main, les mains*

c) Les noms terminés par **r** ou **z** ajoutent **es** au pluriel :
a mulher → as mulheres, *la femme, les femmes*
o rapaz → os rapazes, *le garçon, les garçons*

d) Les noms terminés par **m** changent cette lettre en **n** et ajoutent un **s** :
o homem → os homens, *l'homme, les hommes*
a viagem → as viagens, *le voyage, les voyages*

e) Les mots terminés par **1** :
— Les noms terminés en **al, el** tonique, **el** atone, **ol** changent cette terminaison respectivement en **ais, éis, eis, óis.**
o animal → os animais, *l'animal, les animaux*
o papel → os papéis, *le papier, les papiers*
o móvel → os móveis, *le meuble, les meubles*
o lençol → os lençóis, *le drap, les draps*
Exceptions : **o mal → os males,** *le mal, les maux*
o cônsul → os consules, *le consul, les consuls*
— Les mots terminés par **il** tonique changent le **il** en **is**.
o funil → os funis, *l'entonnoir, les entonnoirs*
— Les noms terminés par *il* atone changent le **il** en **eis**.
o réptil → os répteis, *le reptile, les reptiles*

f) Les mots terminés par **s** : Les mots terminés en **s** en syllabe accentuée ajoutent **es**.
o ananás → os ananases, *l'ananas, les ananas*
o português → os portugueses, *le Portugais, les Portugais*
o país → os países, *le pays, les pays*
Les autres sont invariables.
o pires → os pires, *la soucoupe, les soucoupes*
o lápis → os lápis, *le crayon, les crayons*

g) Certains noms ne sont employés qu'au pluriel.
as calças, *le pantalon ;* **os óculos**, *les lunettes*

4 - PLURIEL DE NOMS COMPOSÉS

a) Les deux mots prennent la marque du pluriel si le mot se compose de : NOM + NOM OU NOM + ADJECTIF.
a couve-flor, *le chou-fleur* → **as couves-flores**
a obra-prima, *le chef-d'œuvre* → **as obras-primas**

b) Seul le premier nom prend la marque du pluriel si le mot se compose de : NOM + PRÉPOSITION.
o chapéu-de-sol, *le parasol* → **os chapéus-de-sol**
a mulher-a-dias, *la femme de ménage* → **as mulheres-a-dias**

c) Seul le nom prend la marque du pluriel si le nom se compose : VERBE + NOM.

o guarda-chuva. *le parapluie* – **os guarda-chuvas**

— Le nom composé peut aussi rester invariable :

o guarda-livros, *le comptable* — **os guarda-livros**

5 - L'ARTICLE

1. L'ARTICLE DÉFINI

MASC. SG.	MASC. PL.	FÉM. SG.	FÉM. PL.
o *(le)*	**os** *(les)*	**a** *(la)*	**as** *(les)*

L'article défini se contracte avec les prépositions suivantes :

PRÉP.	MASC. SG.	MASC. PL.	FÉM. SG.	FÉM. PL.
a	**ao**	**aos**	**à**	**às**
de	**do**	**dos**	**da**	**das**
em	**no**	**nos**	**na**	**nas**
por	**pelo**	**pelos**	**pela**	**pelas**

a) On emploie l'article défini devant les noms de villes qui ont un sens par eux-mêmes : **o Porto**, *le port* ; **a Baía**, *la baie*.

b) On place l'article défini devant les noms de pays sauf : **Portugal, Angola, Moçambique**.

c) L'article défini s'emploie devant les noms propres et les prénoms : **o Pedro**, *Pierre* ; **o Silva**, *Silva*.

d) Les adjectifs et pronoms possessifs sont généralement précédés de l'article défini :

A minha casa é azul, a tua é branca.

Ma maison est bleue, la tienne est blanche.

SAUF :

— Si le possessif se trouve devant un mot mis en apostrophe :

Minha senhora, tenha cuidado, *Madame, faites attention.*

— Si le possessif est un pronom qui suit le verbe *être* :

Este livro é meu, *Ce livre est à moi.*

2. L'ARTICLE INDÉFINI.

MASC. SG.	MASC. PL.	FÉM. SG.	FÉM. PL.
um	–	**uma**	–

L'article indéfini se contracte avec les prépositions suivantes :

PRÉP.	MASC. SG.	MASC. PL.	FÉM. SG.	FÉM. PL.
de **em**	**dum** **num**	**duns** **nuns**	**duma** **numa**	**dumas** **numas**

ATTENTION : L'article indéfini n'a pas de pluriel. **Uns** et **umas** ont un sens différent : *quelques* (et non pas *des*) :
um livro, *un livre* ; **livros**, *des livres* ; **uns livros**, *quelques livres.*

3. L'ARTICLE PARTITIF.

L'article partitif (du, de la, des) ne se traduit pas :
como pão, *je mange du pain* ; **bebo água**, *je bois de l'eau.*

6 - LES ADJECTIFS QUALIFICATIFS

La formation du féminin et du pluriel des adjectifs est semblable à celle des noms. Mais les adjectifs terminés en **a, e, l, m, r, s, z** ont une seule forme commune au masc. et au fém.
careca, *chauve* (m.f.) ; **contente**, *content, contente* ; **inteligente**, *intelligent(e)* ; **verde**, *vert(e)* ; **azul**, *bleu(e)* ; **comun**, *commun(e)* ; **simples**, ***simple*** (m.f.) ; **feliz**, *heureux (se).*

L'adjectif qualificatif **s'accorde** en genre et en nombre avec le nom :

o livro caro, *le livre cher*	**os livros caros,** *les livres chers*
a nuvem branca, *le nuage blanc*	**as nuvens brancas,** *les nuages blancs*

7 - DEGRÉS DE COMPARAISON DES ADJECTIFS

1. Le comparatif (voir leçons 24 A et B ; 25 A et B).

a) Comp. de supériorité : **mais... (do) que,** *plus... que*

b) Comp. d'infériorité : **menos... (do) que,** *moins... que*

c) Comparatif d'égalité.
tão + adjectif... **como**, *aussi... que*
verbe + **tanto... como**, *autant... que*

2. Le superlatif (voir leçon 24 A et B)

a) Le superlatif relatif : **o mais,** *le plus.*
É o mais inteligente de todos, *il est le plus intelligent de tous.*

O Carlos é o aluno mais inteligente do colégio, *Charles est l'élève le plus intelligent du collège.*

REMARQUE. On n'emploie pas l'article défini **o** devant **mais** si le nom est lui-même précédé d'un article défini.

b) Le superlatif absolu.

Muito devant l'adjectif : **é muito caro**, *c'est très cher.*
En ajoutant **íssimo** à l'adjectif : **é caríssimo**, *c'est très cher :*
REMARQUE. Adjectifs avec comparatif et superlatif irréguliers :

	comparatif de supériorité	superlatif absolu	superlatif relatif
bom	**melhor**	**óptimo**	**o melhor**
mau	**pior**	**péssimo**	**o pior**
grande	**maior**	**máximo**	**o maior**
pequeno	**menor**	**mínimo**	**o menor**

3. Les diminutifs : **-inho, zinho,** etc. Voir leçon 22. A3

8 - LES POSSESSIFS

8 (Voir leçons 8 A3, 15 B3, 18 A3, 26 A3.)

		Masculin		Féminin	
		singulier	pluriel	singulier	pluriel
S.	1	**(o) meu**	**(os) meus**	**(a) minha**	**(as) minhas**
	2	**(o) teu**	**(os) teus**	**(a) tua**	**(as) tuas**
	3	**(o) seu**	**(os) seus**	**(a) sua**	**(as) suas**
PL.	1	**(o) nosso**	**(os) nossos**	**(a) nossa**	**(as) nossas**
	2	**(o) vosso**	**(os) vossos**	**(a) vossa**	**(as) vossas**
	3	**(o) seu**	**(os) seus**	**(a) sua**	**(as) suas**

Les possessifs ont la même forme, qu'ils soient adjectifs ou pron. : **o meu livro** (adj.) **é bonito ; o teu** (pron.) **é velho**.

9 - LES DÉMONSTRATIFS

— Pour les tableaux et emplois, se reporter aux leçons 16 A et B, 18 B, 33 B1.
— Ne pas oublier que :

1. Le démonstratif devant *que* ou *de se* traduit par **o, a, os, as : tudo o que disse,** *tout ce que j'ai dit.*
este livro é interessante ; o do Pedro não é, *ce livre est intéressant ; celui de Pierre ne l'est pas.*

N.B. : On peut toutefois traduire le démonstratif devant *de* et *que*. On trouve les trois démonstratifs qui gardent leur valeur propre : **tudo aquilo que disse**, *tout ce qu'il a dit.*

2. Le démonstratif ne se traduit généralement pas dans les expressions *c'est, ce sont.*

são horas, *c'est l'heure ;* **é bonito,** *c'est beau.*

10 - LES PRONOMS PERSONNELS

sujet	complément sans prép.			complément après prép. (ex. **para**)	complément avec **com**
	direct		indirect		
	réfléchi	non réfl.			
eu	**me**	**me**	**me**	**(para) min**	**comigo**
tu	**te**	**te**	**te**	**(para) ti**	**contigo**
ele	**se**	**o (lo, no)**	**lhe**	**(para) ele**	**com ele**
ela	**se**	**a (la, na)**	**lhe**	**(para) ela**	**com ela**
você	**se**	**se**	**lhe**	**(para) si**	**consigo**
(o senhor) (a)	**se**	**se**	**lhe**	**você** (Brésil)	**com você**
nós	**nos**	**nos**	**nos**	**(para) nós**	**connosco**
vós	**vos**	**vos**	**vos**	**(para) vós**	**convosco**
eles	**se**	**os (los...)**	**lhes**	**(para) eles**	**com eles**
elas	**se**	**as (los...)**	**lhes**	**(para) elas**	**com elas**
vocês	**se**	**se**	**lhes**	**(para) vocês**	**com vocês**
(os senhores)	**se**	**se**	**lhes**	**os senhores**	**com os senh.**
(as senhoras)	**se**	**se**	**lhes**	**as senhoras**	**com as senh.**
				(fam.)	**convosco**

Attention à la prononciation des pronoms sujets **nós [nòch]**, **vós [vòch]** et des pron. compl. **nos** [nouch], **vos** [vouch].

Les contractions des pron. pers. compl. (leçon 38 A et B).

Masculin **o**		Féminin **a**	
me + o **+ os**	**mo** **mos**	**me + a** **+ as**	**ma** **mas**
te + o **+ os**	**to** **tos**	**te + a** **+ as**	**ta** **tas**
lhe + o **+ os**	**lho** **lhos**	**lhe + a** **+ as**	**lha** **lhas**
nos + o **+ os**	**no-lo** **no-los**	**nos + a** **+ as**	**no-la** **no-las**

vos + o **+ os**	**vo-lo** **vo-los**	**vos + a** **+ as**	**vo-la** **vo-las**
lhes + o **+ os**	**lho** **lhos**	**lhes + a** **+ as**	**lha** **lhas**

■ ATTENTION :
Lho = *le, lui* ou *le leur.* **Lha** = *la, lui* ou *la leur.* **Lhos** = *les, lui* ou *les leur* (masc.). **Lhas** = *les, lui* ou *les leur* (fém.).

■ Place des pron. pers. compl. : leçons 1, 2, 21A, 31, 33B, 38.

11 - LES PRONOMS INTERROGATIFS

Que, *qui, que.*
O que ? *qu'est-ce qui ? quoi ?*
Quem, *quel, quelle ?* **Quais,** *quels, quelles ?*
Quanto, quantos, quantas, *combien de ?*

12 - LES INDÉFINIS (PRON. – ADJ.)

VARIABLES
todo(s), *tout, tous*
toda(s), *toute, toutes*
algum (ns), *quelque(s)* (masc.)
alguma(s), *quelque(s)* (fém.)

INVARIABLES
alguém, *quelqu'un*
ninguém, *personne*
tudo, *tout ;* **cada,** *chaque*
nada, *rien*

■ **On** : traduction, voir leçons 17, 28 B3.

13 - LES PRONOMS RELATIFS

VARIABLES				INVARIABLES
masc. sg.	fém. sg.	masc. pl.	fém. pl.	
o qual **cujo** **quanto**	**a qual** **cuja** **quanta**	**os quais** **cujos** **quantos**	**as quais** **cujas** **quantas**	**que,** *qui, que* **quem,** *qui* **onde,** *où*

Que, *qui* ou *que,* peut être sujet ou complément. Il peut remplacer un homme, une chose, un animal.

o homem que fala, *l'homme qui parle ;* **o homem que vejo,** *l'homme que je vois.*

o carro que passa na rua, *la voiture qui passe dans la rue.*

Quem remplace toujours une personne. Il est généralement précédé d'une préposition : **o homem com quem falo,** *l'homme avec lequel je parle.*

Peut signifier : *celui qui.* **Quem fala,** *celui qui parle.*

O qual, a qual, représente un être vivant ou une chose. Il est moins employé. Il est souvent précédé de préposition : **as leis segundo as quais vivemos,** *les lois selon lesquelles nous vivons.*

Cujo, *dont le ;* **cuja,** *dont la ;* **cujos, cujas,** *dont les.*

Avec le pronom **cujo** l'ordre des termes est le suivant : possesseur – **cujo** – possédé – verbe.

Il s'accorde en genre et en nombre avec le possédé : **o homem cujo filho,** *l'homme dont le fils ;* **o homem cujos filhos,** *les hommes dont les fils.*

LES VERBES – LES TEMPS

14 - LE VERBE *ÊTRE* : SER, ESTAR, FICAR, ANDAR

■ Emploi du verbe **ser,** *être.* Il exprime :

— l'existence : **penso logo sou,** *je pense, donc je suis ;*

— une caractéristique essentielle (forme, matière, couleur, sexe, nationalité, profession, le type physique ou moral, appartenance, etc.) : **sou alto,** *je suis grand ;* **és português**, *tu es portugais ;* **isso é de papel,** *ceci est en papier ;* **isso é do João,** *c'est à Jean ;*

— avec les nombres : **somos vinte,** *nous sommes vingt ;*

— devant l'heure (leçon 11 A3) et la date (leçon 14 B) : **que horas são ?** *quelle heure est-il ?*

— il sert à traduire *c'est* (leçon 25 B3), *c'est moi qui* (leçon 37 A1) ;

— il sert à exprimer la voix passive (leçon 35 A1 et A3) ;

— il est utilisé dans la locution invariable **é que** (leçon 7) ;

— il indique un endroit fixe : **Lisboa é em Portugal,** *Lisbonne est au Portugal.*

■ Emploi de **estar,** *être.* Il exprime un endroit passager, un état momentané (leçon 6 B) :

— emploi de **ser** et **estar** (leçon 6 A, B ; 11 A, B ; 14 B ; 15 B, 30 A) ;

— emploi de **estar, ficar, andar** (leçon 7 A, 28 B1) ;

— emploi de **ser** et **estar** + un adjectif ou un participe passé à valeur d'adjectif (leçon 15 B) ;

— emploi de **estar** + le participe passé (leçon 35 B1) ;

— accord du participe passé (leçon 33 A et B) ;

— la forme progressive : **estar a** + infinitif (leçon 34 A), **andar a** + infinitif (leçon 34 B) ;

— **estar para,**
être sur le point de : **estou para sair,** *je suis sur le point de partir ;*
être disposé à : **não estou para isso,** *je ne suis pas disposé à faire cela, je n'ai pas envie.*

15 - LE PRÉSENT DE L'INDICATIF (voir leçons 10, 15)

Indique, comme en français, un fait qui survient au moment où l'on parle. Il peut exprimer aussi l'idée de futur. Cet emploi est fréquent dans la langue : **o João está doente,** *Jean est malade ;* **amanhã vou a Lisboa,** *demain, je vais à Lisbonne.*

16 - L'IMPARFAIT DE L'INDICATIF (voir leçon 32)

Exprime une action passée inachevée, une continuité dans le passé : **quando era pequeno, não gostava de ir à escola,** *quand j'étais petit, je n'aimais pas aller à l'école.*
Exprime une action répétitive : **aos Sábados, ia sempre ao cinema,** *le samedi, j'allais toujours au cinéma.*
Il est couramment employé à la place du conditionnel : **queria falar contigo,** *je voudrais parler avec toi ;* **se pudesse, ia passear com ele,** *si je pouvais, j'irais me promener avec lui.*

17 - LE PARFAIT (voir à partir de la leçon 23)

Exprime une action passée, complètement révolue : **hoje levantei-me cedo,** *aujourd'hui je me suis levée tôt.*
Ce temps est d'un usage fréquent en portugais ; il est souvent traduit en français par le passé composé : **ontem, fui ao cinema,** *hier, je suis allé au cinéma.*

18 - LE PASSÉ COMPOSÉ

Il se forme avec le présent de **ter** + le participe passé du verbe qui reste invariable : **ela tem andado,** *elle a marché.*
Ce temps exprime la répétition d'une action ou sa continuité jusqu'au moment où on parle :

tenho ido ao cinema todos os dias esta semana, *je suis allée au cinéma tous les jours cette semaine.*
Até agora temos trabalhado muito, *nous avons beaucoup travaillé jusqu'à maintenant.*

19 - LE PLUS-QUE-PARFAIT (leçons 33 et 40)

Il existe deux plus-que-parfaits : un simple, un composé.

1. La forme composée est la plus courante. Elle se compose de l'imparfait de **ter** + participe passé du verbe (invariable) : **ele tinha viajado muito,** *il avait beaucoup voyagé.*

2. La forme simple appartient exclusivement à la langue écrite (littéraire, style soutenu) : **ele viajara muito,** *il avait beaucoup voyagé* (leçon 40).

20 - LE FUTUR DE L'INDICATIF (leçon 10 B3, leçon 14, leçon 19 A3)

Ce temps est rarement employé en portugais. Il sert surtout à exprimer une probabilité, un doute, une supposition. Il ne se traduit d'ailleurs pas forcément par le futur français.
batem a porta, quem será ? *on frappe à la porte, qui cela peut-il être ?*
que horas serão ? *quelle heure peut-il être ?*

La traduction de l'idée de futur est très nuancée en portugais :

1. Dans les propositions principales ou indépendantes, elle s'exprime par :

a) la périphrase **ir** + infinitif, pour un futur immédiat :
vou trabalhar, *je vais travailler ;*

b) le présent de l'indicatif, avec ou sans adverbe de temps, pour un futur dont la réalisation est proche et certaine :
(amanhã) vou ao correio, *(demain) j'irai à la poste ;*

c) **hei-de** + infinitif : futur d'intention :
hei-de ir a Paris, *je dois aller (j'irai) à Paris.*

N.B. : L'emploi du futur de l'indicatif est plus courant au Brésil.

2. Dans certaines subordonnées, elle s'exprime par le subjonctif présent ou par le subjonctif futur :
espero que fique, *j'espère qu'il restera.*
se fizer bom tempo, vem, *s'il fait beau, il viendra.*

N.B. : Dans les propositions qui emploient normalement l'indicatif, on trouve le prés. de l'ind. à valeur de futur, ou le futur : **ele diz que vem (virá),** *il dit qu'il viendra.*

21 - LE SUBJONCTIF (voir leçons 19, 20, 28, 34, 36, 37, 40)

Le subjonctif indique une action possible, mais pas réalisée.

1. Après des verbes ou des locutions qui expriment un doute, un souhait, un ordre, une crainte, une hypothèse.
   talvez ele venha, *peut-être viendra-t-il.*
   talvez ele viesse, *peut-être viendra-t-il.*
   espero que ele fique connosco, *j'espère qu'il restera avec nous.*
   esperei que ficasse, *j'espérai qu'il resterait.*

2. Dans les propositions relatives, il exprime une action possible, une hypothèse.
   não conheço ninguém que tenha tanto humor, *je ne connais personne qui ait autant d'humour.*
   não conheci ninguém que tivesse tanto humor, *je n'ai connu personne qui eût autant d'humour.*

3. Après les conjonctions **embora, ainda que,** *bien que.*
   sais, embora eu não queira, *tu sors, bien que je ne le veuille pas.*
   saiste, embora eu não quisesse, *tu es sorti, bien que je ne le voulusse pas.*

22 - LA CONCORDANCE DES TEMPS (leçon 37/40)

On trouve le présent du subjonctif dans la subordonnée si la principale est au présent, à l'impératif ou au futur.
On trouve l'imparfait du subjonctif dans la subordonnée si la principale est à un temps du passé ou au conditionnel.
desejo que venha, *je souhaite qu'il vienne.*
desejava que viesse, *je souhaitais qu'il vint.*

1. Dans les propositions de conditions après **se,** *si* (leçon 40) :
— le futur du subjonctif (traduit par un présent de l'indicatif), si, dans la principale, on trouve un futur, un présent à valeur de futur ou l'impératif. Il s'agit d'une condition réalisable : **se eu puder, vou visitá-lo,** *si je le peux, j'irai lui rendre une visite ;*
— l'imparfait du subjonctif (traduit par l'imparfait de l'indicatif) si dans la principale on trouve un conditionnel (ou un imparfait de l'indicatif à valeur de conditionnel). Il s'agit d'une condition irréalisable : **se tivesse hoje dinheiro, comprava um carro,** *si j'avais de l'argent aujourd'hui, j'achèterais une voiture.*

2. **Como se,** *comme si,* est toujours suivi de l'imparfait du subjonctif : **ele falava alto como se eu não ouvisse,** *il parlait haut, comme si je n'entendais pas.*

23 - LE FUTUR DU SUBJONCTIF (leçons 36, 37, 38 B et 40)

Ce temps, qui n'est employé dans aucune autre langue romane, est très vivant en portugais. Il exprime une éventualité à venir dans des propositions subordonnées. On le trouve après :
— **se** pour indiquer que la condition se réalisera peut-être ;
— **como : faça como quiser,** *faites comme vous voulez ;*
— **onde : vai onde puderes,** *va où tu pourras ;*
— **quando : quando puderes...** *quand tu pourras...*

N.B. : Si la proposition introduite par **quando** est interrogative, le verbe se met au futur de l'indicatif : **quando virás ?** *quand viendras-tu ?*
— Dans des propositions relatives, pour indiquer une hypothèse : **aquele que chegar primeiro, tem um prémio,** *celui qui arrivera le premier aura un prix.*

24 - L'INFINITIF PERSONNEL (LEÇON 39)

C'est un temps propre au portugais, un infinitif qui se conjugue et s'emploie lorsque le sujet de l'infinitif n'est pas le même que celui du verbe principal. On le trouve :

1. Après une préposition ou une locution adverbiale.
   dei-lhes livros para lerem, *je leur ai donné des livres pour lire.*
   antes de saires, telefona, *avant de sortir, téléphone.*

2. Après des locutions composées : *c'est* + adjectif + verbe.
   é preciso trabalharmos, *il faut que nous travaillions.*

Ce temps apporte plus de précision, plus de clarté à la phrase.

25 - LES ADVERBES

1. Adverbes de temps (Voir leçons 40 et 14, C4)

hoje, *aujourd'hui*	**nunca,** *jamais*
ontem, *hier*	**logo,** *bientôt, tout de suite*
anteontem, *avant hier*	**tarde,** *tard*
amanhã, *demain*	**cedo,** *tôt*
agora, *maintenant*	**ainda**, *encore*

já, *déjà, bientôt tout de suite*
sempre, *toujours*
antes, *avant*
depois, *après*

2. Adverbes de lieu
aqui, *ici*
ali, ai, *là*
cá, *ici, en ce lieu*
perto, *près*
longe, *loin*
dentro, *dedans*
atrás, *derrière*
fora, *dehors*
onde, *où*

3. Adverbes de manière
bem, *bien*
mal, *mal*
melhor, *mieux*
pior, *pire*
assim, *ainsi*
aliás, *d'ailleurs*
depressa, *vite*
devagar, *lentement*
quase, *presque*
sobretudo, *surtout*

4. Adverbes de quantité
muito, *beaucoup*
mais, *plus*
pouco, *peu*
menos, *moins*
tão, *si*
tanto, *tant*

5. Adverbes d'affirmation
sim, *oui*
certamente, *certainement*

6. Adverbes de négation
não, *non* **nem**, *ni* **nunca**, *jamais*

7. Adverbes de doute **talvez**, *peut-être*

26 - LES PRÉPOSITIONS (leçons 10 A3. 12 B3)

1. Les prépositions **para** *(pour, vers, en, à)* et **por** *(par, pour, dans, vers).*

• **Para** indique exclusivement le but, la destination, la direction vers : **trabalho para ganhar a vida**, *je travaille pour gagner ma vie ;* **isso é para o João**, *ceci est pour Jean.*

N.B. : Il est aussi employé avec **estar** (**estar para**, *être sur le point de, être disposé à :* voir **estar**).

• **Por** est employé dans de nombreux cas. Il indique :
— le lieu que l'on traverse *(par)* : **entro pela porta**, *j'entre par la porte ;*
— le lieu dans lequel on se déplace : **ando pela rua**, *je marche dans la rue ;*
— le moyen (se traduit par *par*) : **viajo por via aérea**, *je voyage par voie aérienne ;*
— le temps approximatif (se traduit par *vers*) : **volto pelas seis**, *je reviens vers six heures ;*

— le prix (se traduit par *pour*) : **comprei isso por cem escudos**, *j'ai acheté cela pour cent écus ;*
— l'intérêt (se traduit par *à, pour*) : **interesso-me por ti**, *je m'intéresse à toi ;* **por amor de Deus**, *pour l'amour de Dieu.*
Por + infinitif indique la cause (se traduit par *parce que*) : **não o comprei, por ser muito caro**, *je ne l'ai pas acheté parce qu'il était trop cher.*

2. Autres prépositions.
a, **atéa**, *jusqu'à*
com, *avec*
de, *de* **em**, *en, à, dans*
demie, *depuis*
durante, *pendant*
entre, *entre* **sem**, *sans*
para, *pour, vers*
por, *por, pour*
segundo, *selon*
sobre, *sur* **sob**, *sous*

27 - PRINCIPALES CONJONCTIONS

e, *et* **também**, *aussi*
ou... ou, *ou... ou*
ora... ora, *tantôt... tantôt*
quer... quer, *soit... soit*
mas, *mais*
portanto, *par conséquent*
logo, *donc*
pois, *donc*
se, *si*
como, *comme*
porque, *parce que*
nem, *ni* **ainda**, *encore*
quando, quand
enquanto, *pendant que*
mal, *à peine*
logo que, *ès que*
assim que, *dès que*
desde que, *depuis que*
até que, *jusqu'à ce que*
embora, *quoique, bien que*
ainda que, *même si*
se bem que, *bien que*
não só, mas também, *non seulement, mais encore*

28 - LES NOMBRES

1. Les nombres cardinaux : *1*, **um** – *2*, **dois** – *3*, **três**, etc. Voir C2 des leçons 7, 8, 9, 10, 11, 12 ,13.

2. Les nombres ordinaux : voir leçon XIV, C2.
1er, **primeiro** – *2e*, **segundo** – *3e*, **terceiro** – *4e*, **quarto** – *5e*, **quinto** – *6e*, **sexto** – *7e*, **séptimo** – *8e*, **octavo** – *9e*, **nono** – *10e*, **décimo** – *20e*, **vigésimo** – *30e*, **trigésimo** – *40e*, **quadragésimo** – *50e*, **quinquagésimo** – *60e*, **sexagésimo** – *70e*, **septuagésimo** – *80e*, **octogésimo** – *90e*, **nonagésimo** – *100e*, **centésimo** – *1 000e*, **milésimo** – *11e*, **décimo primeiro** – *12e*, **décimo segundo** – *13e*, **décimo terceiro**, etc. – *21e*, **viségimo primeiro** – *22e*, **vigésimo segundo**, etc.

29 - CONJUGAISONS RÉGULIÈRES

1. Verbes réguliers 1er groupe, infinitif **ar : cantar**, *chanter*

Prés. indic.	Impératif *affirmatif*	Impératif *négatif*	Prés. subj.
canto			**cante**
cantas	**canta**	**não cantes**	**cantes**
canta	**cante**	**não cante**	**cante**
cantamos	**cantemos**	**não cantemos**	**cantemos**
(cantais)	**cantem**	**não cantem**	**(canteis)**
cantam			**cantem**

Parfait	Imparf. subj.	Subj. futur
cantei	**cantasse**	**cantar**
cantaste	**cantasses**	**cantares**
cantou	**cantasse**	**cantar**
cantámos	**cantássemos**	**cantarmos**
(cantastes)	**(cantásseis)**	**(cantardes)**
cantaram	**cantassem**	**cantarem**
Futur indic.	Conditionnel	Infin. pers.
cantarei	**cantaria**	**cantar**
cantarás	**cantarias**	**cantares**
cantará	**cantaria**	**cantar**
cantaremos	**cantaríamos**	**cantarmos**
(cantareis)	**(cantaríeis)**	**(cantardes)**
cantarão	**cantariam**	**cantarem**
Imparf. indic.	Pl.-que-parf.	Part. passé
cantava	**cantara**	**cantado**
cantavas	**cantaras**	
cantava	**cantara**	Gérondif
cantávamos	**cantáramos**	**cantando**
(cantáveis)	**cantáreis**	
cantavam	**cantaram**	

2. Verbes réguliers 2e groupe, infinitif **er : beber,** *boire*

Prés. indic.	Impératif *affirmatif*	Impératif *négatif*	Prés. subj.
bebo			**beba**
bebes			**bebas**
bebe	**bebe**	**não bebas**	**beba**
bebemos	**beba**	**não beba**	**bebamos**
(bebeis)	**bebamos**	**não bebamos**	**(bebais)**
bebem	**bebam**	**não bebam**	**bebam**

Parfait indic.	Imparf. subj.	Subj. futur
bebi **bebeste** **bebeu** **bebemos** **(bebestes)** **beberam**	**bebesse** **bebesses** **bebesse** **bebêssemos** **(bebêsseis)** **bebessem**	**beber** **beberes** **beber** **bebermos** **(beberdes)** **beberem**
Futur indic. **beberei** **beberás** **beberá** **beberemos** **(bebereis)** **beberão**	Conditionnel **beberia** **beberias** **beberia** **beberíamos** **(beberíeis)** **beberiam**	Infin. pers. **beber** **beberes** **beber** **bebermos** **(beberdes)** **beberem**
Imparf. indic. **bebia** **bebias** **bebia** **bebíamos** **(bebíeis)** **bebiam**	Pl.-que-parf.indic. **bebera** **beberas** **bebera** **bebêramos** **bebêreis** **beberam**	Part. passé **bebido** Gérondif **bebendo**

3. Verbes réguliers 3e groupe, infinitif **ir : partir,** *partir*

Prés. indic.	Impératif *affirmatif*	Impératif *négatif*	Prés. subj.
parto **partes** **parte** **partimos** **(partis)** **partem**	**parte** **parta** **partamos** **partam**	**não partas** **não parta** **não partamos** **não partam**	**parta** **partas** **parta** **partamos** **(partais)** **partam**
Parfait indic. **parti** **partiste** **partiu** **partimos** **(partistes)** **partiram**	Imparf. subj. **partisse** **partisses** **partisse** **partíssemos** **(partisses)** **partissem**		Subj. futur **partir** **partires** **partir** **partirmos** **(partirdes)** **partirem**
Futur indic. **partirei** **partirás** **partirá**	Conditionnel **partiria** **partirias** **partiria**		Infin. pers. **partir** **partires** **partir**

partiremos **(partireis)** **partirão**	**partiríamos** **(partiríeis)** **partiriam**	**partirmos** **(partirdes)** **partirem**
Imparf. indic. **partia** **partias** **partia** **partíamos** **(partíeis)** **partiam**	Pl.-que-parf.indic. **partira** **partiras** **partira** **partíramos** **partíreis** **partiram**	Part. passé **partido** Gérondif **partindo**

30 - VERBES IRRÉGULIERS POUVANT SE REGROUPER

1. Verbes terminés par **ear,** ex. **recear,** *craindre,* **passear.**
Ces verbes intercalent un **i** après le **e** chaque fois que celui-ci est accentué. Cette irrégularité ne concerne que les présents de l'indicatif et du subjonctif, ainsi que l'impératif.

Prés. indic. : re**ceio,** re**ceias,** re**ceia,** rece*a***mos,** (rece*a***is),** re**ceiam.**

Prés. subj. : re**ceie,** re**ceies,** re**ceie,** rece*e***mos**, (rece*e***is),** re**ceiem.**

Impératif : re**ceia,** re**ceie,** rece*e***mos,** rece*i***em.**

2. Verbes terminés par **air,** ex. **sair,** *sortir.*
Ces verbes maintiennent le **i** à toutes les formes de la conjugaison sauf à la 3e personne du pluriel du présent de l'indicatif.
Prés. indic. : **saio, saias, sai, saimos, (sais), saem.**
Prés. subj. : **saia, saias, saia, saiamos, (saiais), saiam.**
Impératif : **sai, saia, saiamos, saiam.**

N.B. : Ne pas confondre : **sai** *(il sort),* **saí** *(je sortis)* ; **saía** *(je sortais ou il sortait),* **saia** *(que je, qu'il sorte).*

3. Les verbes terminés par **erir, ferir,** *blesser* – **ervir, servir**, *servir* – **entir, mentir,** *mentir* – **estir, vestir,** *vêtir* – **eguir, seguir,** *suivre...*
Ces verbes changent le **e** en **i** à la 1re personne du présent de l'indicatif, au présent du subjonctif qui en découle et aux formes de l'impératif qui proviennent du présent du subjonctif.

Prés. indic.	Prés. subj.	Impératif	
sirvo	**sirva**	*affirmatif*	*négatif*
serves	**sirvas**		
serve	**sirva**	**serve**	**não sirvas**
servimos	**sirvamos**	**sirva**	**não sirva**
(servis)	**(sirvais)**	**sirvamos**	**não sirvamos**
servem	**sirvam**	**sirvam**	**não sirvam**

4. Le **o** *de certains verbes se change en* **u** à la 1er personne du présent de l'indicatif, au présent du subjonctif qui en découle et aux formes de l'impératif qui proviennent du présent du subjonctif : **dormir,** *dormir* – **cobrir,** *couvrir.*

Prés. indic.	Prés. subj.	Impératif	
durmo	**durma**	*affirmatif*	*négatif*
dormes	**durmas**		
dorme	**durma**	**dorme**	**não durmas**
dormimos	**durmamos**	**durma**	**não durma**
(dormis)	**(durmais)**	**durmamos**	**não durmamos**
dormem	**durmam**	**durmam**	**não durmam**

5. Les verbes terminés par **-ugir, -ubir, -udir : fugir**, *fuir* – **subir**, *monter* – **sacudir,** *secouer.*
Ces verbes changent le **u** en **o** à la 2e et à la 3e personne du singulier, ainsi qu'à la 3e personne du pluriel, au présent de l'indicatif et à la 2e personne du singulier de l'impératif.

Prés. indic.	Impératif	
fujo	*affirmatif*	*négatif*
foges		
foge	**foge**	**não fujas**
fugimos	**fuja**	**não fuja**
(fugis)	**fujamos**	**não fujamos**
fogem	**fujam**	**não fujam**

ATTENTION : N'oubliez pas de faire les **modifications orthographiques** pour conserver la prononciation de la consonne présente à l'infinitif.

Seguir, *le* **gu** *doit s'écrire* **g** *devant* **o** et **a.**
Présent de l'indicatif : **sigo, segues, segue, seguimos**
Présent du subjonctif : **siga, sigas**, etc.

Fugir *(fuir),* le **g** *doit être remplacé par* **j** devant **o** et **a.**
Présent de l'indicatif : **fujo, foges, foge, fugimos.**
Présent du subjonctif : **fuja, fujas**, etc.

Ficar *(rester),* le **c** doit être remplacé par **qu** devant **e** et **i.**
Présent de l'indicatif : **fico, ficas, fica**, etc.
Présent du subjonctif : **fique, fiques...**
Parfait : **fiquei, ficaste...**

Começar *(commencer)*, le ç remplacé par **c** devant **e** et **i**.
Présent de l'indicatif : **começo, começas, começa**.
Présent du subjonctif : **comece, comeces,** etc.
Parfait : **comecei, começaste,** etc.
Descer *(descendre)*, le **c** doit être remplacé par **ç** devant **o** et **a**.
Présent de l'indicatif : **desço, desces**...
Présent du subjonctif : **desça, desças,** etc.

6. Quelques verbes isolés présentent une irrégularité à la 1re personne du présent de l'indicatif, ce qui entraîne une irrégularité au présent du subjonctif et aux personnes de l'impératif qui en découlent : **ouvir,** *entendre* — **ouço** (cf. leçon 23, A2) – **pedir,** *demander* — **peço** (cf. leçon XXI, A2) **perder,** *perdre* — **perco** (cf. leçon XXIII, B2).

7. Attention aux irrégularités du verbe **ler,** *lire.*

Prés. indic.	Impératif		Prés. subj.
	affirmatif	*négatif*	
leio			**leia**
lès			**leias**
lê	**lê**	**não leias**	**leia**
lemos	**leia**	**não leia**	**leiamos**
(ledes)	**leiamos**	**não leiamos**	**(leiais)**
lêem	**leiam**	**não leiam**	**leiam**

31 - PRINCIPAUX VERBES IRRÉGULIERS

Les verbes que nous venons d'étudier ne sont irréguliers qu'au présent de l'indicatif et aux temps dérivés, à savoir au présent du subjonctif et à l'impératif.
D'autres verbes, irréguliers à ces mêmes temps, peuvent présenter en outre des irrégularités au parfait et aux temps dérivés (le futur et l'imparfait du subjonctif, le plus-que-parfait de l'indicatif), au futur de l'indicatif, au gérondif, au participe passé et, pour quatre d'entre eux, à l'imparfait de l'indicatif. Nous les présentons par ordre alphabétique et nous ne mentionnons dans le tableau que les temps présentant des irrégularités.

Prés. ind.	Prés. subj.	Impératif	Fut. ind.	Condit.
		dar, *donner*		
dou	**dê**		**darei**	**daria**
dás	**dês**	**dá**	**darás**	**darias**
dá	**dê**	**dê**	**dará**	**daria**
damos	**dêmos**	**demos**	**daremos**	**daríamos**
(dais)	**(deis)**	**dêem**	**(dareis)**	**(daríeis)**
dão	**dêem**		**darão**	**dariam**
		dizer, *dire*		
digo	**diga**		**direi**	**diria**
dizes	**digas**	**diz**	**dirás**	**dirias**
diz	**diga**	**diga**	**dirá**	**diria**
dizemos	**digamos**	**digamos**	**diremos**	**diríamos**
(dizeis)	**(digais)**	**digam**	**(direis)**	**(diríeis)**
dizem	**digam**		**dirão**	**diriam**
		estar, *être*		
estou	**esteja**		**estarei**	**estaria**
estás	**estejas**	**está**	**estarás**	**estarias**
está	**esteja**	**esteja**	**estará**	**estaria**
estamos	**estejamos**	**estejamos**	**estaremos**	**estaríamos**
(estais)	**(estejais)**	**estejam**	**(estareis)**	**(estaríeis)**
estão	**estejam**		**estarão**	**estariam**
		fazer, *faire*		
faço	**faça**		**farei**	**faria**
fazes	**faças**	**faz**	**farás**	**farias**
faz	**faça**	**faça**	**fará**	**faria**
fazemos	**façamos**	**façamos**	**faremos**	**faríamos**
(fazeis)	**(façais)**	**façam**	**(fareis)**	**(faríeis)**
fazem	**façam**		**farão**	**fariam**
		haver, *avoir*		
hei	**haja**		**haverei**	**haveria**
hás	**hajas**		**haverás**	**haverias**
há	**haja**	Peu	**haverá**	**haveria**
havemos	**hajamos**	usité	**haveremos**	**haveríamos**
(haveis)	**(hajais)**		**(havereis)**	**(haveríeis)**
hão	**hajam**		**haverão**	**haveriam**

Parfait	Imparfait subjontif	Futur subjontif	Pl.-que-parf. indicatif
dei	**desse**	**der**	**dera**
deste	**desses**	**deres**	**deras**
deu	**desse**	**der**	**dera**
demos	**déssemos**	**dermos**	**déramos**
(destes)	**(désseis)**	**(derdes)**	**(déreis)**
deram	**dessem**	**derem**	**deram**
disse	**dissesse**	**disser**	**dissera**
disseste	**dissesses**	**disseres**	**disseras**
disse	**dissesse**	**disser**	**dissera**
dissemos	**dissséssemos**	**dissermos**	**disséramos**
(dissestes)	**(dissésseis)**	**(disserdes)**	**(disséreis)**
disseram	**dissessem**	**disserem**	**disseram**

Participe passé : **dito**

estive	**estivesse**	**estiver**	**estivera**
estiveste	**estivesses**	**estiveres**	**estiveras**
esteve	**estivesse**	**estiver**	**estivera**
estivemos	**estivéssemos**	**estivermos**	**estivéramos**
(estivestes)	**(estivésseis)**	**(estiverdes)**	**(estivéreis)**
estiveram	**estivessem**	**estiverem**	**estiveram**
fiz	**fizesse**	**fizer**	**fizera**
fizeste	**fizesses**	**fizeres**	**fizeras**
fez	**fizesse**	**fizer**	**fizera**
fizemos	**fizéssemos**	**fizermos**	**fizéramos**
(fizestes)	**(fizésseis)**	**(fizerdes)**	**(fizéreis)**
fizeram	**fizessem**	**fizerem**	**fizeram**

Participe passé : **feito**

houve	**houvesse**	**houver**	**houvera**
houveste	**houvesses**	**houveres**	**houveras**
houve	**houvesse**	**houver**	**houvera**
houvemos	**houvéssemos**	**houvermos**	**houvéramos**
(houvestes)	**(houvésseis)**	**(houverdes)**	**(houvéreis)**
houveram	**houvessem**	**houverem**	**houveram**

Prés. ind.	Prés. subj.	Impératif	Fut. ind.	Condit.
		ir, *aller*		
vou	**vá**		**irei**	**iria**
vais	**vás**	**vai**	**irás**	**irias**
vai	**vá**	**vá**	**irá**	**iria**
vamos	**vamos**	**vamos**	**iremos**	**iriamos**
(ides)	**(vades)**	**vão**	**(ireis)**	**(irieis)**
vão		**vão**		**irão iriam**
		poder, *pouvoir*		
posso	**possa**		**poderei**	**poderia**
podes	**possas**		**poderás**	**poderias**
pode	**possa**		**poderá**	**poderia**
podemos	**possamos**		**poderemos**	**poderíamos**
(podeis)	**(possais)**		**(podereis)**	**(poderíeis)**
podem	**possam**		**poderão**	**poderiam**
		pôr, *mettre, poser*		
ponho	**ponha**		**porei**	**poria**
pões	**ponhas**	**põe**	**porás**	**porias**
põe	**ponha**	**ponha**	**porá**	**poria**
pomos	**ponhamos**	**ponhamos**	**poremos**	**poriamos**
(pondes)	**(ponhais)**	**ponham**	**(poreis)**	**(porieis)**
põem	**ponham**		**porão**	**poriam**
		querer, *vouloir*		
quero	**queira**		**quererei**	**quereria**
queres	**queiras**	**queira (1)**	**quererás**	**quererias**
quer	**queira**	**queiram (1)**	**quererá**	**quereria**
queremos	**queiramos**		**quereremos**	**quereriamos**
(quereis)	**(queirais)**		**(querereis)**	**(quereireis)**
querem	**queiram**		**quererão**	**quereriam**
		saber, *savoir*		
sei	**saiba**		**saberei**	**saberia**
sabes	**saibas**	**sabe**	**saberás**	**saberias**
sabe	**saiba**	**saiba**	**saberá**	**saberia**
sabemos	**saibamos**	**saibamos**	**saberemos**	**saberiamos**
(sabeis)	**(saibais)**	**saibam**	**(sabereis)**	**(saberíeis)**
sabem	**saibam**		**saberão**	**saberiam**

(1) S'emploie seulement dans des formules de politesse : **queira sentar-se**, *veuillez vous asseoir.*

P.simple de l'ind.	Imp. du subjonctif	Futur du subjonctif	Pl.-que-par. de l'ind	Imp. de l'indicatif
fui	**fosse**	**for**	**fora**	
foste	**fosses**	**fores**	**foras**	
foi	**fosse**	**for**	**fora**	
fomos	**fôssemos**	**formos**	**fôramos**	
(fostes)	**(fôsseis)**	**(fordes)**	**(fôreis)**	
foram	**fossem**	**forem**	**foram**	

Participe passé : **ido** – Gérondif : **indo**

pude	**pudesse**	**puder**	**pudera**	
pudeste	**pudesses**	**puderes**	**puderas**	
pôde	**pudesse**	**puder**	**pudera**	
pudemos	**pudéssemos**	**pudermos**	**pudéramos**	
(pudestes)	**(pudésseis)**	**(puderdes)**	**(pudéreis)**	
puderam	**pudessem**	**puderem**	**puderam**	
pus	**pusesse**	**puser**	**pusera**	**punha**
puseste	**pusesses**	**puseres**	**puseras**	**punhas**
pôs	**pusesse**	**puser**	**pusera**	**punha**
pusemos	**pusésemos**	**pusermos**	**puséramos**	**púnhamos**
(pusestes)	**(pusésseis)**	**(puserdes)**	**(puséreis)**	**(púnheis)**
puseram	**pusessem**	**puserem**	**puseram**	**punham**

Participe passé : **posto** – Gérondif : **pondo**

quis	**quisesse**	**quiser**	**quisera**
quiseste	**quisesses**	**quiseres**	**quiseras**
quis	**quisesse**	**quiser**	**quisera**
quisemos	**quiséssemos**	**quisermos**	**quiséramos**
(quisestes)	**(quisésseis)**	**(quiserdes)**	**(quiséreis)**
quiseram	**quisessem**	**quiserem**	**quiseram**
soube	**soubesse**	**souber**	**soubera**
soubeste	**soubesses**	**souberes**	**souberas**
soube	**soubesse**	**souber**	**soubera**
soubemos	**soubéssemos**	**soubermos**	**soubéramos**
(soubestes)	**(soubésseis)**	**(souberdes)**	**(soubéreis)**
souberam	**soubessem**	**souberem**	**souberam**

Prés. ind.	Prés. subj.	Impératif	Fut. ind.	Condit.
		ser, *être*		
sou	**seja**		**serei**	**seria**
és	**sejas**	**sê**	**serás**	**serias**
é	**seja**	**seja**	**será**	**seria**
somos	**sejamos**	**sejamos**	**seremos**	**seríamos**
(sois)	**(sejais)**	**sejam**	**(sereis)**	**(seríeis)**
são	**sejam**		**serão**	**seriam**
		ter, *avoir*		
tenho	**tenha**		**terei**	**teria**
tens	**tenhas**	**tem**	**terás**	**terias**
tem	**tenha**	**tenha**	**terá**	**teria**
temos	**tenhamos**	**tenhamos**	**teremos**	**teríamos**
(tendes)	**(tenhais)**	**tenham**	**(tereis)**	**(teríeis)**
têm	**tenham**		**terão**	**teriam**
		trazer, *porter, apporter*		
trago	**traga**		**trarei**	**traria**
trazes	**tragas**	**traz**	**trarás**	**trarias**
traz	**traga**	**traga**	**trará**	**traria**
trazemos	**tragamos**	**tragamos**	**traremos**	**traríamos**
(trazeis)	**(tragais)**	**tragam**	**(trareis)**	**(traríeis)**
trazem	**tragam**		**trarão**	**trariam**
		ver, *voir*		
vejo	**veja**		**verei**	**veria**
vês	**vejas**	**vê**	**verás**	**verias**
vê	**veja**	**veja**	**verá**	**veria**
vemos	**vejamos**	**vejamos**	**veremos**	**veríamos**
(vedes)	**(vejais)**	**vejam**	**(vereis)**	**(veríeis)**
vêem	**vejam**		**verão**	**veriam**
		vir, *venir*		
venho	**venha**		**virei**	**viria**
vens	**venhas**	**vem**	**virás**	**virias**
vem	**venha**	**venha**	**virá**	**viria**
vimos	**venhamos**	**venhamos**	**viremos**	**viríamos**
(vindes)	**(venhais)**	**venham**	**(vireis)**	**(viríeis)**
vêm	**venham**		**virão**	**viriam**

P.simple de l'ind.	Imp. du subjonctif	Futur du subjonctif	Pl.-que-par. de l'ind	Imp. de l'indicatif
fui	**fosse**	**for**	**fora**	**era**
foste	**fosses**	**fores**	**foras**	**eras**
foi	**fosse**	**for**	**fora**	**era**
fomos	**fôssemos**	**formos**	**fôramos**	**éramos**
(fostes)	**(fôsseis)**	**(fordes)**	**(fôreis)**	**(éreis)**
foram	**fossem**	**forem**	**foram**	**eram**
tive	**tivesse**	**tiver**	**tivera**	**tinha**
tiveste	**tivesses**	**tiveres**	**tiveras**	**tinhas**
teve	**tivesse**	**tiver**	**tivera**	**tinha**
tivemos	**tivéssemos**	**tivermos**	**tivéramos**	**tínhamos**
(tivestes)	**(tivésseis)**	**(tiverdes)**	**(tivéreis)**	**(tínheis)**
tiveram	**tivessem**	**tiverem**	**tiveram**	**tinham**
trouxe	**trouxesse**	**trouxer**	**trouxera**	
trouxeste	**trouxesses**	**trouxeres**	**trouxeras**	
trouxe	**trouxesse**	**trouxer**	**trouxera**	
trouxemos	**trousésssemos**	**trouxermos**	**trouxéramos**	
(trouxestes)	**(trouxésseis)**	**(trouxerdes)**	**(trouxéreis)**	
trouxeram	**trouxessem**	**trouxerem**	**trouxeram**	
vi	**visse**	**vir**	**vira**	
viste	**visses**	**vires**	**viras**	
viu	**visse**	**vir**	**vira**	
vimos	**víssemos**	**virmos**	**víramos**	
(vistes)	**(vísseis)**	**(virdes)**	**(víreis)**	
viram	**vissem**	**virem**	**viram**	

Participe passé : **visto**

vim	**viesse**	**vier**	**viera**	**vinha**
vieste	**viesses**	**vieres**	**vieras**	**vinhas**
veio	**viesse**	**vier**	**viera**	**vinha**
viemos	**viéssemos**	**viermos**	**viéramos**	**vínhamos**
(viestes)	**(viésseis)**	**(vierdes)**	**(viéreis)**	**(vínheis)**
vieram	**viessem**	**vierem**	**vieram**	**vinham**

Participe passé : **vindo** – Gérondif : **vindo**

Alphabet & prononciation

L'alphabet portugais

L'**alphabet** possède 23 lettres (genre masculin). Les lettres k (kapa), w (douplou vé), y (i gregou) ne se trouvent que dans les mots étrangers et les abréviations : kg (quilograma)...

Les **consonnes** sont toujours simples, sauf trois : **c, r, s**. Elles se prononcent presque toutes comme en français ; quelques-unes (signalées par un astérisque) présentent des différences : **h (lh, nh), l, m, n, r, s, x et z**. En fin de syllabe ou de mot, **m** et **n** ne se prononcent pas et nasalisent la voyelle précédente : cantam (kãtãou), fim (fĩ).

Les **voyelles** : leur prononciation (sauf i et u) est liée à la place de l'accent **tonique** (leçons 2, A, B ; 5, C4) :
• **A** possède deux prononciations : (a) tonique, (å) tonique avant **m** ou **n**, ou atone : cada (**ka**då), **cha**ma (**chå**ma).
• **E**, cinq prononciations : (è) ou (é) en syllabe tonique : éla (èla), ca**fé** (kå**fè**), **me**do (**mé**dou), fran**cês** (frãs**séch**) ; (eu) en syllabe atone interne ou finale : **be**be (**bè**beu), pe**dir** (peu**dir**), (i) ou (non prononcé) en syllabe atone initiale : e**xa**me (**iza**-meu), est**ar** ('cht**ar**).
• **O**, trois prononciations : (o) et (ô) en syllabe tonique et (ou) en syllabe atone : colo (**ko**lou), a**vô** (å**vô**), a**vó** (å**vo**).

Les **accents écrits**, aigu (') ou grave ('), marquent un déplacement de l'accent tonique, et ouvrent la voyelle pour lè premier, la ferment pour l'autre : **a**vô (**å**vô), a**vó** (a**vo**), ca**fé** (kå**fè**), fran**cês** (frãs**séch**).

Toutes les voyelles (dites **orales**) peuvent devenir **nasales** si elles portent un til (~) ou sont suivies de **m** ou **n** consonne ou en finale : canta (**kã**ta), sente (**sẽ**te), bom (bõ), um (oũ), ir**mã** (ir**mã**).

Les **diphtongues** sont **orales** : **ai** (aï), **ei** (eï), **oi** (oï), **ui** (ouï), **au** (åou), **eu** (éou), **iu** (iou) ; ou **nasales** : **ãe**, **ãi** (ãy), **õe** (õy), **ui** (õuy, seul muito), **ém** et **em** en finale (ãy), ens (ãych), am en finale atone (ãou), ão (ãou :). La nasalité est très forte.

La **prononciation brésilienne** présente peu de différences :
— **e final** se prononce (i) : cidade (cidadji) ;
— **d** ou **t + e, i** (en finale) se prononce (dji) ou (tchi) ;
— **L** final devient u : Brasil (Bra**ziou**), **cal**ma (**kau**ma) ;
— **r final** peut être prononcé (R), mais aussi être parfois faiblement articulé : senhor (seugnôh) ;
— **s** devant une consonne sonore (b, d, g, l, m, n, r, v, z) se prononce (z) : os **bar**cos (ouz **bar**kouss) ;
— **s et x**, devant une consonne sourde (c, f, p, qu, s, t, x) et s et z en finale absolue se prononcent (ss) : os filhos (ouss filyouss), experto, rapaz. A Rio, la prononciation reste chuintée.

PRONONCIATION

Lettres	épelez	code PP	API	français	ex. portugais
a	(a)	**[a]**	**[a]**	chat	**cla**ra, já, à
		[å]	**[æ]**	fleur	**cha**ma, vila
b	(bé)	**[b]**	**[b]**	bébé	**be**be
c	(cé)	**[c] [ss]**	**[s]**	ciel	**cé**u, **fa**ce, faça
		[K]	**[K]**	coca	**ca**sa, **co**la
d	(dé)	**[d]**	**[d]**	dé	**de**do
e	(è)	**[é]**	**[e]**	dé	**me**do, **te**r, fran**cês**
		[ê]	**[e]**	mère	**e**la, ca**fé**, pap**el**
		[eu]	**[ə]**	peu	ped**ir**, **va**le
		[i]	**[i]**	lit	te**a**tro, **ó**leo, e**xa**me
f	(èf)	**[f]**	**[f]**	fait	**fa**ce
g	(gé)	**[j]**	**[ʒ]**	gel, givre	**ge**lo, giz
		[g]	**[g]**	gare, gui	**ga**go, **gue**rra, **gu**ia
		[gu]	**[gw]**	gouache	**gua**rdar
h*	(aga)			homme	**ho**mem
i	(i)	**[ı]**	**[i]**	lit	**vi**la, a**qui**
j	(jota)	**[j]**	**[ʒ]**	jeu	**jo**go
l*	(èl)	**[l]**	**[l]**	lilas	li**lás**, **lu**la
		[L]	**[L]**	l vélaire	**al**to, Bra**sil**
		[ly]	**[ly]**	juillet	Julho, palha
m*	(èm)	**[m]**	**[m]**	maman	mi**mar**
n*	(èn)	**[n]**	**[n]**	neuf, mine	**no**vo, **mi**na
		[gn]	**[ŋ]**	gagner	senhor, ganhar
o	(o)	**[o]**	**[ɔ]**	note	**po**de, a**vó**, sol
		[ô]	**[o:]**	côte	**co**me, a**vô**, a**mor**, **sou**
		[ou]	**[u]**	cou	bo**ni**to, vo**ar**
p	(pé)	**[p]**	**[p]**	papa	**pi**pa
				(muet)	adop**tar**
q	(ké)	**[k]**	**[k]**	qui, que	que, **qui**lo, **cue**cas
		[kou]	**[ku]**	quoi	qual
r*	(èr)	**[r]**	**[r]**	(voir leçon	**ca**ro, **quar**to
		[R]	**[R]**	VII)	**ro**ca, **car**ro
s*	(èss)	**[z]**	**[z]**	case	**ca**sa
		[ss]		sale, casse	**sa**la, **clas**se
		[ch]	**[ʃ]**	chat	**bas**ta, as
t	(té)	**[t]**	**[t]**	total	**to**tal, **pá**tio
u	(ou)	**[ou]**	**[u]**	cou, tout	**tu**do, mu**dar**
v	(vé)	**[v]**	**[v]**	val	vale, can**ta**va
x*	(chich)	**[ch]**	**[ʃ]**	chat	**xai**le, **bai**xo
		[ss]	**[s]**	casse	**pró**ximo, **trou**xe
		[z]	**[z]**	zèle	**exa**me
		[Ks]	**[Ks]**	taxi	**tá**xi, com**ple**xo
z*	(zé)	**[z]**	**[z]**	zèle	**ze**lo, **lu**zes
		[ch]	**[ʃ]**	chat	ra**paz**, luz, dez

LEXIQUE PORTUGAIS • FRANÇAIS

Le genre des noms n'est indiqué qu'en cas de différence entre le portugais et le français. Dans ce cas, l'article figure entre parenthèses après le mot portugais.

A

a direito *tout droit*
à direita *à droite*
à esquerda *à gauche*
à frente *devant*
à hora *à l'heure*
a pé *à pied*
a seguir *après*
à vontade *à l'aise*
aborrecido *ennuyeux*
abraço (o) *accolade*
Abril *avril*
abrir *ouvrir*
acabar *finir*
acabar de *venir de*
acaso *hasard*
aceitar *accepter*
acender *allumer (la lumière)*
acessível *accessible*
achar *trouver, penser*
aconselhar *conseiller*
acontecer *arriver*
acordar *se réveiller*
acordo *accord*
acreditar em *croire à*
actividade *activité*
actual *actuel*
açúcar (o) *sucre*
adaptar *adapter*
adega (a) *chai, cellier*
adeus *adieu, au revoir*
adiantar *avancer*
administração *administration*
admirar-se *s'étonner*
admitir *admettre*
adoecer *tomber malade*
adorar *adorer*
advogado *avocat*
adulto *adulte*
aéreo *aérien*
aeroporto *aéroport*
afastar *éloigner*
afinal *finalement*
agarrar *saisir, prendre*
agora *maintenant*
Agosto *août*
agradar *plaire*
agradecer *remercier*
aguardente *eau-de-vie*
aguentar *supporter, subir*
aí *là*
ainda *encore*
ajuda *aide*
ajudar *aider*
alargar *élargir*
aldeia (a) *village*
alegre *joyeux, joyeuse*
alegria (a) *joie*
além *là-bas*
além de *outre*
alface (a) *laitue*
alfândega (a) *douane*
algodão (o) *coton*
alguém *quelqu'un*
algum *quelque*
alho (o) *ail*
ali *là-bas*
aliás *d'ailleurs*
alimentação (a) *nourriture, alimentation*
alimentar *nourrir, alimenter*
almoçar *déjeuner*
almoço (o) *le déjeuner*

almofada (a) *l'oreiller, le coussin*
alojamento (o) *logement*
altifalante (o) *haut-parleur*
alto *grand, haut*
altura (a) *hauteur*
alugar *louer*
aluno (o) *élève*
amanhã *demain*
amar *aimer*
amarelo *jaune*
amargo *amère*
amável *aimable*
ameixa (a) *prune*
amigo, amiga *ami, amie*
amizade (a) *amitié*
amor (o) *amour*
andar *marcher*
andar *marcher, aller*
andar (o) *étage, appartement*
animal (o) *animal*
animar *animer*
aniversário (o) *anniversaire*
ano (o) *année*
anos (os) *l'anniversaire*
anteontem *avant-hier*
antes *avant*
antigamente *auparavant*
antigo *ancien*
anual *annuel*
anúncio (o) *la petite annonce*
apagar *effacer*
apagar a luz *éteindre la lumière*
apanhar *attraper, ramasser*
aparecer *apparaître*
apelido (o) *nom de famille*
apesar de *malgré*
apetecer *avoir envie*
apetite (o) *appétit*
aprender *apprendre*
apresentar *présenter*
aprovar *approuver, réussir (à un examen)*
aproveitar *profiter*
aquecer *chauffer*
aquecimento (o) *chauffage*
aqui *ici*
aquilo *cela (là-bas)*
árabe *arabe*
arder *brûler, se consumer*
areia (a) *sable*
armário (o) *armoire*
armazém (o) *magasin*
arrancar *arracher*
arranjar *réparer, arriver à trouver*
arredores (os) *les environs*
arrefecer *refroidir*
arroz (o) *riz*
arrumadora *ouvreuse*
arrumar *ranger*
artigo (o) *article*
às vezes *parfois*
assar *rôtir*
assembleia (a) *assemblée*
assim *ainsi*
assim assim *comme ci, comme çà*
assinar *signer*
assinar um jornal *s'abonner à un journal*
assinatura *(a) abonnement, signature*
até *jusqu'à*
até amanhã *à demain*
atender *répondre (téléphone)*
atender *servir (client)*
atento *attentif*
aterrar *atterrir*
atingir *atteindre*
atirar *jeter, tirer (faire feu)*
atrás de *derrière*
atrasar *retarder*
atraso *retard*
através (de) *à travers*
atravessar *traverser*

atropelar *renverser*
aula (a) *cours*
aumentar *augmenter*
aumento (o) *augmentation*
autocarro (o) *autobus*
automóvel *voiture*
avenida (a) *avenue*
avião (o) *avion*
avó (a) *grand-mère*
avô (o) *grand-père*
avós (os) *les grands-parents*
azeite (o) *huile d'olive*
azul *bleu, bleue*

B

bacalhau (o) *morue*
baía (a) *baie*
baile (o) *bal*
bairro (o) *quartier*
baixo *petit, bas*
bagagem (a) *bagage*
balão (o) *ballon*
balcão (o) *comptoir*
banana (a) *banane*
banco (o) *banc, banque*
bandeira (a) *drapeau*
banheira (a) *baignoire*
banho (o) *bain*
barato *bon marché*
barbeiro (o) *coiffeur (barbier)*
barco *bateau*
barriga (a) *ventre*
barulho (o) *bruit*
bastante *assez*
batata *pomme de terre*
bateria (a) *batterie*
beber *boire*
belo *beau*
bem *bien*
bife (o) *bifteck*
bilhete (o) **de identidade** *carte d'idetité*
bilhete (o) **de ida e volta** *billet aller et retour*
bilheteira (a) *guichet*
blusa (a) *chemisier*
boa *bonne*
boca *bouche*
bocado (o) *morceau*
bola (a) *ballon (foot)*
bolo (o) *gâteau*
bolso (o) *poche*
bom *bon*
bomba (a) *pompe (à essence)*
bombe (a) *bombe*
bombeiro (o) *pompier*
bonito, bonita *joli, jolie*
bota (a) *botte*
botão (o) *bouton*
braço (o) *bras*
branco *blanc*
brasileiro, brasileira *brésilien, brésilienne*
brincar *jouer*
brinquedo (o) *jouet*
buscar *chercher*

C

cá *ici*
cabeça (a) *tête*
cabeleireira (a) *coiffeuse*
cabelo (o) *cheveu*
cachimbo (o) *pipe*
cadela (a) *chienne*
café (o) *café*
cafeteira (a) *cafetière*
cair *tomber*
cais (o) *quai*
caixa (a) *caisse, boîte*
caixa de fósforos (a) *boîte d'allumettes*
calar-se *se taire*
calçado (o) *les chaussures*
calçar *chausser*
calças (as) *pantalon*

calor (o) *chaleur*
cama (a) *lit*
cambiar *changer (une monnaie)*
camião (o) *camion*
caminho (o) *chemin*
camioneta (a) *autocar*
camisa (a) *chemise*
camisola (a) *chandail*
campainha (a) *sonnette, sonnerie*
campo (o) *campagne*
canalizador (o) *plombier*
canção (a) *chanson*
candeeiro (o) *lampe*
caneta (a) *stylo*
cansado *fatigué*
cantar *chanter*
cão (o) *chien*
capital (o) *capitale*
cara (a) *visage*
carne (a) *viande*
carne de vaca *viande de boeuf*
caro *cher*
carregador (o) *porteur*
carro (o) *voiture*
carruagem (a) *wagon*
carruagem-cama (a) *wagon-lit*
carta (a) *lettre*
carta de condução (a) *permis de conduire*
carteiro (o) *facteur*
casa de banho (a) *salle de bains*
casaco (o) *veste*
casaco comprido (o) *manteau*
casal (o) *couple*
castanho *marron*
castelo (o) *château*
cebola (a) *oignon*
cedo *tôt*
cem *cent*
cenoura (a) *carotte*
cento (o) *centena*
cerveja (a) *bière*
certo *précis, juste, certain*
cervejaria (a) *brasserie*
cesto (o) *panier*
céu (o) *ciel*
chá (o) *thé*
chamada (a) *appel*
chamar *appeller*
chapéu (o) *chapeau*
chapéu de chuva (o) *parapluie*
charuto (o) *cigare*
chávena (a) *tasse*
chegada (a) *arrivée*
chegar *arriver*
cheio *plein*
cheirar (bem, mal) *sentir (bon, mauvais)*
chorar *pleurer*
chover *pleuvoir*
chuva (a) *pluie*
cidade (a) *ville*
cigarro (o) *cigarette*
cinema (o) *cinéma*
cinzeiro (o) *cendrier*
cinzento *gris*
cliente *client(e)*
cobertor (o) *couverture*
código (o) *code*
coelho (o) *lapin*
coisa (a) *chose*
colchão (o) *matelas*
colher (a) *cuillère*
colocar *placer, poser, mettre*
colorido *coloré*
com *avec*
com antecedência *d'avance*
com licença *pardon, s'il vous plaît, excusez-moi*
comboio (o) *train*
começar *commencer*
comer *manger*

comida (a) *nourriture*
como *comment*
companhia (a) *compagnie*
compra (a) *achat*
comprar *acheter*
compreender *comprendre*
comprido *long*
comprimido *comprimé*
computador (o) *ordinateur*
concerto (o) *concert*
conferir *vérifier*
conforme *selon*
confortável *confortable*
conhecer *connaître*
conhecido *connu*
conhecimento (o) *connaissance*
connosco *avec nous*
conseguir *réussir à*
conselho (o) *conseil*
consertar *arranger, réparer*
conserto (o) *réparation*
constipação (a) *rhume*
constipar-se *s'enrhumer*
consulta (a) *consultation*
consultório (o) *cabinet médical*
consumo (o) *consommation*
conta (a) *addition*
contar *raconter, compter*
contente (com) *content, contente*
conter *contenir*
contra *contre*
conversa (a) *conversation*
conversar *causer*
convidar *inviter*
convite (o) *invitation*
convosco *avec vous*
copo (o) *verre*
cor (a) *couleur*
coração (o) *coeur*
cor-de-rosa *rose*
corredor (o) *couloir*
correio (o) *poste*
corrida (a) *course*
cortar *couper*
coser *coudre*
costa (a) *côte*
costas (as) *dos*
costumar *avoir l'habitude de*
costume (o) *habitude*
couve (a) *chou*
cozer *cuire*
cozinheiro (o) *cuisinier*
crer *croire*
crescer *croître*
criança (a) *enfant*
cuidado (o) *soin*
cuidado (ter) *faire attention*
curar *guérir*
curto *court*
curva *courbe*
curva (a) *tournant (d'une route)*
custar *coûter*
custo (o) *coût*

D

dança (a) *danse*
dançar *danser*
dantes *auparavant*
dar *donner*
dar por isso *remarquer*
dar um erro *faire une erreur*
dar um passeio *faire une promenade*
dar uma volta *faire un tour*
de antemão *par avance*
de repente *soudain*
décimo (o) *dixième*
dedo (o) *doigt*
deitar *coucher, verser*
deitar-se *se coucher*
deixar *laisser*
demorar-se *mettre longtemps*
dente (o) *dent*
dentro *dedans*

depender *dépendre*
depois *après*
depois de amanhã *après-demain*
depósito (o) *réservoir (à essence)*
depósito (o) **(de bagagens)** *consigne*
depressa *vite*
derrota (a) *défaite*
desastre (o) *accident*
descansar *se reposer*
descanso (o) *repos*
descer *descendre*
descobrir *découvrir*
desconhecido *inconnu*
desconto (o) *remise, escompte*
desculpa (pedir) *présenter des excuses*
desculpar *excuser*
desde que *depuis que*
desejar *désirer*
desempregado (o) *chômeur*
desenvolver *développer*
desenvolvido *développé*
desgraça (a) *malheur*
desligar *raccrocher*
desligar o rádio, a televisão *éteindre la radio, la télévision*
despedir *renvoyer, congédier quelqu'un*
despedir-se *prendre congé*
despertador *réveille-matin*
despesas *dépenses*
despir-se *se déshabiller*
devagar *lentement*
dever *devoir*
devolver *rendre, renvoyer (une lettre)*
dez *dix*
Dezembro *décembre*
dia *jour*
difícil *difficile*
dinheiro (o) *argent*
discutir *disputer*
distância (a) *distance*
distracção (a) *distraction, étourderie*
distraído *distrait*
distrair-se *se distraire, s'amuser*
divertir-se *s'amuser*
dizer *dire*
doce (o) *entremets sucré*
doce *adj. sucré*
doer *faire mal*
dois, duas *deux (masc. fém.)*
domingo (o) *dimanche*
dor (a) *douleur*
dormir *dormir*
distância (a) *distance*
duche (o) *douche*
durante *pendant*
durar *durer*
dúvida (a) *doute*
dúzia (a) *douzaine*

E

e *et*
edifício (o) *bâtiment, édifice*
ela *elle*
ele *il, lui*
electricista (o, a) *électricien*
eles *ils, eux*
elevador (o) *ascenseur*
em *à, dans, sur, en*
embarcar *embarquer*
embarque (o) *embarquement*
embrulhar *envelopper*
embrulho (o) *paquet*
ementa (a) *menu*
empregado, empregada (o, a) *employé, employée*
emprego (o) *emploi*
empresa (a) *entreprise*
emprestar *prêter*
empréstimo (o) *prêt*
empurrar *pousser*

encarnado *rouge*
encher *remplir*
encomenda (a) *le colis, la commande*
encomendar *commander (qqch.)*
encontro (o) *rencontre*
endereço (o) *adresse*
enfermeiro (o) *infirmier*
enganar-se *se tromper*
engarrafamento (o) *embouteillage*
enquanto *pendant que*
ensinar *enseigner*
então *alors*
entender *comprendre*
entrada (a) *entrée*
entregar *remettre, donner*
envelope (o) *enveloppe*
enviar *envoyer*
errado *faux, inexact*
errar *se tromper*
erro (o) *faute, erreur*
escada (a) *escalier*
escola (a) *école*
escolha (a) *choix*
escolher *choisir*
escorregar *glisser*
escova (de dentes) *brosse (à dents)*
escrever *écrire*
escritor (o) *écrivain*
escritório (o) *bureau (cabinet, lieu de travail)*
escuro *sombre*
escutar *écouter*
espanhol *espagnol*
espectáculo (o) *spectacle*
espelho (o) *miroir*
esperar *attendre, espérer*
esquadra (a) *commissariat*
esquecer-se *oublier*
esquerda (a) *gauche*
esta *cette*
estação (a) *gare, saison*
estacionamento (o) *stationnement*
estacionar *se garer*
estante *bibliothèque*
estar em casa *être à la maison*
este *ce, cet*
este (adj.) *celui-ci*
estender *étendre, étirer*
estrada (a) *route*
estrangeiro *étranger*
estranho *étrange*
estreito *étroit*
estudante (o, a) *étudiant le*
estudar *étudier*
eu *je*
europeu, europeia *européen, européenne*
exame (o) *examen*
examinar *examiner*
excursão (a) *excursion*
exemplo (o) *exemple*
exército (o) *armée*
exigir *exiger*
existir *exister*
êxito (o) *succès*
explicar *expliquer*

F

fábrica (a) *usine*
faca (a) *couteau*
fácil *facile*
factura (a) *facture*
faculdade (a) *faculté*
falar *parler*
faltar *manquer*
família (a) *famille*
famoso *célèbre*
farmácia *pharmacie*
fato (o) *costume*
fato de banho (o) *maillot de bain*
fazer *faire*

fazer compras *faire des achats*
fechar *fermer*
fechado *fermé*
feijão (o) *haricot*
feijão verde (o) *haricot vert*
feio *laid*
feira (a) *foire*
feliz *heureux*
feriado (o) *jour férié*
férias (as) *vacances*
ferida (a) *blessure*
ferimento (o) *blessure*
ferir *blesser*
ferro (o) *fer*
ferro de engomar *fer à repasser*
festa (a) *fête*
Fevereiro *février*
fiambre (o) *jambon cuit*
ficar *rester*
fígado (o) *foie*
filha (a) *fille*
filho (o) *fils*
filhos (os) *les enfants*
filme (o) *film*
fim (o) *fin*
flor (a) *fleur*
fogão (o) *cuisinière*
folha (a) *feuille*
fora *dehors*
forno *four*
fósforo (o) *allumette*
fraco *faible*
francês, francesa *français, française*
frio (o) *froid*
fronteira (a) *frontière*
fruta (a) *les fruits*
fumar *fumer*
fumo (o) *fumée*
furo (o) *crevaison*

G

gabinete (o) *cabinet*
galinha (a) *poule*
galo (o) *coq*
ganhar *gagner*
garagem (a) *garage*
garfo (o) *fourchette*
garrafa (a) *bouteille*
gás (o) *gaz*
gasolina (a) *essence*
gastar *dépenser*
gato (o) *chat*
gelado (o) *glace (dessert)*
gelo (o) *glace*
genro (o) *gendre*
gente (a) *les gens*
ginásio (o) *gymnase*
ginástica (a) *gymnastique*
gordo *gros*
gorjeta (a) *pourboire*
gostar de *aimer*
gosto (o) *goût*
gota (a) *goutte*
grande *grand, grande*
grátis *gratis*
gravata (a) *cravatte*
gripe (a) *grippe*
gritar *crier*
grupo (o) *groupe*
guarda-chuva (o) *parapluie*
guarda-livros (o) *comptable*
guardanapo (o) *serviette (de table)*
guiar *conduire*

H

há *(forme impers.) il y a*
habitante (o, a) *habitant*
haver *avoir*
haver de *devoir, falloir*
história (a) *histoire*
hoje *aujourd'hui*
homem (a) *homme*
honesto a *honnête*

hora (a) *heure*
horrível *horrible*
horror (o) *horreur*
horário (o) *horaire*
hortaliça (a) *légumes verts*
hortelã (a) *menthe*
hospedeira (a) *hôtesse*
hospital (o) *hôpital*
hotel (o) *hôtel*
húmido *humide*

I

ida e volta (a) *aller et retour*
idade (a) *âge*
ideia (a) *idée*
igreja (a) *église*
igual *égal*
igualdade (a) *égalité*
ilha (a) *île*
impedir *empêcher*
impermeável *imperméable*
importante *important, importante*
impossível *impossible*
imprensa (a) *presse*
impresso (o) *imprimé*
incapaz *incapable*
incomodar *déranger*
indicar *indiquer*
infeliz *malheureux*
infelizmente *malheureusement*
informação (a) *information*
inglês, inglesa *anglais, anglaise*
início (o) *commencement, début*
injecção (a) *piqûre*
inquilino (o) *locataire*
insosso *insipide (sans sel)*
instrumento (o) *instrument*
instrução (a) *instruction*
insuficiente *insuffisant (e)*
inteiro *entier*
inteligente *intelligent (e)*
interessante *intéressant(e)*
interesse *intérêt*
interromper *interrompre*
interruptor (o) *interrupteur*
intervalo (o) *entracte*
inútil *inutile*
Inverno (o) *l'hiver*
ir *aller*
ir a pé *aller à pied*
ir de pé, ir em pé *voyager debout*
irmã (a) *soeur*
irmão (o) *frère*
isqueiro (o) *briquet*
isso *cela*
isto *ceci*
italiano *italien*

J

já *déjà*
Janeiro *janvier*
janela (a) *fenêtre*
jantar *dîner*
jardim (o) *jardin*
jardim zoológico (o) *zoo*
joelho (o) *genou*
jogar *jouer (un jeu, un match)*
jogo (o) *jeu, match*
jornal (o) *journal*
jornalista (o, a) *journaliste*
jovem (o, a) *jeune (homme, fille)*
julgar *croire, penser*
Julho *juillet*
Junho *juin*
juntar *assembler, réunir*
junto a/de *près de*
justiça (a) *justice*
juventude (a) *jeunesse*

L

lá *là, là-bas*
lã *laine*
lábio (o) *lèvre*
lago (o) *lac*

lagosta (a) *langouste*
lagostim (o) *langoustine*
lamentar *regretter*
lâmpada (a) *ampoule*
lanchar *goûter*
lanche (o) *goûter (le)*
lápis (o) *crayon*
laranja (a) *orange*
laranjeira (a) *oranger*
largar *lâcher*
largo *large*
largo (o) *place*
lavar *laver*
lavatório (o) *lavabo*
legumes (os) *légumes*
leite (o) *lait*
leitura (a) *lecture*
lembrança (a) *souvenir*
lembrar-se *se rappeler*
lençol (o) *drap*
ler *lire*
levantar dinheiro *retirer de l'argent*
levantar-se *se lever*
levar *prendre, emmener*
lhe *lui, vous*
liberdade (a) *liberté*
lição (a) *leçon*
licença (a) *permission*
ligar *allumer (la radio, la télé)*
limão (o) *citron*
limpar *nettoyer*
limpo *propre*
lindo *beau*
língua (a) *langue*
linha (a) *ligne*
lista (a) *menu, liste*
livraria (a) *librairie*
livre *libre*
livro (o) *livre*
livro de cheques *carnet de chèques*
lixo (o) *ordures*
locutor (o) *speaker*
logo *après, ensuite, tout à l'heure*
loja (a) *boutique*
longe de *loin de*
longo *long*
louça (a) *vaisselle*
lucro (o) *gain, bénéfice*
lugar (o) *place, lieu*
lume (o) *feu*
luvas (as) *gants*
luxo (o) *luxe*
luxuoso *luxueux*
luz (a) *lumière*

M

maçã (a) *pomme*
maçador *ennuyeux*
madeira (a) *bois*
maduro *mûr*
mãe (a) *mère*
magoar (-se-) *faire mal (se)*
magro *maigre*
Maio *mai*
maior *plus grand*
mais *plus*
mala (a) *valise*
mandar *envoyer*
mandar *ordonner*
mandar fazer *faire faire*
maneira (a) *manière*
manhã (a) *matin*
manteiga (a) *beurre*
mão (a) *main*
mão-de-obra (a) *main d'œuvre*
mapa (o) *carte (géographique)*
máquina (a) *machine*
marcação (a) *réservation*
marcar *marquer, indiquer ; réserver*
Março *mars*
margem (a) *rive*
marido (o) *mari*
marisco (o) *fruits de mer*

mas *mais*
masculino *masculin*
matar *tuer*
mau *mauvais*
mecânico (o) *mécanicien*
medicamento (o) *médicament*
médico, médica (o, a) *médecin homme, médecin femme*
meia-noite *minuit*
meio *moyen*
meio-dia *midi*
melão (o) *melon*
melhor *meilleur*
melhorar *améliorer*
menina (a) *demoiselle*
menos *moins*
mensal *mensuel*
mentir *mentir*
mentira (a) *mensonge*
mercado (o) *marché*
mercadoria (a) *marchandise*
mercearia (a) *épicerie*
mês (o) *mois*
mesa (a) *table*
mesmo *même*
metade (a) *moitié*
meter *mettre, introduire*
mexer *bouger*
mil *mille*
ministério (o) *ministère*
minuto (o) *minute*
misturar *mélanger*
mobilar *meubler*
moda (a) *mode*
modo (o) *façon, manière*
moeda *monnaie, pièce de monnaie*
molhar *mouiller*
montra (a) *vitrine*
monumento (o) *monument*
morada (a) *adresse*
morango (o) *fraise*
morar *habiter*
morno *tiède*
mosca (a) *mouche*
mostrar *montrer*
motivo (o) *motif*
motorista (o, a) *chauffeur*
movimentado *mouvementé, agité*
movimento (o) *circulation, mouvement*
mudar *changer*
muito *très*
muito obrigado *merci beaucoup*
mulher (a) *femme*
multa (a) *amende*
mundo (o) *monde*
muro (o) *mur (d'enceinte)*
museu (o) *musée*
música (a) *musique*
músico (o) *musicien*

N

nada *rien*
nadar *nager*
não *non*
nariz *nez*
nascer *naître*
nascimento (o) *naissance*
Natal *Noël*
natural *naturel*
navio (o) *navire*
neblina (a) *brume*
necessário *nécessaire*
necessário (é) *il faut*
necessitar *avoir besoin de*
negócios (os) *affaires*
nem *ni*
nenhum *aucun*
neta (a) *petite-fille*
neto (o) *petit-fils*
nevar *neiger*
neve (a) *neige*
nevoeiro (o) *brouillard*

ninguém *personne*
no entanto *cependant*
noite (a) *nuit*
nome (o) *nom*
nome próprio (o) *prénom*
nora (a) *belle-fille*
nosso, nossa *notre*
notícias (as) *les nouvelles*
novamente *de nouveau*
Novembro *novembre*
novo *nouveau, neuf*
número (o) *nombre, numéro*
nunca *jamais*
nuvem (a) *nuage*

O

o *le*
obrigado (muito) *merci*
obrigar *obliger*
óculos (os) *les lunettes*
ocupar *occuper*
ódio (o) *haine*
oferecer *offrir, proposer*
oficina (a) *atelier*
ofício (o) *métier*
olhar *regarder*
olho (o) *oeil*
onda (a) *vague*
onde *où*
operário (o) *ouvrier*
ordem (a) *ordre*
ordenado (o) *salaire*
orelha *oreille (le pavillon externe)*
ouro (o) *or*
Outono (o) *l'automne*
outro *autre*
Outubro *octobre*
ouvido (o) *oreille, l'ouïe*
ouvir *entendre*
ovo (o) *oeuf*

P

padaria (a) *boulangerie*
padeiro (o) *boulanger*
pagamento (o) *payement*
pagar *payer*
página (a) *page*
pai (o) *père*
país (o) *pays (le)*
pais (os) *les parents*
paisagem (a) *paysage*
pão (o) *pain*
para *pour*
paragem (a) *arrêt*
parar *arrêter*
parecer *paraître*
parede (a) *mur*
parque de estacionamento *parking*
participar *participer*
partida (a) *départ*
partir *casser*
partir *partir*
Páscoa (a) *Pâques*
passageiro (o) *passager*
passagem (a) *passage*
passaporte (o) *passeport*
passar *passer*
pássaro (o) *oiseau*
passear *se promener*
passeio (o) *la promenade, le trottoir*
pastelaria (a) *pâtisserie*
pé (o) *pied*
peão (o) *piéton*
pedir *demander*
pedir emprestado *emprunter*
peixe (o) *poisson*
pele (a) *peau*
pensão (a) *pension*
pensar *penser*
penso (o) *pansement*
pêra (a) *poire*
perda (a) *perte*
perder *perdre*

perguntar *demander*
perigoso *dangereux*
permitir *permettre*
perna (a) *jambe*
pertencer *appartenir*
perto de *près de*
pesca (a) *pêche*
pêssego (o) *pêche*
péssimo *très mauvais*
pessoa (a) *personne*
pessoal (o) *personnel*
pijama (o) *pyjama*
pimenta (a) *poivre*
pior *pire*
pires (o) *soucoupe*
pitoresco *pittoresque*
planeta (o) *planète*
pneu (o) *pneu*
pneu sobresselente *la roue de secours*
poder (o) *pouvoir*
poder *pouvoir*
polícia (a) *police*
polícia (o) *policier*
poltrona (a) *fauteuil*
poluição (a) *pollution*
ponte (a) *pont*
população (a) *population*
por *par, vers, pour*
por volta de *vers*
pôr *mettre*
porta (a) *porte*
portagem (a) *péage*
porteiro, porteira (o, a) *concierge*
porto (o) *port*
português, portuguesa *portugais, portugaise*
possível *possible*
possuir *posséder*
postal (o) *carte postale*
pouco, pouca *peu, peu de*
poupar *épargner*
pousada (a) *auberge*
povo (o) *peuple*
povoação (a) *lieu habité, agglomération*
povoar *peupler*
praça (a) *la (grande) place*
praça de táxis (a) *station de taxis*
prateleira (a) *étagère*
prato (o) *le mets, le plat, l'assiette*
prato fundo (o) *assiette creuse*
prato raso (o) *assiette plate*
prazer (o) *plaisir*
prazo (o) *délai*
precisar *avoir besoin*
precisar *avoir besoin de*
preço (o) *prix*
prédio (o) *immeuble*
preencher *remplir*
preferir *préférer*
premiar *primer*
prêmio (o) *prix*
prenda (a) *cadeau*
presente (o) *cadeau*
preto *noir*
Primavera (a) *le printemps*
primeiro *premier*
primo, prima *cousin, cousine*
procurar *chercher*
professor, professora (o, a) *professeur*
profissão (a) *profession*
proibir *interdire*
pronto *prêt*
provar *goûter, essayer*
próximo *prochain*
publicar *publier*

Q

quadrado *carré*
quadro (o) *tableau*
qual *quel*
qualquer *quelque, n'importe quel*

quando *quand*
quantia (a) *somme, montant*
quanto *combien*
quarta-feira (a) *mercredi*
quarto (o) *chambre*
quarto de banho *salle de bains*
quase *presque*
quatro *quatre*
que *que, qui*
quebrar *casser*
queijo (o) *fromage*
queimar *brûler*
queixa (a) *plainte*
queixar-se *se plaindre*
quilómetro (o) *kilomètre*
quem *qui*
quente *chaud*
querer *vouloir*
quinhentos *cinq cents*
quinta-feira (a) *jeudi*
quinze *quinze*
quiosque (o) *kiosque*

R

rádio (o) *la radio (le poste)*
raio (o) *foudre*
rapariga (a) *fille*
rapaz (o) *garçon*
razão (a) *raison*
rebuçado (o) *bonbon*
receber *recevoir*
receita (a) *recette, ordonnance*
recusar *refuser*
redondo *rond*
reduzir *réduire*
refeição (a) *repas*
reforma (a) *retraite*
refresco (o) *rafraîchissement*
registar *recommander (une lettre)*
região (a) *région*
regressar *revenir, retourner*
relâmpago (o) *éclair*
relógio (o) *montre*
relojoeiro (o) *horloger*
relva (a) *gazon*
remédio (o) *médicament, remède*
remetente (o) *expéditeur*
renda (a) *dentelle, loyer*
renovar *renouveler*
repetir *répéter*
reportagem (a) *reportage*
reservar *réserver*
resolver *résoudre, décider*
responder *répondre*
resposta (a) *réponse*
resultado (o) *résultat*
reunião (a) *réunion*
revista (a) *revue*
rico, rica *riche*
rio (o) *fleuve*
romance (o) *roman*
roupa (a) *les vêtements*
roxo *mauve*
rua *rue*
ruído (o) *bruit*

S

sábado *samedi*
saber *savoir*
sabonete (o) *savon*
sabor (o) *saveur*
saboroso *savoureux*
saca-rolhas (o) *tire-bouchon*
saia (a) *jupe*
saída (a) *départ, sortie*
sair *sortir*
sal (o) *sel*
sala (a) *salon*
sala de espera *salle d'attente*
sala de jantar *salle à manger*
salada (a) *salade*
saltar *sauter*
salvar *sauver*
são, sã *sain, saine*

sapateiro (a) *cordonnier*
sapato *(o) soulier*
saúde (a) *santé*
secar *sécher*
secretaria (a) *secrétariat*
secretária (a) *secrétaire, le bureau (meuble)*
sede (a) *siège*
sede (a) *soif*
seguir *suivre*
segunda-feira (a) *lundi*
segundo *second*
segundo *(o) seconde (la)*
seguro *sûr*
seguro *(o) assurance*
selo *(o) timbre*
sem *sans*
semana (a) *semaine*
semanário *(o) hebdomadaire*
semestre *(o) semestre*
sempre que *chaque fois que*
senhor *(o) monsieur*
senhora (o, a) *madame*
sentar-se *s'asseoir*
ser *être*
serviço *(o) service*
servir *servir*
Setembro *septembre*
sexta-feira (a) *vendredi*
sim *oui*
simpático *sympathique*
sinal *(o) signal*
sítio *(o) endroit, lieu*
só *seul, seulement*
sob *sous*
sobre *sur*
sobremesa (a) *dessert*
sobretudo *(o) pardessus*
sobrinha (a) *nièce*
sobrinho *(o) neveu*
sol *(o) soleil*
solteiro *(o) célibataire*
sombra (a) *ombre*
sonho *(o) rêve*
sono *(o) sommeil*
sopa (a) *soupe*
sossegado *tranquille, calme*
sujo *sale*
sul *sud*
sumo *(o) jus de fruit*
supor *supposer*
surpreendido *surpris*

T

tabaco *(o) tabac*
tabuleiro *(o) plateau*
taça (a) *coupe*
talher *(o) le couvert*
talho *(o) boucherie*
talvez *peut-être*
tamanho *(o) taille (dimension)*
também *aussi, également*
tanto *tant*
tão *si, tellement*
tapete *(o) tapis*
tarde *après-midi*
tarifa (a) *tarif*
táxi *(o) taxi*
tecido (o) *tissu*
tecto *(o) toit*
telefonar *téléphoner*
televisão (a) *télévision*
tempestade (a) *tempête*
tenra *tendre (la viande)*
ter *avoir*
ter azar *ne pas avoir de chance*
ter de/ter que *devoir, falloir*
ter sorte *avoir de la chance*
terça-feira (a) *mardi*
terceiro *troisième*
testemunha (a) *témoin*
tia (a) *tante*
tigela (a) *bol*
tio *(o) oncle*

tinta (a) *peinture, encre*
tirar *enlever, ôter*
tirar fotografias *prendre des photos*
toalha *nappe, serviette (de bain)*
tocar *sonner, toucher*
todo *tout*
tomar *prendre*
tomar um duche *prendre une douche*
tomate *(o) tomate*
torneira (a) *robinet*
trabalhador, trabalhadora (o, a) *travailleur, travailleuse*
trabalhar *travailler*
trabalho *(o) travail*
trânsito *(o) circulation*
transporte *(o) transport*
tratar *soigner, traiter*
travão *(o) frein*
travar *freiner*
travessa (a) *le plat (récipient)*
trazer *apporter*
trimestre *(o) trimestre*
trocar dinheiro *faire de la monnaie, changer*
troco *(o) monnaie*
trovão *(o) tonerre*
trovoada (a) *orage*
tu *tu*
tudo *tout*
turista (o, a) *touriste*

U

último *dernier*
ultrapassar *dépasser*
um, uma *un, une*
útil *utile*
usar *employer, porter*
utilizar *utiliser*
uvas (as) *raisins*

V

vaca (a) *vache, viande de boeuf*
vago *vacant, libre, vague*
vale de correio *(o) mandat*
vale *(o) la vallée*
valer *valoir*
válido *valable*
vantagem (a) *avantage*
vários *plusieurs*
vazio *vide*
vela (a) *bougie*
velha *vieille*
velho *vieux*
velocidade (a) *vitesse*
vencer *vaincre*
vencimento *(o) échéance, traitement*
vendedor, vendedora (o, a) *vendeur, vendeuse*
vender *vendre*
ver *voir*
Verão *(o) l'été*
verdade (a) *vérité*
verdadeiro *vrai*
verde *vert, pas mûr*
verde *vert, verte*
vermelho *rouge*
véspera (a) *veille*
vestido *(o) robe*
vestir-se *s'habiller*
viagem (a) *voyage*
viajante (o, a) *voyageur*
viajar *voyager*
vigiar *surveiller*
vinho *(o) vin*
viola (a) *guitare*
vir *venir*
visitar *visiter*
vivenda (a) *villa*
viver *vivre, habiter*
vizinho (o) *voisin*
voar *voler (avion, oiseau)*

você *vous*
voltar *revenir*
vontade (a) *volonté*
voo *(o) vol (oiseau...)*
voz (a) *voix*
vulgar *ordinaire, commun*

X

xadrez *(o) jeu d'échecs, écossais (tissu)*
xarope *(o) sirop*
xícara (a) *tasse*

Z

zangar-se *se fâcher*
zero *zéro*
zona (a) *zone, section*

LEXIQUE FRANÇAIS • PORTUGAIS

A

à demain *até amanhã*
à droite *à direita*
à *em, a*
à gauche *à esquerda*
à l'aise *à vontade*
à l'heure *à hora*
à pied *a pé*
abonnement *assinatura (a)*
abonner (s') à un journal *assinar um jornal*
accepter *aceitar*
accessible *acessível*
accident *acidente (o)*
accompagner *acompanhar*
achat *compra (a)*
acheter *comprar*
addition *conta (a)*
administration *administração*
adresse *morada, endereço (o)*
affaires *negócios (os)*
âge *idade (a)*
aide *ajuda (a)*
aider *ajudar*
air *ar (o)*
aimable *amável*
aimer *gostar de*
ainsi *assim*
ajouter *acrescentar*
allemand *le alemão/alemã*
aller *ir*
aller simple *ida (uma)*
aller et retour *ida e volta*
allons-y ! *vamos !*
allumer *acender*
allumer *acender*
allumette *fósforo (o)*
alors *então*
amende *multa (a)*
ami, amie *amigo, amiga (o, a)*
ampoule *lâmpada* (a)
amuser (s') *divertir-se*
anglais/e *inglês/inglesa*
animal *animal (o)*
année *ano (o)*
anniversaire *aniversário, anos (os)*
annuaire *lista telefônica (a)*
annuler *anular, cancelar*
août *Agosto*
appartement *apartamento, andar*
appartenir à *pertencer a*
appeller *chamar*
apporter *trazer*
apprendre *aprender*
après *depois (de)*
après-midi *tarde*
arabe *árabe*
armoire *armário (o)*
arranger *consertar*
arrêt *paragem (a)*
arrêter *parar*
arrivée *chegada (a)*
arriver *chegar*
arriver *chegar, acontecer*
article *artigo (o)*
ascenseur *elevador (o)*
assemblée *assembleia (a)*
asseoir (s') *sentar-se*
assez *bastante*
assiette creuse *prato fundo (o)*
assiette plate *prato raso (o)*
assiette *prato (o)*
assurance *seguro (o)*
atelier *oficina (a)*
attacher *atar, prender*
attendre *esperar*
attention ! *cuidado !*
atterrir *aterrar*
atterrissage *aterragem (a)*
attraper *apanhar*

au revoir *adeus*
auberge *(a) pousada*
aucun *nenhum*
auditeur *ouvinte (o, a)*
augmentation *aumento*
aujourd'hui *hoje*
auparavant *antigamente, dantes, antes*
aussi *também*
autobus *autocarro, onibus (Brésil)*
autocar *camioneta (a)*
automne *Outono (o)*
avancer *adiantar, avançar*
avant *antes*
avant-hier *anteontem*
avantage *vantagem (a)*
avec *com*
avenue *avenida* (a)
avion *avião (o)*
avoir *ter, haver*
avoir besoin *necessitar, precisar*
avoir envie *apetecer*
avoir l'habitude de *costumar*
avoir raison *ter razão*
avoir tort *não ter razão*
avril *Abril*

B

bagage *bagagem (a)*
bague *anel (o)*
baie *baía (a)*
baignoire *banheira (a)*
bain *banho (o)*
baisser *baixar (o)*
bal ***baile*** *(o)*
ballon (foot) *bola (a)*
banane *banana (a)*
banc *banco (o)*
banque *banco (o)*
barbier *barbeiro (o)*
bateau *barco (o)*
batterie *bateria (a)*
beau *belo*
beau-fils *genro* (o)
belle-fille *nora (a)*
beurre *manteiga (a)*
bien *bem*
bien cuit *(steak) bem passado*
bientôt *em breve, dentro em pouco*
bière *cerveja (a)*
bifteck *bife (o)*
bijou *jóia (a)*
billet aller et retour *bilhete de ida e volta (o)*
billet de banque *nota (a)*
blanc *branco*
blessé *ferido (a)*
blesser *ferir*
bleu, bleue *azul*
bœuf *boi (o)*
bœuf (viande) *vaca (carne de) (a)*
boire *beber*
boîte *caixa (a)*
boîte d'allumettes *caixa de fósforos (a)*
boîte de conserve *lata de conserva (a)*
bol *tigela (a)*
bombe *bomba (a)*
bon *bom*
bon marché *barato*
bonbon *rebuçado (o)*
bonne *boa*
botte *bota*
bouche *boca (a)*
boucherie *talho (o)*
bouger *mexer*
bougie *vela (a)*
boulanger *padeiro (o)*
boulangerie *padaria (a)*
bouteille *garrafa (a)*
boutique *loja (a)*
bouton *botão (o)*
bras *braço (o)*

brasserie *cervejaria (a)*
brésilien *brasileiro*
briller *brilhar*
briquet *isqueiro (o)*
brosse (à dents) *escova (de dentes)*
brouillard *nevoeiro (o)*
bruit *barulho (o)*
brûler *arder*
brûler *queimar*
brume *neblina (a)*
bureau (cabinet) *escritório (o)*

C

cabinet médical *consultório (o)*
cacher *esconder*
cadeau *presente (o), prenda (a)*
café *café (o)*
cahier *caderno (o)*
caisse *caixa (a)*
camion *camião (o)*
campagne *campo (o)*
capitale *capital (a)*
carnet de chèques *livro de cheques*
carotte *cenoura (a)*
carrefour *cruzamento (o)*
carte *(géografique) mapa (o)*
carte de crédit *cartão (o) de crédito*
carte d'identité *bilhete de identidade (o)*
carte postale *postal (o)*
carte de visite *cartão (o) de visita*
casser *partir*
ce, cet *este*
ceci *isto*
ceci *isto*
cela *isso*
cela *isso, aquilo*
celui-ci *este*
cendrier *cinzeiro (o)*
cent *cem, cento*
cependant *no entanto*
cette *esta*
chaîne *(TV) canal (o)*
chaise *cadeira (a)*
chaleur *calor (o)*
chambre *quarto (o)*
chance *sorte (a), oportunidade (a)*
changer (une monnaie) *cambiar*
changer de la monnaie *trocar*
changer *mudar*
changer *mudar*
chapeau *chapéu (o)*
château *castelo (o)*
chaud *quente*
chauffage *aquecimento (o)*
chauffeur *motorista (o, a)*
chaussette *peúga (a)*
chaussures *calçado (o)*
chemin *caminho (o)*
cheminée *chaminé (a)*
chemise *camisa (a)*
chemisier *blusa (a) (a)*
cher *caro*
chercher *buscar, procurar*
cheveu *cabelo (o)*
chez moi *em minha casa*
chien *cão (o)*
chienne *cadela (a)*
chocolat *chocolate (o)*
choisir *escolher*
choix *escolha (a)*
chose *coisa (a)*
chou *couve (a)*
ciel *céu (o)*
cigar *charuto (o)*
cigarette *cigarro (o)*
cinéma *cinema (o)*
circulation *movimento (o)*
circulation *trânsito (o)*
citron *limão (o)*
client *cliente (o, a)*
climat *clima (o)*
code *código (o)*

cœur *coração (o)*
coiffeur, coiffeuse *cabeleireiro, cabeleireira (o, a)*
coin *canto (o)*
colis *encomenda (a)*
coloré *colorido*
combien *quanto*
commande *encomenda (a)*
commander *encomendar*
comme ci, comme çà *assim assim*
commencer *começar*
comment *como*
commissariat *esquadra (a)*
compagnie *companhia (a)*
comptable *guarda-livros (o)*
compter *contar*
comptoir *balcão (o)*
concierge *porteirol a (o, a)*
conduire *guiar, conduzir*
confiture *doce (o)*
confortable *confortável*
congedier *despedir*
connaître *conhecer*
conseil *conselho (o)*
conseiller *aconselhar*
contenir *conter*
content *contente (masc., fém.)*
contre *contra*
cordonnier *sapateiro (o)*
costume *fato (o)*
coucher *(se) deitar-se*
couleur *cor (a)*
cours *aula (a)*
course *corrida (a)*
court *curto*
cousin *primo (o, a)*
coussin *almofada (a)*
couteau *faca (a)*
coûter *custar*
couvert (le) *talher (o)*
couverture *cobertor (o)*
cravate *gravata (a)*
crevaison *furo (o)*
croire à *acreditar em*
cuillère *colher (a)*
cuire *cozer*
cuisiner *cozinhar*

D

danger *perigo*
dangereux *perigoso*
dans *em*
danser *dançar*
davantage *mais*
décembre *Dezembro*
décider *decidir*
découvrir *descobrir*
décrocher *(le télepnone) levantar o auscultador*
dehors *fora*
déjà *jà*
déjeuner *(le) almoço (o)*
déjeuner *almoçar*
délai *prazo (o)*
demain *amanhã*
demander *pedir, perguntar*
démarrer *arrancar*
déménager *mudar de casa*
dent *dente (o)*
dentelle *renda (a)*
départ *partida (a)*
départ *partida (a)*
dépasser *ultrapassar*
dépenses *despesas* **(as)**
depuis que *desde que*
dernier *último*
derrière *atrás de*
déshabiller *(se) despir-se*
dessert *sobremesa (a)*
dessiner *desenhar*
deux *dois, duas*
devant *à frente, em frente*
devoir *dever*

difficile *difícil*
dimanche *domingo*
dîner *(verbe et nom) jantar (o)*
dire *dizer*
direction *direcção (a)*
distance *distância (a)*
distraction *distracção (a)*
distrait *distraído*
dix *dez*
doigt *dedo*
donner *dar*
dormir *dormir*
douane *alfândega (a)*
douleur *dor (a)*
drap *lençol (o)*
drapeau *bandeira (a)*
dur *duro*
durer *durar*

E

eau *água (a)*
eau-de-vie *aguardente (a)*
éclair *relâmpago (o)*
école *escola (a)*
écran *ecrã (o)*
écrire *escrever*
égal *igual*
égalité *igualdade (a)*
église *igreja (a)*
électricien *electricista (o)*
elevador *ascenceur (o)*
élève *aluno* **(o, a)**
elle *ela*
embarquement *embarque (o)*
embarquer *embarcar*
embouteillage *engarrafamento (o)*
émission *emissão (a)*
emmener *levar*
empêcher *impedir*
emploi *emprego (o)*
employé *empregado (a) (o, a)*
emprunter *pedir emprestado*
en *em*
en avance *adiantadol a*
en bas *em baixo*
en haut *em cima*
en retard *atrasado a*
encore *ainda*
enfant *criança (a)*
ennuyeux *maçador, aborrecido*
enregistrement *gravação (a)*
enregistrer *gravar*
enrhumer *(s') constipar-se*
enseigner *ensinar*
entendre *ouvir*
entracte *intervalo (o)*
entrée *entrada (a)*
entremets sucré *doce (o)*
entreprise *empresa (a)*
environ *cerca de, aproximadamente*
environs *arredores (os)*
envoyer *mandar, enviar*
épargner *poupar*
épicerie *mercearia (a)*
équipage *tripulação (a)*
équipe *equipa (a)*
escalier *escada (a)*
espérer *esperar*
essayer *provar*
essence *gasolina (a)*
étage, appartement *andar (o), apartamento*
étagère *prateleira (a)*
été (l') *Verão (o)*
éteindre *(la lumière) apagar (a luz)*
éteindre *apagar, desligar (rádio, televisão)*
étendre *estender*
étourderie *distracção (a)*
étrange *estranho*
étranger *estrangeiro*
être à la maison *estar em casa*

être *ser, estar*
étroit *estreito*
étudiant/e *estudante (o, a)*
étudier *estudar*
eux *eles*
examen *exame (o)*
examiner *examinar*
excursion *excursão (a)*
excuser *desculpar*
exemple *exemplo (o)*

F

facile *fácil*
facteur *carteiro (o)*
facture *factura (a)*
faculté *faculdade (a)*
faim *fome (a)*
faire *fazer*
faire du vélo *andar de bicicleta*
faire une erreur *dar um erro*
faire faire *mandar fazer*
faire mal *doer*
faire une promenade *dar um passeio*
faire un tour *dar uma volta*
faire la vaisselle *lavar a louça*
famille *família (a)*
fatigué *cansado*
faute *erro (o)*
fauteuil *poltrona (a)*
femme *mulher (a)*
fenêtre *janela (a)*
fermer *fechar*
fête *festa (a)*
février *Fevereiro*
fille *filha, (a) rapariga (a)*
fils *filho (o)*
fin *fim (o, a)*
finalement *afinal, finalmente*
finir *acabar*
fleur *flor (a)*
fleuve *rio (o)*
foire *feira (a)*
foncé *escuro*
fond *fundo (o)*
fort *forte*
foudre *raio (o)*
four *forno (o)*
fourchette *garfo (o)*
fraise *morango (o)*
français/e *francês, francesa*
frein *travão (o)*
freiner *travar*
frère *irmão (o)*
froid *frio (o)*
fromage *queijo (o)*
fruits *(les) fruta (a)*
fumée *fumo (o)*
fumer *fumer*

G

gagner *ganhar*
gants *luvas (as)*
garage *garagem (a)*
garçon *rapaz (o)*
gare *estação (a)*
garer (se) *estacionar*
gâteau *bolo (o)*
gauche *esquerda*
gendre *genro (o)*
gens (les) *gente (a)*
gentil *amável*
glace (dessert) *gelado (o)*
glace *gelo (o)*
glisser *escorregar*
goûter *provar*
grand *grande, alto*
grand-mère *avó (a)*
grand-père *avô (o)*
grand/e *grande*
grands-parents *avós (os)*
gros *gordo*
guérir *curar*
guérison *cura (a)*

guichet *bilheteira (a)*
guitare *viola (a)*

H

habiller (s') *vestir-se*
habiter *morar, habitar*
habitude *costume (o), hábito (o)*
hasard *acaso (o)*
hâte *pressa (a)*
haut *alto*
haut-parleur *altifalante (o)*
hebdomaire *semanário*
heure *hora (a)*
heureux *feliz*
hier *ontem*
histoire *história (a)*
hiver *Inverno (o)*
homme *homem (o)*
horloger *relojoeiro (o)*
hôtel *hôtel (o)*
hôtesse de l'air *hospedeira (a)*
huile *óleo (o)*
huile d'olive *azeite (o)*
huit *oito*
huit cents *oitocentos*
huitième *oitavo*
humide *húmido/a*
humidité *humidade (a)*

I

ici *aqui*
idée *ideia (a)*
il *ele*
île *ilha (a)*
image *image (a)*
imaginer *imaginar*
immédiatement *imediatamente*
immeuble *prédio (o)*
imperméable *impermeável (o)*
important/e *importante*
importer *importar*
impossible *impossível*
impôt *imposto (o)*
imprimé *impresso (o)*
inclure *incluir*
inconnu/e *desconhecidoa*
infirmier *enfermeiro (o, a)*
information *informação (a)*
informer *informar*
inscription *matrícula (a)*
insister *insistir*
intelligent/e *inteligente*
intention *intenção (a)*
interdire *proibir*
intéressant/e *interessante*
intéresser (s')à *interessar- (se) por*
introduire *introduzir, meter*
invitation *convite (o)*
invité *convidado (o, a)*
inviter *convidar*
itinéraire *itinerário (o)*

J

jamais *nunca, jamais*
jambe *perna (a)*
janvier *Janeiro*
jardin *jardim (o)*
jaune *amarelo, amarela*
je *eu*
jeu *jogo (o)*
jeudi *quinta-feira (a)*
jeune *jovem*
joli, jolie *bonito, bonita*
jouer *(jeu, match) jogar*
jouer *brincar*
jouer d'un instrument *tocar um instrumento*
jouet *brinquedo (o)*
jour *dia (o)*
jour férié *feriado (o)*
journal *jornal (o)*
journée *dia (o), jornada*
joyeux, joyeuse *alegre*
juillet *Julho*

juin *Junho*
jupe *saia*
jus *sumo de fruta*
jusqu'à *até*

K

kilo *quilo*
kilomètre *quilómetro*

L

la *a*
là *aí*
lá-bas *lá ali*
là-bas *ali*
lac *lago*
laid *feio*
laine *lã*
laisser *deixar*
lait *leite*
laitue *alface*
lampe *candeeiro (o)*
langue *língua*
large *largo*
lavabo *lavatório*
laver *lavar*
le *o*
leçon *lição*
lecteur/lectrice *leitor/a*
légumes *légumes*
légumes verts *hortaliça*
lendemain *dia seguinte*
lentement *devagar, lentamente*
lettre *carta*
lever (se) *levantar-se*
librairie *livraria*
libre *livre*
lieu *lugar*
ligne *linha*
lire *ler*
lit *cama (a)*
livre *livro*
location *aluguer*
logement *alojamento*
loi *lei*
loin *longe*
long *comprido, longo*
louer *alugar*
loyer *renda (a)*
lumière *luz*
lundi *segunda-feira (a)*
lunettes *óculos (os)*
lutte *luta*
luxe *luxo*
luxueux *luxuoso*

M

machine *máquina*
madame *senhora, minha senhora*
magasin *armazém*
mai *Maio*
maillot de bain *fato de banho*
maintenant *agora*
mais *mas*
malade *doente*
maladie *doença*
malgré *apesar de*
malheureusement *infelizmente*
malheureux, malheureuse *infeliz*
mandat *vale de correio*
manger *comer*
manquer *faltar*
manteau *casaco comprido*
marchandise *mercadoria*
marché *mercado*
marcher *andar*
mardi *terça-feira (a)*
mariage *casamento*
marin *marinheiro*
marron *castanho*
mars *Março*
matelas *colchão*
matin *manhã (a)*
mauvais/e *mau/má*
mauve *roxo*

mécanicien *mecânico*
médecin *médico, médica*
médicament *remédio, medicamento*
meilleur *melhor*
melon *melão*
même *mesmo*
mensuel *mensal*
menu *ementa (a), lista (a)*
merci *obrigado/a*
mercredi *quarta-feira (a)*
mère *mãe*
métier *ofício*
mets *prato, iguaria (a)*
mettre longtemps *demorar-se*
mettre *pôr, meter*
meuble *movel*
meubler *mobilar*
midi *meio-dia*
mieux *melhor*
ministère *ministério*
minuit *meia-noite*
minute *minuto (o)*
miroir *espelho*
moins *menos*
mois *mês*
monde *mundo*
monnaie *moeda, troco (o)*
monsieur *senhor*
montagne *montanha*
montant *total*
monter *subir*
montre *relógio (o)*
montrer *mostrar*
monument *monumento*
morceau *bocado*
mort *morto*
morue *bacalhau (o)*
mot *palavra (a)*
moteur *motor*
mouche *mosca*
mouchoir *lenços*
mouiller *molhar*
moutarde *mostarda*
moyen *meio*
mur *parede (a)*
mur *(d'enceinte) muro*
mûr (adj.) *maduro*
muraille *muralha*
musée *museu*
musique *música*

N

nager *nadar*
naissance *nascimento (o)*
naître *nascer*
nappe *toalha*
neige *neve*
neiger *nevar*
neuf *novo*
neveu *sobrinho*
nez *nariz*
ni *nem*
nièce *sobrinha*
Noël *Natal*
noir *preto*
nom *nome*
nom de famille *apelido*
nombre *número*
non *não*
notre *nosso/a*
nourriture *comida*
nouveau *novo*
nouvelles *notícias*
novembre *Novembro*
nuit *noite*
numero *número*

O

occupé *ocupado*
occuper *ocupar*
octobre *Outubro*
oeil *olho*
offrir *oferecer*

oiseau *pássaro (o)*
ombre *sombra (a)*
orage *trovoada (a)*
orange *laranja (a)*
ordinateur *computador (o)*
ordonnance *receita (a)*
ordonner *mandar*
oreille (ouïe) *ouvido (o)*
oreille *orelha (a)*
oreiller (l') *almofada (a)*
os *osso (o)*
où *onde*
oublier *esquecer-se*
ouvert *aberto*
ouvreuse *arrumadora (a)*
ouvrier *operário (o)*
ouvrir *abrir*

P

page *pagina (a)*
pain *pão (o)*
panier *cesto (o)*
pantalon *calças (as)*
papier *papel (o)*
Pâques *Páscoa (a)*
paquet *pacote, embrulho (o)*
par avance *de antemão*
par *por*
paraître *parecer*
parapluie *guarda-chuva (o)*
pardessus *sobretudo (o)*
pardon *com licença, perdão*
parents *(père et mère) pais (os)*
parents *parentes (os)*
parfois *às vezes*
parler *falar*
participer *participar*
partir *partir*
passage *passagem (a)*
passager *passageiro (o)*
passeport *passaporte (o)*
passer *passar*
passer (se) *passar-se, acontecer*
pâtisserie *pastelaria (a)*
payement *pagamento (o)*
payer *pagar*
pays *pais (o)*
paysage *paisagem (a)*
péage *portagem (a)*
peau *pelé (a)*
pêche (fruit) *pêssego (o)*
pêche *pesca (a)*
pendant *durante*
pendant que *enquanto*
penser *pensar*
penser *pensar, achar*
perdre *perder*
père *pai (o)*
permettre *permitir*
permis de conduire *carta de condução*
permission *licença (a)*
personne (une) *pessoa (a)*
personne *ninguém*
personnel *pessoal (o)*
perte *perda (a)*
petit *pequeno, baixo*
petit-fils *neto (o)*
petite- annonce *anúncio (o)*
petite-fille *neta (a)*
peu *pouco*
peur *medo (o)*
peut-être *talvez*
phrase *frase (a)*
pièce (d'une maison) *divisão (a)*
pièce (de théâtre) *peça de teatro (a)*
pied *pé (o)*
piéton *peão (o)*
pipe *cachimbo (o)*
piscine *piscina (a)*
pittoresque *pitoresco*
place *largo (o)*
place assise *lugar sentado (o)*

plafond *tecto (o)*
plainte *queixa (a)*
plaire *agradar*
plaisir *prazer*
plancher *soalho (o)*
plat du jour *prato do dia (o)*
plat *travessa (a)*
plein *cheio*
pleuvoir *chover*
plombier *canalizador (o)*
pluie *chuva (a)*
plus *mais*
plusieurs *vários*
pneu *pneu (o)*
poire *pêra (a)*
poisson *peixe (o)*
police *polícia (a)*
policier *policia (o)*
pomme de terre *batata (a)*
pomme *maçã (a)*
pompe à essence *bomba de gasolina*
pompier *bombeiro (o)*
pont *ponte (a)*
port *porto (o)*
porte *porta (a)*
porteur *carregador (o)*
portugais/e *português, portuguesa*
possible *possível*
poste *correio (o)*
pour *para*
pourboire *gorjeta (a)*
pouvoir *poder*
préférer *preferir*
premier *primeiro*
prendre *levar, tomar*
prendre congé *despedir-se*
prénom *nome próprio (o)*
près de *perto de*
presque *quase*
prêt *pronto*
prêter *emprestar*
preuve *prova (a)*
prévenir *prevenir, avisar*
primer *premiar*
printemps *Primavera (a)*
prix *preço, prêmio (o)*
prochain *próximo*
professeur *professor (o)*
profession *profissão (a)*
profiter *aproveitar*
promenade *passeio (o)*
promener (se) *passear*
proposer *propor*
propre *próprio, limpo*
prune *ameixa (a)*
publier *publicar*
pyjama *pijama (o)*

Q

quai *cais (o)*
qualité *qualidade (a)*
quand *quando*
quartier *bairro (o)*
que *que*
quel *qual*
quelqu'un *alguém*
quelque *algum (masc.), alguma (fém.)*
quelquefois *algumas vezes*
queue *cauda (a)*
queue (faire la) *fazer bicha*
qui *que, quem*
quitter *deixar*
quotidien *quotidiano*

R

raccrocher *desligar*
raconter *contar*
radio (poste) *radio (o)*
rafraîchissement *refresco (o)*
raisins *uvas (as)*
raison *razão (a)*
ramasser *apanhar*

ranger *arrumar*
rappeler (se) *lembrar-se*
rayon (magasin) *secção (a)*
recette *receita (a)*
recevoir *receber*
recommander (une lettre) *registar*
recommencer *recomeçar*
regarder *olhar*
regretter *lamentar*
remarquer *dar por isso, notar, reparar*
remercier *agradecer*
remettre *entregar, dar*
remplir *encher, preencher*
renouveller *renovar*
renverser *atropelar*
renvoyer (quelqu'un) *despedir*
renvoyer (une lettre) *devolver*
réparer *arranjar, consertar*
repas *refeição (a)*
répondeur *atendedor de chamadas*
répondre (au téléphone) *atender*
répondre *responder*
reportage *reportagem (a)*
repos *descanso (o)*
reposer (se) *descansar*
réservation *marcação (a)*
réserver *marcar, reservar*
réservoir (à essence) *depósito (a)*
résoudre *resolver*
testa *ficar*
résultat *resultado (o)*
retard *atraso (o)*
retarder *atrasar*
retirer de l'argent *levantar dinheiro*
retraite *reforma (a)*
réunion *reunião (a)*
réussir *sair-se bem, ser bem sucedido*
réussir à *conseguir*
réussir l'examen *passar no exame, ficar bem, ficar aprovado*
réveille-matin *despertador (o)*
réveiller (se) *acordar*
revenir *voltar*
revue *revista (a)*
rhume *constipação (a)*
riche *rica/a*
rien *nada*
rive *margem (a)*
rivière *rio (o)*
riz *arroz (o)*
robe *vestido (o)*
robe de chambre *roupão (o)*
robinet *torneira (a)*
roman *romance (o)*
rose *cor-de-rosa*
rôtir *assar*
roue de secours *pneu sobresselente (o)*
roue *roda (o, a)*
rouge *vermelho, encarnado*
route *estrada (a)*
rue *rua (a)*

S

sable *areia (a)*
sac à dos *mochila (a)*
sac à main *mala de mão (a)*
sain/e *são/sã*
saison *estação (a)*
salade *salada (a)*
salaire *salário (o)*
salle à manger *sala de jantar (a)*
salle d'attente *sala de espera (a)*
salle de bains *casa de banho, quarto de banho (a)*
salle de bains *casa de banho, quarto de banho (a)*
salon *sala (a)*
samedi *sábado*
sang *sangue (o)*
santé *saúde (a)*
savoir *saber*
savon *sabão, sabonete (o)*

savoureux *saboroso*
séance *sessão (a)*
sécher *secar*
second *segundo*
seconde (la) *segundo (o)*
secrétaire *secretário/a (o, a)*
secrétariat *secretaria (a)*
section *zona (a)*
séjour *estadia (a)*
semaine *semana (a)*
semestre *semestre (o)*
septembre *Setembro*
service *serviço (o)*
serviette (de table) *guardanapo (o)*
servir (un client) *atender (um cliente)*
servir *servir*
si *tão (+ adj)*
siège *sede (a)*
signal *sinal (o)*
signature *assinatura (a)*
signer *assinar*
soif *sede (a)*
soigner *tratar*
soleil *sol (o)*
sombre *escuro, escura*
sonner *tocar*
sonnerie *campainha (a)*
sonnette *campainha (a)*
sortie *saída*
sortir *sair*
soucoupe *pires (o)*
soulier *sapato (o)*
souvenir *lembrança (a), recordação (a)*
soigner *tratar*
spectacle *espectáculo (o)*
station *estação (a)*
stationnement *estacionamento*
stylo *caneta (a)*
succès *êxito, sucesso (o)*
sucre *açúcar (o)*
sucré, sucrée *doce*
sud *sul*
suivre *seguir*
sur *em, sobre*
sûr *seguro, certo*
surveiller *vigiar*
sympatique *simpático (a)*

T

tabac *tabaco (o)*
table *mesa (a)*
tableau *quadro (o)*
tant *tanto*
tapis *tapete (o)*
tarif *tarifa (a)*
tasse *chávena (a)*
tasse *chávena (a), xícara (a)*
taxi *táxi (o)*
téléphoner *telefonar*
télévision *televisão (a)*
tellement *tão*
témoin *testemunha (a)*
tempête *tempestade (a)*
temps *tempo (o)*
tête *cabeça (a)*
thé *chá (o)*
timbre *selo (o)*
toit *tecto (o)*
tomate *tomate (o)*
tomber *cair*
tonnerre *trovão (o)*
tôt *cedo*
toucher *tocar*
toujours *sempre*
touriste *turista (o, a)*
tournant *(d'une route) curva (a)*
tourner *virar, voltar*
tousser *tossir*
tout droit *a direito*
tout *todo, tudo*
train *comboio (o)*

tranquille *sossegado/a*
transport *transporte (o)*
travail *trabalho (o)*
travailler *trabalhar*
travailleur *trabalhador (o)*
traverser *atravessar*
très *muito*
trimestre *trimestre (o)*
troisième *terceiro/a*
trottoir *passeio (o)*
trouver *achar*

U

un, une *um, uma*
université *universidade (a)*
urgent *urgente*
usine *fábrica (a)*
utile *útil*
utiliser *utilizar*

V

vacances *férias (as)*
vague *onda (a)*
vallée *vale (o)*
valoir *valer*
vendeur *vendedor (o)*
vendre *vender*
vendredi *sexta-feira (a)*
venir de *acabar de*
venir *vir*
ventre *barriga (a)*
vérifier *conferir, verificar*
verre *copo (o)*
vers *por, por volta de*
vert *verde*
veste *casaco (o)*
vêtements *roupa (a)*
viande *carne (a)*
viande de boeuf *carne de vaca*
vide *vazio*
villa *vivenda (a)*
village *aldeia (a)*
ville *cidade (a)*
vin *vinho (o)*
vingt *vinte*
virage *curva (a)*
visage *cara (a), rosto (o)*
visiter *visitar*
vite *depressa*
vitesse *velocidade (a)*
vitrine *montra (a)*
vivre *viver*
voir *ver*
voisin *vizinho (a) (o, a)*
voiture *carro (o)*
vol *(larcin) roubo (o)*
vol *(oiseau) voar (o)*
voler *(oiseau) voar*
voler *(dérober) roubar*
vouloir *querer*
voyage *viagem (a)*
voyager *viajar*

W

wagon *carruagem (a)*
wagon-lit *carruagem-cama (a)*
week-end *fim de semana (o)*

Z

zéro *zero*
zone *zona (a)*
zoo *jardim zoológico (o)*

INDEX GRAMMATICAL

Les chiffres renvoient aux pages (ceux en gras particulièrement à celles du Précis grammatical).

INDEX THÉMATIQUE

Les chiffres renvoient aux pages

FSC
www.fsc.org
MIXTE
Papier issu de sources responsables
FSC® C003309

Pocket, une marque d'Univers Poche, est un éditeur qui s'engage pour la préservation de son environnement et qui utilise du papier fabriqué à partir de bois provenant de forêts gérées de manière responsable.

Imprimé en France par CPI
en mai 2016
N° d'impression : 2022739

POCKET - 12, avenue d'Italie - 75627 Paris Cedex 13

Dépôt légal : mai 2009
Suite du premier tirage : mai 2016
S18908/05